Neoindustrialização brasileira

Blucher

Neoindustrialização brasileira

Sérgio Roberto Knorr Velho

organizador

Neoindustrialização brasileira

Publisher Edgard Blücher
Editor Eduardo Blücher
Coordenador editorial Rafael Fulanetti
Coordenação editorial Andressa Lira
Produção editorial Ariana Corrêa
Preparação de texto Mariana Góis
Diagramação Alessandra de Proença
Revisão de texto Maurício Katayama
Capa Laércio Flenic
Imagem da capa Ciro Fernandes

Blucher

Rua Pedroso Alvarenga, 1245, 4º andar
04531-934 – São Paulo – SP – Brasil
Tel.: 55 11 3078-5366
contato@blucher.com.br
www.blucher.com.br

DADOS INTERNACIONAIS DE CATALOGAÇÃO NA PUBLICAÇÃO (CIP)
ANGÉLICA ILACQUA CRB-8/7057

Neoindustrialização brasileira / organizado por Sérgio Roberto Knorr Velho. – São Paulo: Blucher, 2024.
352 p.; il.

Bibliografia
ISBN 978-85-212-2290-3

1. Industrialização. 2. Política industrial – Brasil I. Velho, Sérgio Roberto Knorr

24-3587 CDD 338

Índice para catálogo sistemático:
1. Industria

[...] existe, no Brasil de hoje, uma espécie de ojeriza, de repúdio a pensar sistematicamente as coisas, a ter um pensamento globalizante. A hegemonia do pensamento neoclássico, neoliberal acabou com a possibilidade de pensarmos um projeto nacional; em planejamento governamental, então, nem se fala... O Brasil precisa se pensar de novo, partir para uma verdadeira reconstrução. Para mim, o que preza é a política. Essa coisa microeconômica é um disparate completo, mas é a doutrina que prevalece no mundo e no Brasil. Não espero que haja o milagre da superação desse pensamento pequeno, pois hoje em dia não tem ninguém que lidere essa luta ideológica. Todo mundo foge dessa confrontação ideológica. Planejar o presente e o futuro do país passou a ser coisa do passado. Como você pode dirigir uma sociedade sem saber para onde vai? O mercado é quem decide tudo. O país passou a ser visto como uma empresa. Isso é um absurdo... Hoje, ignora-se a política, a macroeconomia é usada para suavizar o mercado. A política passa a não ter nada a ver com a economia, separa-se uma coisa da outra e isto leva à situação que temos... O Brasil acumulou muito atraso, e esse atraso deveu-se à falta de política... Se existisse somente uma intervenção positiva, seria a intervenção do Estado no sentido de aumentar os investimentos, de forçar a sociedade a investir mais. O desenvolvimento é uma construção da sociedade, mas é preciso que ela tenha vontade de fazê-lo...

Celso Furtado, na mesa-redonda sobre Diálogo Social e Desenvolvimento do CDES, realizada em Brasília em agosto de 2004, três meses antes de seu falecimento.

Conteúdo

Sobre os autores

Adalmir Antonio Marquetti é professor do Departamento de Economia da Pontifícia Universidade Católica do Rio Grande do Sul e pesquisador do CNPq.

André Nassif é professor associado do Departamento de Economia e do Programa de Pós-graduação em Economia (PPGE) da Universidade Federal Fluminense (UFF). Sua pesquisa acadêmica concentra-se em Macroeconomia, Desenvolvimento Econômico e Economia Internacional. Doutor em Economia pelo Instituto de Economia da Universidade Federal do Rio de Janeiro (UFRJ, 2003), mestre em Economia pela Universidade Federal Fluminense (UFF, 1995) e com pós-graduação lato sensu em Políticas Públicas pelo Ilpes-Cepal (Santiago do Chile, 1991). Economista aposentado do Banco Nacional de Desenvolvimento Econômico e Social (BNDES), foi professor visitante do Departamento de Economia da Università degli Studi dell'Insubria (Itália), em 2012, e do Departamento de Desenvolvimento Internacional do King's College London (Reino Unido), em 2023. É consultor de instituições nacionais e estrangeiras, com artigos publicados em livros e revistas acadêmicas brasileiras e internacionais. Autor do livro Desenvolvimento e estagnação: o debate entre desenvolvimentistas e liberais neoclássicos (Contracorrente, 2023).

Antonio Carlos Diegues é professor livre docente do Instituto de Economia da Unicamp, onde é coordenador do Núcleo de Economia Industrial e da Tecnologia. Foi Visiting Scholar na Fudan University (Shanghai, China) em 2024, com o projeto "Industry's contribution to development".

Caetano C. R. Penna é diretor do Centro de Gestão e Estudos Estratégicos (CGEE), um *think tank* que assessora o Ministério da Ciência, Tecnologia e Inovação do Brasil. Atualmente licenciado do cargo de professor adjunto na

Universidade Federal do Rio de Janeiro (UFRJ), é pesquisador visitante na TU Delft, na Holanda. Seu trabalho foca na economia e políticas da indústria, tecnologia e inovação, particularmente em áreas relacionadas a políticas transformadoras e orientadas por missões, sustentabilidade, financiamento da inovação e geopolítica da mudança tecnológica. Contribui com sua *expertise* como especialista independente em financiamento e sinergias entre instrumentos no Exercício de Aprendizagem Mútua do Horizonte Europa sobre Implementação das Missões da UE em Nível Nacional.

Celso Pansera é presidente da Finep, formado em Letras Português/Literatura pela Universidade do Estado do Rio de Janeiro (UERJ) e pós-graduado em Administração e Supervisão Escolar pela Universidade Cândido Mendes. Foi ministro de Ciência, Tecnologia e Inovação (2015-2016), destacando-se pela implementação do Marco Legal de CT&I. Atuou como deputado federal (2015-2019), presidindo a Comissão Especial de Crise Hídrica, e integrou a Comissão de Ciência e Tecnologia da Câmara dos Deputados. Foi presidente da Fundação de Apoio as Escolas Técnicas (Faetec/RJ) e do Instituto de Ciência, Tecnologia e Inovação de Marica (ICTIM).

Cristina Froes de Borja Reis é subsecretária de Desenvolvimento Econômico Sustentável da Secretaria de Política Econômica do Ministério da Fazenda, cedida do cargo de professora adjunta da Universidade Federal do ABC. Possui graduação (2003) em Ciências Econômicas pela Universidade de São Paulo (USP), mestrado (2008) e doutorado (2013) em Economia pela Universidade Federal do Rio de Janeiro (UFRJ), doutorado-sanduíche na Universidade de Cambridge - UK (2010/2011), pós-doutorado na Universidade Técnica de Berlim/International Post-Doc Initiative/Marie Curie Actions. Tem experiência na área de Desenvolvimento, atuando principalmente nos temas de cadeias globais de valor, Agenda 2030, investimento público, estrutura produtiva, comércio internacional e economia política mundial. Coorganizadora dos livros *South-North Dialogues on Democracy, Development and Sustainability* (Routledge, 2023) e *Desafios do desenvolvimento brasileiro pós-covid-19* (Editora Pedro e João, 2022).

Hudson Mendonça é economista pelo Instituto de Economia da Universidade Federal do Rio de Janeiro (UFRJ), mestre em Engenharia de Produção com ênfase em Gestão e Inovação pela COPPE/UFRJ, e doutorando em Administração no IAG PUC-Rio. Ocupou cargos como secretário executivo adjunto do MCTI, superintendente da regional de São Paulo da Finep, e gerente de vários departamentos na Finep, além de ser secretário técnico do Fundo Setorial de Energia. Foi diretor-presidente do Comitê de Tecnologias Limpas da ABStartups e avaliador e mentor de programas de startups como InovAtiva Brasil, 100 Open Startups, e Prêmio Finep de Inovação. Atualmente é vice-presidente de Energia e Sustentabilidade de MIT Technology Review Brasil, CEO do Energy Summit e coordenador metodológico do ranking "100 Startups to Watch".

Jackson De Toni é economista, mestre em Planejamento Regional e Urbano (UFRGS) e doutor em Ciência Política (UnB), analista de Produtividade e Inovação da Agência Brasileira de Desenvolvimento Industrial (ABDI). Professor de Planejamento e Políticas Públicas na FGV, IBMEC, IESB e Enap.

João Paulo Pieroni é graduado em Economia pela Universidade Estadual Paulista (Unesp). Mestre em Economia Política pela Pontifícia Universidade Católica de São Paulo (PUC-SP). Economista e Superintendente de Desenvolvimento Produtivo e Inovação do Banco Nacional de Desenvolvimento Econômico e Social (BNDES).

José Luis Gordon é diretor de Desenvolvimento Produtivo, Inovação e Comércio Exterior do Banco Nacional de Desenvolvimento Econômico e Social (BNDES). Economista pela Faculdade de Administração, Economia e Contabilidade da Universidade de São Paulo (FEA-USP); doutor e mestre pelo Instituto de Economia da Universidade Federal do Rio de Janeiro (UFRJ).

Luiz Carlos Bresser-Pereira é professor emérito da Fundação Getulio Vargas e editor do *Brazilian Journal of Political Economy*. Foi ministro da Fazenda (1987) e da Administração Federal (1995-1998). Seus últimos livros foram *A construção econômica e política do Brasil* e *Novo desenvolvimentismo: introduzindo uma nova teoria econômica e economia política*.

Luiz Gonzaga Belluzzo é formado em Direito pela Universidade de São Paulo (USP) e possui destacada atuação como economista e sociólogo. Conhecido também por sua paixão pelo futebol, foi presidente da Sociedade Esportiva Palmeiras no biênio 2009-2010. Belluzzo teve uma trajetória de colaboração com importantes figuras políticas brasileiras, como José Sarney, Orestes Quércia e Luiz Inácio Lula da Silva. Seu vasto conhecimento teórico e prático o levou a ocupar diversos cargos de relevância. Ele foi membro do Conselho Diretor da Fundação de Sociologia e Política de São Paulo, professor titular de economia na Universidade Estadual de Campinas (Unicamp), de 1969 a 2001, e um dos fundadores das Faculdades de Campinas (Facamp). Além disso, presidiu o Conselho Deliberativo do Instituto de Pesquisas e Projetos Sociais e Tecnológicos (IPSO), foi conselheiro de administração da Bolsa de Mercadorias e Futuros (BM&F) e atuou como consultor editorial da revista *Carta Capital*. Em reconhecimento ao seu trabalho, Belluzzo recebeu o Prêmio Intelectual do Ano Juca Pato em 2005. No mesmo ano, foi incluído no "Biographical Dictionary of Dissenting Economists" como um dos 100 maiores economistas heterodoxos do século XX. Sua carreira é marcada por uma combinação de excelência acadêmica, influência política e paixão esportiva, destacando-se como uma figura multifacetada e influente no cenário brasileiro.

Mario Bernardini é empresário e diretor da Associação Brasileira da Indústria de Máquinas e Equipamentos (*Abimaq*).

Milene Simone Tessarin é pesquisadora da Universidade de Utrecht (Holanda). É doutora em Economia pela FEA-USP. Também é pesquisadora associada ao Nereus-USP e ao SARChI in Industrial Development da Universidade de Joanesburgo.

Paulo César Morceiro é pesquisador da Universidade de Utrecht (Holanda). É doutor em Economia pela FEA-USP. Também é pesquisador associado ao Nereus-USP e ao SARChI in Industrial Development da Universidade de Joanesburgo.

Pedro Cezar Dutra Fonseca é professor do Departamento de Economia e Relações Internacionais da Universidade Federal do Rio Grande do Sul e pesquisador do CNPq.

Rafael Dubeux é o atual secretário-executivo adjunto do Ministério da Fazenda. Doutor em Relações Internacionais pela UnB, com tese sobre inovação em energia de baixo carbono, possui mestrado no mesmo programa e graduação em Direito pela Universidade Federal de Pernambuco (UFPE). Foi pesquisador visitante na UC Berkeley e participa do grupo de pesquisa da UnB sobre Sistema Internacional no Antropoceno e Mudança Global do Clima. Integrante da carreira de Advogado da União desde 2005, ocupou diversos cargos na Administração Pública, incluindo secretário de Desenvolvimento Econômico, Ciência, Tecnologia e Inovação da Prefeitura do Recife e chefe da Assessoria Especial do Ministro da Fazenda. É autor dos livros *Desenvolvimento e mudança climática* e *Inovação no Brasil e na Coreia do Sul*, e coautor de *Marco Legal de ciência, tecnologia e inovação no Brasil*.

Sérgio Roberto Knorr Velho (org.) é doutorando em Sistemas Mecatrônicos pela Universidade de Brasília, com formações em Ciências Contábeis e Engenharia Química, e vasta experiência industrial, atua em temas como inovação e desenvolvimento de produto, além de recente trajetória no Ministério do Desenvolvimento, Indústria, Comércio e Serviços (MDIC).

Tatiana Farah de Mello Cauville, MSc pela London School of Economics and Political Sciences, é bacharel em relações internacionais e especialista em inteligência competitiva e desenvolvimento de negócios. Atua na CNI como agente de internacionalização e inovação. Seu artigo foi escrito com a colaboração de Rafael Grilli Felizardo e Flávia Pimentel.

Verena Hitner Barros é doutora em Estudos do Desenvolvimento (Cendes-UCV) e secretária-executiva do Conselho Nacional de Desenvolvimento Industrial.

Prefácio

A industrialização transformou de maneira decisiva a economia e a sociedade brasileiras. Entre 1930 e 1980, quando a indústria se expandiu sistematicamente, o Brasil foi uma das nações que mais cresceu no mundo, com a indústria sendo um dos principais vetores dinamizadores do crescimento. A população brasileira passou a se concentrar em áreas urbanas, a expectativa de vida e o nível educacional dos cidadãos aumentaram, a renda nacional se elevou e o país adensou suas cadeias produtivas em setores como aço, e bens acabados, como automóveis e eletrodomésticos. Uma indústria forte, portanto, beneficiou a sociedade brasileira no avanço em sua trajetória de desenvolvimento econômico.

Entre os países em desenvolvimento, poucos tinham um parque industrial tão diversificado e sofisticado quanto o Brasil. Em sua visita ao país, no contexto do aprofundamento das relações sino-brasileiras, que culminou em sua elevação ao *status* de parceria estratégica, em 1988, no governo do presidente José Sarney, autoridades chinesas expressaram surpresa com a qualidade e eficiência das indústrias do Brasil.

A partir de meados dos anos 1980, contudo, quando a política industrial deixou de ser um instrumento relevante para a promoção do desenvolvimento econômico, o país passou a enfrentar um processo de derrocada de sua produtividade, justamente quando o mundo passava pela chamada Terceira Revolução Industrial, resultando na queda da participação da indústria no Produto Interno Bruto (PIB), fenômeno que se manifestou de forma semelhante entre seus vizinhos. De um lado, a América Latina, com sua estratégia de substituição de importações, perdeu espaço para a Ásia, que nunca abandonou políticas industriais, adotando políticas de substituição de importações e, simultaneamente, uma orientação exportadora. Consequentemente, os países latino-americanos se tornaram grandes fornecedores de matérias-primas, e vários antigos empregos industriais foram deslocados para o setor de serviços.

Um número crescente de economistas reconhece que a precocidade e a intensidade da desindustrialização brasileira acarretam diversos problemas, como o baixo e instável crescimento econômico e a estagnação da renda em um patamar que não garante padrões de vida dignos para a maioria da população. Uma "reindustrialização" do país, no entanto, é questionável, não só pelas evidências empíricas que apontam em sentido contrário, mas também pelo fato de que o Brasil e mundo não são mais os mesmos dos "anos dourados" de crescimento do país.

Ao contrário do que por vezes se supõe, todas as grandes economias do mundo adotam políticas industriais com uma ampla gama de instrumentos, como crédito, subsídios, tarifas, utilização do poder de compra do Estado e regulação. Mais recentemente, após a eclosão da pandemia da Covid-19, que evidenciou a fragilidade de setores estratégicos, como saúde, fertilizantes, combustíveis e semicondutores, a dependência de um número reduzido de fornecedores se tornou assunto de soberania nacional. O Fundo Monetário Internacional, nesse sentido, em seu artigo *"The Return of Industrial Policy in Data"*, mapeou nada menos que 2 580 instrumentos de apoio à política industrial pelo mundo, com Estados Unidos, União Europeia e China respondendo por 48% do total. Fazer política industrial, portanto, não é questão de "sim ou não", mas de "como".

A pergunta que o presente livro formula e busca responder, nesse contexto, é: qual deve ser a estratégia de atuação do Estado brasileiro para impulsionar a indústria nacional? E a resposta está no título deste cuidadoso trabalho, que reúne as reflexões de alguns dos mais renomados economistas brasileiros: o país necessita de uma "neoindustrialização", um projeto nacional de desenvolvimento que coloca em seu centro o fortalecimento da indústria brasileira em novas bases: mais inovadora e digital, mais verde, mais exportadora e mais produtiva, tendo como eixo o bem-estar das pessoas.

Em um país democrático e com grande diversidade regional, a "neoindustrialização" requer diálogo entre governo, empresários, trabalhadores, universidades, institutos tecnológicos e entidades representativas do setor produtivo. Seja para fixar prioridades ou fazer ajustes nos instrumentos para fortalecer a indústria, é necessário um espaço para construir consensos. Por essa razão, uma das prioridades do governo federal, após recriar o ministério do Desenvolvimento, Indústria, Comércio e Serviços, em 2023, foi restabelecer, depois de sete anos desativado, o Conselho Nacional de Desenvolvimento

Industrial (CNDI), reunindo, de maneira paritária, representantes do governo federal e do setor produtivo.

Lançado pelo presidente Lula na 18ª reunião do CNDI, em 22 de janeiro de 2024, a Nova Indústria Brasil (NIB) corresponde ao primeiro passo nesse esforço em prol da neoindustrialização brasileira. Um plano de dez anos, do qual uma das bases é o Plano Mais Produção, que se inicia com um piso de recursos de R$ 300 bilhões para 2024-2026, dialogando com diversas políticas, como o Novo PAC, maior programa de investimentos da história brasileira, com uma carteira de projetos de R$ 1,7 trilhão, e se organiza em seis missões: garantir a segurança alimentar, fortalecendo cadeias agroindustriais; desenvolver o complexo da saúde; construir infraestruturas sustentáveis; promover a transformação digital da indústria; fomentar a descarbonização e a bioeconomia; e garantir a soberania nacional, com uma base industrial de defesa sólida.

Ao investigar os erros e acertos para fortalecer a indústria nacional e refletir sobre condicionantes micro e macroeconômicas que merecem atenção do governo para que a política industrial logre êxito, este livro oferece uma sólida contribuição para o debate público. Como o leitor poderá observar, muitos de seus autores contribuíram direta ou indiretamente para o projeto de "neoindustrialização" em curso no Brasil, em uma demonstração clara de que por meio da discussão qualificada, baseada em evidências, reunindo boas práticas, congregando setor produtivo, trabalhadores e academia, será possível recuperar o merecido lugar de destaque da indústria brasileira na economia, criando mais oportunidades para esta e as futuras gerações. Boa leitura.

Geraldo Alckmin
Brasília, março de 2024

Introdução

No final de junho de 2022 surgiu o coletivo Reindustrialização em um aplicativo de mensagem, como resultado da união de diversos amigos e conhecidos. Este grupo foi formado nas dependências dos edifícios da Esplanada dos Ministérios, como tantos outros, mas se destacou por abraçar um conjunto comum de preocupações: elevar o nível do debate presidencial, que naquela época estava em andamento, para abordar uma questão crucial para o Brasil – a reindustrialização de seu setor produtivo.

Com rapidez, um círculo de indivíduos afinados com essa causa se formou, unindo economistas, engenheiros, professores, gestores e servidores públicos. Todos compartilhavam o mesmo desejo de aprofundar a discussão em torno desse tema vital para a nação. A motivação nasceu da inquietação sobre como um novo governo poderia lidar com a acelerada desindustrialização que o Brasil vinha enfrentando. O grupo também nutria o sonho de revitalizar um desenvolvimento industrial robusto, crucial para o progresso econômico e social do país, inspirado nos grandes desenvolvimentistas que o país já teve, como Celso Furtado.

O objetivo inicial foi promover uma série de debates sobre o tema e suas diversas nuances que fosse compartilhada via plataforma na internet e garantida por uma instituição "neutra" e sem vieses, no que chegamos ao apoio da professora Daniela Freddo, então coordenadora do curso de graduação em Economia da Faculdade de Economia, Administração, Contabilidade e Gestão de Políticas Públicas (Face) da Universidade de Brasília (UnB), que concordou em ajudar o coletivo disponibilizando a estrutura de debates da UnB por meio da UnBTV, e do engenheiro de produção Artur Santana Guedes Vanderlinde, que contribuiu para a organização dos debates e mediação entre as partes interessadas. A direção da Face também ajudou nessa empreitada com o apoio do prof. Roberto de Goés Ellery Júnior, chefe do Departamento de Economia da Face.

Ganhamos ainda o importante apoio de diversas entidades e associações dos servidores públicos, intermediadas em sua maioria pelo Márcio Gimenez e pelo Rafael Ramos Codeço, entre as quais: Associação Nacional dos Servidores de Comércio Exterior (Aace), Associação Nacional dos Servidores da Carreira de Planejamento e Orçamento (Assecor), Associação Nacional dos Especialistas em Políticas Públicas e Gestão Governamental (Anesp), Associação dos Servidores do Ipea e Sindicato Nacional dos Servidores do Ipea (Afipea), Associação Nacional dos Servidores de Ciência e Tecnologia (ASCT), Sindicato Nacional dos Servidores Públicos Federais da Carreira de Gestão, Planejamento e Infraestrutura em Ciência e Tecnologia (SINDGCT) e União das Carreiras de Finanças e Controle (Unacon Sindical). Isso ajudou muito a disseminar o debate ao redor do tema tão importante.

Assim os debates foram organizados, contando com o apoio do jornalista Cristiano Romero (Valor), da jornalista Adriana Fernandes (Estadão) e do jornalista Fausto Oliveira para mediá-los, e da UnBTV, que disponilizou suporte técnico durante as transmissões no YouTube. Esses debates estão disponíveis no seguinte sítio da internet:

No total foram realizados oito debates, com início em setembro de 2022 e término em fevereiro de 2024, transmitidos na seguinte ordem:

- 2 de setembro de 2022 – Profa. Fionna Tregenna da Universidade de Johanesburgo (África do Sul) e o prof. Luiz Carlos Bresser-Pereira (FGV São Paulo).
- 16 de setembro de 2022 – Prof. Júlio Sérgio Gomes de Almeida (IE-Unicamp e diretor do Iedi) e o Bernard Appy (Centro de Cidadania Fiscal).
- 23 de setembro de 2022 – Prof. Carlos Henrique de Brito Cruz (Unicamp) e prof. Paulo Gala (FGV São Paulo).
- 30 de setembro de 2022 – Prof. Roberto Mangabeira Unger (Harvard) e prof. Dani Rodrik (Harvard).
- 28 de outubro de 2022 – Mario Bernardini (Abimaq) e Renato Corona Fernandes (Fiesp).

- 16 de dezembro de 2022 – Prof. Luiz Gonzaga Belluzzo (Unicamp) e prof. José Luiz Pagnussat (Enap).
- 14 de abril de 2023 – Prof. Alejandro Frank (UFRGS), prof. Antonio Carlos Diegues (Unicamp) e Mario Bernardini (Abimaq).
- 5 de fevereiro de 2024 – Prof. André Nassif (UFF), prof. João Furtado (USP) e pesquisador Paulo César Morceiro (Universidade de Utrecht – Holanda).

Mas não estávamos satisfeitos apenas com os debates, pois era necessário aprofundar um pouco mais o tema e somente um livro poderia aplacar nossa curiosidade e vontade de debater a neoindustrialização do país. Assim surgiu esse projeto de trazer ao grande público algumas ideias de debatedores ou pessoas próximas que esclarecessem alguns aspectos importantes.

O capítulo que inaugura este livro dos professores Paulo César Morceiro e Milene Simone Tessarin proporciona uma análise detalhada e rica em dados sobre o fenômeno da desindustrialização não apenas no Brasil, mas também em uma perspectiva internacional comparada. Num contexto em que o setor de serviços ganha ascendência sobre o setor industrial globalmente, é crucial entender como essa transformação estrutural afeta diferentes países. Ao longo de cinco décadas, o capítulo examina a evolução da participação da indústria no PIB de trinta nações, abrangendo cerca de 90% do parque industrial mundial. Utilizando tanto dados a preços correntes quanto a preços constantes, a análise revela nuances importantes sobre a trajetória da desindustrialização em cada país, destacando a severidade e a precocidade desse fenômeno. Por meio de gráficos e análises comparativas, o capítulo não apenas desvela a gravidade da desindustrialização no Brasil, mas também desafia concepções amplamente difundidas sobre esse processo a nível global. Além disso, ao explorar a relação entre a participação da indústria no PIB e a renda *per capita* dos países, o capítulo oferece *insights* valiosos sobre a distinção entre desindustrialização normal e prematura, ilustrando como o contexto econômico e social de cada nação influencia sua trajetória industrial. Com seções dedicadas a avaliar a desindustrialização como um fenômeno mundial, a examinar sua generalização em diferentes países e a elaborar um *ranking* dos mais afetados, este capítulo fornece uma base sólida para a compreensão da dinâmica complexa da desindustrialização no contexto internacional e sua repercussão no desenvolvimento econômico global.

O segundo capítulo, de autoria dos professores Pedro Cezar Dutra Fonseca e Adalmir Antonio Marquetti, mergulha na fascinante trajetória da industrialização e desindustrialização do Brasil, revelando a intensidade e o êxito desse processo ao longo do século XX. O Brasil, na época predominantemente agrário, viu sua indústria ganhar impulso após 1930, durante o período desenvolvimentista, conhecido como "processo de substituição de importações". Contudo, a partir da década de 1980, sob a égide do neoliberalismo, testemunhamos uma queda abrupta na participação da indústria no valor agregado bruto (VAB), marcando um período de desindustrialização significativa. Este capítulo examina os principais impulsionadores dessas mudanças estruturais, dividindo-se em três seções distintas: a primeira analisa a industrialização durante o desenvolvimentismo, a segunda explora a desindustrialização no período neoliberal e a terceira oferece reflexões sobre as perspectivas de reindustrialização do Brasil. Ao compreender os fatores que moldaram essas transformações, buscamos não apenas registrar os eventos históricos, mas também lançar luz sobre as causas subjacentes que impulsionaram essas mudanças econômicas fundamentais.

O terceiro capítulo, dos professores Jackson De Toni e Verena Hitner Barros, explora profundamente as complexidades e desafios enfrentados pelo setor industrial do país nos últimos anos. Desde o fechamento de milhares de indústrias e a perda significativa de postos de trabalho até a transformação digital e a ascensão da Indústria 4.0, o cenário industrial brasileiro é analisado minuciosamente. Com exemplos concretos de empresas que encerraram suas operações no país e a migração de trabalhadores qualificados para setores menos especializados, o capítulo revela as consequências da desindustrialização e ressalta a grande importância da indústria para a economia nacional. Embora o Brasil tenha avançado em políticas industriais e investimentos em pesquisa e desenvolvimento, a síndrome da "Rainha Vermelha" - a necessidade de correr apenas para permanecer no mesmo lugar - permanece como um desafio constante. O capítulo se desdobra em seis seções distintas, explorando desde as políticas industriais dos governos anteriores até a política de neoindustrialização anunciada recentemente, fornecendo uma análise abrangente e perspicaz do panorama industrial brasileiro e suas perspectivas futuras.

No quarto capítulo deste livro o professor Luiz Gonzaga Belluzzo traz reflexões profundas sobre a indústria e o processo de reindustrialização. Iniciando com um debate provocativo entre economistas, Belluzzo destaca a importância histórica da Revolução Industrial e sua influência na transformação da sociedade, bem como a necessidade de compreender a indústria não apenas como um conjunto de fábricas, mas um modo de produção disseminado por todos os setores da economia. Ao longo do capítulo, o autor explora a evolução da indústria desde o século XIX até os dias atuais, abordando temas como a Segunda Revolução Industrial, as inovações tecnológicas e os desafios enfrentados pelos países em desenvolvimento na busca pela industrialização. Belluzzo ressalta a importância de adaptar-se às transformações tecnológicas e sociais, concluindo com uma reflexão sobre o papel da inteligência humana na reinvenção da vida social diante das novas conquistas tecnológicas.

No quinto capítulo, o professor Luiz Carlos Bresser-Pereira aborda a questão crucial da administração da taxa de câmbio para impulsionar o crescimento econômico. Bresser-Pereira contextualiza a crise econômica e política enfrentada pelo Brasil desde 2014 e destaca a importância de restabelecer a confiança no país para normalizar a economia. Ele argumenta que a apreciação da taxa de câmbio pode levar a uma nova onda de desindustrialização, prejudicando a competitividade da indústria nacional. O autor propõe uma política baseada na Teoria Novo-Desenvolvimentista (TND) como uma solução para evitar esse cenário, oferecendo uma abordagem simplificada para entender essa perspectiva.

No sexto capítulo, o prof. dr. Antonio Carlos Diegues discute a relevância da política industrial e da neoindustrialização brasileira diante das mudanças no paradigma tecnoprodutivo e na competição global. Ele argumenta que as estratégias tradicionais de política industrial, desenvolvidas após a Segunda Guerra Mundial, precisam ser adaptadas ao contexto atual, marcado pela fragmentação da produção, surgimento das Cadeias Globais de Valor (CGV), digitalização e outras transformações. O capítulo propõe elementos para o desenho de políticas industriais mais eficazes, considerando a dinâmica competitiva e de acumulação no cenário atual, visando contornar as limitações impostas pela desindustrialização e pela chamada "doença brasileira". Diegues destaca a necessidade de uma estratégia de política industrial que reconheça as mudanças na estratégia de concorrência e acumulação do capital industrial brasileiro, que se adaptou a uma lógica diferente do período desenvolvimentista, buscando assim uma coalizão produtivista capaz de impulsionar a neoindustrialização do país.

No sétimo capítulo, o professor Caetano C. R. Penna explora o conceito de políticas de ciência, tecnologia e inovação (CTI) orientadas por missão e sua aplicação no contexto brasileiro, à luz das transformações industriais e sociais internacionais. O capítulo resgata a trajetória histórica das políticas brasileiras nessa área e destaca o Programa Inova, desenvolvido pela Financiadora de Estudos e Projetos (Finep) e pelo Banco Nacional de Desenvolvimento Econômico e Social (BNDES), como uma iniciativa recente alinhada com essa abordagem. Penna propõe lições valiosas para o aperfeiçoamento da agenda de missões do Brasil, enfatizando a necessidade de adaptar os arcabouços conceituais ao contexto nacional e criar uma abordagem genuinamente brasileira que potencialize as capacidades sistêmicas do país para impulsionar o desenvolvimento socioeconômico. O capítulo está estruturado em diversas seções que abordam desde o panorama das políticas orientadas por missão até a análise da experiência do Programa Inova, culminando em lições para a formulação de uma nova agenda de missões nacional.

O oitavo capítulo, escrito por Celso Pansera e Hudson Mendonça, explora a necessidade de uma nova política industrial no Brasil em meio ao processo de neoindustrialização. Ao destacar a perda de relevância do setor industrial no PIB nacional ao longo das décadas, os autores ressaltam a importância de repensar e modernizar a indústria, enfatizando inovação, sustentabilidade, integração com cadeias globais e interação com o setor de serviços. Esses aspectos são fundamentais para impulsionar o desenvolvimento industrial no país. Além disso, o capítulo destaca a relação entre políticas orientadas por missões, compras públicas de inovação e o papel da Finep nesse contexto, apresentando os instrumentos disponíveis para impulsionar a inovação industrial no Brasil.

O nono capítulo, escrito por Tatiana Farah de Mello Cauville, destaca a importância crucial da ciência, tecnologia e inovação (CT&I) como pilares fundamentais para uma política de (neo)industrialização no Brasil. Diante da redução da participação da indústria no PIB nacional, é urgente implementar um plano de retomada que aproveite o potencial do país em áreas como bioeconomia, descarbonização, sustentabilidade e saúde. Com vastos recursos naturais e vantagens comparativas reconhecidas globalmente, o Brasil tem o potencial de se posicionar como líder global em uma nova indústria baseada em práticas sustentáveis. No entanto, isso requer uma governança eficaz, investimentos estratégicos em inovação e desenvolvimento tecnológico, políticas públicas assertivas e um diálogo contínuo entre governo, setor privado, academia e sociedade. A Mobilização Empresarial pela Inovação (MEI), liderada pela Confederação Nacional da Indústria (CNI), representa um exemplo desse esforço colaborativo. O capítulo argumenta que a promoção de uma nova industrialização no Brasil depende da intensificação do investimento em inovação e da adoção de um modelo orientado por missões, alinhado aos desafios sociais mais amplos.

No décimo capítulo, Mario Bernardini aborda o contexto histórico que levou à ascensão do neoliberalismo e suas repercussões na indústria brasileira. Com o surgimento do neoliberalismo a partir das décadas de 1970 e 1980, ideias como a defesa do livre mercado, a desregulamentação e a redução do papel do Estado tornaram-se dominantes, influenciando não apenas a economia global, mas também as políticas adotadas por organismos internacionais como o FMI e o Banco Mundial. A queda do Muro de Berlim e o colapso da União Soviética consolidaram essa ideologia, promovendo a demonização do Estado e a glorificação do livre mercado como solução para todos os problemas sociais. Esse cenário, aliado à globalização das cadeias de produção e à busca por mão de obra mais barata, resultou na desindustrialização de países ocidentais, como os Estados Unidos, em favor de regiões como o sudeste asiático, especialmente a China. Bernardini destaca os impactos socioeconômicos e políticos desse processo, evidenciando a urgência de repensar o papel da indústria diante das transformações provocadas pelo neoliberalismo nas últimas décadas.

No décimo primeiro capítulo, os professores André Nassif e Paulo César Morceiro propõem um Plano Nacional de Desenvolvimento (PND) para o Brasil, centrado na reindustrialização e no avanço econômico e social do país. Os autores destacam a importância do setor manufatureiro como motor estrutural do crescimento econômico, especialmente diante das transformações tecnológicas da Indústria 4.0. Abordando a desindustrialização prematura enfrentada pelo Brasil, o capítulo argumenta a necessidade de uma política industrial sistêmica, integrada a outras políticas públicas, como ciência, tecnologia, educação e macroeconomia. Inspirado na abordagem de Mazzucato sobre políticas orientadas por missões, o PND proposto busca direcionar investimentos, inovação e colaboração entre diversos agentes econômicos para resolver desafios centrais da economia brasileira. As seções subsequentes do capítulo detalham indicadores da desindustrialização, sugerem prioridades e instrumentos para o PND e concluem com uma síntese das propostas apresentadas.

O décimo segundo capítulo, escrito por Cristina Froes de Borja Reis e Rafael Dubeux, apresenta o Plano de Transformação Ecológica proposto pelo governo Lula, que visa redefinir os paradigmas tecnológicos, financeiros, produtivos e culturais do país. Com o objetivo de enfrentar a crise climática e promover um desenvolvimento econômico que reduza as desigualdades, o plano incorpora a descarbonização ratificada no Acordo de Paris e busca alinhar-se com as aspirações democráticas da nação. O capítulo explora o histórico das negociações internacionais sobre o desenvolvimento e a crise climática, desde a década de 1970 até os dias atuais, destacando marcos importantes como a Convenção sobre Mudanças Climáticas e a Agenda 2030. Ao analisar o contexto global e nacional, os autores ressaltam a necessidade de políticas públicas que promovam a incorporação tecnológica, a sustentabilidade ambiental e a justiça distributiva, visando um desenvolvimento inclusivo e sustentável para o Brasil.

No décimo terceiro capítulo, João Paulo Pieroni e José Luis Gordon destacam a urgência do Brasil em revitalizar sua indústria para impulsionar o crescimento econômico e atender às demandas da sociedade moderna. Com o estabelecimento do Conselho Nacional de Desenvolvimento Industrial (CNDI) para assessorar o governo nesse processo, é ressaltada a importância de políticas industriais direcionadas, alinhadas com a promoção da ciência e da inovação, à luz dos desafios geopolíticos e da necessidade de segurança energética e descarbonização. Inspirado na metodologia de missões de Mariana Mazzucato, o Brasil se junta a outros países na formulação de políticas industriais centradas em desafios nacionais específicos. O BNDES, reconhecendo a indústria como motor da economia, busca se reposicionar como um agente-chave na implementação dessa nova política, priorizando a sustentabilidade e a geração de conhecimento. O capítulo também esboça a estrutura do texto, que aborda desde a desindustrialização até a avaliação dos projetos apoiados, culminando na necessidade de um esforço conjunto para reafirmar a importância da indústria brasileira em uma base inovadora, verde e produtiva.

No último capítulo, escrito e referendado pelos membros do Coletivo Reindustrialização, adentramos a complexidade da neoindustrialização do Brasil, um tema que ganhou destaque após os desdobramentos da pandemia da covid-19. Ao longo da crise, testemunhamos uma dinâmica econômica e geopolítica que expôs as vulnerabilidades das cadeias globais de fornecimento, evidenciando a necessidade de *reshoring* para garantir a resiliência das indústrias. As políticas monetárias e fiscais adotadas pelos governos em resposta à crise desempenharam um papel crucial no cenário econômico, contribuindo tanto para a estabilização quanto para o aumento das pressões inflacionárias. Além disso, as perturbações nas cadeias de abastecimento exacerbaram a escassez de produtos e atrasos na produção, enquanto a persistência da inflação trouxe desafios adicionais para a gestão macroeconômica. Assim, este capítulo explora as interconexões entre os desafios econômicos, políticos e sociais, destacando a necessidade de uma abordagem holística e resiliente para enfrentar os dilemas da neoindustrialização no contexto brasileiro.

Este livro traz em seu conteúdo uma projeção de mundo econômico onde não há consensos, mas uma visão que podemos desenvolver pela indústria o Brasil, cunhando o termo *neoindustrialização brasileira* para diferir do momento histórico e geopolítico que vivemos, no qual a digitalização e a transição energética são assuntos tão importantes. Não temos dúvidas de que vozes dissonantes se levantarão para propor que o Estado intervenha minimamente por meio dos agentes econômicos em propostas que já foram testadas, que estagnam e não promovem um desenvolvimento do Brasil e de outras nações emergentes. As propostas do Consenso de Washington[1] são o berço dessas ideias; respeitamos essas opiniões, mas temos o desenvolvimento como foco de nossas ações e a equidade de riqueza como princípio.

Este livro fornece informações essenciais para compreender as razões pelas quais algumas nações menos desenvolvidas conseguem progredir e se igualar às nações líderes (*catching up*), enquanto outras ficam para trás (*falling behind*) e não conseguem melhorar seus níveis de produtividade. Realçamos que os textos são de inteira responsabilidade de seus autores, mas estão aqui pois acreditamos que ajudam a promover a *neoindustrialização brasileira*. Desejamos uma boa leitura.

Sérgio Roberto Knorr Velho (org.)
Prof. Dr. Adalmir Antonio Marquetti
Dr. Alberto Carlos Lourenço Pereira
Dr. Alexandre Coelho Teixeira
Ana Paula Sampaio Volpe
Prof. Dr. André Nassif
Artur Santana Guedes Vanderlinde
Prof. Dr. Edilson Pedro
Fausto Oliveira
Felipe Augusto Machado
Prof. Dr. Jackson De Toni
Prof. Dr. João Furtado
Jorge Luís Ferreira Boeira
Dr. Luís Felipe Giesteira
Dr. Marconi Edson Esmeraldo Albuquerque
Ricardo Henrique Padilha de Castro
Dr. Sérgio Wulff Gobetti

Coletivo Reindustrialização
Brasília, março de 2024

1 O Consenso de Washington foi uma recomendação internacional elaborada em 1989, que visava propalar a conduta econômica neoliberal com a intenção de combater as crises e misérias dos países subdesenvolvidos, sobretudo os da América Latina. Sua elaboração ficou a cargo do economista norte-americano John Williamson.

1. Desindustrialização internacional comparada e o caso crítico do Brasil

Paulo César Morceiro
Milene Simone Tessarin

1.1 Introdução

A economia mundial vem passando por uma transformação estrutural em que o setor de serviços tem ganhado cada vez mais peso em detrimento do setor industrial nos últimos 50 anos. A literatura econômica tem chamado esse processo de *desindustrialização* e alertado para suas consequências negativas quando ele ocorre num baixo nível de renda *per capita* (Morceiro, 2012, 2018). No entanto, a intensidade de tal processo transformador difere entre os países, assim como ele é mensurado (a preços correntes ou constantes).

Embora a desindustrialização já tenha sido extensivamente estudada pela literatura brasileira, nenhum trabalho comparou esse processo internacionalmente considerando a desindustrialização a preços correntes e a preços constantes, nem que tenha feito um *ranking* dos países que apresentaram as desindustrializações mais aceleradas.

Este capítulo faz uma avaliação descritiva da (des)industrialização internacional para trinta países desde 1970. Esses países somados detêm cerca de 90% do parque industrial mundial na atualidade. Dessa forma, tal avaliação cobre praticamente toda a indústria mundial ao longo de meio século. Além disso, o capítulo também identifica os casos de desindustrialização normal e prematura mais graves do mundo, hierarquizando-os em nível de severidade.

Tal avaliação numa perspectiva internacional comparada foi útil para dimensionar a gravidade da desindustrialização prematura do Brasil. Além disso, a noção popular de que o mundo vem se desindustrializando depende do modo como tal processo é mensurado, se a preços correntes ou a preços constantes (este último desconsidera a inflação setorial).

Além desta introdução, a seção 1.2 avalia se a desindustrialização é um fenômeno mundial considerando o mundo como uma única região. A seção 1.3 busca verificar se a desindustrialização é generalizada nos trinta países mencionados. A seção 1.4 dedica-se a observar o crescimento real acumulado da indústria de transformação, e a seção 1.5 busca elaborar um *ranking* dos países que mais se desindustrializaram nas últimas cinco décadas. Por fim, a seção 1.6 apresenta uma breve discussão do caso brasileiro e conclui o capítulo.

1.2 A desindustrialização é um fenômeno mundial?

O grau de industrialização é mensurado como a parcela do valor adicionado da indústria de transformação no valor adicionado da economia total. Como o valor adicionado corresponde exatamente ao PIB mensurado a preços básicos, busca-se trabalhar no restante do estudo com o grau de industrialização referido pela participação da manufatura no PIB mensurada a preços básicos. Assim, aumento contínuo no grau de industrialização significa industrialização e, ao contrário, desindustrialização.

Para apurar se há redução na parcela industrial no PIB mundial é preciso se atentar a dois aspectos: a variação dos preços e o efeito China. Ambos podem interferir na conclusão caso não sejam ponderados adequadamente, por isso vamos detalhá-los.

O Gráfico 1.1 apresenta a parcela da indústria de transformação no PIB anualmente desde 1970 para a economia mundial. Note que são exibidas duas séries: uma mensurada a preços correntes e outra a preços constantes de 2010. Na primeira delas constata-se visualmente que a parcela da manufatura no PIB mundial diminuiu quase 10 pontos percentuais entre 1974 e início do século XXI; note que entre 2002 e 2017 a parcela da manufatura fica estável em 17% do PIB mundial. No entanto, quando a série é mensurada a preços constantes de 2010 não há tendência definida de industrialização ou desindustrialização. A parcela manufatureira no PIB a preços constantes de 2010 oscila entre 15 e 17% e apresenta ligeira tendência de aumento nos anos finais da série.

Cabe ressaltar que na crise internacional de 2008-2009 a parcela industrial recuou 1%. Mas no biênio de 2010-2011 já houve recuperação, pois vários países adotaram medidas de estímulo ao setor industrial.

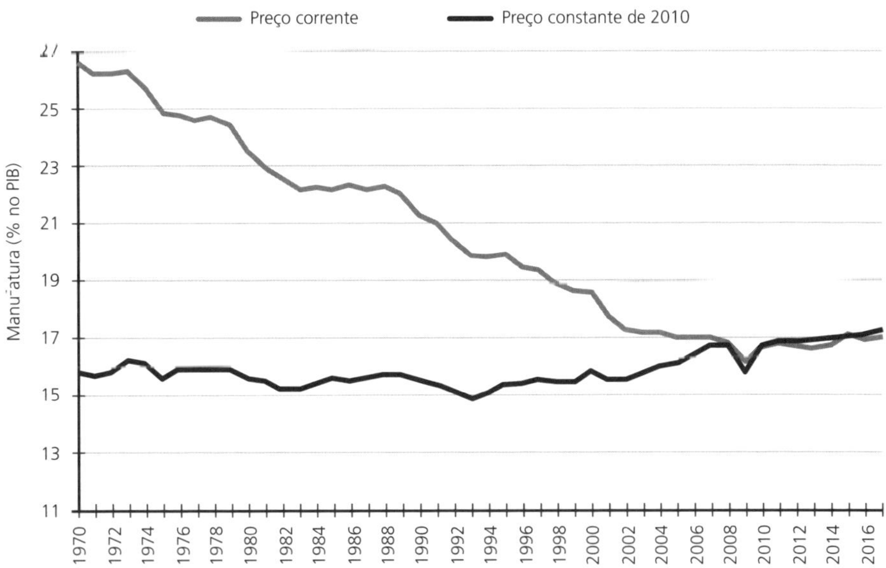

Gráfico 1.1 Manufatura (% no PIB) do mundo.

Fonte: ONU (The National Accounts Main Aggregates Database).

Dada tal divergência, qual série devemos considerar para avaliar se o mundo segue ou não uma tendência de desindustrialização? O ideal é observar a série a preços constantes porque elimina a inflação setorial, captando apenas o crescimento real. Logo, na série mensurada a preços constantes, se o setor industrial amplia ou diminui a participação na composição do PIB significa que a indústria cresceu mais ou menos que o PIB.

Na série a preços correntes não podemos seguir esse raciocínio porque ela está contaminada pela inflação setorial. Neste caso, mesmo que a parcela industrial diminua seu peso na economia, esta redução pode ter decorrido não porque a indústria cresceu menos que o restante da economia (e diminuiu de tamanho relativo), mas sim porque a inflação do setor industrial foi menor que a do restante da economia. Geralmente, a inflação industrial cresce num ritmo inferior ao da economia total, conforme o Gráfico 1.2 exibe.

O Gráfico 1.2 exibe a inflação mundial acumulada da indústria de transformação e da economia total desde 1970. Observe que a inflação industrial evoluiu num ritmo inferior ao da economia total. Isso acontece por dois motivos principais: produtividade e grau de comercialização com o exterior.

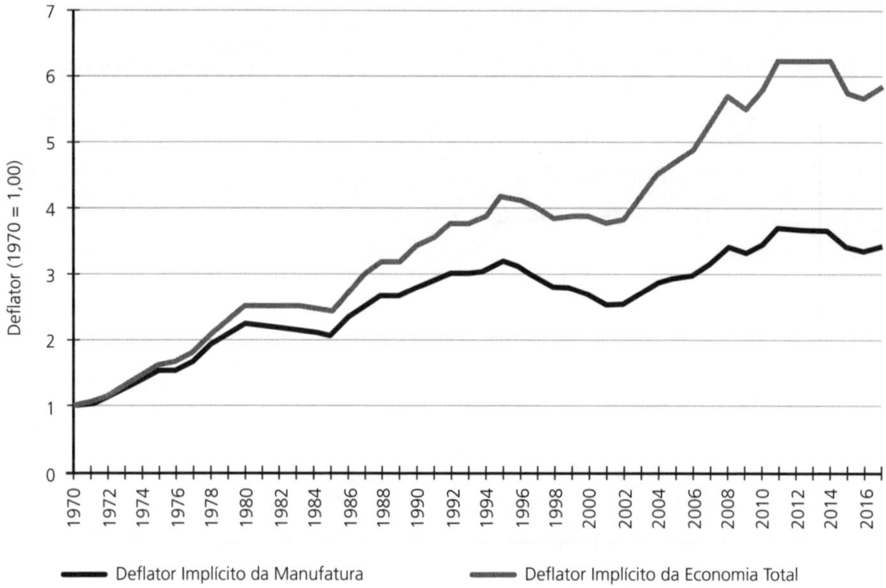

Gráfico 1.2 Deflator implícito do PIB da manufatura e da economia total do mundo, 1970 = 1,00.

Fonte: ONU (The National Accounts Main Aggregates Database).

Primeiro, o crescimento da produtividade tende a ser maior na manufatura que no resto da economia – sobretudo em comparação com o setor de serviços –, devido à mecanização e as escalas de produção serem maiores na manufatura. Note que o setor de serviços representa cerca de 2/3 a 3/5 da economia total em qualquer país na atualidade. Segundo, o grau de comercialização com o exterior é maior na manufatura que no restante da economia, sobretudo porque os serviços são menos transacionáveis com o exterior. Logo, por um lado, a manufatura consegue administrar melhor aumentos de preços em virtude do crescimento da produtividade redutora de custos e, por outro, a pressão competitiva no comércio internacional impõe um teto para repasses de preços; já os serviços sofrem menor influência desses dois canais de transmissão – ver Morceiro (2012, p. 57-60) para uma discussão mais detalhada.

Sendo assim, a razão para a manufatura mundial não perder participação relativa ao PIB quando mensurada a preços constantes, mas perder quando mensurada a preços correntes deve-se principalmente ao crescimento da inflação ter sido maior na economia total que na manufatura ao longo das últimas décadas.

O Gráfico 1.3 mostra a correlação elevadíssima entre o índice de preços relativos e a participação da manufatura no PIB mensurada a preços correntes. Basicamente, a preços correntes a indústria perdeu 40% de peso relativo na economia mundial porque os preços industriais cresceram 40% menos que os preços da economia total. Logo, o crescimento real – "em quantidades" – foi praticamente o mesmo na manufatura e na economia total, por isso, a preços constantes, a parcela industrial no PIB se manteve estável.

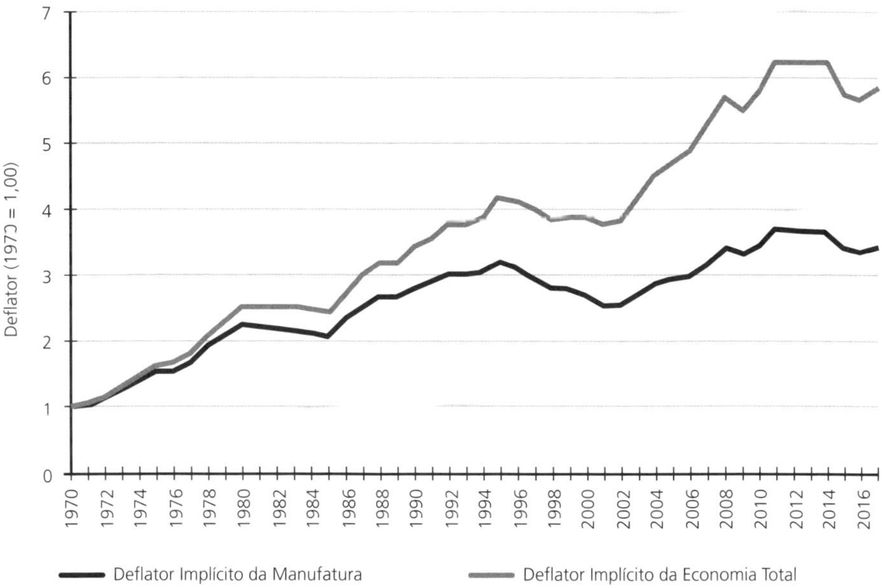

Gráfico 1.3 Evolução do índice de preços relativos e do índice da manufatura (% no PIB).

Fonte: ONU (The National Accounts Main Aggregates Database).

No restante deste estudo exibiremos a participação da manufatura no PIB mensurada tanto a preços correntes quanto a preços constantes. Ao leitor, fica a ressalva: a série a preços correntes inclui a inflação setorial; logo, a série a preços constantes é mais adequada para os estudos de mudança estrutural – apesar disso, no Brasil, o debate em torno da desindustrialização foi edificado sob a série a preços correntes.

Quanto ao efeito China em específico, é preciso maiores ponderações pois, devido ao crescimento expressivo acumulado nas últimas três décadas do século XX, a economia chinesa tem influenciado crescentemente a economia global no século XXI. Nas últimas décadas a produção industrial chinesa cresceu a taxas superiores a dois dígitos. Muitos países, principalmente os Estados Unidos, vivenciaram a transferência de plantas industriais de diversos setores produtivos para a China. Atualmente, como já mencionamos, ela possui o maior parque industrial do planeta e é líder nas exportações manufatureiras, passando Estados Unidos, Japão e Alemanha, que ocuparam as primeiras três posições nas últimas décadas.

O imenso tamanho faz da China um caso à parte capaz de interromper a tendência mundial de desindustrialização a partir de 2002 (ver Gráfico 1.4), na série mensurada a preços correntes. O mundo sem a China exibe uma tendência mais intensa e longa de desindustrialização: entre 1973 e 2009 a manufatura diminuiu de 26,2% para 14,6% do PIB (queda de 11,6%).

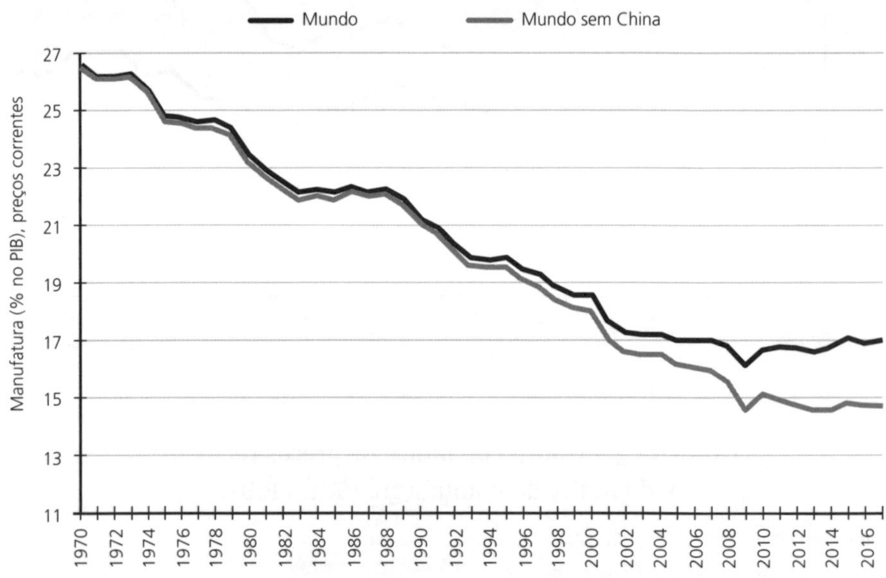

Gráfico 1.4 Manufatura no mundo com e sem a China (% no PIB) a preços correntes, 1970-2017.

Fonte: ONU (The National Accounts Main Aggregates Database).

A preços constantes, a parcela da indústria no PIB do mundo apresentou uma tendência estável, que oscilou entre 15 e 16% (Gráficos 1.4 e 1.5).

Ao se comparar os dados do mundo com e sem a China, nota-se que, quando se inclui a China, a série a preços correntes apresenta uma diminuição menor em nível num intervalo de tempo também menor (Gráfico 1.4); já a série a preços constantes apresenta um ligeiro aumento nos anos finais ao contabilizar a China (Gráfico 1.5). Além disso, em 2017, ambas apresentaram 2% a mais quando se inclui a China (Gráficos 1.4 e 1.5).

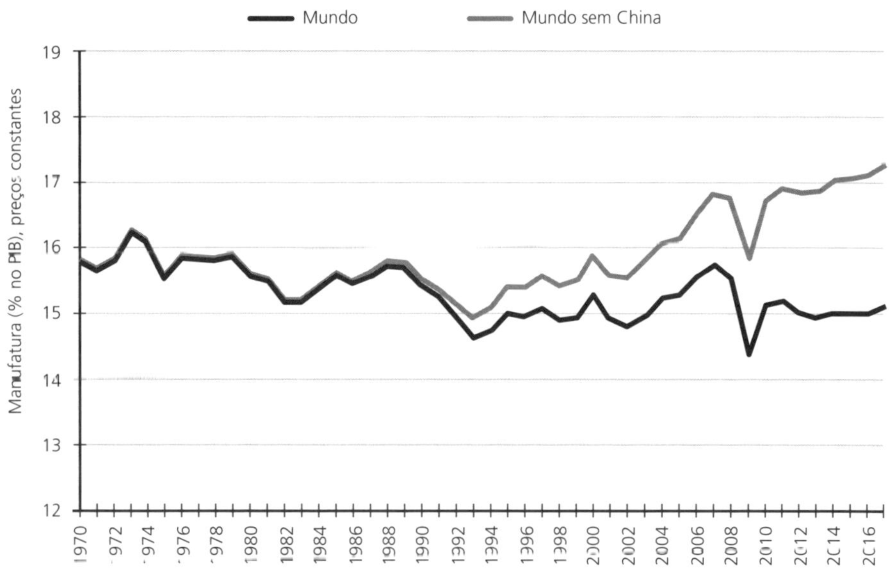

Gráfico 1.5 Manufatura no mundo com e sem a China (% no PIB) a preços constantes de 2010, 1970-2017.

Fonte: ONU (The National Accounts Main Aggregates Database).

Como dito antes, recorrentemente veicula-se que a desindustrialização é um fenômeno mundial que atinge todos os países sem distinção, com exceção da China. Já vimos nesta seção que a desindustrialização não é um fenômeno mundial, nem na série mensurada a preços constantes (Gráfico 1.5) nem na série mensurada a preços correntes desde início dos anos 2000 (Gráfico 1.4). Mas será que os países seguem trajetórias similares à economia mundial?

1.3 A desindustrialização atinge todos os países?

Existe um padrão documentado na literatura econômica sobre a participação da manufatura no PIB e a renda *per capita* dos países, que se relacionam na forma de "U invertido". Isso significa que a parcela da indústria de transformação tende primeiro a aumentar e depois cair à medida que a renda *per capita* se eleva, assim, geralmente segue a trajetória exibida na Figura 1.1.

A parcela da manufatura aumenta quando o país se encontra em níveis baixos de PIB *per capita* até atingir o pico de aproximadamente 25% do PIB na série mensurada a preços correntes. Neste pico, a renda *per capita* alcança um patamar de US$ 20 mil (em paridade de poder de compra (PPC) de 2017), nível em que o país começa a se desindustrializar. Portanto, é esperado que a sequência de um país seja se industrializar e, a partir desse nível, se desindustrializar. Na série mensurada a preços constantes, a parcela industrial só começa a cair após o país superar um nível ainda mais elevado de renda *per capita*.

A curva de U invertido exibida na Figura 1.1 foi feita pelo economista Dani Rodrik, da Universidade de Harvard, a partir de uma simulação que utilizou os resultados de uma regressão econométrica com informações de 42 países – de todos os continentes e representativos de 3/4 da economia mundial – cobrindo o período desde fins da década de 1940 até 2011.

Repare que a curva a seguir é bem aberta – as extremidades estão distantes como um compasso aberto –, ou seja, tanto a fase de industrialização quanto a de desindustrialização ocorrem com ganhos substanciais de renda *per capita* (isso será importante para analisar o caso dos países desenvolvidos e do Brasil na sequência).

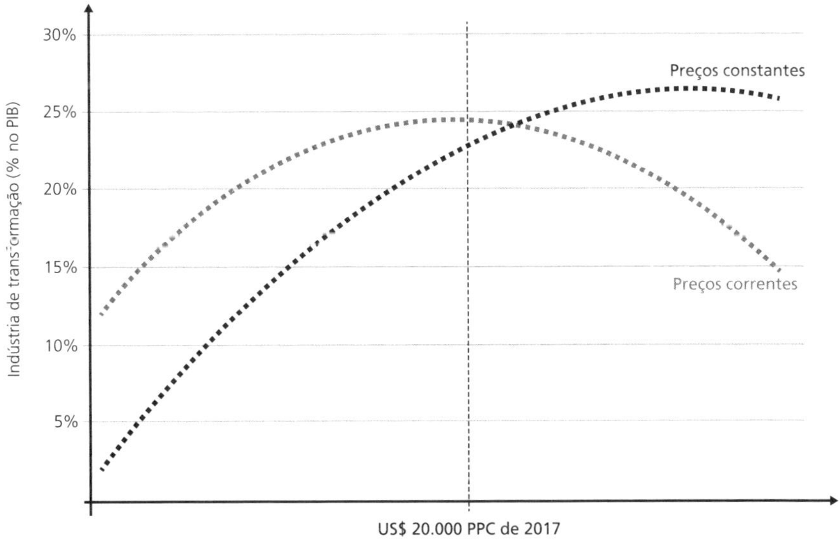

Figura 1.1 Manufatura (em % do PIB) como função da renda (PIB *per capita* em PPC).[1]

Fonte: adaptada de Rodrik, 2016, p. 7.

A literatura qualifica a desindustrialização como normal ou positiva quando a indústria de transformação começa a perder participação no PIB a preços correntes após o país atingir um nível de renda *per capita* apontado como o ponto de inflexão da curva da Figura 1.2, no patamar dos US$ 20 mil em PPC de 2017 – ver Morceiro (2012, p. 70) para uma discussão mais profunda sobre os tipos de desindustrialização. A partir daí, a perda de participação da indústria se deve ao aumento na participação, principalmente, de setores de serviços destinados a uma população com poder aquisitivo elevado (que acessam mais serviços como turismo e lazer, serviços de informação, serviços financeiros, serviços pessoais, saúde privada e educação superior). No entanto, quando a manufatura encolhe bem antes de o país atingir a renda *per capita* do ponto de inflexão, a desindustrialização é qualificada como prematura.

O Gráfico 1.6 exibe a parcela da indústria de transformação no PIB – a preços correntes e a preços constantes de 2010 – e a evolução do PIB *per capita* do Brasil e dos Estados Unidos ao longo das últimas sete décadas, de 1947 a 2018. Ressalte-se que Brasil e Estados Unidos têm suas similaridades, pois são

1 Valores atualizados para 2017 pelo IPC dos Estados Unidos.

países populosos, continentais, ricos em recursos naturais, foram colônias e tiveram períodos de escravidão.

Este gráfico sintetiza o argumento da desindustrialização normal *versus* prematura. Caso 1: a indústria estadunidense começou a perder participação no PIB a preços correntes após os americanos alcançarem renda *per capita* de US$ 22 mil em PPC de 2017 – note que durante a desindustrialização a renda *per capita* aumentou bastante e alcançou o patamar de US$ 60 mil em PPC de 2017 no último ano; Caso 2: a indústria brasileira começou a perder participação no PIB quando o país tinha uma renda *per capita* de US$ 12 mil em PPC de 2017 e durante a desindustrialização a renda *per capita* do Brasil aumentou para US$ 15 mil em PPC de 2017. O primeiro caso ilustra a desindustrialização normal ou positiva, pois a desindustrialização, na série a preços correntes, iniciou-se após o país superar a barreira dos US$ 20 mil em PPC de 2017 e a renda *per capita* aumentou substantivamente durante a desindustrialização. O segundo caso representa a desindustrialização prematura; dado que o Brasil começou a se desindustrializar num nível de renda *per capita* de 60% em relação ao ponto de inflexão do U invertido da Figura 1.1 e durante a desindustrialização a renda *per capita* evoluiu pouco.

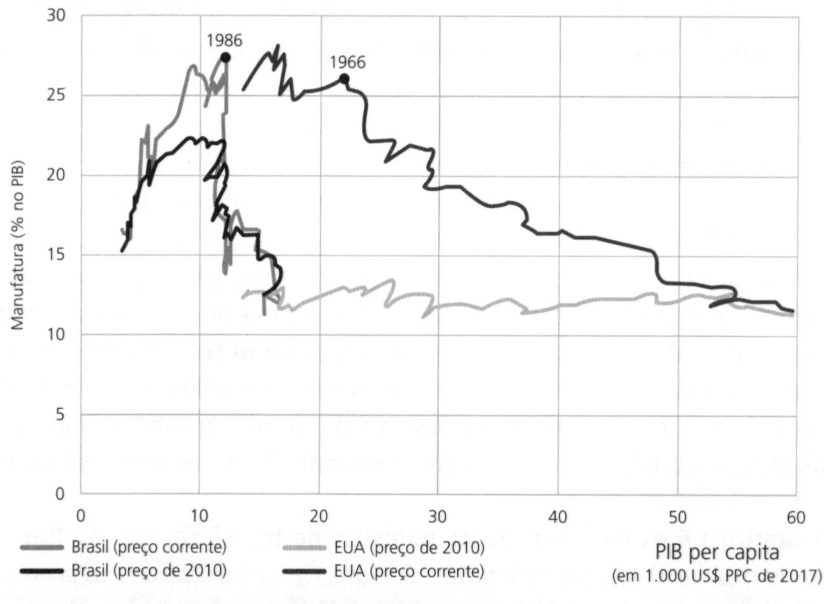

Gráfico 1.6 Manufatura (% no PIB) *versus* PIB *per capita*, 1947 a 2018: Brasil × Estados Unidos.

Fonte: IBGE, BEA-EUA, The Conference Board e Maddinson.

Note também que, na série mensurada a preços constantes, a indústria de transformação dos Estados Unidos manteve o peso no PIB durante todo o período de 72 anos, ou seja, a manufatura deste país cresceu no mesmo ritmo do PIB. No Brasil, de modo oposto ao americano, a manufatura também perde peso no PIB muito precocemente a preços constantes devido à manufatura ter crescido menos que o PIB na maioria dos anos desde 1981. Voltaremos a explorar a (des)industrialização mensurada a preços constantes mais à frente.

Além do nível de renda *per capita* em que a manufatura começou a encolher na série a preços correntes, também é interessante observar a *duração* da fase de industrialização no pico. O Gráfico 1.6 mostra o momento em que o grau de industrialização dos Estados Unidos fica próximo ao pico e começa a diminuir, ou seja, a segunda metade da curva em forma de U invertido. Como a manufatura americana só começou a perder participação no PIB em 1966 na série a preços correntes, o grau de industrialização dos Estados Unidos ficou próximo do pico por duas décadas (1947-1966) – é provável que tenha ficado no pico por um período maior, porém não há dados anteriores a 1947. Entre 1947 e 1966, a manufatura representou, na média do período, 26,2% do PIB dos Estados Unidos. Ou seja, a *duração* do grau de industrialização próximo ao pico foi longa e nesse período a renda *per capita* aumentou para US$ 22 mil (em PPC de 2017) em 1966. Isso possibilitou aos Estados Unidos escaparem da armadilha da renda média.

O Brasil é um país de industrialização tardia que se industrializou intensamente a partir da década de 1950. Além disso, a *duração* do grau de industrialização brasileiro no pico foi curta. A parcela da manufatura no PIB brasileiro primeiro aumentou rapidamente, e logo em seguida diminuiu tão rápido quanto cresceu. Tanto o aumento quanto a queda ocorreram num curto intervalo de tempo e em níveis de renda *per capita* inferiores ao padrão esperado exibido na Figura 1.1. Pode-se considerar que a curva brasileira tem um formato próprio, mais próximo de um "V invertido", principalmente porque a duração no pico foi curtíssima, além de ser bem menos aberta (ou seja, com períodos mais curtos e pouca ampliação da renda *per capita*) que o padrão exibido na Figura 1.1.

Sendo assim, comparativamente, o Brasil se desindustrializou mais rápido que os Estados Unidos. Em apenas 12 anos (1986-1998) o país perdeu 13,3% do PIB (de 27,1% para 13,8%), enquanto os Estados Unidos demoraram 42 anos para perder quase os mesmos percentuais no PIB (de 26,1% para 12,3%, entre 1966 e 2008). Os Estados Unidos (assim como vários países desenvolvidos dos Gráficos 1.7 a 1.35, na sequência) conseguiram administrar melhor o ritmo da desindustrialização, o que acarretou consequências duradouras. Enquanto no Brasil o PIB *per capita* aumentou apenas 25% na fase de desindustrialização, nos Estados Unidos quase triplicou (ver Gráfico 1.6). Em 2018, Brasil e Estados Unidos alcançaram a mesma participação da manufatura no PIB (de 11 a 12%), porém com níveis de renda *per capita* muito distintos.

Para ampliar o foco da análise e englobar mais países, o Gráfico 1.7 exibe as mesmas informações do Gráfico 1.6 para cada um dos trinta países da amostra deste estudo, em ordem alfabética, para um período de 48 anos (de 1970 a 2017).

Nos países desenvolvidos – Alemanha (Gráfico 1.7); Austrália (Gráfico 1.10); Áustria (Gráfico 1.11); Bélgica (Gráfico 1.12); Canadá (Gráfico 1.14); Espanha (Gráfico 1.17); França (Gráfico 1.20); Holanda (Gráfico 1.21); Itália (Gráfico 1.26); Japão (Gráfico 1.27); Reino Unido (Gráfico 1.31); Suécia (Gráfico 1.33) e Suíça (Gráfico 1.34), além dos Estados Unidos (Gráfico 1.18) – a desindustrialização inicia-se num patamar elevado de renda *per capita* e durante o processo de desindustrialização a renda *per capita* se expande muito. Nesses países, a desindustrialização é uma mudança estrutural bem-sucedida em direção aos serviços que continuam elevando o padrão de vida da população, permitindo que a renda *per capita* seja crescente. Apesar de a manufatura continuar importante para a inovação, sobretudo de alta e média-alta tecnologia, ela deixa de ditar o ritmo do crescimento econômico, função transferida paulatinamente para os serviços. Alguns segmentos, como serviços de informação e intensivos em conhecimento, passam por expressiva expansão neste caso bem-sucedido de desindustrialização normal ou positiva.

Já no caso de desindustrialização prematura, se enquadram, além do Brasil (Gráfico 1.13), Argentina (Gráfico 1.9), Filipinas (Gráfico 1.19), Indonésia (Gráfico 1.23) e México (Gráfico 1.29). Note que a desindustrialização se inicia num patamar baixo de renda *per capita* e durante o processo de desindustrialização a renda *per capita* se expande pouco. Na desindustrialização prematura, a mudança estrutural para os serviços não ocorre de forma bem-sucedida, pois os serviços que ganham bastante participação no PIB empregam profissionais de baixos salários e têm baixo crescimento da produtividade. Assim, a economia reduz seu principal motor do crescimento sem que nenhum outro setor dinâmico assuma essa posição, deixando o país em uma situação de risco, numa trajetória de baixo crescimento. A presença de segmentos de serviços de informação e intensivos em conhecimento que pagam salários elevados é ínfima, eles representam ilhas num mar de serviços pouco sofisticados e de baixos salários. O Brasil é um exemplo notável disso.

Além dos casos de desindustrialização normal e prematura pela série mensurada a preços correntes, há um terceiro grupo de países em que a participação da indústria no PIB aumentou na maior parte do período. São eles: Arábia Saudita (Gráfico 1.8); Coreia do Sul (Gráfico 1.10), Irlanda (Gráfico 1.19), Malásia (Gráfico 1.22), e Tailândia (Gráfico 1.16). Na Malásia, a participação da manufatura no PIB dobrou de 15% para 30% e a renda *per capita* quadruplicou de US$ 5 mil para US$ 20 mil em PPC de 2017. Na etapa final, este país começou a se desindustrializar num ritmo moderado e com incrementos substantivos de renda *per capita*, emulando o caso dos países desenvolvidos de desindustrialização normal ou positiva. Certamente, Coreia do Sul e Irlanda representam os casos mais exitosos de industrialização na série mensurada a preços correntes: em ambos os países a parcela da manufatura aumentou para níveis acima de 30% do PIB e a renda *per capita* atingiu US$ 40 mil em PPC de 2017 na Coreia do Sul e superou os US$ 60 mil em PPC de 2017 na Irlanda.

Na Índia (Gráfico 1.22) e na China (Gráfico 1.15) a parcela industrial manteve-se estável ao longo do período analisado, sem apresentar tendência definida de aumento ou de redução. A Índia, embora tenha elevado bastante sua contribuição na indústria mundial tornando-se a sexta maior indústria do planeta, outros setores de serviços cresceram na mesma intensidade que o setor industrial, principalmente serviços de tecnologia da informação. Desta forma, relativamente, a manufatura não ampliou sua participação no PIB indiano. Por sua vez, a China conseguiu manter o grau de industrialização em torno de 30% do PIB nos 48 anos da série; neste período, a renda *per capita* chinesa aumentou de US$ 0,5 mil para US$ 17 mil em PPC de 2017. Ressalta-se que o grau de industrialização não alcançou 30% do PIB na maioria dos países e, quando alcançou, a duração foi bem menor que a chinesa. Atualmente, a China é chamada de *fábrica do mundo* porque foi capaz de gerir políticas que mantiveram a manufatura no centro de uma estratégia de crescimento por várias décadas.

Rússia (Gráfico 1.32), Polônia (Gráfico 1.30) e Turquia (Gráfico 1.32) são casos à parte. Na Rússia, inicialmente a desindustrialização ocorreu com acentuada redução da renda *per capita*, que depois se recupera. Na Polônia, a manufatura perdeu bastante participação inicialmente, depois se estabilizou em torno de 20% com incrementos substantivos de renda *per capita*, assim como na Turquia.

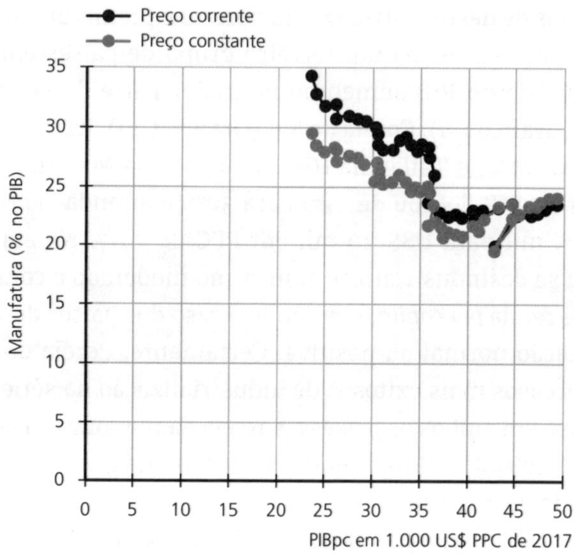

Gráfico 1.7 Manufatura (% no PIB) *versus* PIB *per capita*, 1970 a 2017 na Alemanha.

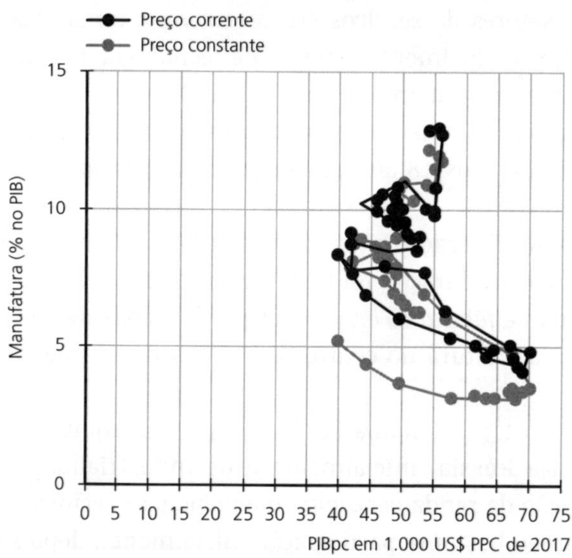

Gráfico 1.8 Manufatura (% no PIB) *versus* PIB *per capita*, 1970 a 2017 na Arábia Saudita.

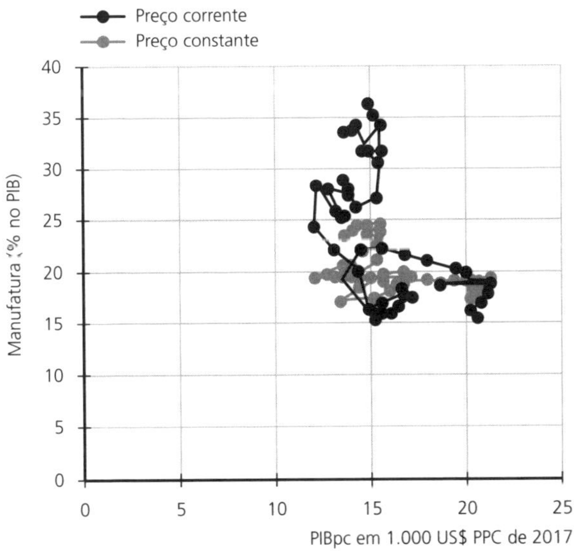

Gráfico 1.9 Manufatura (% no PIB) *versus* PIB *per capita*, 1970 a 2017 na Argentina.

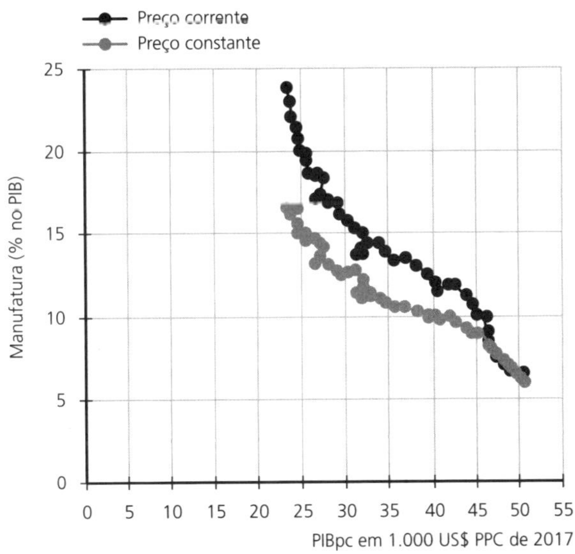

Gráfico 1.10 Manufatura (% no PIB) *versus* PIB *per capita*, 1970 a 2017 na Austrália.

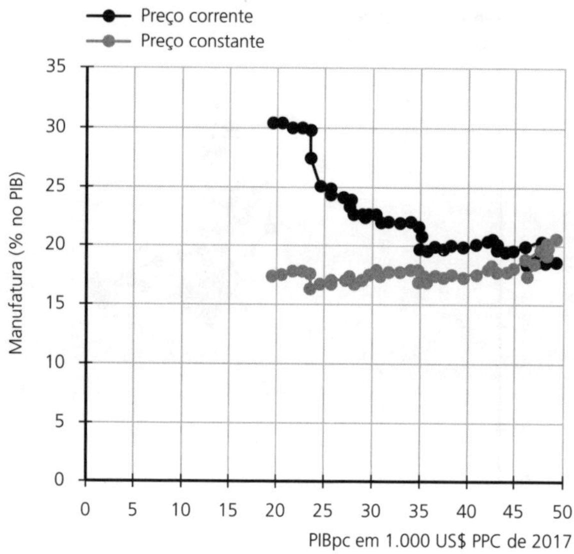

Gráfico 1.11 Manufatura (% no PIB) *versus* PIB *per cápita*, 1970 a 2017 na Áustria.

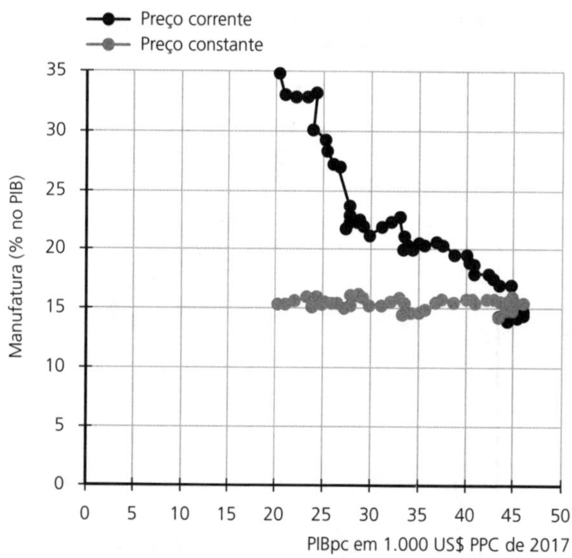

Gráfico 1.12 Manufatura (% no PIB) *versus* PIB *per capita*, 1970 a 2017 na Bélgica.

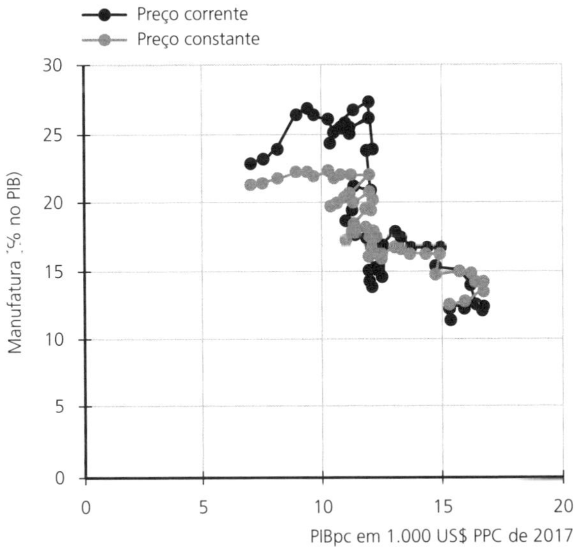

Gráfico 1.13 Manufatura (% no PIB) *versus* PIB *per capita*, 1970 a 2017 no Brasil.

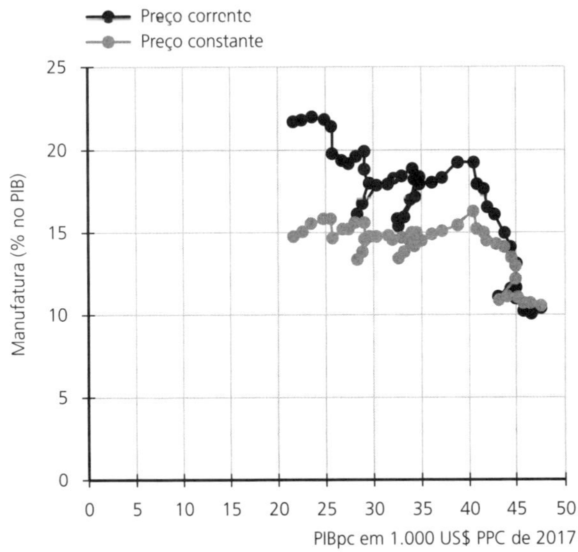

Gráfico 1.14 Manufatura (% no PIB) *versus* PIB *per capita*, 1970 a 2017 no Canadá.

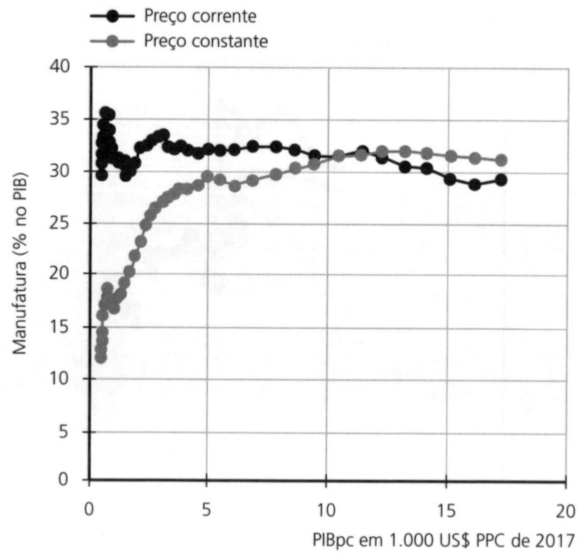

Gráfico 1.15 Manufatura (% no PIB) *versus* PIB *per capita*, 1970 a 2017 na China.

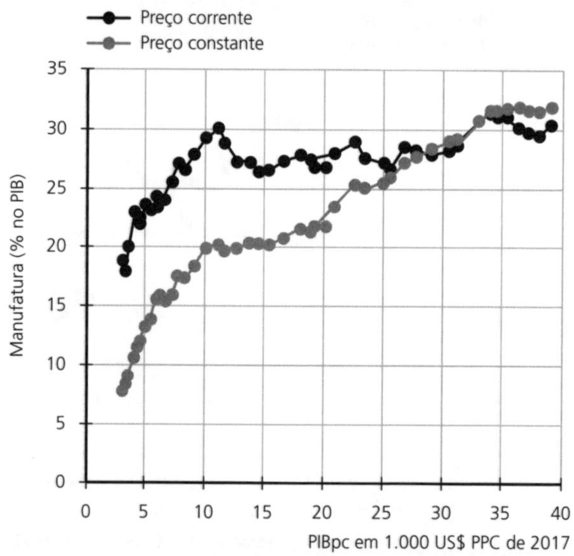

Gráfico 1.16 Manufatura (% no PIB) *versus* PIB *per capita*, 1970 a 2017 na Coreia do Sul.

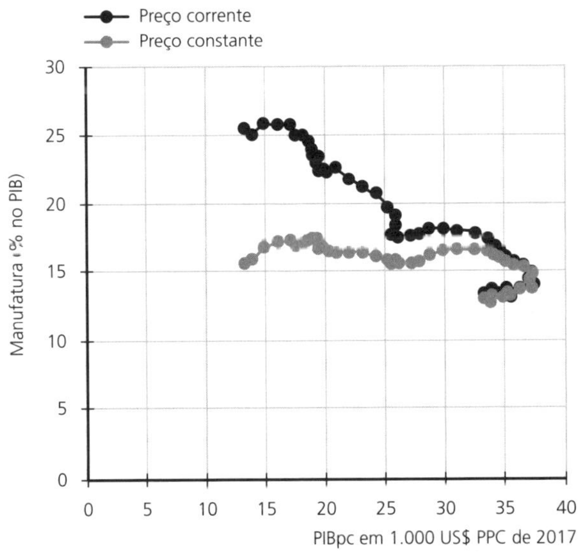

Gráfico 1.17 Manufatura (% no PIB) *versus* PIB *per capita*, 1970 a 2017 na Espanha.

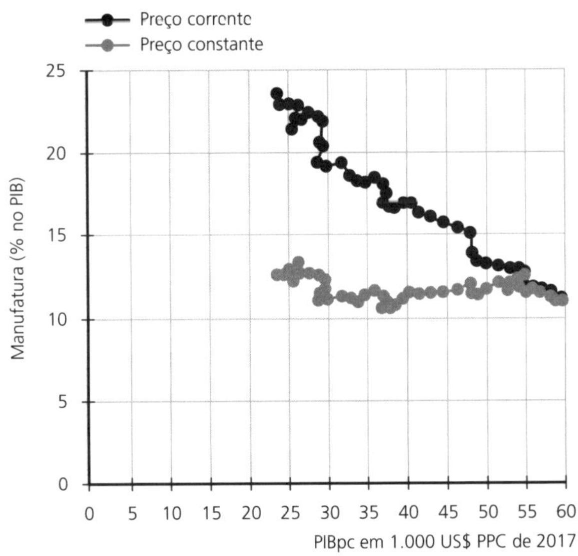

Gráfico 1.18 Manufatura (% no PIB) *versus* PIB *per capita*, 1970 a 2017 nos Estados Unidos.

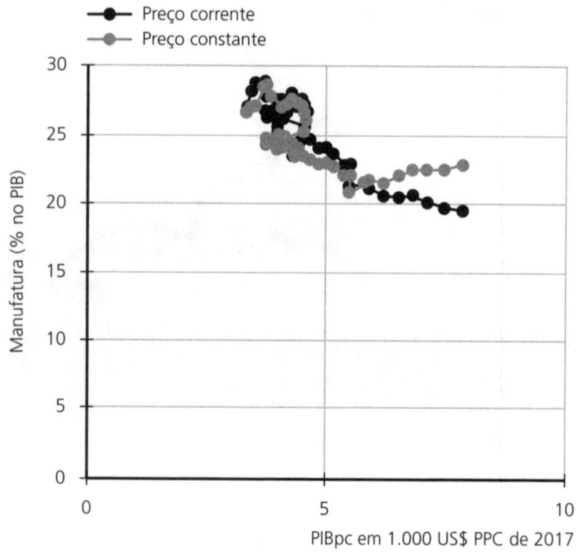

Gráfico 1.19 Manufatura (% no PIB) *versus* PIB *per capita*, 1970 a 2017 nas Filipinas.

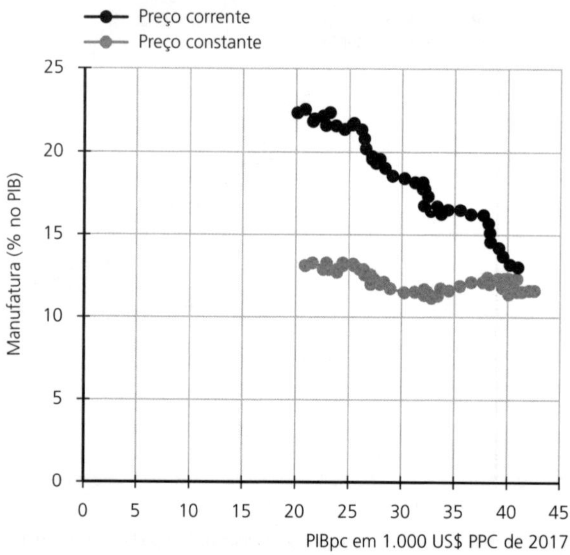

Gráfico 1.20 Manufatura (% no PIB) *versus* PIB *per capita*, 1970 a 2017 na França.

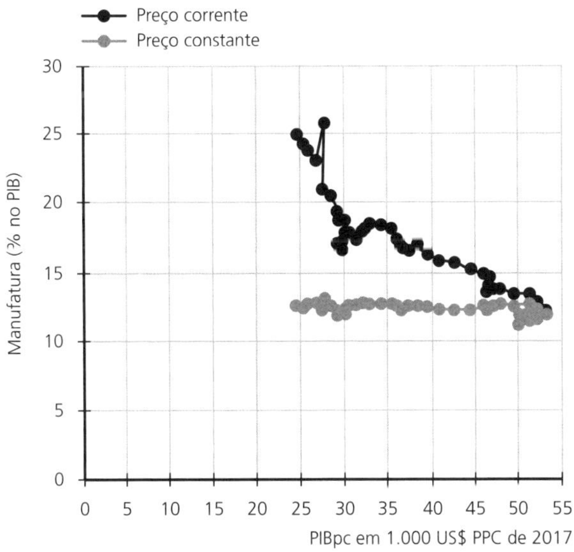

Gráfico 1.21 Manufatura (% no PIB) *versus* PIB *per capita*, 1970 a 2017 na Holanda.

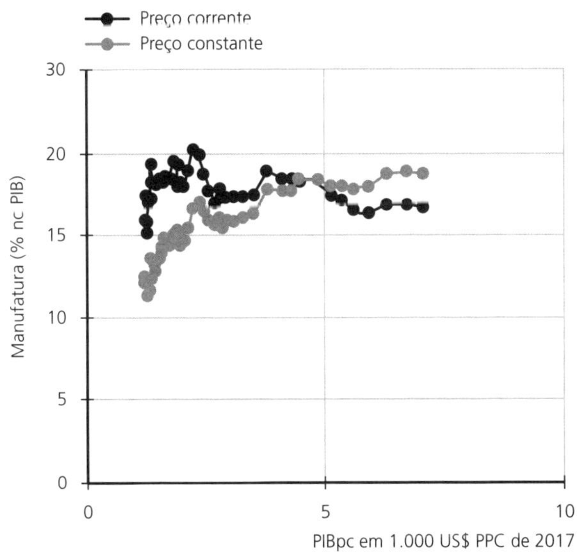

Gráfico 1.22 Manufatura (% no PIB) *versus* PIB *per capita*, 1970 a 2017 na Índia.

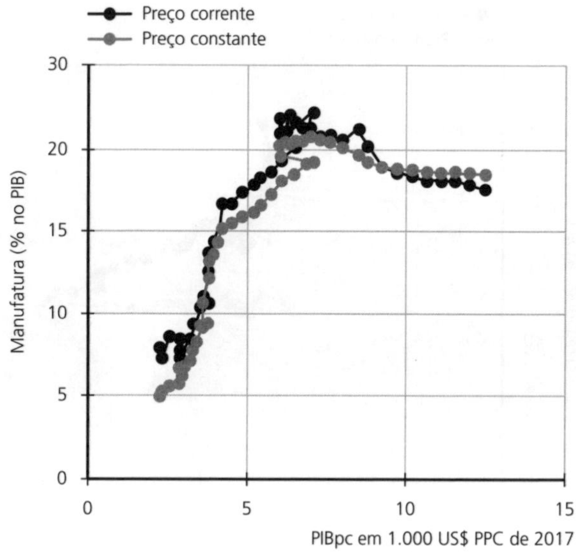

Gráfico 1.23 Manufatura (% no PIB) *versus* PIB *per capita*, 1970 a 2017 na Indonésia.

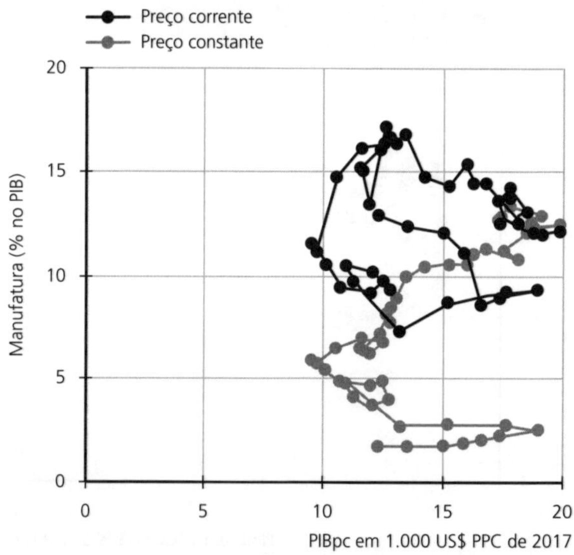

Gráfico 1.24 Manufatura (% no PIB) *versus* PIB *per capita*, 1970 a 2017 no Irã.

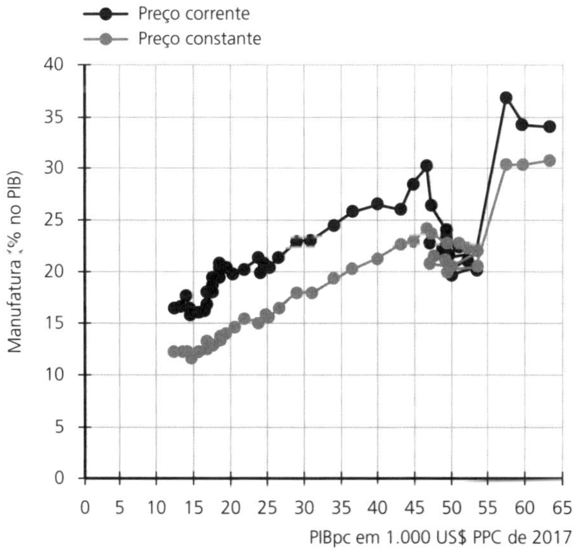

Gráfico 1.25 Manufatura (% no PIB) *versus* PIB *per capita*, 1970 a 2017 na Irlanda.

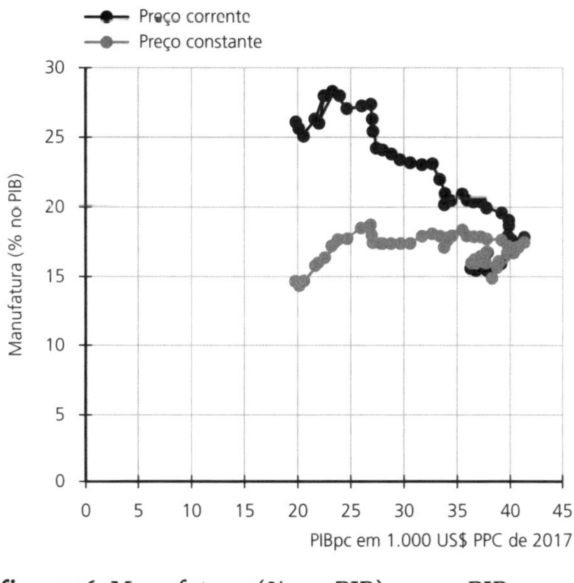

Gráfico 1.26 Manufatura (% no PIB) *versus* PIB *per capita*, 1970 a 2017 na Itália.

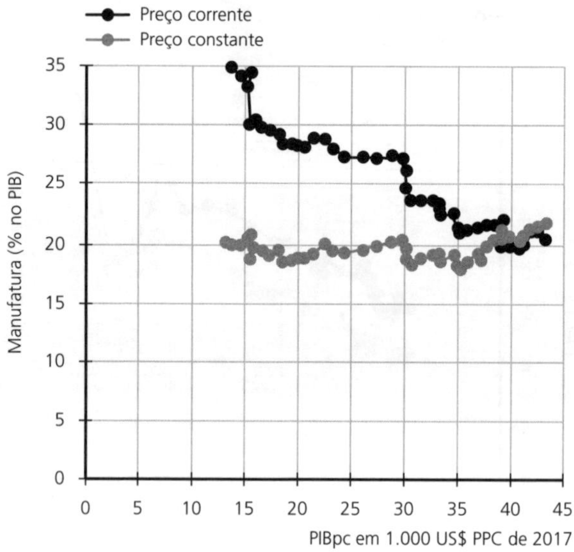

Gráfico 1.27 Manufatura (% no PIB) *versus* PIB *per capita*, 1970 a 2017 no Japão.

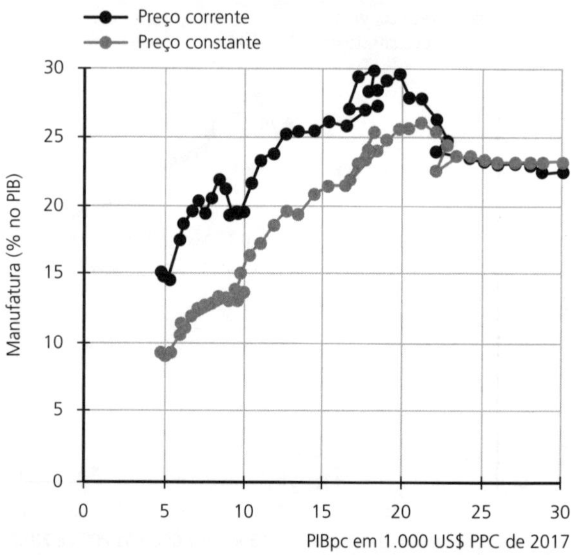

Gráfico 1.28 Manufatura (% no PIB) *versus* PIB *per capita*, 1970 a 2017 na Malásia.

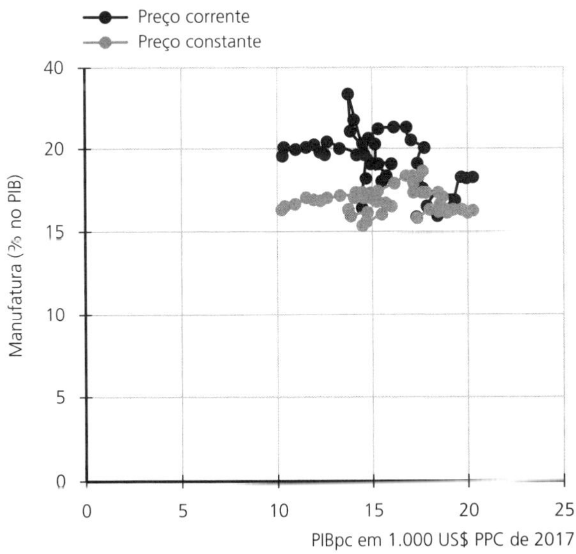

Gráfico 1.29 Manufatura (% no PIB) *versus* PIB *per capita*, 1970 a 2017 no México.

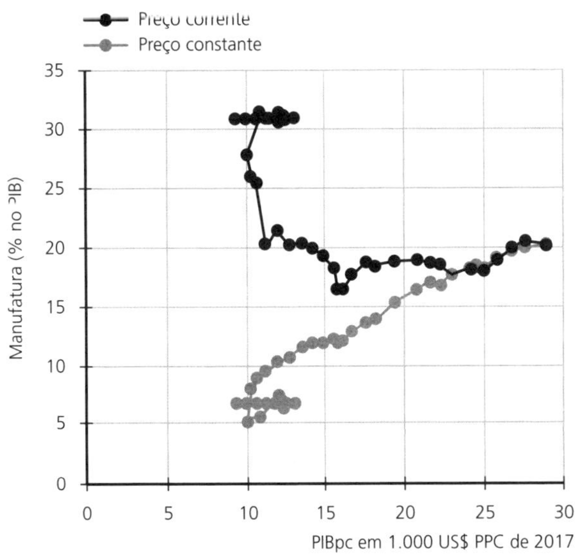

Gráfico 1.30 Manufatura (% no PIB) *versus* PIB *per capita*, 1970 a 2017 na Polônia.

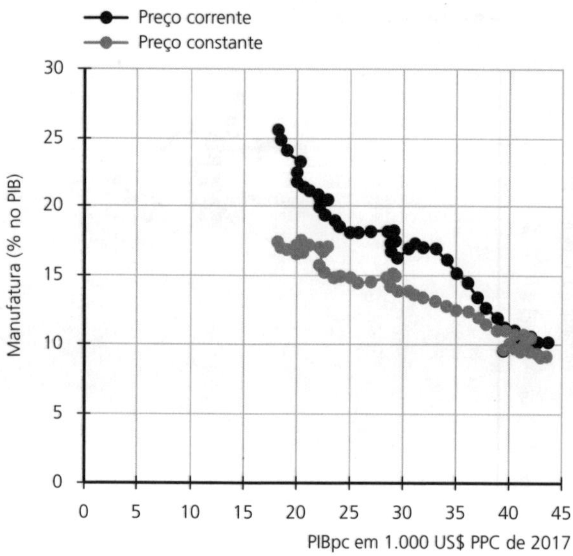

Gráfico 1.31 Manufatura (% no PIB) *versus* PIB *per capita*, 1970 a 2017 no Reino Unido.

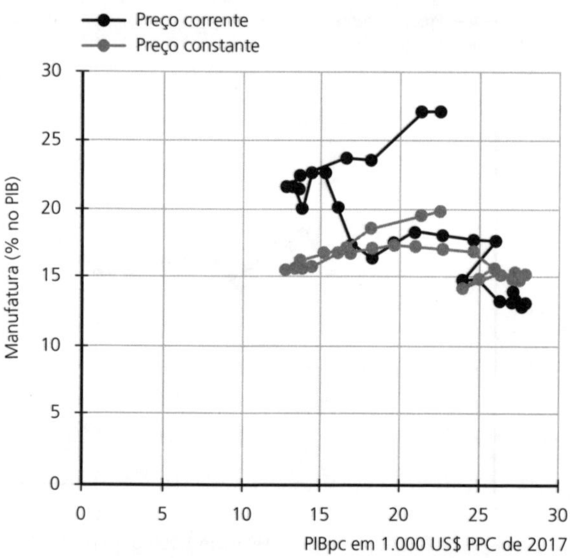

Gráfico 1.32 Manufatura (% no PIB) *versus* PIB *per capita*, 1970 a 2017 na Rússia pós-1990.

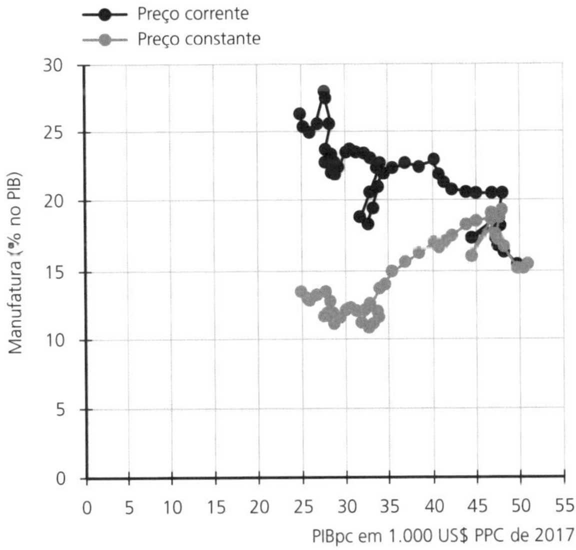

Gráfico 1.33 Manufatura (% no PIB) *versus* PIB *per capita*, 1970 a 2017 na Suécia.

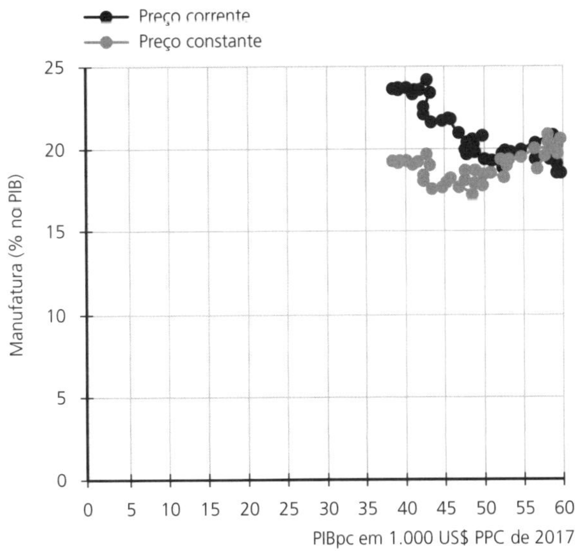

Gráfico 1.34 Manufatura (% no PIB) *versus* PIB *per capita*, 1970 a 2017 na Suíça.

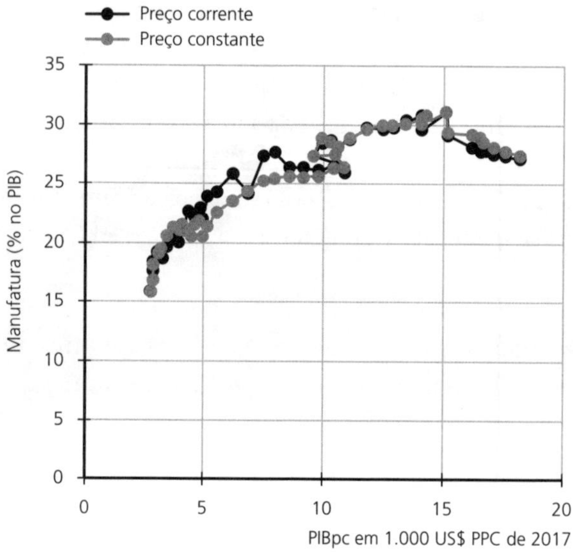

Gráfico 1.35 Manufatura (% no PIB) *versus* PIB *per capita*, 1970 a 2017 na Tailândia.

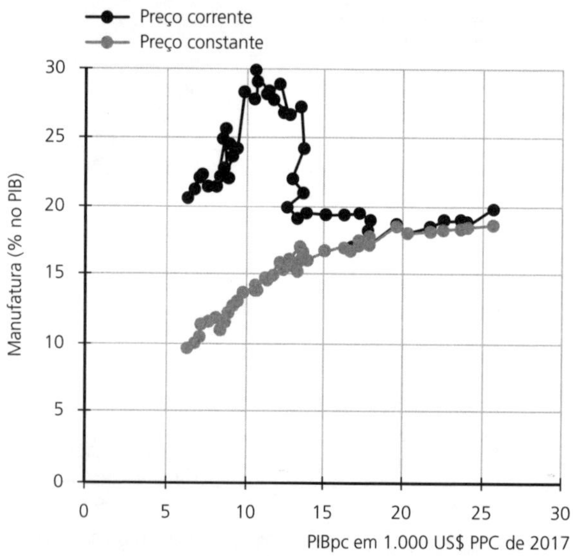

Gráfico 1.36 Manufatura (% no PIB) *versus* PIB *per capita*, 1970 a 2017 na Turquia.

Fonte: ONU (The National Accounts Main Aggregates Database), IBGE e The Conference Board.

As análises realizadas até aqui são sobre as séries a preços correntes, que sofrem interferência direta da inflação setorial. A partir de agora as avaliações irão se concentrar nas séries a preços constantes dos Gráficos 1.6 e 1.7.

A preços constantes de 2010, a parcela industrial no PIB dos Estados Unidos permaneceu estável ao longo das últimas sete décadas (Gráfico 1.6), assim como a da economia mundial exibida na seção anterior. Na contramão, o Brasil também se desindustrializa na série mensurada a preços constantes (ver Gráficos 1.6 e 1.13).

Além do Brasil, três países começaram a se desindustrializar a partir de um nível de renda *per capita* baixo, na série a preços constantes de 2010: Argentina (Gráfico 1.9); Filipinas (Gráfico 1.19); e Rússia (Gráfico 1.32). Alemanha (Gráfico 1.7); Austrália (Gráfico 1.10); Canadá (Gráfico 1.14); Espanha (Gráfico 1.17); França (Gráfico 1.20); e Reino Unido (Gráfico 1.31) também presenciaram redução da parcela industrial a preços constantes, porém a partir de um nível de renda *per capita* elevado e com substanciais incrementos de renda por habitante, assim como na série a preços correntes.

No entanto, a maioria dos países dos Gráficos 1.7 a 1.36 não segue uma trajetória clara de desindustrialização ou, ao contrário, apresentam uma trajetória de industrialização na série mensurada a preços constantes, independente do estágio de desenvolvimento. Logo, a resposta à pergunta que abriu esta seção, se a desindustrialização atinge todos os países, é negativa.

A manufatura não reduziu participação no PIB na série a preços constantes em sete países: Áustria (Gráfico 1.11); Bélgica (Gráfico 1.12); Estados Unidos (Gráfico 1.18); Holanda (Gráfico 1.21); Itália (Gráfico 1.26); Japão (Gráfico 1.27); Suíça (Gráfico 1.34). Em todos esses casos a parcela industrial ficou estável ao longo dos 48 anos, de 1970 a 2017, e, ao mesmo tempo, a renda *per capita* aumentou substancialmente. Em todos esses países a renda *per capita*, no mínimo, dobrou.

Cabe enfatizar que a manufatura em vários países desenvolvidos perdeu peso no PIB na série a preços correntes, porém não a preços constantes. Nesses casos, a diminuição da parcela manufatureira a preços correntes certamente se deve ao efeito preço (diferencial de inflação entre a manufatura e o restante da economia), ensejado pelos ganhos de produtividade e grande presença dos bens industriais no comércio internacional. A manufatura dos países desenvolvidos não só apresenta um nível elevado de produtividade, como continuou registrando ganhos adicionais de produtividade inclusive no período de redução da participação relativa no PIB (conforme será visto adiante pelo indicador de valor adicionado manufatureiro *per capita*).

Em 13 países, a manufatura aumentou o peso no PIB a preços constantes: Arábia Saudita (Gráfico 1.8); China (Gráfico 1.15); Coreia do Sul (Gráfico 1.16); Índia (Gráfico 1.22); Indonésia (Gráfico 1.23); Irã (Gráfico 1.24); Irlanda (Gráfico 1.25); Malásia (Gráfico 1.28); México (Gráfico 1.29); Polônia (Gráfico 1.30); Suécia (Gráfico 1.33); Tailândia (Gráfico 1.35) e Turquia (Gráfico 1.36).

A seguir, o Gráfico 1.37 exibe a parcela da indústria de transformação no PIB a preços constantes de 2010 e a evolução do PIB *per capita* para doze dos trinta países da amostra. Note que o Brasil se destaca pela acentuada diminuição da parcela industrial com pouco incremento da renda *per capita*. Ao confrontar, por exemplo, com o caso da Coreia do Sul, fica claro o pouco sucesso na trajetória de desenvolvimento brasileiro.

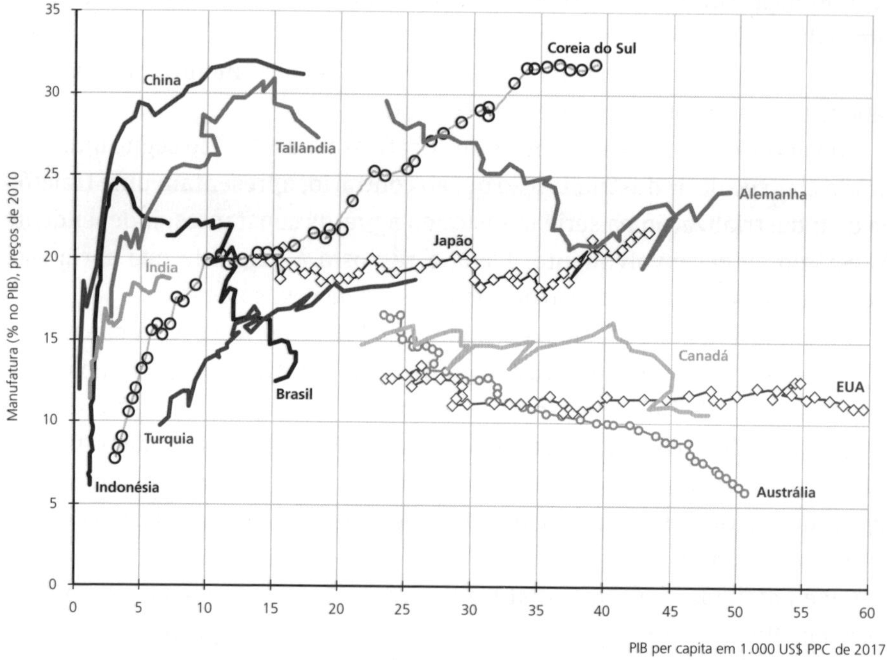

Gráfico 1.37 Manufatura (% no PIB) *versus* PIB *per capita*, 1970 a 2017, países selecionados.

Fonte: ONU (The National Accounts Main Aggregates Database), IBGE e The Conference Board.

A Coreia do Sul é o único país que, além de apresentar robusta trajetória de industrialização ao longo de todo o período analisado, tem conseguido evitar a desindustrialização mesmo com elevada renda *per capita* desde o início dos anos 2000. Muito disso se deve aos investimentos em inovação: na última década, a Coreia do Sul teve esforço em P&D – investimentos em P&D dividido pelo PIB – bem acima dos Estados Unidos e União Europeia, conforme dados da OCDE. Desde os anos 1990, a Coreia do Sul possui uma indústria competitiva internacionalmente, desempenho obtido e sustentado por inovações tecnológicas e internacionalizações de suas empresas em segmentos dinâmicos do comércio internacional.

Em síntese, a preços constantes de 2010, dez países apresentam trajetória de desindustrialização, sete países mantiveram parcela industrial estável e treze países apresentam trajetória de industrialização. Logo, a desindustrialização não é um fenômeno mundial. Na avaliação das séries a preços correntes a maioria dos países exibiram redução da parcela industrial em níveis de renda *per capita* distintos: os casos mais bem-sucedidos começaram a perder participação no PIB após obterem renda *per capita* elevada, enquanto os demais casos – de desindustrialização prematura – começaram a perder indústrias em níveis baixos de PIB *per capita*. No Brasil, as avaliações sobre as séries a preços correntes predominam, porém há de se ter a cautela de que a manufatura pode ter perdido peso no PIB não porque cresceu menos que o restante da economia, mas devido aos diferenciais de inflação entre o setor industrial e o restante da economia.

1.4 Evolução do valor adicionado industrial *per capita*

Desde 1981 a indústria de transformação brasileira começou a crescer continuamente menos que o PIB nacional e, consequentemente, a perder peso no PIB. Nesta seção, vamos comparar o desempenho do Brasil com os demais países em termos de crescimento real e real *per capita*, pois a indústria brasileira pode ter crescido pouco, mas a indústria dos demais países também. O que indicaria que a desindustrialização brasileira não seria um problema individual comparativamente aos demais países.

O Gráfico 1.38 exibe o crescimento real acumulado do valor adicionado manufatureiro (VAM) desde 1980 até 2017 para os trinta países responsáveis atualmente por cerca de 90% da indústria mundial. Note que o Brasil apresentou o menor crescimento entre todos os países, enquanto cinco países asiáticos lideram a lista.

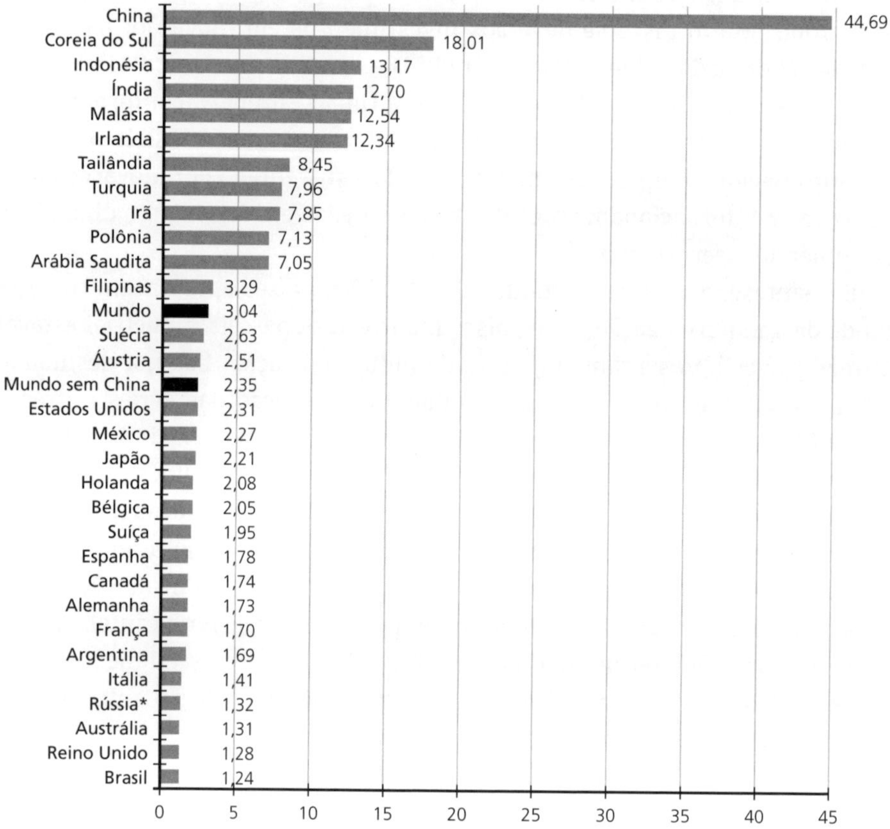

Gráfico 1.38 Crescimento real acumulado entre 1980 e 2017 do Valor Adicionado Manufatureiro, 1980 = 1,00.

Fonte: ONU (The National Accounts Main Aggregates Database) e IBGE.

Entre 1980 e 2017, a indústria de transformação brasileira cresceu apenas 24%, enquanto a indústria mundial cresceu 204% e a do mundo sem a China aumentou 135%. Os Estados Unidos cresceram no mesmo ritmo do mundo sem a China. A maioria dos países em desenvolvimento cresceram acima da economia mundial e a maioria dos países desenvolvidos a seguir. O caso chinês é único, houve aumento do tamanho do parque industrial em mais de 40 vezes. A Coreia do Sul aumentou 17 vezes; Indonésia e Índia, 12 vezes; Malásia e Irlanda, 11 vezes. Na Europa, Turquia e Polônia apresentaram crescimento expressivo, respectivamente, 696% e 613%. Portanto, na comparação internacional, o crescimento do Brasil foi medíocre.

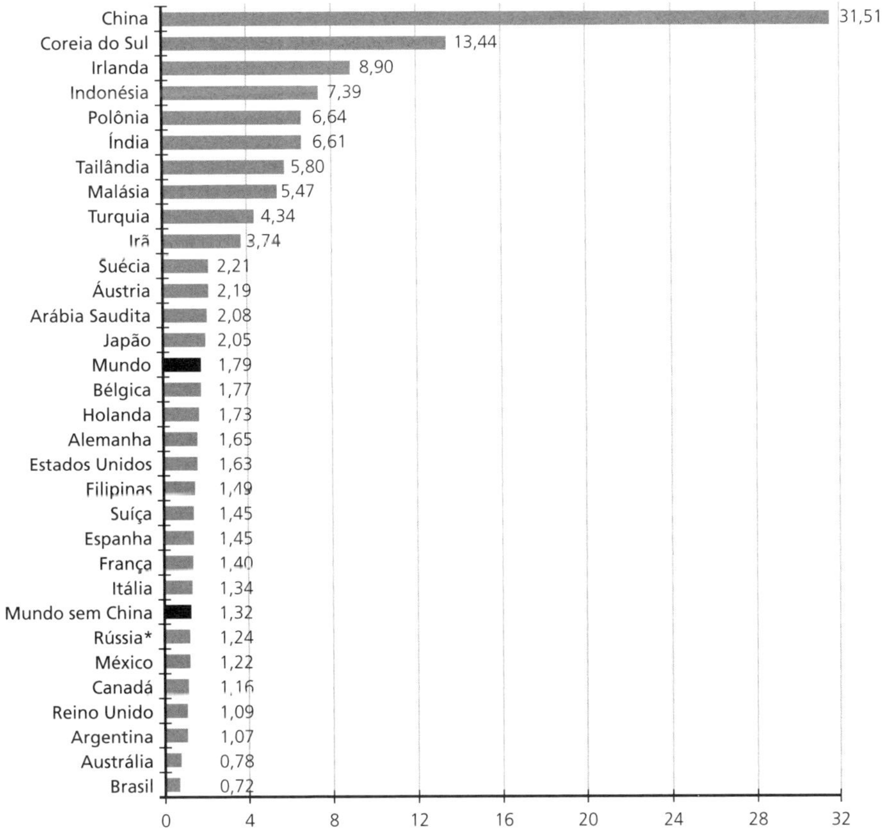

Gráfico 1.39 Crescimento real acumulado entre 1980 e 2017 do Valor Adicionado Manufatureiro (VAM) *per capita*, 1980 = 1,00.

Fonte: ONU (The National Accounts Main Aggregates Database) e IBGE.

Quando se avalia o desenvolvimento industrial de uma nação, um indicador muito utilizado pelas Nações Unidas para o Desenvolvimento Industrial (Unido), órgão vinculado à ONU, é o Valor Adicionado Manufatureiro *per capita*. Ao dividir o produto manufatureiro pela população eliminam-se possíveis vieses causados pelo tamanho do país.

O Gráfico 1.39 mostra que o VAM *per capita* do Brasil encolheu 28% entre 1980 e 2017, enquanto o mundial aumentou 79% e do mundo sem a China 32%. China e Coreia do Sul encabeçam a lista e o Brasil a fecha na última posição. Observe que alguns países fora do Leste Asiático também tiveram crescimento expressivo, como Polônia e Turquia.

Em síntese, o desempenho industrial brasileiro mensurado pelo Valor Adicionado Manufatureiro *per capita* foi medíocre. Desde 1980, a manufatura brasileira tem contribuído negativamente para o PIB *per capita* do país. Numa perspectiva internacional comparada, o Brasil ficou em último lugar na lista dos trinta países detentores dos maiores parques industriais do planeta atualmente, tanto no crescimento real acumulado do VAM quanto do VAM *per capita*. Cabe destacar que o desempenho brasileiro foi muito inferior ao do mundo avaliado com ou sem a participação da China.

1.5 Brasil: caso de desindustrialização prematura mais grave do mundo

O quanto a desindustrialização brasileira difere da mundial? Os Gráficos 1.40 e 1.41 respondem a essa pergunta observando a desindustrialização mensurada a preços correntes e a preços constantes. A preços correntes, a manufatura mundial perde 36,1% de peso no PIB entre 1970 e 2017, enquanto a brasileira perde 58,6% entre 1986 e 2018 (Gráfico 1.40).

Como a série a preços correntes capta tanto o efeito quantidade (variação real) quanto o efeito preço, uma hipótese provável para essa grande queda é que os preços dos produtos manufaturados trabalho-intensivos tenham diminuído bastante devido às escalas de produção gigantescas da China, assim, este país influenciou negativamente os preços globais destes produtos no comércio internacional. Também houve uma redução substantiva de preços nos equipamentos de informática e produtos eletrônicos; nesse caso, essa redução se deve ao enorme avanço tecnológico somado às imensas escalas produtivas asiáticas. Ademais, a participação dos setores manufatureiros no PIB joga um papel decisivo no declínio industrial brasileiro, conforme estudo recente de Morceiro e Guilhoto (2023) sobre desindustrialização setorial.

A preços constantes, a manufatura mundial aumenta o peso no PIB em 9,2% no mesmo período, mas a brasileira diminui em 42,6% entre 1980 e 2018. Fatos que evidenciam que a desindustrialização brasileira é muito mais intensa que a mundial a preços correntes e, apesar de o mundo não se desindustrializar a preços constantes, o Brasil contraria essa tendência e perde mais de 40% de peso no PIB.

Gráfico 1.40 Manufatura (% no PIB) a preços correntes: Brasil × Mundo.

Fonte: ONU (The National Accounts Main Aggregates Database) e IBGE.

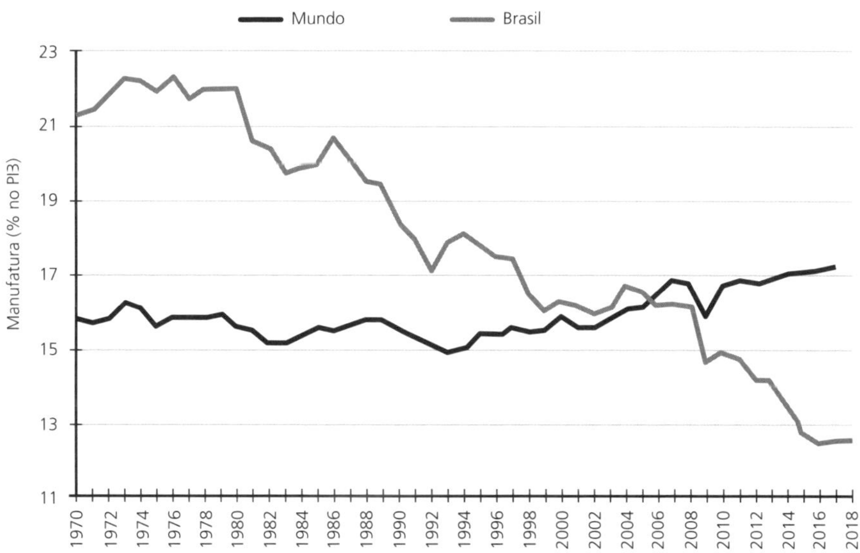

Gráfico 1.41 Manufatura (% no PIB) a preços constantes de 2010: Brasil × Mundo.

Fonte: ONU (The National Accounts Main Aggregates Database) e IBGE.

E na comparação internacional: qual país representa o caso de desindustrialização mais intenso? As últimas colunas das Tabelas 1.1 e 1.2 exibem essa informação, respectivamente, para a série a preços correntes e para a série a preços constantes.

Tabela 1.1 Pico e mínima da manufatura (em % do PIB) a preços correntes

	Países	Pico no PIB (em %)	Ano	PIB *per capita* em PPC de 2017	Mínima no PIB (em %)	Ano	PIB *per capita* em PPC de 2017	Variação (em %)
1º	Austrália	23,9	1970	23,5	6,2	2016	50,2	-74,1
2º	Reino Unido	25,6	1970	18,3	9,6	2009	39,7	-62,5
3º	Bélgica	34,8	1970	20,4	14,0	2013	44,5	-59,8
4º	Brasil	27,3	1986	12,0	11,3	2018	15,4	-58,6
5º	Argentina	36,3	1976	14,9	15,4	2001	15,2	-57,6
6º	Holanda	25,8	1974	27,7	11,4	2013	50,1	-55,8
7º	Canadá	22,0	1972	23,6	10,1	2014	46,6	-54,1
8º	Estados Unidos	23,5	1970	23,6	11,1	2016	58,8	-52,8
9º	Rússia	27,1	1990	22,6	13,0	2013	27,7	-52,0
10º	França	22,6	1971	20,9	11,4	2017	42,0	-49,6
11º	Espanha	25,8	1972	14,9	13,2	2009	35,6	-48,8
12º	Polônia	31,5	1989	12,3	16,3	2002	16,2	-48,3
13º	Itália	28,3	1976	23,4	15,2	2009	38,4	-46,3
14º	Japão	35,5	1970	13,3	19,2	2009	37,2	-45,9

(*continua*)

Tabela 1.1 Pico e mínima da manufatura (em % do PIB) a preços correntes (*continuação*)

	Países	Pico no PIB (em %)	Ano	PIB *per capita* em PPC de 2017	Mínima no PIB (em %)	Ano	PIB *per capita* em PPC de 2017	Variação (em %)
15º	Suécia	27,9	1974	27,6	15,1	2016	50,6	-45,9
16º	Turquia	29,8	1989	10,8	17,0	2009	16,8	-43,0
17º	Alemanha	34,3	1970	23,5	19,9	2009	42,8	-42,0
18º	Áustria	30,4	1971	20,5	18,4	2009	46,3	-39,5
19º	Filipinas	28,8	1973	3,7	19,5	2017	7,9	-32,3
20º	México	23,3	1988	13,8	15,9	2009	17,4	-31,8
21º	Irã	17,2	1997	12,6	12,0	2011	19,1	-30,2
22º	Malásia	29,9	2000	18,2	22,5	2016	28,8	-24,7
23º	Suíça	24,1	1980	42,9	18,5	2015	59,3	-23,2
24º	Indonésia	26,5	1997	7,1	21,0	2017	13,0	-20,8

Fonte: ONU (The National Accounts Main Aggregates Database), IBGE e The Conference Board.

Austrália, Reino Unido e Bélgica apresentaram as maiores diminuições das respectivas parcelas da indústria de transformação no PIB desde 1970, quando há dados disponíveis para um amplo conjunto de países (Tabela 1.1). Esses três países representam casos normais ou positivos de desindustrialização, pois eles começaram a se desindustrializar com uma renda *per capita* elevada, próxima do patamar de US$ 20 mil em PPC de 2017, e durante a desindustrialização conseguiram ampliar a renda *per capita* ainda mais.

O Brasil juntamente com a Argentina são os casos de desindustrialização prematura mais graves. Começaram a se desindustrializar com um nível de renda *per capita* bem abaixo do patamar exibido na Figura 1.1 de Dani Rodrik e, durante a desindustrialização, a renda *per capita* aumentou pouco em ambos os países. Comparativamente aos três casos acima de desindustrialização normal, as manufaturas do Brasil e da Argentina reduziram peso no PIB num intervalo menor de anos. No Brasil, entre 1986 e 2018 foi o período crítico da desindustrialização, em que a parcela da indústria de transformação teve redução de 58,6%. A contar pelos dados dos últimos anos este é um processo que ainda está em andamento.

Na série a preços constantes de 2010, apenas dez países apresentaram tendência de redução da parcela industrial (Tabela 1.2). O Brasil localiza-se na terceira posição, atrás de Austrália e Reino Unido. Novamente, o Brasil é o caso mais grave de desindustrialização prematura a preços constantes, apresentando redução de 43,9% da parcela da indústria de transformação no PIB entre 1976 e 2016.

Tabela 1.2 Pico e mínima da manufatura (em % do PIB) a preços constantes de 2010

	Países	Pico no PIB (em %)	Ano	PIB *per capita* em PPC de 2017	Mínima no PIB (em %)	Ano	PIB *per capita* em PPC de 2017	Variação (em %)
1º	Austrália	16,5	1970	23,5	5,9	2017	50,5	-64,2
2º	Reino Unido	17,4	1970	18,3	9,1	2016	43,2	-47,7
3º	Brasil	22,3	1976	10,3	12,5	2016	15,3	-43,9
4º	Canadá	16,2	2000	40,6	10,5	2017	47,6	-35,2
5º	Alemanha	29,5	1970	23,5	19,5	2009	42,8	-33,9
6º	Argentina	24,6	1973	14,9	17,1	2002	13,4	-30,5
7º	Rússia	19,9	1990	22,6	14,3	2009	24,0	-28,1
8º	Filipinas	28,6	1974	3,7	20,8	2009	5,5	-27,3
9º	Espanha	17,4	1978	19,0	12,9	2012	33,9	-25,9
10º	França	13,3	1971	20,9	11,2	1993	32,2	-15,8

Fonte: ONU (The National Accounts Main Aggregates Database), IBGE e The Conference Board.

Em síntese, o Brasil apresenta redução da participação da manufatura no PIB muito mais intensa que a economia mundial e é o caso mais grave de desindustrialização prematura entre os trinta países que representam cerca de 90% da indústria mundial atualmente. O abrupto retrocesso industrial causou impactos negativos para o desenvolvimento do Brasil no longo prazo, como a contribuição negativa do setor industrial para a renda *per capita* desde 1980 (Morceiro, 2018), conforme visto na seção 1.4.

1.6 Discussão e conclusão[2]

A parcela da manufatura no PIB mensurado a preços correntes diminuiu em quase todos os países nas últimas cinco décadas, indicando uma desindustrialização generalizada internacionalmente. No entanto, quando mensurada a preços constantes, a fatia da manufatura não encolheu em dois terços dos países, refutando tal desindustrialização generalizada. No entanto, o Brasil apresentou a desindustrialização mais acelerada por ambas as medidas – a preços correntes ou constantes – entre todos os países não desenvolvidos.

Ainda que seja natural ou esperado que a parcela da manufatura encolha na série mensurada a preços correntes devido à diminuição dos preços relativos entre a manufatura e a economia total, competição com a China, e surgimento de novos segmentos de serviços ligados as tecnologias de informação e comunicação, a redução do peso da manufatura brasileira parece ter sido exagerada e superior a todos os países não desenvolvidos.

Na série a preços constantes, vários países em desenvolvimento apresentaram crescimento real da manufatura acima do PIB, logo, aumento da parcela manufatureira no PIB. Entre os poucos que se desindustrializaram, novamente, o Brasil apresentou a maior redução entre os países não desenvolvidos.

A explicação para o Brasil ter a desindustrialização prematura mais grave do mundo ainda está em aberto. Certamente a abertura comercial acelerada, taxa de câmbio apreciada por longos períodos e juros altos estão entre os principais candidatos. Como a maior parte da desindustrialização aconteceu ainda nos anos 1980 e 1990, a fraca competitividade industrial e em inovação, herança da fase de industrialização, é outro potencial candidato. Há outros candidatos, como concentração de renda e sistema tributário, que merecem pesquisas mais profundas. Porém, mesmo que haja vários fatores explicativos

2 Esta seção se concentrará no Brasil, que é o foco do livro.

da desindustrialização e que vários deles sejam mais acentuados no Brasil que em outros países, explicando assim a intensidade da desindustrialização, ainda assim o caso brasileiro é único.

Além disso, o Brasil foi o único país em desenvolvimento em que o valor adicionado manufatureiro *per capita* foi negativo pós-1980. Desde a Revolução Industrial não há casos documentados de países relevantes economicamente em que a manufatura tenha crescido abaixo do crescimento populacional durante quatro décadas, claro, desconsiderando os períodos de guerras e desmembramento das fronteiras.

Em síntese, o retrocesso industrial brasileiro é grave numa perspectiva internacional comparada e esse declínio se acentua ao considerar a reprimarização da pauta exportadora, avanço do esgarçamento industrial e insumos importados no mercado interno (Morceiro; Guilhoto, 2020), desindustrialização dos setores manufatureiros de maior intensidade tecnológica (Morceiro; Guilhoto, 2023) e fraco desempenho inovador das firmas de capital nacional e de origem estrangeira (Tessarin, 2018; Tessarin; Suzigan; Guilhoto, 2020), apesar do amplo apoio governamental para a inovação em vários setores produtivos (Morceiro; Tessarin; Guilhoto, 2022).

O país precisa de um novo pacto social em que o setor industrial seja fortalecido com políticas industriais inteligentes e um contexto macroeconômico favorável aos investimentos produtivos. A partir de um amplo diagnóstico e simulações empíricas, Nassif e Morceiro (2021) propuseram seis missões para o Brasil integrando metas econômicas, sociais e ambientais, sendo as principais a reindustrialização e a revitalização industrial. Esses autores também sugeriram políticas industriais para segmentos manufatureiros vinculados a cada uma das seis missões. Revitalizar a manufatura é essencial para recuperar o crescimento econômico continuado.

Referências

HIRATUKA, C.; SARTI, F. Transformações na estrutura produtiva global, desindustrialização desenvolvimento industrial no Brasil. *Revista de Economia Política*, v. 37, n. 1, p. 189-207, 2017.

MORCEIRO, P. C. *A indústria brasileira no limiar do século XXI: uma análise da sua evolução estrutural, comercial e tecnológica*. 2018. Tese (Doutorado) - Faculdade de Economia, Administração e Contabilidade, Universidade de São Paulo, São Paulo, 2018.

MORCEIRO, P. C. *Desindustrialização na economia brasileira no período 2000-2011: abordagens e indicadores*. São Paulo: Cultura Acadêmica, 2012.

MORCEIRO, P. C.; GUILHOTO, J. J. M. Adensamento produtivo e esgarçamento do tecido industrial brasileiro. *Economia e Sociedade*, v. 29, n. 3, p. 835-860, 2020.

MORCEIRO, P. C.; GUILHOTO, J. J. M. Sectoral deindustrialization and long-run stagnation of Brazilian manufacturing. *Brazilian Journal of Political Economy*, v. 43, n. 2, p. 418-441, 2023.

MORCEIRO, P. C.; TESSARIN, M. S. *Desenvolvimento industrial em perspectiva internacional comparada*. São Paulo: Instituto de Estudos para o Desenvolvimento Industrial (IEDI), 2019.

MORCEIRO, P. C.; TESSARIN, M. S.; GUILHOTO, J. J. M. Produção e uso setorial de tecnologia no Brasil. *Revista de Economia Aplicada*, v. 26, n. 4, p. 517-550, 2022.

NASSIF, A.; MORCEIRO, P. C. *Industrial policy for prematurely deindustrialized economies after the Covid-19 pandemic crisis: Integrating economic, social and environmental goals with policy proposals for Brazil*. TEXTOS PARA DISCUSSÃO 351. Niterói: Faculdade de Economia – Universidade Federal Fluminense (UFF), 2021.

RODRIK, D. Premature deindustrialization. *Journal of Economic Growth*, v. 21, n. 1, p. 1-33, 2016.

TESSARIN, M. S. *O papel da inovação, diversificação e vizinhança setorial no desenvolvimento industrial recente do Brasil*. 2018. Tese (Doutorado) – Faculdade de Economia, Administração e Contabilidade, Universidade de São Paulo, São Paulo, 2018.

TESSARIN, M. S.; SUZIGAN, W.; GUILHOTO, J. J. M. Cooperação para inovar no Brasil: Diferenças segundo a intensidade tecnológica e a origem do capital das empresas. *Estudos Economicos*, v. 50, n. 4, p. 671-704, 1 out. 2020.

2. Do desenvolvimentismo à desindustrialização: Brasil, 1930-2022

Pedro Cezar Dutra Fonseca
Adalmir Antonio Marquetti

2.1 Introdução

O que mais surpreende o analista do processo de industrialização do Brasil é a intensidade em que ele ocorreu e seu êxito. De país praticamente rural e de economia agroexportadora durante o século XIX, o setor industrial começou a despontar nas primeiras décadas do século XX, embora ainda com certa timidez, e ganhou impulso expressivo após 1930, ainda em plena Grande Depressão. A partir daí, a participação do setor no PIB foi de constante ascensão: de 10% em 1930, alcançou 17,5% em 1947, no Pós-Guerra, até atingir 27,3% em 1986. Se tomarmos como referência o PIB dos Estados Unidos, a convergência é significativa ao longo das cinco décadas entre 1930 e 1980, pois a relação percentual entre ambos cresceu de 3,4% para 15% (ver Figura 2.1).[1] Tal período ficou conhecido como "processo de substituição de importações" (PSI), já que este se verificou sob impulso de restrições externas recorrentes do balanço de pagamentos, o que estimulava a produção doméstica de itens antes importados. Daí autores como Furtado ([1959] 1977) e Tavares (1972) também o terem caracterizado como voltado "para dentro", já que as

1 Já Marcelo Abreu (1992), ao comparar a participação do setor industrial no PIB *vis-à-vis* ao do setor agrícola, estima que em 1928 a primeira era de 16% e, deste último, de 30%. Já em 1947, quando já se dispõe de estatísticas oficiais, a participação da indústria atinge 25,2% e da agricultura cai para 20,7%.

variáveis mais relevantes para dinamizar o crescimento eram o investimento (I) e o gasto do governo (G), além do consumo das famílias (C) – em contraposição às décadas anteriores, do modelo agroexportador, cujo crescimento fora induzido pelas exportações (X).

Por outro lado, nas décadas seguintes, a queda de participação da indústria no valor agregado bruto (VAB) foi tão expressiva quanto sua trajetória ascendente até então: de 27,3% em 1986, chegou a 18,6% em 1992 e 12% em 2019. Arend (2014) construiu indicadores que evidenciam que a desindustrialização do Brasil foi maior tanto dentro do contexto latino-americano (em níveis próximos à da Argentina) como em comparação com países como da Europa Ocidental, Estados Unidos, África Subsaariana e Oceania. A convergência com o PIB norte-americano foi também revertida, principalmente entre 1980 e 1999, quando a participação percentual do PIB brasileiro em relação ao norte-americano caiu de 15% para 13,4% (Bolt; Van Zanden, 2020). A visualização da Figura 2.1 ilustra que a perda relativa da participação do setor industrial foi mais expressiva nas décadas de 1980 e 1990, a contar que no século XXI até houve períodos curtos de ganho relativo. Note-se, ainda, que a comparação com os dados da economia dos Estados Unidos não pode desconsiderar que neste também houve desindustrialização no mesmo período, como argumentam alguns autores (Lawrence; Edwards, 2013), embora, em média, seu crescimento do PIB seja maior que o do Brasil no período.

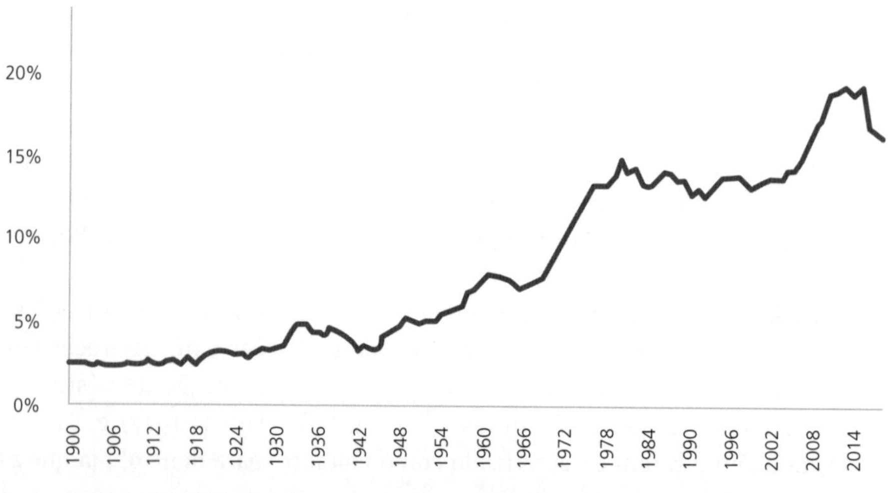

Figura 2.1 Relação entre os PIBs do Brasil e do Estados Unidos, 1900–2018, PPC 2011.

Fonte: Bolt e Van Zanden (2020).

Não é difícil, destarte, sustentar a hipótese de que tanto o processo de industrialização como o de desindustrialização do Brasil foram intensos, sobretudo quando se mede a participação do setor industrial no VAB e no emprego. Pode-se dizer que, junto com o Japão, a economia brasileira foi uma das que mais cresceu ao longo ao século XX, enquanto, a partir de 1980, foi uma das que mais se desindustrializaram, tanto se medirmos a reversão dos principais indicadores com base em uma série histórica do próprio país como em comparação com outros países. O desafio, por ora, não é apenas registrar o ocorrido – o que boa parte da literatura já fez, como se mostrará ao longo do capítulo –, mas também investigar variáveis e ensaiar explicações que ajudem a elucidar suas causas.

No período de 1930 a 1980, conhecido como era desenvolvimentista, o Brasil passou por um processo de industrialização. Já do início da década de 1980 até 2022, período caracterizado pela literatura como neoliberalismo, ocorreu a desindustrialização. Este capítulo aborda os principais fatores que influenciaram a mudança estrutural em ambos os períodos. Está organizado em três seções, além desta introdução. A segunda seção discute a industrialização durante o desenvolvimentismo, enquanto a terceira aborda a desindustrialização no período neoliberal. Por fim, a última seção apresenta algumas considerações sobre as perspectivas de reindustrialização do Brasil.

2.2 Industrialização e desenvolvimentismo

Ao se perscrutar as razões do impulso da industrialização a partir da década de 1930, faz-se mister lembrar as medidas de política econômica postas em prática pelos governos, as quais foram implantadas sob o respaldo do ideário que as embasavam e justificavam, consagrado tradicionalmente sob o termo *desenvolvimentismo*. Este, portanto, abarca tanto um fenômeno do mundo das ideias (teorias, ideologias, crenças) quanto ações concretas, executadas e/ou formuladas pelos governantes, como as políticas macroeconômicas (monetárias, cambiais, fiscais) e também as institucionais, a exemplo da criação de códigos, leis, portarias, instruções e novos ministérios, órgãos, departamentos, modificando, para usar a expressão de Draibe (1985), a "ossatura material do Estado". Se é praticamente consensual que teorizações de maior envergadura só sugiram na década de 1950, sob o impulso da Comissão Econômica para a América Latina (Cepal), tampouco se pode negar que já na década de 1930, não só no Brasil, mas em outros países latino-americanos, governos tomaram ações no sentido de impulsionar a indústria, de modo que não raramente haja quem considere que industrialização, substituição de importações e desenvolvimentismo sejam usados alternativamente para designar um mesmo fenômeno, como se fossem sinônimos.

Na tentativa de obter maior precisão conceitual, uma pesquisa que analisa 34 governos de 8 países latino-americanos do século XX em trabalho anterior apontou três atributos constituintes como presentes em todos eles, e que podem ser considerados como o "núcleo duro" do desenvolvimentismo: projeto nacional, intervencionismo e industrialização (Fonseca, 2014). Isso significa que, embora o desenvolvimentismo em cada país apresente suas peculiaridades, como ocorre com trajetórias de industrialização[2] (uns implantando reforma agrária e redistribuição de renda, por exemplo, enquanto outros, não), esses três atributos são indissociáveis ao fenômeno. Tal metodologia implica que o entendimento de processos históricos concretos, como o caso aqui em tela – o do Brasil –, exige que se atente a como eles se materializaram e se associaram para impulsionar uma mudança estrutural de envergadura e abrangência, pois, embora tenha na economia importante variável explicativa (e, quiçá, difusora), abarca a política, o arcabouço jurídico-institucional, a cultura, a educação, a administração pública e a saúde, dentre outras áreas.

O fato de o Brasil apresentar taxas tão expressivas de crescimento industrial na década de 1930 contribuiu para o entendimento de que a Grande Depressão seria a variável responsável pela mudança. Todavia, antes de ser determinante ou exclusiva, tratava-se de *variável contextual*, ou seja, contribuiu ao abrir uma oportunidade histórica que poderia ou não ser aproveitada, a depender de condições locais e de decisões tomadas internamente (tanto que apenas uma minoria de países latino-americanos registrou processo similar, o qual se restringiu aos de economias já mais pujantes, como do México, Argentina, Colômbia e Chile, além do Brasil). A leitura de Peláez (1969) sobre a interpretação de Furtado ([1959] 1977) em *Formação Econômica do Brasil* contribuiu para tal equívoco, ao lhe outorgar o rótulo de "teoria dos choques adversos", fazendo crer que, para este, o "deslocamento do centro dinâmico" em favor do mercado interno e da indústria dera-se a partir de uma "variável exógena", em desprezo das políticas internas. Trata-se, todavia, de leitura parcial, pois o próprio Furtado, na mesma obra, mostra com acuidade quão foram decisivas as políticas econômicas executadas pelo governo, sem os quais a mudança

2 Veja-se, nesse sentido, o clássico trabalho de Gerschenkron (2015).

estrutural não ocorreria. Dentre elas, citam-se a desvalorização cambial e a sustentação da demanda agregada com a compra e destruição do excedente de café, com financiamento e crédito através de expansão monetária, medidas que contribuíram decisivamente para deslocar os preços relativos em favor do mercado externo, com efeito multiplicador pelo conjunto da economia, o qual se mostrou importante fator anticíclico. Destarte, o crescimento industrial a partir de 1932 é praticamente consenso: autores como Vilella e Suzigan (1973) calcularam que entre 1932 e 1939 foi de 11,2% ao ano, número próximo ao encontrado por Versiani (1980); enquanto Fishlow (1972) mostra que, entre 1932 e 1937, o crescimento do número de trabalhadores empregados pelo setor cresceu 10,4% anuais.

A hipótese mais defensável, portanto, é que, embora a crise internacional deflagrada em 1929 tenha contribuído para impulsionar e consolidar o desenvolvimentismo como guia norteador das ações governamentais que se tornou hegemônica no país por pelo menos cinco décadas, ele não pode ser reduzido a mera decorrência sua. O Brasil ilustra caso exitoso de disposição governamental e construção de arranjo político (o que não dispensou autoritarismo) para viabilizar a execução do *projeto*: este aponta que foram ações conscientes, concatenadas e executadas pelo grupo dirigente, com vistas a superar o "atraso" ou o subdesenvolvimento. Ou seja, o *intervencionismo* verificado no campo econômico e em outras áreas, responsável por ampliar e complexificar a agenda do Estado, ajuda a evidenciar que o crescimento liderado pela *indústria* dificilmente pode ser explicado sem tais medidas e sem este propósito explícito, que na linguagem de Max Weber pode ser entendida como "ação social racional", ou seja, com meios e fins explicitados e consistentes entre si.[3] Assim, não pode ser entendido como resultado de qualquer variável que

---

3 A precisão terminológica exige ter-se presente que os termos teóricos possuem diferentes graus de abstração (e, *ipso facto*, de concreção). Intervencionismo possui maior nível de abstração que desenvolvimentismo, de forma que todo desenvolvimentismo é intervencionista (se o mercado ou alguma "lei natural" levasse *per si* à superação do subdesenvolvimento ele seria desnecessário), embora a recíproca não seja verdadeira. A rigor, com exceção do liberalismo clássico e do anarquismo, todas as doutrinas e teorias econômicas defendem certa intervenção do Estado na economia. Indo a menor grau de abstração, na prática há *intervencionismos* diversos, os quais se distinguem entre si não só pela profundidade da intervenção, mas, principalmente, pelas razões que lhe dão sentido e mobilizam seus adeptos. No caso do desenvolvimentismo, seu propósito maior é a superação do subdesenvolvimento, de modo que esses dois conceitos formam uma unidade antitética. Trata-se de um projeto que acena para o longo prazo e supõe a consciência de superação de atraso ou mesmo dependência com relação a outros países, com a especificidade de ser dentro do sistema capitalista, esposando um "reformismo" que difere das propostas revolucionárias de inspiração marxista. Todavia, como estas, repousa em uma ideologia que induz a práxis, cuja utopia aponta para a construção de uma sociedade à qual se associam valores maiores, como mais igualdade, autonomia, soberania, riqueza,

dispense tal inter-relação, seja de cunho "exógeno", como decorrência linear da crise internacional, ou tampouco de decisões restritas à microeconomia ou à lógica "natural" de decisões individuais de mercado, que ocorreriam sem que o contexto macroeconômico e mudanças institucionais o respaldasse. Firma-se, em decorrência, o corolário de que o desenvolvimentismo, como projeto que exigiu ações deliberadas em favor da industrialização, não poderia prescindir de um arranjo político que o viabilizasse. E este muitas vezes foi de difícil construção, já que o empresariado industrial e outros setores que poderiam se posicionar em defesa do projeto, como os trabalhadores urbanos e a burocracia estatal, eram incipientes e/ou de pouca expressão nas arenas políticas formais além de, muitas vezes, também compartilharem dos valores e *Weltanschauung* das elites agrárias (Fausto, 1970).

Como exemplos contrafactuais para reforçar o argumento, pode-se lembrar o baixo crescimento da Argentina na década de 1930, com a política econômica ortodoxa implantada pelo governo do general José Uriburu, que liderara golpe para depor o presidente reformista Hipólito Yrigoyen. É impressionante assinalar que, em plena crise responsável por definitivamente abalar o Império Britânico, o governo argentino propunha retornar ao padrão-ouro - símbolo dos tempos áureos de sua hegemonia -, sob o argumento de que este traria credibilidade externa para atrair capital, de modo a fazer frente ao desequilíbrio do balanço de pagamentos, quando não havia tais capitais com a quebradeira generalizada dos bancos. Assim, enquanto o Brasil crescia e, segundo Furtado ([1959] 1977), revertia o período recessivo muito antes que a maior parte dos países desenvolvidos, a Argentina afundava-se mais na depressão (com perda de posição que jamais retomou a *belle époque* das décadas antecedentes). A força dos setores exportadores e agrários também se fez valer na Colômbia, com a deposição do governo de Lopes Pumarejo após propor e/ou

harmonia etc. A comunidade científica e os usuários em geral, e mais recentemente a mídia, se encarregam de criar termos para designar diferentes tipos de intervencionismo, muitos dos quais nas experiências históricas se mesclam, e nem sempre é fácil ao analista distingui-los com precisão. Como exemplos: keynesianismo (administração da demanda agregada no curto prazo para se contrapor aos ciclos e ao desemprego; social-democracia (melhor distribuição de renda através de políticas fiscais e acesso universal a bens públicos); trabalhismo (ênfase na legislação que assegura direitos a trabalhadores sindicalizados); socialismo real ou comunismo (planejamento centralizado, com supressão da propriedade privada e dos mecanismos de mercado na formação de preços e decisões de produção) etc. Em busca de maior nível de concreção para facilitar a precisão conceitual, também a comunidade científica lança mão de *subtipos* ou *conceitos radiais* que permitem distinguir diferentes tipos de desenvolvimentismo, como o "nacional-desenvolvimentismo", "dependente-associado", "novo desenvolvimentismo" e "social-desenvolvimentismo" (Fonseca, 2014).

executar várias medidas a favor da indústria, do mercado interno e dos trabalhadores, como a legislação trabalhista (Toscano, 2012).

O ciclo ideológico do desenvolvimentismo no Brasil persistiu pelo menos até a Constituição de 1988, que consagrou várias medidas de cunho desenvolvimentista e de afirmação de direitos sociais, mesmo após ter sido na prática abandonado na formulação da política econômica, a partir da recessão verificada nos anos iniciais da década, a qual inaugurou a opção deliberada de priorizar o combate à inflação e o equilíbrio externo em substituição ao crescimento. Castro (1977) denominou de "convenção do crescimento" o consenso que entende ter sido encampado pelas elites brasileiras ao longo daquelas décadas. Já Erber (2011) assinala que "uma *convenção de desenvolvimento* [...] trata das *transformações estruturais* que devem ser introduzidas na sociedade, estabelecendo o que há de 'errado' no presente, fruto do passado, qual o futuro desejável, quais estruturas devem ser mudadas e as agendas de mudança, positiva e negativa" (Erber, 2011, p. 32-33, grifos do autor). Nota-se que tal definição abrange tanto concepções de projeto ("futuro desejável") como de consciência e de intervenção ("agendas de mudança").

Os resultados positivos obtidos com relação ao crescimento industrial e à convergência com o PIB americano antes mencionados sustentam a clássica afirmação de Castro (1984) segundo a qual, com o II PND, na década de 1970, o Brasil conseguira "fechar sua matriz industrial", ilustrando um dos casos internacionais mais bem-sucedidos de industrialização por substituição de importações. Nesse período, logrou completar a internalização dos ramos mais "difíceis", de mais alta relação capital/produto e tecnologia, como bens de capital e insumos básicos, após praticamente ter findado a substituição dos bens de consumo-salário na década de 1950 e dos bens de consumo duráveis na década de 1960, sob o impulso do capital estrangeiro, a partir do governo de Juscelino Kubitschek (1956-1960). Note-se que aqui se tem claramente o sentido do termo convenção como determinado consenso que se sobrepõe, em muitos aspectos, às divergências políticas em outras áreas, pois abrangeu governos de matizes tão diversos como os de Vargas, Dutra, Kubitschek, Goulart e os militares após 1964 (a exceção seria o curto período de Café Filho, em 1954-55). As controvérsias então verificadas, polarizadoras da política, davam-se mais quanto ao que se poderia chamar de "estilo" do desenvolvimento, de suas prioridades e abrangência, e não ao mesmo enquanto tal: por exemplo, se os investimentos deveriam se dar sob a liderança de mais ou menos capital estrangeiro e/ou impulsionado por empresas estatais (que consagrou a tipificação entre nacional-desenvolvimentismo" e desenvolvimentismo "dependente-associado"); se chegaria aos trabalhadores com mais ou menos redistribuição de renda; e se deveria incorporar no projeto reforma agrária capaz de taxar o latifúndio improdutivo, aumentar a produtividade no campo e incluir na economia capitalista propriamente dita os trabalhadores rurais até então à margem dela, tanto como pequenos produtores como consumidores.

Podem ser lembrados vários fatores que contribuíram para a afirmação do desenvolvimentismo e do êxito em seu propósito de construir o parque industrial brasileiro, fatores que merecem ser retomados para o entendimento da reversão do processo ocorrido nas décadas posteriores a 1980 – a desindustrialização.

(a) Contexto externo: o impacto da Grande Depressão nas principais economias capitalistas, sobejamente conhecido, repercutiu mundialmente. O abalo no sistema financeiro diminui o fluxo do movimento de mercadorias e capitais. Isso incitou mesmo as economias líderes a voltarem-se para dentro em busca de alternativas – sugestão do próprio Keynes na Teoria Geral (ajeita-se a economia doméstica e a do mundo...). Para países da América Latina que já tinham certo desenvolvimento capitalista, matérias-primas e mercado consumidor doméstico, como o Brasil, a opção pela produção industrial interna, pelo menos nos setores de tecnologia mais simples e com fatores que o país tinha em abundância, como recursos naturais e mão de obra, tornou-se alternativa possível e viável – a depender da capacidade de resposta local a tal estímulo. Tal fenômeno pode ser percebido como uma "oportunidade histórica" que poderia ou não aproveitada. A guerra iniciada em 1939 também contribuiu para forçar alinhamentos e manteve o poder de barganha de países como o Brasil, cuja geopolítica favorável permitiu acordos com os Estados Unidos que acertaram compras bilaterais e transferência de tecnologia, o financiamento à siderurgia de Volta Redonda e a contrapartida da abertura do Nordeste a tropas aliadas.

(b) A despeito de várias mudanças no pós-guerra, novos acontecimentos vieram reforçar tais possibilidades de industrialização "periférica", num revigoramento da já antiga onda tecnológica fordista. Abre-se, portanto, o que seria conhecida mais tarde como "era de ouro do capitalismo", do pleno emprego, do *Welfare State* e da ampliação dos direitos sociais, que na América Latina é coetânea do processo de substituição de importações, do trabalhismo varguista, do peronismo argentino, do

Partido Revolucionário Institucional mexicano e do avanço de indicadores sociais em países como Chile e Uruguai – mas também da Revolução Cubana. De um lado, no plano da estratégia empresarial, grandes grupos, "multinacionais" ou "transnacionais", procuraram neles se localizar, em busca de novos mercados e de mão de obra mais barata, fugindo dos impostos progressivos, dos direitos trabalhistas e da força sindical trazidos pela social-democracia, num contexto de Guerra Fria e avanço do socialismo. De outro, a hegemonia inconteste dos Estados Unidos apoiou instituições como o Banco Interamericano de Desenvolvimento (BID) e o Banco Internacional para Reconstrução e Desenvolvimento (Bird), assim como a Comissão Econômica para a América Latina e o Caribe (Cepal), voltadas a ajudar a reconstruir países derrotados, mas que também, na margem, passaram a formular e financiar projetos de desenvolvimento na América Latina. Kubitschek, no Brasil, e Frondizi, na Argentina, muito souberam aproveitar tais oportunidades da "Aliança para o Progresso", sob o argumento de que o desenvolvimento era o melhor antídoto contra o avanço do comunismo.

(c) Bases sociais de sustentação: a diferença do Brasil, a seu favor, com relação a outros países latino-americanos é que havia um setor agrário de mercado interno forte, com economias regionais diversificadas e que produziam não só para exportação, mas para o mercado nacional e também de subsistência local, como nos estados do Sul, em Minas Gerais, e, em menor escala na metade norte do país. Embora a liderança exportadora seja inconteste, a crise da economia cafeeira já dava sinais no início do século XX, levando o Governo Federal a "socializar os prejuízos", na expressão de Celso Furtado ([1959] 1977). Vargas provinha desses segmentos e soube compor com eles, em defesa do mercado interno e das "indústrias naturais", aquelas que usavam e valorizavam as matérias-primas da agricultura e da pecuária locais, como têxteis, vestuário, calçados, artigos de couro e lã, bebidas, laticínios, alimentos, como banha, farináceos, bolachas etc. Abriam-se as portas para a defesa de um projeto de industrialização com apoio de parte significativa do setor agrário nacional, e o revide tentado pelo núcleo de exportados – a chamada Revolução Constitucionalista de 1932 em São Paulo – foi derrotado com ação decisiva de outro segmento que já apoiara Vargas na Revolução de 1930: os militares. Estes ascenderam a vários cargos relevantes da administração, inclusive como interventores nos governos estaduais (os "tenentes") e, pela própria missão voltada à segurança em contexto de ameaça de nova guerra, defendiam ir além das indústrias tidas como "naturais", mas incorporar no projeto as voltadas à defesa, como siderurgia, armamentos, farmacêutica, além de transportes terrestres, marítimos e aviação. Constituiu-se, portanto, um "bloco no poder" que, a despeito de divergências internas, fechava no que veio a se chamar de "convenção do crescimento", com epicentro na indústria e no aumento da produtividade do setor primário e na constituição da infraestrutura que o viabilizasse. A esses vieram somar segmentos de "classe média" urbana, especialmente a burocracia do Estado, que se complexificava e se modernizava; as mulheres, que passaram a ter direito a voto; e os trabalhadores da indústria e do setor público, que já mostram sua força com a legislação trabalhista (Consolidação das Leis do Trabalho, de 1943) e na campanha do "queremismo", em 1944, com grande mobilização em defesa de que a Constituinte convocada fosse mantendo Vargas no poder até sua votação e assegurasse todos os direitos conquistados no Estado Novo.

(d) Pacto político: nas cinco décadas em que vigorou o PSI, registram-se três ditaduras (1930-34), 1937-45 e 1964-86) e cinco novas Cartas Constitucionais (1934, 1937, 1946, 1967, 1969 e, caso se queira acrescentar, 1988), fatos que por si só mostram a instabilidade política vigente. O maior período de democracia durou menos de 20 anos, de 1946 a 1964, e foi respaldado por dois partidos criados por Vargas ao final do Estado Novo: o Partido Social Democrático (PSD) e o Partido Trabalhista Brasileiro (PTB). Estes de certo modo procuravam abarcar as bases sociais bastante diversificadas do governo e que davam sustentação a seu projeto desenvolvimentistas. O PSD, mais conservador, contava com líderes estaduais que deram apoio à ditadura estado-novista, empresários industriais, segmentos de classe média moderados (como os católicos) e boa parte dos proprietários de terra, especialmente os vinculados à produção interna. Além de financiamento e linhas de crédito na então criada Carteira de Crédito Agrícola e Industrial do Banco do Brasil, que oficializava o financiamento ao setor, Vargas lhe garantiu duas medidas institucionais que se tornaram marca de sua habilidade política: não estender a legislação trabalhista ao campo e tampouco mencionar a reforma agrária, que seria substituída por colonização das imensas áreas devolutas existentes no país (a Marcha para o Oeste). Já o PTB possuía base de empresários industriais de vários portes e setores, mas também de sindicalistas e trabalhadores urbanos emergentes, segmentos médios nacionalistas e, surpreendentemente, no Rio Grande do Sul, parte significativa da elite agrária, especialmente na área da fronteira, de onde vieram líderes como Vargas e João Goulart. Esta ampla aliança política, muitas vezes chamada impropriamente de "populista" (pois possuía pretensões de se adequar à democracia parlamentar representativa), começou a se desfazer a partir de 1960 com a radicalização política, resultado do acirramento da Guerra Fria com a Revolução Cubana, e dos movimentos de trabalhadores urbanos e rurais, como as "ligas camponesas", que ocasionaram divisões irreconciliáveis no pacto político até vigente, inclusive nas Forças Armadas. Deve-se salientar que estas, especialmente o Exército, sempre se mostraram avalizadoras do processo de industrialização, seja nos períodos democráticos, seja nas ditaduras, sustentando Vargas desde a sua ascensão ao poder, em 1930, até concordar em depô-lo e logo conquistando à Presidência da República com a eleição do General Dutra (1946), com o General Lott garantindo a ameaçada posse de Juscelino Kubitschek (1956) e, finalmente, após 1964, quando os governos militares rejeitaram o trabalhismo e propostas que consideravam esquerdistas, como reforma agrária e restrições ao capital estrangeiro, mas não o de industrialização acelerada, a qual se sintetizava no *slogan* "Segurança e Desenvolvimento". Ao contrário de países como Argentina e Chile, no Brasil o neoliberalismo e as privatizações não avançaram nesse período. Ao contrário, as estatais foram fortalecidas, assim como os bancos de desenvolvimento, as agências de fomento à produção e à pesquisa, com a pretensão de fazer avançar o projeto de industrialização aos ramos de bens de capital, infraestrutura (estradas, portos, aeroportos, energia) e insumos básicos (petróleo e minérios). Era a tal "convenção" referida por Castro (1977) e Erber (2011), antes mencionadas.

(e) Administração e instituições públicas: vários autores, como Evans (1992), salientaram a importância de constituir uma burocracia forte, com bases meritocráticas, que assumisse a responsabilidade de levar adiante no aparelho estatal o projeto de industrialização. Arrolou como experiências exitosas Japão, Coreia e Taiwan, e situou o Brasil em uma posição intermediária a países que chamou de "burocracia predatória", a exemplo do Zaire. Também Chang (1999) argumentou que o projeto não pode prescindir de uma administração pública eficiente, para coordenar e implementar mudanças, formular propostas e acompanhar metas, de forma a assegurar os investimentos públicos e privados e administrar os conflitos sociais inerentes a processos de mudança.

No Brasil, as reformas institucionais ocorreram desde a década de 1930, quando apareceram as primeiras leis do trabalho e os códigos de Minas e de Águas, importantes por delimitarem os direitos de propriedade do solo e do subsolo. E também as reformas educacionais de Francisco Campos (1931) e Capanema (1942), responsáveis por incentivar o ensino primário, com a ampliação da formação de professores em nível médio, com a expansão das redes de Curso Normal (transformado em Habilitação de Magistério em 1971, pela Lei de Diretrizes e Bases da Educação) e ao propor alternativas em prol do ensino técnico e profissionalizante (antes bastante concentrado na formação de elites, cujo símbolo era o "Curso Clássico", que priorizava disciplinas como Retórica, Francês, Latim, Filosofia e disciplinas de Humanas, praticamente excluindo as científicas), além de cursos superiores em áreas mais diretamente ligadas à modernização da estrutura produtiva e de gestão, como Engenharia, Medicina Veterinária, Agronomia, Contabilidade, Economia e Administração.

Na administração pública, a criação do Departamento Administrativo do Serviço Público (Dasp), em 1938, regrou o ingresso na administração pública, afirmando o concurso e a estabilidade nos âmbitos federal e estadual (os "daspinhos"). Também após 1964, no governo militar, estes foram reafirmados, estabelecendo-se planos de carreira em vários segmentos do funcionalismo (e extinguindo a estabilidade após dez anos no setor privado que vinha da CLT varguista). Várias instituições de Estado, ao longo das décadas em pauta, foram importantes para viabilizar o processo desenvolvimentista, desde estatais como Vale do Rio Doce, Fábrica Nacional de Motores, Companhia Siderúrgica Nacional, Petrobras, Eletrobras, Itaipu, Embrapa, até aquelas voltadas ao financiamento (Banco do Brasil, Caixa Econômica Federal e estaduais, BNDE(S), BRDE, Banco do Nordeste, da Amazônia e demais bancos estaduais de desenvolvimento, dentre outros), desenvolvimento regional (Sudene, Suframa) e pesquisa (IBGE, Ipea, CNPq, Capes, CFP, Finep, Embrapa, Fiocruz, Universidades Públicas, Fapesp e demais fundações estaduais de amparo à pesquisa). Isso sem contar institutos voltados a setores específicos, como os institutos do Café, o Instituto do Açúcar e do Álcool, do Mate, do Pinho, do Cacau, da Borracha e do Trigo, dentre outros. Indispensável, finalmente, é lembrar o Itamaraty, com diplomacia eficiente e exemplar, mesmo em vista de padrões internacionais mais rigorosos.

Associada a esses fatores estava a elevada rentabilidade do capital. A industrialização brasileira ocorreu inicialmente em setores com menor relação capital-produto e a oferta abundante de mão de obra. Além disso, na divisão da produção, cabia às empresas privadas produzir em setores com menor relação capital-produto, enquanto as empresas públicas e multinacionais produziam onde havia maior exigência de capital. A combinação desses fatores resultou em elevada acumulação do capital durante o desenvolvimentismo. Como pode ser observado na Figura 2.2, a industrialização brasileira é um fenômeno ligado às altas taxas de acumulação de capital vigentes entre o final da Segunda Guerra Mundial e 1980, que foram superiores a 8% ao ano. Após a queda da taxa de acumulação no início da década de 1980, iniciou-se a desindustrialização da economia brasileira até hoje verificada.

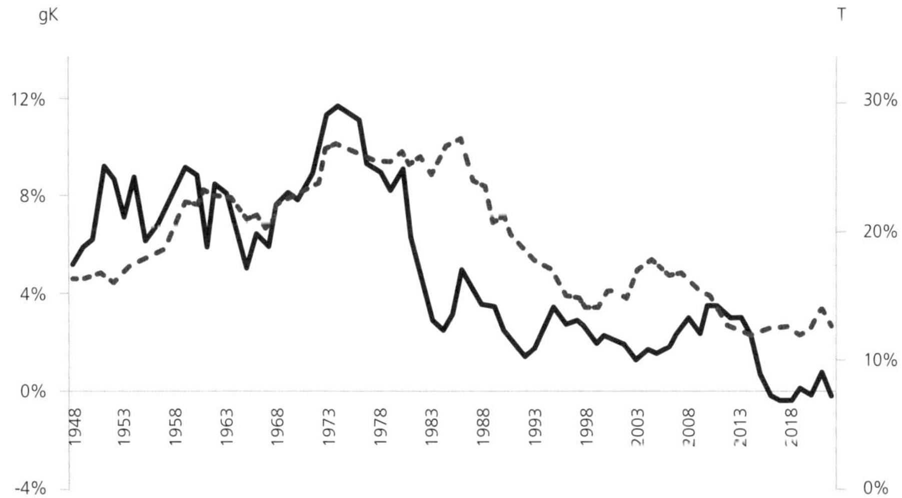

Figura 2.2 Acumulação de capital, gK, e parcela da indústria de transformação no PIB, T, no Brasil: 1948-2022.

Fonte: Souza Junior e Cornelio (2020), Haddad (1978), Morceiro (2021) e IpeaData (2024).

2.3 Desindustrialização e hegemonia financeira

O fim da Idade Dourada nos países desenvolvidos na virada da década de 1970 e a adoção do neoliberalismo no começo da década seguinte tiveram efeitos negativos em grande parte das nações subdesenvolvidas, incluindo o Brasil. Durante o período do desenvolvimentismo a economia brasileira cresceu a taxas elevadas, com média de 7,4% ao ano entre 1947 e 1980, e no período posterior, aqui referido como neoliberal, a taxa de crescimento anual diminuiu para 2,2% de 1980 a 2022. Esse declínio no crescimento pode ser atribuído à redução da acumulação de capital fixo, resultante das mudanças institucionais associadas ao neoliberalismo e da queda da taxa de lucro (Marquetti *et al.*, 2023). Após a crise financeira de 2007, que marcou o colapso do neoliberalismo, o crescimento diminuiu ainda mais, caindo para 0,9% ao ano entre 2010 e 2022. Assim, pode-se afirmar que a mudança estrutural marcada pela desindustrialização foi uma das consequências mais evidentes do período neoliberal. A participação da indústria de transformação no valor adicionado bruto reduziu de 27,3% em 1986 para 12,01% em 2019, aumentando para 12,9% em 2022. Para a análise da crise do desenvolvimentismo e a transição ao neoliberalismo, ver Marquetti *et al.* (2010).

Há um conjunto de fatores que levaram à desindustrialização da economia brasileira. O primeiro deles foi o abandono do projeto de desenvolvimento nacional. A globalização implica a mobilidade do capital financeiro entre países e a internacionalização do processo produtivo, com a consequente redução dos elos entre a burguesia e a nação. Em grande medida, a ideia de uma burguesia nacional que tem por objetivo o desenvolvimento do país perdeu o sentido no neoliberalismo. Ao capital é indiferente o país em que o lucro é obtido. Enquanto a subordinação da burguesia brasileira ao capital internacional tem uma longa história (Fernandes, [1975] 1981), essa passou a ser dominada pelo formato financeiro. Os fluxos financeiros e os movimentos de capitais ocupam um papel central no envio de recursos para o exterior, na determinação da taxa de câmbio e na própria evolução do Ibovespa. A BlackRock Inc., maior gestora de ativos do mundo com sede em Nova York, possui 2,15% do total das ações da Petrobras; 6,12% das ações da Vale; e 3,57% das ações do Itaú Unibanco, as três empresas com maior valor no Índice Bovespa da bolsa de valores brasileira, a B3 (B3, 2023).

Um segundo aspecto relacionado com a questão internacional foi o papel que o Brasil ocupou na divisão do trabalho. Os países do Leste Asiático, em especial a China, aumentaram a taxas expressivas a produtividade do trabalho na produção de mercadorias industriais. Inicialmente, a China ocupou a produção de setores intensivos em trabalho, migrando com sucesso para setores com maior conteúdo tecnológico e intensidade de capital. Um dos resultados foi a queda relativa dos preços das mercadorias industriais e aumento dos preços relativos das *commodities* agrícolas e minerais. O Brasil ocupou o espaço na divisão internacional do trabalho de produtor de *commodities* agrícolas e minerais, que apresentam maior lucratividade do que a produção industrial.

Houve a desorganização do Estado e das capacidades estatais em promover o desenvolvimento e o crescimento da indústria nacional. Essa desorganização se iniciou com a crise da dívida externa, que junto com os mecanismos de correção monetária e a aceleração da inflação permitiram a transferência de volumosos recursos para os setores financeiros nacional e internacional. A renda líquida enviada ao exterior aumentou significativamente, passando de uma média anual de 1,4% do PIB na década de 1970 para 4,1% na década de 1980 (IBGE, 2003). Paralelamente, a participação do setor financeiro no PIB elevou-se de 7,8% para 13,8% (IBGE, 2003). Houve, ainda, a transferência da dívida externa para a dívida interna, um dos fatores do aumento da renda do setor financeiro.

Os poderes econômico e político da burguesia financeira se fortaleceram, enquanto a burguesia industrial e de suas organizações perdiam espaço. Esse movimento avançou com a posse de Collor na presidência. Diversas reformas neoliberais foram implementadas, incluindo a adoção de uma nova forma de integração internacional com a liberalização comercial e financeira. A abertura da conta financeira e o aumento da taxa de juros reais sobre a dívida pública desempenharam papel crucial na expansão da renda financeira.

O programa de desestatização teve início em 1990, com as vendas de empresas públicas nos setores petroquímico e metal. A privatização e a abertura financeira transformaram a bolsa de valores em um centro de acumulação financeira ao longo dos anos 1990. Com a privatização das empresas públicas, muitas delas industriais, e a adoção de *corporate finance*, o objetivo mudou: em vez de propiciar crescimento econômico, o alvo era a maximização do valor para os acionistas. Ocorreu o aumento na distribuição de lucros aos acionistas e controladores em vez do investimento produtivo. É interessante observar que no primeiro trimestre de 2024 as sete empresas com as maiores participações no Ibovespa são: Vale (VALE3), Petrobras (PETR3 e PETR4), Itaú Unibanco (ITUB4), Bradesco (BBDC4 e BBDC3), Eletrobras (ELET3 e ELET6), B3 (B3SA3) e Banco do Brasil (B3, 2023). Dessas empresas, quatro são estatais ou privatizadas (Vale, Petrobras, Eletrobras e Banco do Brasil), com um elevado grau de participação do estado em sua propriedade. Há quatro instituições financeiras (Itaú Unibanco, Bradesco, B3 e Banco do Brasil).

Por um lado, houve a desestruturação do Estado desenvolvimentista e de suas instituições, assim como da burocracia estatal responsável por realizar políticas para propiciar maior acumulação de capital. Por outro, o Estado brasileiro teve papel fundamental na organização do neoliberalismo. O próprio Banco Nacional de Desenvolvimento Econômico e Social, BNDES, foi utilizado para financiar o processo de privatização e vários bancos estaduais de financiamento foram fechados. Também ocorreu a privatização de diversos bancos estaduais e a redução da capacidade dos governos estaduais de fazerem políticas regionais de desenvolvimento. Entre os bancos regionais comprados pelos bancos privados estão o Banco do Estado de Minas Gerais (Bemge), o Banco do Estado do Espírito Santo (Banestes), o Banco do Estado do Rio de Janeiro (Banerj), o Banco do Estado de São Paulo (Banespa), o Banco do Estado do Paraná (Banestado), e o Banco do Estado da Bahia (Baneb).

A política macroeconômica, que no período desenvolvimentista visava estimular o crescimento econômico, passou a priorizar o controle da inflação como seu objetivo principal. O emprego de política monetária com elevada taxa de juros real para manter a taxa de câmbio sob controle foi utilizada desde 1990, após a abertura financeira. Os efeitos perversos dessa política foram, de um lado, o aumento da dívida interna e a transferência de recursos para o setor financeiro e, de outro, a valorização da taxa de câmbio com efeitos negativos sobre a competitividade da indústria brasileira.

É importante notar que, ao longo do período neoliberal, o setor industrial também passou por processo de financeirização, com parte de sua rentabilidade vinculada às finanças. O pacto de poder no neoliberalismo envolve o capital financeiro, o agronegócio e o setor industrial. No entanto, enquanto a política agrícola é considerada importante para o crescimento econômico do país, assim como os subsídios e isenções fiscais concedidos ao setor, a proposta de política industrial tem sido alvo de inúmeras críticas por parte de setores da imprensa e do sistema financeiro. Uma das razões para isso é que a política industrial está associada ao desenvolvimentismo – o que, de certa forma, acenaria para outro projeto ao país.

Os defensores do neoliberalismo tiveram sucesso, do ponto de vista ideológico, em associar as mudanças institucionais relacionadas à redução do papel do Estado como necessárias para a adoção das tecnologias de informação e comunicação. Contudo, o aumento da produtividade do trabalho no período foi inferior ao do desenvolvimentismo. Entre 1950 e 1980, a produtividade do trabalho cresceu a 4,1% ao ano, enquanto de 1990 a 2022 o crescimento anual foi de 0,9% ao ano, sendo negativo na década de 1980.

A adoção das tecnologias de informação e comunicação, as mudanças institucionais neoliberais, bem como a desindustrialização tiveram efeito reduzido sobre a taxa de lucro, como pode ser observado na Figura 2.3. A rentabilidade do capital encontra-se em valores abaixo aos verificados durante o desenvolvimentismo devido à queda da relação produto-capital que ocorreu na economia brasileira entre meados da década 1970 ao final dos anos 1980. Essa queda decorreu, principalmente, devido ao aumento dos preços dos bens de capital (Marquetti *et al.*, 2010).

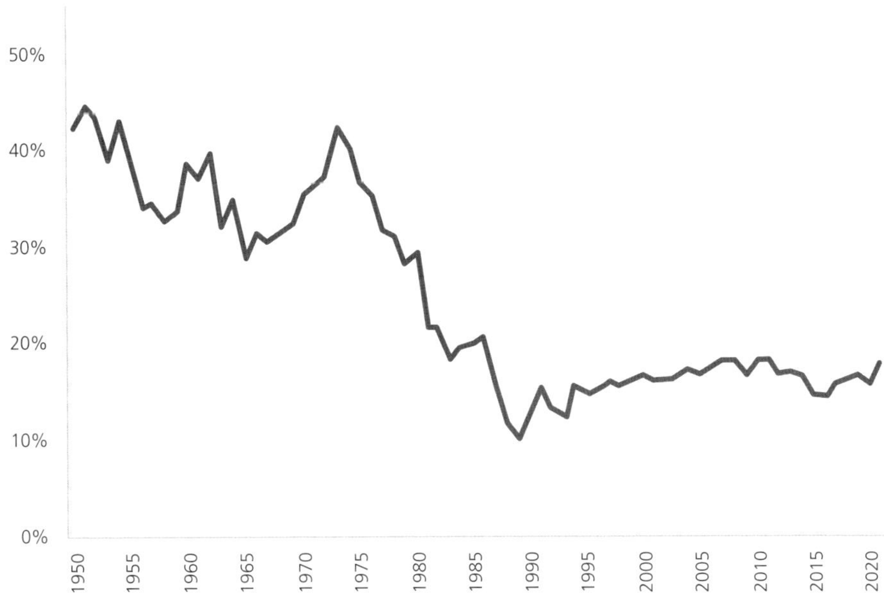

Figura 2.3 Taxa de lucro no Brasil: 1950-2021.

Fonte: Marquetti *et al.* (2023).

A formação bruta de capital fixo está diretamente ligada à rentabilidade do capital. Em períodos de baixa rentabilidade, os estímulos para investimentos em capital fixo são reduzidos. A Figura 2.4 ilustra a evolução percentual da formação bruta de capital fixo setorial entre 2000 e 2021, conforme dados da Tabela de Recursos e Usos do Sistema de Contas Nacionais do Brasil (IBGE, 2023). Observa-se que o setor da construção respondeu por cerca da metade dos investimentos, enquanto a indústria de transformação representou aproximadamente um terço. Em conjunto, esses setores foram responsáveis por mais de 85% do total da formação bruta de capital fixo na economia brasileira durante o período considerado. Dentro do setor da construção, mais de 40% dos investimentos correspondem à construção residencial. Por sua vez, a agropecuária foi o terceiro setor com maior investimento, representando cerca de 2% do total. Portanto, a baixa rentabilidade do capital tem inibido o aumento da formação bruta de capital fixo e, consequentemente, tem contribuído para as taxas reduzidas de crescimento da indústria manufatureira do Brasil (Iedi, 2016).

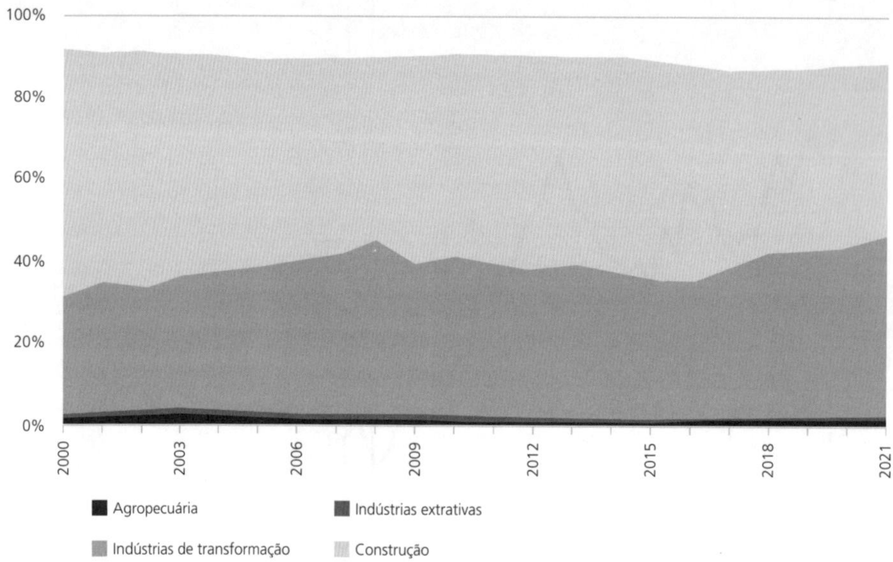

Figura 2.4 Evolução Percentual da Formação Bruta de Capital Fixo por Setor, Brasil, 2000-2021.

Fonte: IBGE (2023).

Após 2007, o neoliberalismo entrou em crise nos Estados Unidos e nos países desenvolvidos. As palavras de Trump "*Make America great again*" refletem uma inflexão das políticas neoliberais. A crise de hegemonia americana decorre do avanço chinês e, principalmente, do reduzido crescimento dos Estados Unidos no neoliberalismo. A administração Biden tomou uma série de medidas para enfrentar a ascensão da China e expandir a acumulação de capital, incluindo o investimento em infraestruturas, tecnologia, pesquisa e desenvolvimento. A administração também tomou medidas para diversificar as cadeias de abastecimento e fortalecer alianças com outros países da região. Entre elas estão o "*American Jobs Plan*" e o "*American Families Plan*", que pretendem investir trilhões de dólares em infraestrutura, energia limpa e outras áreas; o "CHIPS and Science Act", que prevê créditos e subsídios para a produção doméstica de chips; o "*Inflation Reduction Act*", que busca responder as questões de mudanças climáticas e estimular o crescimento econômico; e o "*Indo-Pacific Economic Framework for Prosperity*", para propiciar novas cadeias de abastecimento e fortalecer alianças com outros países da Ásia. As mudanças na política econômica, denominadas de "novo Consenso de Washington", foram resumidas por Jake Sullivan (2023), o conselheiro de segurança nacional do presidente Biden, em sua fala na Casa Branca em abril de 2023.

Enquanto isso, o Brasil, a partir de 2015, adotou política econômica com predominância neoliberal, marcada pela adoção de medidas fiscais e monetárias contracionistas. A queda nos preços das *commodities* no mercado internacional e a redução em um terço dos investimentos da Petrobras entre 2013 e 2015 contribuíram para intensificar a crise econômica. Por sua vez, os vazamentos da Operação Lava Jato à imprensa estimularam o clima de beligerância contra o governo. A crise econômica permitiu a formação da coalizão, composta por capitalistas agrários, industriais e financeiros, setores conservadores do judiciário e a mídia, favorável ao *impeachment* da presidente Dilma Rousseff. Esses setores viam a necessidade de aprofundar as reformas neoliberais.

O PMDB, partido do vice-presidente Michel Temer, apresentou as mudanças "necessárias" em 2015, no documento "Uma ponte para o futuro", que propunha diversas medidas para ampliar a lucratividade e controlar o déficit fiscal. Essas propostas representaram uma guinada neoliberal, atendendo às demandas do meio empresarial e dos políticos que o respaldam e servindo como o "programa" do governo Temer. A partir do *soft coup*, em 2016, foram implementadas diversas reformas neoliberais, incluindo a lei do teto, da previdência, reformas trabalhistas, mudanças na legislação do pré-sal e privatizações. O governo Bolsonaro deu continuidade ao neoliberalismo tardio. O resultado foi o baixo crescimento da economia, que também sofreu com os efeitos da covid-19. Entre 2015 e 2022, o estoque de capital fixo declinou 0,4%, indicando que a formação bruta de capital fixo no período não cobriu a depreciação. Contudo, a taxa de lucro aumentou: em 2022, os valores observados foram similares aos verificados em meados da década de 2000, em particular, devido a transferência de renda do trabalho para o capital.

Portanto, a desindustrialização brasileira é resultado de um conjunto de fatores. Da nossa perspectiva, as duas principais razões decorrem das mudanças institucionais decorrentes da hegemonia financeira, que se expressa no neoliberalismo, e da queda da rentabilidade do capital. A recente proposição de uma política industrial por parte do governo Lula pode representar os primeiros passos para mitigar a absoluta hegemonia dos setores financeiro e agrário, com possibilidades, se exitoso, de acenar para novo projeto ao país. Contudo, com a exceção das mudanças institucionais adotadas nos anos 1930 que deram origem ao desenvolvimentismo, a tendência é o país seguir, com defasagem, as mudanças institucionais providas de países líderes.

2.4 Considerações finais

As mudanças estruturais na economia brasileira, tanto no período do desenvolvimentismo quanto a partir de 1980, quando há predominância do neoliberalismo e da globalização, devem-se a uma variedade de fatores, abrangendo questões políticas, institucionais, competitivas, tecnológicas e distributivas. A reversão da desindustrialização, pela intensidade em que esta ocorreu, sugere que ela não se deveu a "erros" de políticas econômicas, mas se trata de um problema estrutural cuja reversão exigirá não apenas a manipulação de políticas econômicas instrumentais (cambiais, monetárias e fiscais), mas mudanças institucionais capazes de reduzir a hegemonia dos setores financeiro e agrário, com maior abertura de espaço ao setor industrial e a segmentos sociais beneficiados com maior redistribuição de renda.

Nota-se, nas últimas décadas, que, mesmo diante de tentativas tímidas de reverter a concentração de renda (como o aumento real do salário mínimo e programas sociais, como o Bolsa-Família), a economia brasileira respondeu de forma significativa, como na primeira década do século XXI. Tal fato mostra que, apesar de responder positivamente e de forma célere a estímulos da demanda e a políticas econômicas pontuais, sem mudanças institucionais elas se restringem a ciclos limitados, que se esgotam em curtos períodos de tempo, o que, em média, resulta em um crescimento econômico baixo e sem sustentação no longo prazo. A proposta do setor financeiro e seus parceiros, incluindo a indústria, expressa no documento "Ponte para o futuro", visa reduzir os custos do trabalho e diminuir o estado de bem-estar social estabelecido pela Constituição de 1988, com a intenção de aumentar a rentabilidade do capital, o que aumentaria a concentração da renda.

Como não há indícios, nem mesmo remotos, que tal processo ocorrerá de forma espontânea, cabe ao Estado um papel central na retomada do investimento, promovendo maior taxa de acumulação de capital diante da baixa da taxa de lucro. Isso envolve o investimento em setores de baixa rentabilidade e maior risco por parte das empresas públicas e do Estado, enquanto as empresas privadas podem se centrar em setores com maior rentabilidade e menor risco.

A recente proposta de política industrial pode promover uma reflexão sobre projeto nacional de desenvolvimento, propiciando um efeito educativo ao trazer ao debate qual país desejamos para o futuro – questão abandonada no Brasil desde a década de 1970. Essa é a questão fundamental a ser respondida, e o debate sobre a política industrial poderá trazer consigo elementos que contribuam para a sociedade brasileira encontrar respostas viáveis e com sustentação para serem executadas.

Referências

ABREU, M. *A economia brasileira 1930-1964*. Texto para Discussão 585. PUC-Rio, 2010

ABREU, M. Crise, crescimento e modernização autoritária: 1930-1945. *In:* ABREU, M. *A ordem do progresso* – cem anos de política econômica republicana, 1889-1989. Rio de Janeiro: Campus, 1992.

AREND, M. A industrialização do Brasil ante a nova divisão internacional do trabalho. *In:* CALIXTRE, B.; BIANCARELLI, A.; MACEDO, C. *Presente e futuro do desenvolvimento brasileiro*. Brasília: Ipea, 2014.

B3. *Composição da carteira do Ibovespa*. Disponível em: https://www.b3.com.br/pt_br/market-data-e-indices/indices/indices-amplos/indice-ibovespa-ibovespa-composicao-da-carteira.htm. Acesso em: 15 fev. 2023.

BOLT, J.; VAN ZANDEN. Maddison style estimates of the evolution of the world economy. A new 2020 update. *Maddison-Project Working Paper WP-15*, University of Groningen, Groningen, Netherlands, 2020.

CASTRO, A. Renegade development: rise and demise of state-led development in Brazil. *Seminário Internacional Instituições e Desenvolvimento Econômico*, Rio de Janeiro, 1997.

CASTRO, A.; SOUZA, F. *A economia brasileira em marcha forçada*. Rio de Janeiro: Paz e Terra, 1984.

DRAIBE, S. *Rumos e metamorfoses:* um estudo sobre a constituição do Estado e as alternativas da industrialização no Brasil, 1930-1960. Rio de Janeiro: Paz e Terra, 1985.

ERBER, F. S. As convenções de desenvolvimento no governo Lula: um ensaio de economia política. *Revista de Economia Política*, v. 31, n. 1, p. 31-55, 2011.

EVANS, P. The State as problem and solution: predation, embedded autonomy and structural change. *In*: HAGGART, S.; KAUFRNAN, R. (Coords.). *Politics of economic adjustment*. Princeton: Princeton University Press, 1992.

FAUSTO, B. *A Revolução de 30*. São Paulo: Brasiliense, 1970.

FERNANDES, F. *A Revolução Burguesa no Brasil*. 3. ed. Rio de Janeiro: Zahar, [1975] 1981.

FISHLOW, A. Origins and consequences of import substitution in Brazil. *In:* DI MARCO, L. (ed.). *International economics and development*: essays in honor of Raúl Prebisch. New York: Academic Press, 1972.

FONSECA, P. C. D. Desenvolvimentismo: a construção do conceito. *In:* CALIXTRE, B.; BIANCARELLI, A.; MACEDO, C. *Presente e futuro do desenvolvimento brasileiro*. Brasília: Ipea, 2014.

FURTADO, C. *Formação econômica do Brasil*. São Paulo: Nacional, [1959] 1977.

GERSCHENKRON, A. *Economic backwardness in historical perspective*. Cambridge: Harvard University Press, 2015.

HADDAD, C. *Crescimento do produto real no Brasil, 1900-1947*. Rio de Janeiro: Fundação Getulio Vargas, 1978.

IBGE. *Tabelas de recursos e usos*. Rio de Janeiro: IBGE, 2023. Disponível em: https://www.ibge.gov.br/estatisticas/economicas/contas-nacionais/9052-sistema-de-contas-nacionais-brasil.html. Acesso em: 19 fev. 2024.

IEDI. *Sem lucro, sem investimento*. Carta IEDI, 2016.

IPEADATA. Disponível em: http://www.ipeadata.gov.br/. Acesso em: 11 fev. 2024.

LAWRENCE, R.; EDWARDS, L. US employment deindustrialization: insights from history and the international experience. *Policy Brief*, p. 13-27, 2013.

MARQUETTI, A.; MALDONADO FILHO, E.; LAUTERT, V. The profit rate in Brazil, 1953-2003. *Review of Radical Political Economics*, v. 42, n. 4, p. 485-504, 2010.

MARQUETTI, A.; MALDONADO FILHO, E.; MIEBACH, A.; MORRONE, H. Uma interpretação da economia brasileira a partir da taxa de lucro: 1950-2020. *Brazilian Journal of Political Economy*, v. 43, p. 309-334, 2023.

MARQUETTI, A.; MORRONE, H.; MIEBACH, A.; OURIQUE, L. E. Measuring the profit rate in an inflationary context: the case of Brazil, 1955-2008. *Review of Radical Political*.

MORCEIRO, P. Influência metodológica na desindustrialização brasileira. *Brazilian Journal of Political Economy*, v. 41, n. 4, p. 700-722, 2021.

PELÁEZ, C. M. Acerca da política governamental, da Grande Depressão e da industrialização no Brasil. *Revista Brasileira de Economia*, v. 23, n. 3, p. 77-88, 1969.

SOUZA JUNIOR, J. R. D. C; CORNELIO, F. M. *Estoque de capital fixo no Brasil:* séries desagregadas anuais, trimestrais e mensais. Texto para Discussão Ipea 2580, 2020.

SULLIVAN, J. *Remarks by national security advisor jake sullivan on renewing american economic leadership at the brookings institution*. Speech delivered April 27, 2023. Disponível em: https://www.whitehouse.gov/briefing-room/speeches-remarks/2023/04/27/remarks-by-national-security-advisor-jake-sullivan-on-renewing-american-economic-leadership-at-the-brookings-institution/. Acesso em: 16 fev. 2024.

TAVARES, M. C. *Da substituição de importações ao capitalismo financeiro*. Rio de Janeiro: Zahar, 1972.

TOSCANO, Ó. M. M. *Os governos de Afonso López Pumarejo*: estado e reformas econômicas e sociais na Colômbia. Tese de Doutorado, PPGE/UFRGS, 2012.

VERSIANI, F. Industrialização e a economia de exportação: a experiência brasileira antes de 1914. *Revista Brasileira de Economia*, v. 34, n. 1, p. 3-40, jan./mar., 1980.

VILLELA, A.; SUZIGAN, W. *Política do governo e crescimento da economia brasileira*. Rio de Janeiro: Ipea/Inpes, 1973.

3. O caminho tortuoso da política industrial brasileira no século XXI

Jackson De Toni
Verena Hitner Barros

a doença brasileira vem de algo que se acumulou num período superior a trinta anos, que começa com um regime macroeconômico absolutamente antiprodução, anti-industrial que vigora no Brasil... sintetizado como um tripé: a taxa de juros elevada, a taxa de câmbio apreciada e as políticas fiscais contracionistas... Todo o sistema de incentivos que existe no Brasil opera no sentido de favorecer a busca de posições flexíveis, induz todos os tomadores de decisão a esperarem e não a tomar decisões tempestivamente... isso gera preferência por esperar, por ser conservador... curtoprazista... Criamos no Brasil um capitalismo que sub-acumula.
Prof. David Kupfer (1956-2020)[1]

3.1 Introdução

Entre 2013 e 2019 o país perdeu quase 30 mil indústrias e 1,4 milhão de postos de trabalho no setor. A norte-americana Ford fechou a fábrica da Troller no Ceará, encerrou também a fábrica em Camaçari, na Bahia, e Taubaté, em São Paulo. Nos últimos anos a Mercedes-Benz e a Audi também

1 Aula proferida em 22 de setembro de 2018 no Curso de Economia para a ADUFRJ Rio de Janeiro.

fecharam fábricas, as farmacêuticas Roche e Lily, a japonesa Sony também saiu do Brasil. A lista é longa e cresceu exponencialmente nos últimos anos. Metalúrgicos se tornaram entregadores ou motoristas de aplicativo. Junto com soja, minério de ferro e carne bovina o Brasil se tornou um dos maiores exportadores de cérebros. Uma força de trabalho qualificada pelo sistema público que forma 24 mil doutores por ano.[2] E não só porque o valor das bolsas de doutorado esteve congelado há dez anos e o orçamento público para a ciência recentemente, foi o menor em quinze anos. Sem desenvolvimento industrial os empregos qualificados desaparecem, a dependência tecnológica aumenta e a balança comercial se fragiliza. Apesar disso, a indústria permanece importante.

Cada R$ 1,00 produzido na indústria gera R$ 2,32 na economia, contra R$ 1,67 na agricultura e R$ 1,51 no comércio e serviços (dados da CNI). A literatura especializada já consagrou uma clara relação positiva entre o crescimento da produtividade e o desenvolvimento industrial, em especial pela capacidade de encadeamentos técnicos (capacidade de transbordamento) do progresso industrial nas cadeias produtivas, para frente e para trás, efeitos positivos na melhoria da infraestrutura física do país, economias de escala, redução do custo unitário e aumento de bem-estar ao consumidor final. A conexão virtuosa entre a difusão tecnológica da indústria e os avanços da ciência tem levado a inovação para todos os setores, inclusive ao agronegócio, onde predominam produtos de baixa complexidade, mas onde temos vantagens competitivas únicas.

A indústria, contudo, não é mais a mesma. Desde que Dona Maria I proibiu a manufatura brasileira em janeiro de 1875, muita coisa mudou. Desde então triplicamos nossa participação no PIB industrial mundial, que saltou de 0,5% para 3% nos anos 1980. Desde então o mundo passou pela revolução da transformação digital, que ganhou na indústria, nomes diversos: Indústria 4.0, Manufatura Avançada ou simplesmente a Quarta Revolução Industrial. Nos anos 2000 retomamos as políticas industriais, em especial a Política Industrial, Tecnológica e de Comércio Exterior (PITCE), de 2004. Avançamos na publicação de artigos científicos, nos gastos em pesquisa e desenvolvimento sobre o PIB, em setores como a petroquímica ou a aviação regional. O problema é vencer a síndrome da "Rainha Vermelha": o crescimento relativo aos seus concorrentes é o que importa. Um exemplo simbólico pode ser

2 Ver detalhes em: https://congressoemfoco.uol.com.br/area/pais/diaspora-cientifica-o-drama-da-fuga-de-cerebros-do-brasil-para-o-exterior/

dado. Um dos pilares da revolução tecnológica na indústria é a automação de processos baseada na crescente conectividade, internet das coisas e uso de inteligência artificial. Um dos sintomas visíveis deste processo é a robotização do ambiente fabril, que pode aumentar em até 30% a capacidade produtiva. O Brasil possui só 0,6% dos robôs instalados no mundo, a maioria usados para aplicação de soldas ou montagem no setor automotivo.[3] A era da informação está transformando a indústria no mundo inteiro. As tecnologias de propósito geral são pervasivas e transversais, a partir da indústria, impactam toda a atividade econômica, incluindo a implementação de políticas públicas.[4] A manufatura se reinventou como uma lógica de serviços, em muitos casos. Os serviços avançados (TIC, *design*, *marketing*) passaram a liderar a agregação de valor em cadeias globais cada vez mais interconectadas.

O objetivo deste capítulo não é exaurir o debate em detalhe das políticas anunciadas desde 2004– o retorno das políticas industriais na agenda federal, mas focar nos seus eixos estruturais, no contexto de governança e na explicitação das principais diferenças e avanços entre elas. O artigo está estruturado em seis seções distintas. Além dessa introdução e da conclusão, as seções um, dois e três descrevem e comentam sucintamente as políticas industriais empreendidas nos governos Lula (2003-2006 e 2007-2010) e Dilma Rousseff (2011-2014). A seção 4 aborda as críticas existentes na literatura especializada sobre a natureza das políticas industriais e a seção 5 sistematiza as expectativas de superação destes problemas. Por fim, a seção 6 comenta a Política de Neoindustrialização anunciada pelo Governo Lula (2022-...), enfatizando a continuidade e as diferenças contextuais que a distinguem das políticas anteriores.

3.2 A Política Industrial, Tecnológica e de Comércio Exterior (PITCE)

Há quase 20 anos, no dia 31 de março de 2004, o ex-presidente Lula, diversos ministros e os mais importantes líderes da indústria nacional divulgavam publicamente as principais medidas da Política Industrial, Tecnológica e de

3 https://ifr.org/ifr-press-releases/news/robot-sales-rise-again

4 O Projeto "Indústria 2027" (2018) identificou oito tecnologias prioritárias: internet das coisas, produção inteligente (sistemas cyberfísicos), inteligência artificial, tecnologia de redes, biotecnologia e bioprocessos, nanotecnologia, materiais avançados e armazenagem de energia (https://www.portaldaindustria.com.br/cni/canais/industria-2027/).

Comércio Exterior (PITCE). Poderia ser mais um evento festivo a compor a rotina de anúncios na estratégia de *marketing* político de qualquer governo. Mas não era. Havia mais de duas décadas que o Governo Federal não anunciava publicamente uma Política Industrial, com "P" e "I" maiúsculos. As últimas tentativas remontavam ao fracassado III Plano Nacional de Desenvolvimento, durante o governo Sarney, quase duas décadas antes. Durante os governos do ex-presidente Fernando Henrique Cardoso, a política industrial foi banida do vocabulário da Esplanada dos Ministérios, considerada nociva e causadora de distorções insanáveis ao equilíbrio resultante do livre jogo de mercado. Apesar de alguns focos de resistência no Ministério do Desenvolvimento, Indústria e Comércio Exterior (MDIC), a política industrial nunca saiu do papel. Prova disso foi a alucinante dança das cadeiras no ministério setorial responsável, o MDIC, que teve cinco ministros entre 1999 e 2002, evidenciando, no mínimo, a grande instabilidade institucional da área.

A PITCE se articulava sobre (a) linhas de ação horizontais: Inovação e desenvolvimento tecnológico, Inserção externa, Modernização industrial, Ambiente institucional/investimento, capacidade. (b) Opções estratégicas: Semicondutores (aplicação específica), *softwares*, bens de capital, fármacos e medicamentos e (c) Atividades portadoras de futuro: biotecnologia, nanotecnologia, biomassa e energias renováveis. As bases da política industrial no primeiro governo Lula foram divulgadas em junho de 2003 por meio do texto "Roteiro para agenda de desenvolvimento", ainda rudimentar, praticamente mapeando os principais pontos vitais de uma nova proposta. Logo depois (em novembro de 2004) um grupo de trabalho específico produziu o documento chamado "Diretrizes de Política Industrial, Tecnológica e de Comércio Exterior" (ABDI, 2003), tratado aqui simplesmente como "Diretrizes". A Política Industrial, Tecnológica e de Comércio Exterior foi anunciada publicamente somente em março do ano seguinte, em solenidade na Confederação Nacional da Indústria em Brasília com o presidente da república em solenidade formal. O documento é simples e direto: apresenta uma caracterização conceitual da política industrial, define suas características básicas e detalha mais a implementação dos programas e ações. O texto "Diretrizes" estabelecia inicialmente que a estabilização das variáveis macroeconômicas, a redução das taxas de juros, a retomada do crédito interno e externo e a redução do risco Brasil seriam "aspectos centrais para a retomada do investimento privado e do crescimento econômico" (ABDI, 2003, p. 1). Entre as iniciativas que caberiam ao governo estariam o (1) aprimoramento dos diversos marcos regulatórios dos setores de infraestruturas, (2) medidas de "isonomia competitiva", como as desonerações tributárias para exportações, dos bens de capital e do custo do crédito, (3) a viabilização dos instrumentos para expansão do comércio exterior objetivando a redução da razão dívida/exportações e logo a vulnerabilidade externa. Uma possível síntese das características gerais da PITCE seria a orientação para aumentar a capacidade de inovação das empresas, particularmente naquelas cadeias produtivas e setores voltados para exportação.

Seus quesitos principais eram: (1) estímulo à competitividade voltada para o mercado externo e geração de saldos superavitários na balança comercial, (2) abordagem seletiva de cadeias produtivas e setores específicos com alto conteúdo tecnológico (abordagem vertical), (3) combinação de incentivos fiscais e tributários para setores específicos e medidas regulamentadoras, segurança jurídica dos contratos e melhoria do ambiente de negócios (abordagem horizontal) e (4) contribuir para o desenvolvimento regional.

A Política Industrial, Tecnológica e de Comércio Exterior resultou da combinação de três vetores que atuaram simultaneamente. Em primeiro lugar, havia um compromisso da campanha eleitoral de Lula, em 2002, na retomada de políticas ativas pró-desenvolvimento, sobretudo na defesa da indústria nacional e sua necessária modernização competitiva. Um segundo vetor foi a colaboração íntima e alinhada entre setores governamentais, como o Instituto de Pesquisa Econômica Aplicada (Ipea), dirigido à época por Glauco Arbix; o Ministério da Fazenda, comandado por Antonio Palocci, e o Ministério do Desenvolvimento, Indústria e Comércio Exterior, liderado por Luiz Furlan. A cooperação intragovernamental também interagiu com a presença ativa de acadêmicos como os saudosos professores Fábio Erber e Antônio Barros de Castro, ambos à época assessorando o BNDES. Um terceiro vetor foi o protagonismo político do próprio presidente da república, que não raro participava pessoalmente dos debates do Conselho Nacional de Desenvolvimento Industrial (CNDI), também criado naquele ano para promover o diálogo de alto nível entre o setor público, empresários e trabalhadores. A combinação destes processos foi única e não se repetiu mais, como se verá adiante.

Os méritos da PITCE não se resumiam à quebra de um jejum tão prolongado do Estado que silenciou e resignou-se diante da primarização da pauta exportadora e do desmantelamento de elos importantes da manufatura nacional. Esta política foi fortemente focada em opções estratégicas (tecnologias de informação e comunicação, semicondutores, fármacos e *software*) realmente ambiciosas e desafiadoras, com imensa capacidade de transbordamentos e transversalidades na complexa teia das cadeias industriais nacionais. Além disso, a PITCE era visionária, apostando em setores portadores de futuro, como a biotecnologia ou a nanotecnologia, áreas de fronteira, ainda hoje, dos *drives* que conduzem à indústria do século XXI. Com conteúdo fortemente horizontal, com poucas cadeias produtivas priorizadas e altamente seletiva, a política foi ela mesma uma política pública inovadora.

Políticas industriais deste tipo, baseadas na inovação e na busca do *catching up*, isto é, do emparelhamento tecnológico com países já desenvolvidos, enfrentam uma série de obstáculos de natureza conjuntural e sistêmica (Cimoli *et al.*, 2009; Mazzucato, 2013). A PITCE não produziu resultados mágicos, ainda que por mero raciocínio contrafactual seu mérito fique evidente. Seu maior mérito foi recolocar a indústria nacional na agenda do país, expor seus graves problemas de competitividade externa e custos domésticos crescentes. De lá para cá outras políticas lhe renderam tributo e internalizaram seu legado: a Política de Desenvolvimento Produtivo (PDP), formalizada em 2008, mas quase invalidada pela crise internacional no final do mesmo ano, o Plano Brasil Maior (PBM), lançado em agosto de 2011 e a Política de Neoindustrialização, anunciada em julho de 2023 e formalizada em janeiro de 2024.

Vamos fazer aqui uma breve pausa para entender por que a PITCE foi tão importante. Vamos retomar o contexto que a precedeu. A capacidade industrial de uma nação estabelece o potencial e os limites do seu desenvolvimento econômico (Szirmai *et al.*, 2013). Historicamente, foi a industrialização que proporcionou níveis crescentes de renda e bem-estar da população, gerando empregos mais qualificados e difundindo ganhos de escala. É a indústria que gera inovação tecnológica aplicada, por exemplo, no melhoramento genético responsável pela produtividade do agronegócio. Mesmo em setores de ponta de serviços, como as tecnologias digitais e de comunicação, é a indústria microeletrônica que acaba ditando o ritmo de crescimento. O desenvolvimento de um país se mede de várias formas, como através do crescimento relativo do Produto Interno Bruto *per capita*, por exemplo. Num sentido mais básico e elementar, o desenvolvimento depende da produtividade crescente do trabalho, que é influenciada diretamente pelos avanços da indústria. Desde os anos 1960, com Nicholas Kaldor, ou mais longe ainda, com Gunnar Myrdal, aprendemos que a industrialização é a maior responsável por retornos crescentes de produtividade e pelo seu transbordamento para todas as outras dimensões do desenvolvimento econômico, inclusive a dimensão social.[5]

---

5 Mesmo nas escolas de economia, atualmente é difícil encontrar alguém abertamente contrário a uma política industrial, sobretudo depois da crise financeira de 2008. Aos poucos, a Academia está reabilitando a produção teórica de antigos e novos autores que pensaram e estudaram

O Brasil tem tido uma trajetória bem-marcada na sua industrialização. Nós consolidamos um parque industrial importante até os anos 1970, em especial nas cadeias petroquímicas, nos complexos produtivos do agronegócio, na metalurgia e em bens de capital, por exemplo. Nos anos 1980 e 1990, o governo federal empreendeu poucas iniciativas para uma abrangente e consistente política industrial. Cabe ressaltar, talvez, a criação do Ministério de Ciência e Tecnologia e algumas iniciativas na área de informática. No governo Collor tivemos uma política industrial "ao contrário", iniciando um ciclo de privatizações, financeirização e desnacionalização significativa do legado deixado pelo período dos governos militares. Exceção digna de nota neste período foi o funcionamento das câmaras setoriais, num contexto de realinhamento de preços, que em alguns casos foram importantes instrumentos de negociação público-privada, em especial no setor automobilístico. Nos anos do governo FHC (1995-2002), a política industrial praticamente se constituiu numa "antiagenda" de governo, proscrita e esquecida. É necessário lembrar que os fóruns de competitividade, implementados pelo MDIC na tentativa de manter um espaço de concertamento com o setor industrial, sempre tiveram a hostilidade, quando não a oposição pública, do Ministério da Fazenda, que via neles um risco potencial à sua governabilidade na política econômica.

O governo Lula tem início em 2003, numa conjuntura bem-marcada: relativa estabilidade macroeconômica, risco-país em queda, início de um ciclo de alta de preços internacionais em *commodities*, relação dívida interna/PIB em declínio, mas ainda com altas taxas de juro e câmbio sobre apreciado.

Como já foi dito, a PITCE foi, como política pública formal, um dos maiores avanços do governo Lula em seu primeiro mandato; foi o desbloqueio do debate sobre política industrial e a retomada, ainda que tímida, de instrumentos de planejamento governamental e coordenação de atores envolvidos. A retomada de uma instância de coordenação de alto nível, o Conselho Nacional de Desenvolvimento Industrial, reunindo empresários industriais e ministros num ambiente democrático e cooperativo, superou de longe as experiências do antigo Conselho de Desenvolvimento Industrial, no regime autoritário. O CNDI chegou a realizar 16 reuniões entre 2004 e 2014 (a maioria até 2007), gerando importantes pautas e acordos que eram ramificados em diversos grupos de trabalho a jusante. Eles se tornaram marcos de uma nova política industrial: a chamada Lei de Inovação, a Lei do Bem, os debates sobre

a política industrial: Robert Wade, Alice Amsden, Chalmers Johnson, Ha-Joo Chang, Dani Rodrick, entre outros.

a universalização da banda larga, as discussões sobre a TV digital, a gestão dos fundos de investimento em inovação, a desoneração do Imposto sobre Produtos Industrializados (IPI) para bens de capital, entre outras medidas, passaram pelo CNDI.

Assim, a PITCE e o CNDI estimularam o debate sobre a adequação dos instrumentos institucionais do Estado brasileiro, sempre na tentativa de garantir a retomada - ainda que tímida - de uma agenda desenvolvimentista. Outro marco desse período foi a criação de uma organização pública não estatal para apoiar a execução de uma política industrial tão complexa e polissêmica, a Agência Brasileira de Desenvolvimento Industrial (ABDI) - como um *think tank* que, junto com o Banco Nacional de Desenvolvimento Econômico e Social (BNDES), o "braço do financiamento", a FINEP e outras organizações federais, estruturariam um arranjo institucional básico pró-indústria. Resumindo, a PITCE tentava articular medidas horizontais com verticais. No total, foram 53 medidas, agrupadas em 11 programas. Das quais 23 medidas relacionavam-se aos setores prioritários: farmacêutico, *software*, bens de capital e semicondutores (Brasil, 2004).

3.3 A Política de Desenvolvimento Produtivo (PDP)

No segundo mandato de Lula, a política industrial seguiu a linha do foco na inovação e na retomada das taxas de investimento, agora com o nome de "Política de Desenvolvimento Produtivo", lançada em maio de 2008, doravante PDP. A PDP avançou muito em governança: instituiu instâncias de coordenação internas no governo federal, protocolos de decisão, sistemas de monitoramento e avaliação etc. A crise mundial iniciada no final de 2008, que atingiu o Brasil na sequência, contudo, impediu que a política atingisse a maioria de suas macrometas. Pode-se dizer, por outro lado, que aquela política industrial contribuiu para a rápida execução de medidas anticrise, em especial a atuação contracíclica do BNDES, garantindo acesso ao crédito com taxas em parte, subsidiadas pelo Tesouro Nacional.

A PDP definiu como objetivo prioritário dar sustentabilidade expansão da economia, bem como ampliar os investimentos públicos (IEDI, 2008). A política inicialmente previa a renúncia fiscal de R$ 21,4 bilhões até 2011 em incentivos ao investimento, pesquisa e desenvolvimento, apoio às exportações e financiamentos do BNDES no montante de R$ 210,4 bilhões para ampliação, modernização e inovação na indústria e serviços correlatos. Uma das medidas novas foi a depreciação acelerada de máquinas e equipamentos em 20% do prazo normal, para os setores de bens de capital, automóveis e autopeças. Havia na época a ideia de criação de um "fundo soberano" com recursos do superávit primário, o que não se concretizou. A PDP, como outras políticas, não contou com a colaboração de uma mudança na estrutura tributária, como a retenção do ICMS dos exportadores, o que aumentava o custo das exportações.

Os programas temáticos ou setoriais da PDP se concentravam em temas já conhecidos dos projetos de desenvolvimento. Altamente exigentes em coordenação intragovernamental e planejamento prévio. A seguir, os cinco pilares de intervenção sobre os quais a PDP foi desenhada:

(1) Ampliação das exportações. Regulamentação das Zonas de Processamento de Exportações (ZPE), a ampliação do financiamento do BNDES às exportações dos setores intensivos em mão de obra, por meio do Novo Revitaliza, e aperfeiçoamento dos Programas de Financiamento às Exportações (Proex Equalização e Proex Financiamento).

(2) Fortalecimento das micro e pequenas empresas. Regulamentação da Lei Geral das MPE, fortalecimento de atividades coletivas e fomento de atividades inovativas.

(3) Regionalização. Articulação à Política Nacional de Arranjos Produtivos Locais e promoção de atividades produtivas no entorno de projetos industriais e de infraestrutura. Uma de suas metas é ampliar a participação dos financiamentos do BNDES à região Nordeste até 2010.

(4) Integração produtiva com a América Latina e África. Aumentar a articulação das cadeias produtivas e elevar o comércio com essa região, buscando ampliar a escala e a produtividade da indústria doméstica; aprofundar as relações históricas do Brasil com o continente africano.

(5) Produção sustentável. O desenvolvimento produtivo deverá ser combinado com a redução de impactos ambientais e com a exploração de oportunidades criadas pelas tecnologias limpas.

A PDP também estabeleceu a "priorização" de 25 setores agrupados em três grandes blocos:

(1) Programas para fortalecer a competitividade: bens de capital seriados, bens de capital sob encomenda, complexo automotivo, complexo de

serviços, construção civil, couro, calçados e artefatos, indústria aeronáutica, indústria naval, madeira e móveis, plásticos, sistema agroindustrial, higiene pessoal, perfumaria e cosméticos.

(2) Programas mobilizadores em áreas estratégicas: nanotecnologia, biotecnologia, complexo da defesa, complexo industrial da saúde, energia, tecnologias de informação e comunicação.

(3) Programas para consolidar e expandir a liderança: celulose, mineração, siderurgia, indústria têxtil, confecções, carnes.

Um ponto relevante da PDP, diferenciado em relação à PITCE, foi no tema da coordenação e gestão. A coordenação geral, a cargo do então Ministério do Desenvolvimento, Indústria e Comércio Exterior (MDIC), contava com apoio de uma secretaria executiva, formada pela Agência Brasileira de Desenvolvimento Industrial,[6] pelo BNDES e pelo Ministério da Fazenda. Havia uma instância intermediária, abaixo do CNDI, denominada de "Conselho Gestor", presidido pelo ministro titular do MDIC, formado por representações da Casa Civil da Presidência da República, pelos Mistérios da Fazenda, do Planejamento, Orçamento e Gestão (MPOG) e da Ciência e Tecnologia (MCT). A Câmara de Política Econômica (CPE), dirigida pelo Ministério da Fazenda, atuava complementarmente, propondo medidas e debatendo questões fiscais e tributárias. Cada programa era dotado ainda de um Comitê Executivo, com a principal função de assegurar a comunicação e coordenação entre órgãos da administração pública federal e monitorar os resultados das entregas, com reuniões bimestrais. A cada seis meses o Conselho Gestor prestava contas ao plenário do CNDI. O Conselho Nacional de Ciência e Tecnologia, não formalmente integrado, era consultado periodicamente.

O desenho normativo da política, além de ser mais robusto que a PITCE, ganhava em transparência e qualidade dos processos decisórios. Havia quatro macrometas definidas até 2010 e uma relação de instrumentos e medidas específicas associadas a cada uma delas, como pode-se constatar a seguir:

(1) Ampliar a participação do investimento no PIB: de 17,6% em 2007 (R$ 450 bilhões) para 21% em 2010 (R$ 620 bilhões), o que representa um crescimento anual médio de 11,3% entre 2008-2010.

---

6 No âmbito de cada setor prioritário e Comitê Gestor, a ABDI desenvolvia iniciativas específicas denominadas de Planos Estratégicos Setoriais (PES) em parceria com setor público e privado, articulando objetivos, metas e projetos pontuais.

(2) Estimular a inovação ao elevar a participação dos gastos privados de P&D no PIB: de 0,51% em 2005 (R$ 11,5 bilhões) para 0,65% em 2010 (R$ 18,2 bilhões), alcançando um crescimento anual médio de 9,8% entre 2007-2010.

(3) Aumentar a participação das exportações brasileiras no total das exportações mundiais: de 1,18% em 2007 (R$ 160,6 bilhões) para 1,25% em 2010 (R$ 208,8 bilhões), um crescimento anual médio de 9,1% entre 2007-2010.

(4) Aumento do número de MPE Exportadoras: aumento de 10% em relação às 11.792 de MPE exportadoras existentes em 2006, ou ainda 12.971 MPE exportadoras em 2010.

A política previa uma concentração no uso de quatro tipos de instrumentos, a saber:

(1) Instrumentos de incentivo: crédito e financiamento, capital de risco e incentivos fiscais.

(2) Poder de compra governamental: compras da administração direta e de empresas estatais (Compras Petrobras, por exemplo).

(3) Instrumentos de regulação: técnica, sanitária, econômica e concorrencial (ANS/MS - CMED: Regulação Preços).

(4) Apoio técnico: certificação e metrologia, promoção comercial, gestão da propriedade intelectual, capacitação empresarial e de recursos humanos, coordenação intragovernamental e articulação com o setor privado (Inmetro: Programa de certificação).

Cada meta estava associada a um conjunto de medidas ou iniciativas. A título de exemplo, a meta de ampliar a participação do investimento no PIB continha iniciativas de diferentes complexidades, abrangência e escopo, tais como:

(1) Prorrogação, até 2010, do previsto pela Lei n. 11.051/2004 (depreciação acelerada em 50% do prazo e crédito de 25% do valor anual da depreciação contra a CSLL).

(2) Permitir a depreciação de máquinas e equipamentos utilizados na fabricação de bens de capital, automóveis e autopeças, em 20% do tempo normal.

(3) Redução de prazo de apropriação de créditos de PIS/Cofins derivados da aquisição de bens de capital de 24 para 12 meses.

(4) Novo Revitaliza Exportações e Investimento: para os setores intensivos em trabalho, equalização das taxas de juros (7% ao ano) e bônus de adimplência de 20%; R$ 9 bilhões de 2008 a 2018; prazo do financiamento: até 8 anos, com 3 anos de carência, para investimentos; e até 3 anos, com 1 ano e meio de carência, para exportações.

(5) Eliminação da incidência de IOF de 0,38% nas operações de crédito do BNDES, Finame e Finep.

(6) Redução do IPI para uma lista de setores de bens de capital a ser divulgada.

(7) Ampliação da abrangência do Reporto (Regime Tributário para Incentivo à Modernização e Ampliação da Estrutura Portuária) para os segmentos ferroviário, hidroviário e dutoviário (suspensão de PIS, Cofins, II, IPI sobre bens de capital).

(8) Aumento dos financiamentos do BNDES, com desembolso total projetado para indústria e serviços entre 2008 e 2010 de R$ 210,4 bilhões.

(9) Redução de 20% no *spread* básico do conjunto de linhas de financiamento do BNDES, de 1,4% para 1,1% ao ano.

(10) Redução de 40% do *spread* básico de 1,5% ao ano para 0,9% ao ano para linhas de bens de capital.

(11) Duplicação do prazo das linhas do Financiamento de Máquinas e Equipamentos (Finame) para a indústria, de cinco para dez anos.

(12) Empenho para redução da taxa de intermediação bancária dos financiamentos do BNDES de 0,8% para 0,5%.

(13) Criação do Fundo de Garantia para Construção Naval, para garantir o risco de crédito das operações de financiamento ao setor realizadas pelos agentes financeiros credenciados a operar com recursos do Fundo de Marinha Mercante.

(14) Equiparar a venda de combustível para navegação de cabotagem à venda de combustível para navegação de longo curso (exportação) para efeito de suspensão de PIS e Cofins.

(15) Isenção de IPI e PIS/Cofins na produção de peças a serem utilizadas na construção de estaleiros nacionais.

A PDP pretendeu ser muito mais abrangente em termos de escopo e prioridades que a PITCE, que focava em apenas quatro setores: *software*, bens de capital, fármacos e componentes eletrônicos. A PDP, entretanto, foi praticamente desestruturada com a crise financeira mundial de 2008. A crise obrigou o governo federal a reorientar prioridades e desenhar programas de natureza emergencial para sustentar o emprego e o investimento na economia. A crise reorganizou as estruturas de governança da PDP concentrando todas as ações nas iniciativas contracíclicas, cabendo destaque para o Programa de Sustentação do Investimento do BNDES para setores prioritários (De Toni, 2013).

3.4 O Plano Brasil Maior (PBM)

O Plano Brasil Maior (2011-2014) foi a terceira política industrial sequencial anunciada pelo governo federal. Apesar da baixa qualidade das instituições e dos problemas sistêmicos de infraestrutura, o Brasil reunia condições ímpares entre os países de renda média naquele período. Nosso mercado interno, que já era extremamente grande, vinha ganhando milhões de novos consumidores graças à ampliação e à profundidade dos programas de renda mínima e de inclusão social que haviam sido retomados desde o primeiro governo Lula. Construíram-se, ao longo de décadas, ecossistemas institucionais que resultaram em verdadeiros paradigmas, como a Embrapa, a Petrobras e a Embraer. Apesar da clara tendência à primarização da pauta exportadora, sobretudo desde os anos 1980, devemos reconhecer que o *boom* asiático naquele período garantiu superávits crescentes da balança comercial, o que aumentou o raio de manobra da política monetária e cambial. Além disso, a Pesquisa de Inovação Tecnológica (Pintec), feita pelo IBGE, havia revelado a existência de um núcleo importante de empresas industriais espalhadas pelo tecido industrial com alta capacidade de inovação e níveis de competitividade e produtividade comparáveis aos padrões desenvolvidos em suas respectivas cadeias mundiais de valor, naquele período. O país realizava também eventos importantes para a indústria e o ambiente de negócios em geral naquele período, como foi a Copa do Mundo em 2014 e as Olimpíadas de 2016, colocando o Brasil no mapa mundial. Além disso, em alguns setores, como a exploração de petróleo e gás, as perspectivas indicavam grandes oportunidades e crescente atração de investidores externos, sobretudo com a janela aberta para novos negócios pela transição energética e descarbonização que se tornou prioridade no mundo inteiro.

Essas oportunidades haviam sido detectadas na edição do Plano Brasil Maior, doravante PBM. A primeira consideração sobre a política industrial lançada pelo primeiro governo Dilma é o *momentum* política e conjuntural. Diferentemente do *boom* exportador que iniciava em 2004 e da PDP anunciada antes da crise de 2008, aquela política veio num momento oportunidades, mas também de mais incertezas internacionais. A instabilidade externa só aumentou o potencial negativo de problemas conhecidos: duas décadas de apreciação cambial, infraestrutura física e humana precária (o último ciclo de investimento foi nos anos 1970) e o lento progresso tecnológico da indústria de transformação, entre outros problemas.

A política tinha duas dimensões, como o modelo clássico de política industrial: um corte setorial ou vertical, com medidas específicas para setores prioritários (competitivos acima da média ou vulneráveis), e um corte horizontal, com medidas transversais e pervasivas. Na dimensão horizontal apareciam medidas como o incremento da defesa comercial contra práticas desleais, o reforço dos recursos destinados à inovação (em especial da Finep), a formação e a qualificação profissional, a produção sustentável e o reforço aos mecanismos de incentivo ao investimento, entre outros.

Já nas políticas setoriais, a proposta identificava as várias cadeias produtivas, conforme a natureza do impacto das medidas. Assim, no primeiro bloco, por exemplo, havia as cadeias do petróleo e gás e da indústria naval, do complexo de saúde, do setor automotivo, da indústria aeronáutica e espacial, de bens de capital, das tecnologias de informação e comunicação e do complexo de defesa. Este bloco seria o de maior coeficiente de arrasto sobre o tecido econômico, produzindo mais "transbordamentos" sobre os demais setores em cada real investido ou incentivado. Os demais blocos foram classificados em "intensivos em escala", "sistemas intensivos em trabalho", "agroindústria" e assim por diante.

A política industrial daquele período apresentou diversas "diretrizes estruturantes": fortalecimento das cadeias produtivas, ampliação de competências tecnológicas e de negócios, desenvolvimento da cadeia de suprimentos em energia, diversificação exportadora e internacionalização e crescimento sustentável. Tanto estas medidas ditas "estruturantes" quanto aquelas de natureza "sistêmica" ou "horizontal" orientaram a formulação de um sem-número de iniciativas (materializadas nas chamadas "agendas setoriais"), ações e projetos que foram monitorados e avaliados na medida do possível, pela ABDI.

O Plano Brasil Maior comportava um conjunto muito abrangente de objetivos: fortalecer a competitividade, acelerar ganhos de produtividade, promover o adensamento produtivo e tecnológico das cadeias de valor, ampliar mercados, criar empregos de melhor qualidade e garantir um crescimento inclusivo e sustentável. Diferentemente da PITCE e da PDP, o PBM avançou em metas muito precisas e em maior número:

(1) Ampliar o investimento fixo em percentual do PIB. Posição base (2010): 18,4%, meta: 22,4%.

(2) Elevar dispêndio empresarial em P&D em percentual do PIB. Posição base (2010): 0,59%, meta: 0,90% (meta conjunta com PACTI).[7]

(3) Aumentar qualificação de Recursos Humanos: percentual dos trabalhadores da indústria com pelo menos nível médio. Posição base (2010): 53,7%, meta: 65%.

(4) Ampliar valor agregado nacional: aumentar Valor da Transformação Industrial/Valor Bruto da Produção (VTI/VBP). Posição base (2009): 44,3%, meta: 45,3%.

(5) Elevar o percentual da indústria intensiva em conhecimento: VTI da indústria de alta e média-alta tecnologia/VTI total da indústria. Posição base (2009): 30,1%, meta: 31,5%.

(6) Fortalecer as Micro, Pequenas e Médias Empresas (MPME): aumentar em 50% o número de MPME inovadoras. Posição base (2008): 37,1 mil, meta: 58 mil.

(7) Produzir de forma mais limpa: diminuir consumo de energia por unidade de PIB industrial (consumo de energia em tonelada equivalente de petróleo (tep) por unidade de PIB industrial). Posição base (2010): 150,7 tep/R$ milhão, meta: 137,0 tep/R$ milhão (estimativa a preços de 2010).

---

7 Planos de Ação em Ciência, Tecnologia e Inovação. Foram desenvolvidos a partir das Estratégias Nacionais de Ciência, Tecnologia e Inovação, coordenadas pelo Ministério da Ciência Tecnologia e Inovação, o MCTI.

(8) Diversificar exportações e promover a internacionalização de empresas: diminuir o déficit da balança comercial manufatureira. Posição base (2010): -2,4% do PIB (semi e manufaturados), meta: -1,3% do PIB.

(9) Elevar participação nacional nos mercados de tecnologias, bens e serviços para energias: aumentar Valor da Transformação Industrial/Valor Bruto da Produção (VTI/VBP) dos setores ligados à energia. Posição base (2009): 61,1%, meta: 63%.

(10) Ampliar acesso a bens e serviços para qualidade de vida: ampliar o número de domicílios urbanos com acesso à banda larga (PNBL). Posição base (2010): 13,8 milhões, meta: 40 milhões de domicílios (Meta PNBL).[8]

O PBM concentrava suas iniciativas no uso de oito instrumentos distintos, ampliando o quantitativo de instrumentos em relação à PDP (ABDI, 2012):

(1) Desoneração dos investimentos, da folha de pagamentos e das exportações.

(2) Ampliação e simplificação do financiamento ao investimento e às exportações.

(3) Estímulo à internacionalização de empresas nacionais visando à ampliação de mercados e ao acesso a novas tecnologias.

(4) Aumento de recursos para inovação.

(5) Formação e qualificação profissional.

(6) Aperfeiçoamento do marco regulatório da inovação.

(7) Criação de regimes especiais para agregar valor e tecnologia nas cadeias produtivas.

(8) Regulamentação da lei de compras governamentais para estimular a produção e a inovação no país.

Ao final do período previsto pela política nenhuma meta foi alcançada, algumas variáveis até haviam retrocedido para níveis inferiores à linha de base estipulada originalmente. Não há, contudo, unanimidade na literatura especializada sobre as causas da não efetividade do PBM. Pode-se afirmar,

8 Plano Nacional de Banda Larga (2010), criado pelo Ministério das Comunicações, tendo em vista a Copa do Mundo de 2014, criado pelo Decreto n. 7175/2010.

entretanto, que nesse período a crise internacional continuou produzindo efeitos negativos, em especial a política de juros e câmbio valorizado. Por outro lado, há uma sinalização de que muitos setores priorizados, entre eles aqueles mais tradicionais, contribuíram para perda de foco e potência da política (Stein, 2016). Além disso, o cotejamento entre os instrumentos disponíveis e o prazo proposto parece indicar uma grande desproporção entre meios e fins, e uma clara subestimação da influência de fatores não controláveis, como a conjuntura econômica internacional ou as variáveis da política econômica. Em suma, a ambição geral do plano não encontrava proporção nos meios e instrumentos disponíveis, seu modelo lógico apresentava elos com hipóteses de intervenção pouco robustas e, portanto, uma estratégia com muitos riscos não mapeados.

O diagrama a seguir resume didaticamente as prioridades e a combinação entre as diversas dimensões ou camadas de governança do PBM.

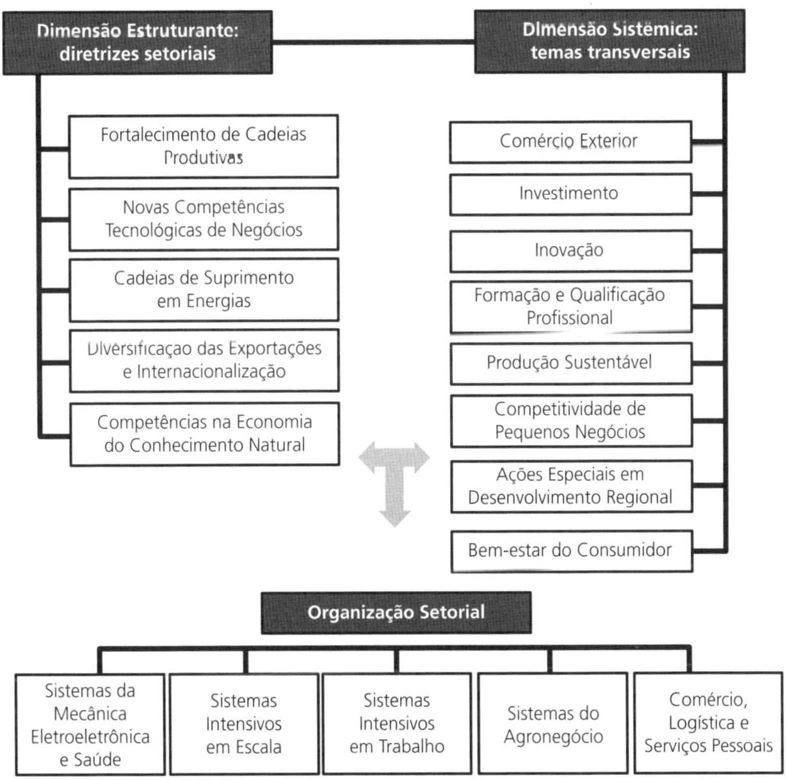

Figura 3.1 Esquema das prioridades do PBM.

Fonte: ABDI (2012).

3.5 Os gargalos da política industrial

O desenho da governança, em especial a estratégia institucional das políticas industriais, sempre foi alvo de muitas críticas. Já na primeira política industrial, a PITCE, Suzigan e Furtado (2007), por exemplo, afirmavam peremptoriamente que a institucionalidade responsável pela política industrial brasileira recente não atuava de forma sistêmica, estava obsoleta, era complexa, operava com quadros técnicos sem capacitação necessária, gerava grandes dificuldades de coordenação, articulação e tinha frágil comando político. Um exemplo evidente seria a relação com o Ministério do Desenvolvimento, que detinha a competência legal sobre o tema, mas não coordenava efetivamente os instrumentos financeiros, que estaria sob responsabilidade do Banco Nacional de Desenvolvimento Econômico e Social e do Ministério da Fazenda, no caso dos incentivos fiscais e tributários. O BNDES, por sua vez, segundo os autores, não interagia com a FINEP, órgão ligado ao sistema nacional de C&T, que financiava a pesquisa tecnológica. A opinião dos autores sobre a capacidade da ABDI, como órgão central da execução da política industrial, era bastante crítica, particularmente quanto à sua capacidade de coordenação dos instrumentos propostos pela PITCE. Sobretudo porque havia um descompasso entre a missão institucional da agência - ambiciosa e inovadora na cacofonia institucional do governo federal - e sua natureza jurídica privada, como um serviço social autônomo, de regime institucional híbrido.

A fragilidade da administração direta federal - e seus órgãos de apoio - na condução de políticas complexas não é fenômeno exclusivamente brasileiro. Fernandez-Arias, Hausmann e Panizza (2013), analisando o papel de 16 bancos de desenvolvimento, já demonstraram que, no caso das políticas de desenvolvimento produtivo, os bancos públicos, como o BNDES brasileiro e o KfW alemão,[9] acabam ocupando espaço institucional na formulação de políticas e no desenho de implementação, dada sua capacidade técnica, conhecimento do setor privado e relativo insulamento burocrático.

Outra linha de crítica às políticas industriais vai na direção de equívocos na escolha de prioridades. Na visão convencional neoclássica, as falhas de mercado deveriam orientar e validar o processo de seleção. Outra literatura, relacionada a abordagens heterodoxas como a complexidade econômica e as escolas desenvolvimentistas, critica o uso exclusivo dos filtros de mercado, apontando a impossibilidade de calcular todos os riscos envolvidos e a

9 Kreditanstalt für Wiederaufbau.

necessidade de fazer apostas e aproveitar janelas de oportunidade e vantagens comparativas latentes.[10] A combinação entre políticas horizontais, mais sistêmicas, e verticais, mais direcionadas, não é feita sem riscos, como conta a história dos países que se industrializaram "a convite", no caso da Coreia, recentemente, ou da Alemanha, Japão e Itália no pós-guerra.

Outras críticas referem-se ao *policy design*, que teria sido frágil e desequilibrado. A PDP, segundo estes autores, teria descontinuado a PITCE, perdendo foco em múltiplos setores e prioridades, exagerado no uso de subsídios, mecanismos de proteção à concorrência internacional e com protagonismo exagerado do BNDES (Arbix *et al.*, 2017). Na mesma linha, mas em relação ao PBM, Shapiro (2013), apontava um viés ricardiano e menos schumpeteriano para a política industrial.[11] O autor atribuiu as debilidades da política industrial a um "industrialismo defensivo", à fragilidade do arranjo institucional com uma fraca coalizão de defesa. Haveria um descompasso entre o peso político-institucional do MDIC, um ministério afastado do centro de governo, e a enorme complexidade dos problemas da indústria e as propostas da política industrial. Além disso, haveria uma "cacofonia decisória" marcada pela fragmentação de interesses, mecanismos informais de decisão e relacionamento entre os atores políticos e pouca institucionalidade dos instrumentos de governança. Essa última característica, relacionada estruturalmente ao conhecido presidencialismo de coalizão, que induz a composições políticas cada vez mais heterogêneas, com custos de transação crescentes para a escolha de prioridades e tomada de decisão estratégica no governo.

Stumm *et al.* (2019), utilizando a abordagem do neoinstitucionalismo histórico, faz uma crítica mais ampla e geral às políticas industriais lulistas. Ela argumenta que o ideário inspirador das políticas industriais naquele período não logrou viabilidade intelectual, administrativa e política. Reforçando argumentos de outros autores, a autora corrobora a tese da "desordem administrativa" característica das políticas industriais com frágil governança.

10 O peso e a relação entre as "falhas de mercado" e as "falhas de governo", em especial o risco de captura dos agentes públicos por interesses privados em políticas industriais é discutido em detalhes em Crespi *et al.* (2014).

11 Joseph Schumpeter foi um economista austríaco que viveu entre 1883 e 1950, considerado um dos mais influentes do século XX. Segundo ele, o crescimento econômico não é um processo gradual e contínuo, mas sim um processo de disrupção e inovação. Ele acreditava que o motor do crescimento econômico é a inovação, que é impulsionada por empreendedores inovadores. Ele argumentou que a inovação é um processo complexo que envolve a criação de novos produtos, serviços, processos ou modelos de negócios. Ele argumentou que a concorrência não é apenas um processo de preços, mas também um processo de inovação. Ele acreditava que a concorrência é necessária para estimular a inovação e o crescimento econômico.

Entre os problemas enumerados, os principais seriam: limitações do poder de agenda da ABDI, burocracia pública escassa e pouco qualificada, comando político difuso e confuso, instâncias deliberativas frágeis e ausência de monitoramento e avaliação de resultados.

Em que pese a fundamentação das críticas às experiências relatadas, a política industrial não pode ser analisada como uma política pública normalizada, ao contrário, o *policy design*, neste caso, está sujeito a um processo permanente de experimentação, descoberta e aprendizado institucional

Numa visão edílica, a conjuntura ideal para a política industrial seria aquela de juros baixos, inflação sob controle, investimento público e privado crescente, superávits comerciais e infraestrutura física e humana de padrão mundial. Infelizmente não é nossa realidade, mas exatamente por isso ela se torna tão necessária, ainda que tenha sua eficácia reduzida. A política industrial que tem sido realizada no Brasil aconteceu sob uma conjuntura macroeconômica adversa, senão hostil, com reflexos na perda de competitividade e produtividade da manufatura. Os juros reais positivos ao longo de décadas, entre os maiores do mundo, aumentam o custo dos investimentos e inibem as expectativas de expansão da economia real. A carga tributária, por vezes desbalanceada e orientada somente sob o critério arrecadatório, tem elevado o custo de produção industrial em diversas cadeias produtivas. Os incentivos fiscais, que não são pequenos, nem sempre estão condicionados a programas de eficiência produtiva. Por fim, mas não menos importante, nossa política cambial herdada dos anos 1990 e mantida até recentemente, aliada à competitividade de produtos asiáticos (sem esquecer das práticas desleais de comércio), tem resultado numa queda brutal da participação da manufatura nacional no mercado interno e nas exportações.[12]

O "paradoxo da credibilidade", como chamou Belluzzo, obrigou o governo Lula a manter uma política econômica de juros altos e câmbio de mercado; o preço disso, segundo alguns, foi uma política industrial necessária, mas limitada, que "enxuga gelo". Segundo críticas recorrentes, os benefícios que as linhas de crédito do BNDES ou as desonerações de IPI gerariam seriam anulados instantaneamente pela desvalorização do dólar ou pela taxa Selic, que marcha a galope. A política industrial, então, só poderia atuar na margem, nas brechas, ocupando espaços aqui e ali, numa perspectiva mais incremental e processual do que radical e estruturante. Utilizando instrumentos de apoio

12 Em que pese o peso do país em relação ao PIB, a participação brasileira no comércio mundial é de aproximadamente 1,5% e ocupa, segundo dados da OMC (2023), a posição de 26º em países exportadores.

à inovação, no crédito público e em pequenas mudanças de marcos legais para desonerar investimentos e exportações, facilitar o acesso da indústria à Academia e vice-versa, facilitar o empreendedorismo e gerar empregos mais qualificados.

Outro gargalo da política industrial, mais conhecido e não menos complexo, é o modo como o Estado brasileiro produz políticas públicas. A política industrial é um complexo de instrumentos combinados (creditícios, fiscais, técnicos, comerciais, regulatórios etc.) que dependem de um intenso, sistemático e metódico processo de coordenação de governo e articulação com o setor privado. Por sua vez, a coordenação governamental resulta (ou não) de outros vetores: cultura de planejamento e avaliação, empreendedorismo político das lideranças e qualidade do projeto do centro de governo. Nem sempre estes fatores andam juntos, com a mesma intensidade e proporção. As janelas de oportunidade não se abrem ao mesmo tempo. O processo decisório público é truncado, com inúmeras assimetrias de poder, informação e capacidade técnica heterogêneas. Esta situação é potencializada com a convivência mal processada entre planos "estratégicos" concorrentes de cada ministério.

Vencer as dissonâncias cognitivas e políticas exige um enorme esforço de interlocução, não raro de manejo de pequenas e grandes vaidades pessoais, sobretudo na definição de prioridades e metas supraministeriais. Felizmente temos caminhado para níveis cada vez melhores de maturidade institucional, o Estado brasileiro tem recuperado alguns instrumentos de planejamento estratégico e perspectiva, e a coordenação acontece, mesmo com efeitos colaterais pesados. A gestão pública e as burocracias permanentes se tornaram mais profissionais nos últimos anos. O ritmo, entretanto, é lento, truncado e insuficiente.

3.6 Perspectivas para continuidade e renovação da política industrial

Uma política industrial consistente só tem sentido se fizer parte de uma estratégia mais ampla de desenvolvimento, ou melhor, de reconstrução de um projeto de desenvolvimento para o Brasil, que retome o aumento da produtividade como alvo estratégico, mas sem perder a dimensão da inclusão social. Nesse quadro, os grandes desafios estruturais e estratégicos para continuar a consolidar a política industrial como uma política permanente de Estado não são poucos e não se resolverão se forem subordinados ao "curto-prazismo" dos ciclos eleitorais do nosso "presidencialismo de coalizão" que é estruturalmente instável.[13] Ainda há o cenário internacional, marcado pelo renascimento da política industrial na Europa e Estados Unidos, pela instabilidade econômica e pela crescente hegemonia chinesa.

A política industrial, como qualquer política pública, deve adquirir o *status* de normalidade na agenda governamental, sem o qual lhe faltará *enforcement*, capacidade de convocação político-institucional e poder de agenda. Uma política industrial perene e sistemática é muito mais que uma *tool box* para salvar este ou aquele setor ameaçado pela importação asiática ou um leque de linhas de crédito à disposição de investidores com escasso *animal spirits*. Ela deve ter instâncias decisórias formalizadas e articuladas, como a política de saúde pública; instituições capazes de formular e executar suas diretrizes, como a política educacional; centralidade nos projetos de desenvolvimento econômico, articulada com outras políticas públicas, como a política para o agronegócio ou de infraestrutura energética e, por fim, recursos orçamentários e não orçamentários regularmente destinados aos seus projetos.

A política industrial exigiria, por excelência, soluções de compromisso, acordos duradouros e credíveis entre atores públicos e privados (Bianchi; Labory, 2006). Para garantir a existência de incentivos reputacionais num jogo difuso em que custos e benefícios nem sempre são transparentes para todos, a estrutura de governança pública seria essencial. Dois aspectos seriam fundamentais: (a) uma estrutura de direção e planejamento profissionalizada, amparada em burocracia pública de alto nível e (b) uma autoridade política vinculada diretamente ao núcleo de governo, como no modelo sul-coreano, capaz de coordenar e construir um projeto sólido em ambientes de alta volatilidade política e incerteza.

Por fim, é preciso dizer que a política industrial possível no nosso tempo seria sempre a do tipo *trial and error process* – ainda mais porque o eixo estruturador seria sempre o apoio à inovação, um processo que pela sua própria natureza envolve risco, incertezas, erros e aprendizado sistemático (Rodrik,

---

13 O presidencialismo de coalizão é um sistema político em que o presidente da república, eleito por voto popular, precisa construir uma aliança com outros partidos políticos para governar. Essa aliança é necessária porque o presidente não tem maioria no Congresso Nacional, que é responsável por aprovar as leis e o orçamento. O termo "presidencialismo de coalizão" foi cunhado pelo cientista político Sérgio Abranches em 1988, para descrever o sistema político brasileiro. No Brasil, o presidencialismo de coalizão é uma característica da democracia desde a redemocratização, em 1985. O presidencialismo de coalizão tem vantagens e desvantagens. Por um lado, ele pode facilitar a aprovação de políticas públicas, pois o presidente tem o apoio de uma maioria no Congresso. Por outro lado, ele pode levar à corrupção e ao clientelismo, pois o presidente precisa oferecer benefícios aos partidos aliados para manter sua base de apoio.

2008). As experiências do Japão, Coreia, China e Índia, já exaustivamente estudadas pela literatura, são únicas e só parcialmente replicáveis. Mesmo os países originalmente industrializados trilharam caminhos únicos e o Brasil precisa consolidar sua própria trajetória, combinando instrumentos, estratégias e princípios com a política macroeconômica, com os limites fiscais e monetários definidos pelas circunstâncias da atual conjuntura nacional e internacional. A capacidade de aprendizagem e a capacidade de sistematizar a reflexão crítica e manter um ambiente sadio de debates sobre os erros e sucessos, na iniciativa pública e na iniciativa privada, seriam valores fundamentais.

No mundo pós-crise de 2008, a política industrial vem sendo reabilitada sob novos formatos, nomes, agendas e estratégias. Nos Estados Unidos, por exemplo, ela foi repaginada sob o título *A strategy for American innovation*, lançada em 2013, pelo presidente Obama, na forma de pesados subsídios e incentivos públicos para setores estratégicos como energia, ciências da saúde ou tecnologia da informação. Na Coreia do Sul, a nova política industrial abriga-se sob a mobilizadora diretriz do *green growth*, e assim por diante. Na União Europeia, as novas políticas industriais vêm se orientando pela "dupla transição", políticas sustentáveis e digitais.[14]

Além da crise financeira mundial de 2008, outros acontecimentos no cenário mundial enfraqueceram as abordagens liberais e favoreceram a retomada do ativismo estatal nas políticas públicas de apoio ao desenvolvimento: a pandemia mundial da covid-19 em 2020, a guerra entre Rússia e Ucrânia em 2022 e o acirramento das disputas comerciais entre China e Estados Unidos. A fragilidade das cadeias globais de valor estimulou os processos de reindustrialização (*reshoring*) e a revalorização dos sistemas nacionais de inovação em todo mundo desenvolvido. A política industrial voltou a ser parte da agenda, inclusive em organismos internacionais que poucos anos antes promoviam sua execração pública.[15] O FMI identificou, só em 2023, 2,5 mil intervenções de política industrial em todo o mundo, a maioria em economias centrais e maduras (Evenett *et al.*, 2024).

Outra variável é a aceleração da transformação digital da manufatura, o que se convencionou chamar de Manufatura Avançada (*advanced manufacturing*, nos Estados Unidos), ou Indústria 4.0 (na Europa) e suas tecnologias

14 A descrição das políticas europeias está detalhada em https://www.europarl.europa.eu/factsheets/pt/sheet/61/principios-gerais-da-politica-industrial-da-ue

15 Um simbolismo desta "virada" foi o artigo de Reda Cherif e Fuad Hasanov, "The Return of the Policy That Shall Not Be Hamed: principles of Industrial Policy", publicado em março de 2019 pelo FMI.

habilitadoras, que impactam drasticamente na redução de custos, na criação de novos modelos de negócio (economia de plataforma, de rede etc.), ampliação do peso dos serviços e novos processos produtivos, baseados na automação, na alta conectividade e na inteligência artificial.[16] Finalmente, uma variável que estimula a retomada das políticas industriais como políticas públicas se relaciona com a aceleração da transição energética mundial, em face do agravamento das mudanças climáticas e deterioração do ambiente. Os temas ambientais ensejam inclusive o surgimento de um novo campo de atuação, a "política industrial verde" (Page, 2017).

Cabe registro, pela escala e forte simbolismo, da nova geração de verdadeiras políticas industriais lançadas pelo governo norte-americano em meados de 2022 (Arbix, 2023). Em especial, a Lei de Investimentos e Empregos em Infraestrutura, a Lei sobre Chips e Ciência e a Lei de Redução da Inflação (IRA). Esta última com previsão de investimentos de US$ 400 bilhões em energia verde, transição energética e carros elétricos. A lei de chips é focada na atração de fabricantes de semicondutores. Os eixos que orientam a aplicação dos recursos são as parcerias público-privadas, as articulações locais e regionais que apresentam projetos para as agências federais. Foi assim que a cidade de Phoenix, no Arizona, conseguiu atrair uma nova fábrica de semicondutores da gigantesca *Taiwan Semiconductor Manufacturing Company*, a TSMC. A resposta do investimento privado tem sido robusta; a Intel anunciou novas fábricas em Ohio, e a Micron Technology, a nova planta de semicondutores em Nova York. Os Estados Unidos, antes referência para os defensores do assim chamado "livre mercado", tornam-se agora um exemplo a ser seguido no ativismo estatal em apoio às novas políticas industriais.

3.7 A Política Industrial da Neoindustrialização: a lógica das missões

Com a eleição do presidente Lula para um terceiro mandato em 2022, a política industrial volta à agenda do centro de governo, mas agora redesenhada, mais focada e articulada com outros instrumentos de governo, além

16 O *gap* e a dependência tecnológica, num cenário sem políticas industriais efetivas, só tende a aumentar dramaticamente. Segundo a Federação Internacional de Robótica (IFR), em 2021, o país ficou na 39ª posição entre as 44 nações que mais usam automação. Segundo o estudo, são dez robôs para cada 10 mil trabalhadores brasileiros – a média global é de 74 autômatos por 10 mil operários. A liderança ficou com a Coreia do Sul, que tem 631 robôs por 10 mil trabalhadores. Em 2º lugar, está Singapura (488), e em 3º, Alemanha (309). (Fonte: https://ifr.org/).

disso, com um novo desenho estratégico "orientada à missão", seguindo as melhores práticas internacionais e o aprendizado institucional com as políticas anteriores, como analisado na seção anterior.

Em vez de políticas verticais, subordinadas ao ecossistema institucional das políticas industriais convencionais, a estratégia agora passa pela colaboração horizontal entre vários setores, na lógica de forças-tarefa multi e interinstitucionais. Esses grupos multifuncionais abrangeriam toda a cadeia de valor de pesquisa e inovação, da pesquisa básica à aplicação e áreas de fronteira experimentais. A arquitetura institucional deve funcionar de tal forma que permita espaços de descoberta não previstas no *script* original. A internet, por exemplo, foi descoberta sem um roteiro *ex ante* definido, mas pela necessidade de resolver o problema da ausência de interconexão entre computadores. Os critérios-chave para selecionar missões, segundo Mazzucato (2018a, 2018b, 2021), são:

(1) O grau de abrangência e amplitude deve ser o máximo possível em termos de impactos sociais abrangentes.

(2) A iniciativa deve ter prazo suficiente para gerar resultados, porém com limites claros no tempo e metas claras que permitam mensuração. Indicadores e estruturas de monitoramento precisam ser montados.

(3) O projeto deve combinar ousadia e ambição com realismo dentro do prazo e dos recursos disponíveis.

(4) A iniciativa deve ser transversal e transdisciplinar.

(5) A missão deve promover rotas alternativas tecnológicas para experimentar diferentes soluções.

Em vez de escolher setores, uma política industrial orientada por missões escolheria problemas para orientar a estratégia de inovação em diversos setores. Neste sentido, a estratégia não só ataca falhas de mercado conhecidas, mas pode criar mercados em setores de fronteira. Assim, a lógica da política "orientada à missão" depende de um processo de negociação política relativamente complexo e consensos que geram compromissos políticos duradouros. Essa arquitetura flexível de governança implica espaços de ajuste, inclusive no modelo de financiamento, evitando a sobreposição de esforços ou as lacunas decisórias, combinando uma lógica *top/down* com uma lógica mais participativa de baixo para cima. O orçamento de uma iniciativa orientada à missão deve ser flexível, modular e atrelado às avaliações de meio-termo e ao equilíbrio entre ousadia e consolidação de indicadores.

Exemplos de instituições orientadas por missões, segundo a autora, seriam a Darpa e a Arpa-E nos Estados Unidos, a Yozma em Israel, a Sitra na Finlândia e a Vinnova na Suécia. A autora cita três exemplos hipotéticos de grandes problemas adaptados ao modelo teórico: "carbono neutro", "um oceano sem plástico" e "saúde e bem-estar" (o problema da demência). O desenho da política pública, definido a partir de princípios ou diretrizes orientadoras, de uma política industrial e de inovação orientada à missão, tem dimensões específicas:

(1) Objetivos amplos e ambiciosos com poder de atração sobre investidores.

(2) Suportados por um portfólio de projetos com a granularidade suficiente e metas claras e monitoráveis.

(3) A direção da política deve ser flexível o suficiente para permitir soluções exploratórias e experimentais. Por isso um arranjo jurídico-institucional que gerencie o risco público e privado é fundamental.

(4) O engajamento societal é fundamental para suporte político e social, bem como o patrocínio institucional dos gestores da área e dos centros de governo, pois os problemas extrapolam o campo científico.

(5) A governança da política orientada à missão é inteiramente cooperativa e baseada na articulação horizontal de instituições diferentes, no formato de forças-tarefa temporárias.

(6) A lógica da orientação à missão é seletiva, hierárquica e concentrada, também no modelo de financiamento, dependendo dos incentivos certos para concentrar fundos e recursos em termos relativos e absolutos em poucos projetos.

Quanto ao escopo das missões, segundo a autora (Mazzucato, 2018b), haveria um conjunto de critérios definidores que funcionam como uma heurística decisional sobre a natureza de uma política orientada à missão. São eles:

(1) Um objetivo ousado, inspirador e com ampla relevância social. Tais objetivos devem ser amplos consensos sociais em termos de relevância e significado coletivo, como a busca de sustentabilidade, redução das desigualdades, melhoria da saúde etc.

(2) A missão deve apontar uma direção clara à sociedade, com métricas claras e prazos definidos. As metas devem ser claras e legítimas, como percentuais de redução das emissões de carbono ou alvos específicos, como a eliminação da pobreza absoluta.

(3) Objetivos de pesquisa e inovação ambiciosos e realistas. Esse critério coloca a centralidade do risco inerente às iniciativas de inovação, sobretudo na pesquisa aplicada. O risco estaria associado à ambição dos objetivos e ao grau de dificuldade dos desafios tecnológicos assumidos. O realismo é importante para assegurar um grau elevado de adesão aos propósitos, pelos diferentes atores envolvidos.

(4) Inovação como iniciativa interdisciplinar, intersetorial e com múltiplos atores. Dada a complexidade do objetivo central e o fato de a missão ser focada na solução de problemas complexos, é inevitável que um grande esforço de coordenação pública e privada seja imprescindível. Em especial para assegurar os estímulos corretos ao investimento do setor privado.

(5) A missão é articulada por múltiplas iniciativas do tipo *bottom-up*. Esse critério joga luz para a importância de uma arquitetura normativa flexível, que recepcione e sistematize diversas iniciativas, em curso ou planejadas, da rede de atores envolvida no processo. Esse critério convida a refletir sobre a necessária combinação de soluções técnicas e políticas, no sentido de garantir a adesão dos atores ao longo do tempo e negociar conflitos durante a implementação dos programas e projetos.

A política de "neoindustrialização", neologismo que substituiu a expressão "reindustrialização" na narrativa oficial, foi anunciada na retomada do Conselho Nacional de Desenvolvimento Industrial (criado pela Lei n. 11.080/2004, a mesma que criou a ABDI) em sua 17ª Reunião Ordinária no dia 06 de julho de 2023. O CNDI foi ampliado com 21 membros do governo – vinte ministérios e o BNDES – e 21 da sociedade civil[17] e mais robustecido em suas atribuições.[18] Em sua primeira resolução,[19] o CNDI aprovou formalmente iniciativa em que estabelece oito princípios da nova política industrial:

(1) inclusão socioeconômica;

(2) equidade, em particular de gênero, cor e etnia;

(3) promoção do trabalho decente e melhoria da renda;

(4) desenvolvimento produtivo e tecnológico e inovação;

(5) incremento da produtividade e da competitividade;

(6) redução das desigualdades, incluindo as regionais;

(7) sustentabilidade; e

(8) inserção internacional qualificada.

A nova política amplia o espectro de influência da política industrial, indo além dos objetivos econômicos estritos, incorporando a dimensão social, ambiental e das pautas identitárias, por exemplo. A resolução também define objetivos específicos para cada uma das seis missões, ainda que abrangentes e gerais:

(1) melhorar diretamente o cotidiano das pessoas;

(2) estimular o desenvolvimento produtivo e tecnológico e a inovação entre múltiplos setores e agentes;

---

17 Uma diferença importante aqui, a representação privada não é individual ou nominal, mas institucional, com as seguintes organizações: Associação Brasileira da Indústria de Alimentos (Abia); Associação Brasileira da Indústria Química (Abiquim); Associação Nacional dos Fabricantes de Veículos Automotores (Anfavea); Grupo Farma Brasil; Associação Brasileira da Indústria do Plástico (Abiplast); Câmara Brasileira da Indústria da Construção (CBIC); Associação Brasileira da Infraestrutura e Indústrias de Base (Abdib); Associação Brasileira da Indústria Elétrica e Eletrônica (Abinee); Instituto de Estudos para o Desenvolvimento Industrial (Iedi); Associação Brasileira da Indústria de Semicondutores (Abisemi); Associação de Empresas de Desenvolvimento Tecnológico Nacional e Inovação (P&D Brasil); Associação Brasileira da Indústria de Máquinas e Equipamentos (Abimaq); Embraer S.A.; Associação das Empresas de Tecnologia da Informação e Comunicação (TIC) e de Tecnologias Digitais (Brasscom); União da Indústria de Cana-de-Açúcar e Bioenergia (Unica); Central Única dos Trabalhadores (CUT); Força Sindical; União Geral dos Trabalhadores (UGT); Confederação Nacional da Indústria (CNI); Instituto Brasileiro de Mineração (Ibram); e Instituto Aço Brasil.

18 Conforme o Decreto n. 11.482 de 06.04.23, disponível em: https://legislacao.presidencia.gov.br/ficha?/legisla/legislacao.nsf/Viw_Identificacao/DEC%2011.482-2023&OpenDocument

19 Disponível em: https://www.in.gov.br/en/web/dou/-/resolucao-cndi/mdic-n-1-de-6-de-julho-de-2023-497261392

(3) nortear o investimento, engajando, liderando e criando confiança nos agentes públicos, privados e do terceiro setor;

(4) favorecer a realização de transformações econômicas e sociais, com vistas à superação dos entraves ao desenvolvimento brasileiro.

Finalmente, a resolução estabelece seis grandes "missões" a serem alcançadas num horizonte de 10 anos (até 2033), portanto, além do atual mandato presidencial:

(1) cadeias agroindustriais sustentáveis e digitais para a segurança alimentar, nutricional e energética;

(2) complexo econômico industrial da saúde resiliente para reduzir as vulnerabilidades do SUS e ampliar o acesso à saúde;

(3) infraestrutura, saneamento, moradia e mobilidade sustentáveis para a integração produtiva e o bem-estar nas cidades;

(4) transformação digital da indústria para ampliar a produtividade;

(5) bioeconomia, descarbonização, e transição e segurança energéticas para garantir os recursos para as futuras gerações;

(6) tecnologias de interesse para a soberania e a defesa nacionais.

Cada missão é acompanhada por uma meta aspiracional, quantificável e embasada em dados (sic). A meta aspiracional é definida gerencialmente como um marco desafiador, mobilizador da sociedade e realista ao mesmo tempo.[20] As metas são construídas delegando responsabilidade em todos os atores e não apenas para o Estado. Segundo a resolução aprovada pelo pleno do CNDI, que define as missões, em um esforço de construir prioridades de Estado, as metas aspiracionais são propostas pelos ministérios diretamente envolvidos nas missões, em conjunto com o CNDI.

A governança reproduz em linhas gerais a experiência de políticas anteriores com instâncias colegiadas seguindo uma lógica hierárquica. Há o plenário do CNDI, que se reúne a cada seis meses, com função estratégica, depois um Comitê Executivo composto de órgãos governamentais com funções operacionais, do qual participam todos os secretários do MDIC e um secretário de cada um dos demais ministérios que compõem o CNDI. Por fim, temos uma

20 Quando esse artigo foi escrito, o CNDI ainda não havia definido as metas aspiracionais, nem os programas específicos a cada uma delas.

secretaria executiva vinculada à secretaria executiva do MDIC e grupos de trabalho de cada missão e temas transversais, como o financiamento da política, o chamado "Custo Brasil" e assim por diante. A seguir, uma representação esquemática da governança proposta.

Figura 3.2 Esquema da governança da nova política.

Fonte: Secretaria Executiva do CNDI/MDIC.

No intuito de permitir o engajamento da política de desenvolvimento industrial com as demais políticas, o desenho proposto mapeia instrumentos financeiros tradicionais, como crédito e subvenção econômica, mas considera outras políticas públicas do Estado como instrumentos impulsionadores da demanda, como o poder de compra do Estado ou o próprio Programa de Aceleração do Crescimento (PAC). Além disso, busca instrumentalizar parte de outras políticas em favor do desenvolvimento industrial, como a política de comércio exterior, ou de propriedade intelectual. Não se pretende com isso ditar as regras de desenho dessas políticas, mas propor uma instrumentalização do seu uso para a política industrial. Os instrumentos mapeados gerencialmente como válidos para engajamento nos programas da nova política são os seguintes:

- poder de compra do Estado;
- participação societária;
- subvenção econômica;
- financiamento e garantias;
- pesquisa, desenvolvimento e inovação;
- qualificação do capital humano;

- propriedade intelectual;
- política regulatória;
- infraestrutura da qualidade;
- comércio exterior; e
- ativos e investimentos.

A política de neoindustrialização está sendo desenhada num contexto diferente das anteriores. A lógica das missões, como visto, depende quase que totalmente da capacidade de coordenação intergovernamental *ex ante* e do diálogo com o setor privado. O Comitê Executivo é o *locus* desse diálogo intragovernamental. As apostas são altas, as metas são ousadas e nem todos os instrumentos estão disponíveis. O cenário externo parece ser mais incerto também, inclusive se comparado à PDP de 2008. Há uma guerra comercial em curso entre potências que são responsáveis pela fronteira tecnológica mundial e pelo superávit comercial brasileiro. Há uma guerra na Europa que altera o equilíbrio geopolítico. Nossos parceiros na América Latina, em especial a Argentina, estão imersos em crises maiores que a nossa. A própria pandemia expôs a fragilidade da nossa indústria, em especial na produção de princípios ativos e equipamentos hospitalares. Outra variável que distingue a nova política é o ambiente político interno, marcado pela baixa governabilidade do executivo no parlamento, pelo protagonismo crescente do judiciário e dos órgãos de controle e por grande polarização política e social, presente inclusive no ambiente de representação dos empresários industriais.

Apesar disso, o cenário internacional, diferente das outras experiências, permite ao Brasil voltar a falar abertamente de política de desenvolvimento industrial, em um contexto que os Estados Unidos anunciaram seu *Inflation Reduction Act*, sua política de semicondutores (*Chip Act*) e a Europa se esforça em buscar soluções de resiliência interna de suas cadeias.

Além disso, a nova política conta com a direção do vice presidente da república, que ocupa o ministério protagonista e contou com o empenho pessoal do presidente da república em seu lançamento oficial. Isso empresta um capital político relevante, que contribui com a formação de expectativas políticas e institucionais mais previsíveis e menos sujeitas às acomodações do cenário político. Essa dimensão não é irrelevante, pois a rotatividade de gestores e as mudanças no ciclo eleitoral têm sido apontadas como fatores perturbadores das políticas industriais.[21] Por fim, a reforma tributária parece imprimir, sobretudo para as políticas de incentivo à inovação, um marco de refundação e possibilidades reais de articulação desses instrumentos com as prioridades da política.

A relevância institucional da nova política parece também se diferenciar das anteriores. O novo Plano Plurianual (2024-2027) incorporou em um dos três eixos estratégicos a "promoção da industrialização em novas bases tecnológicas e a descarbonização da economia" (sic). Além disso, o PPA apresentou seis agendas prioritárias, sendo a neoindustrialização, trabalho, emprego e renda uma delas. Segundo o artigo 3º do Projeto de Lei do PPA 2024-2027:

> Art. 3º São prioridades da administração pública federal, incluídas aquelas advindas do processo de participação social na elaboração do Plano Plurianual:
>
> I – Combate à fome e redução das desigualdades.
>
> II – Educação básica.
>
> III – Saúde: atenção primária e atenção especializada.
>
> IV – Novo Programa de Aceleração do Crescimento – Novo PAC.
>
> V – Neoindustrialização, trabalho, emprego e renda.
>
> VI – Combate ao desmatamento e enfrentamento da emergência climática.

Há pelo menos 36 programas no PPA, distribuídos por 14 ministérios diferentes, que dialogam com os objetivos da nova política, e as estimativas de ações não orçamentárias para o período de 2024 a 2027 para a agenda de neoindustrialização, trabalho, emprego e renda são de R$ 842,36 bilhões em gastos tributários e R$ 11,25 bilhões em subsídios creditícios (PL PPA 2024-2027).[22]

---

21 Este aspecto adquire mais importância se lembrarmos que o MDIC, no passado recente, atingiu a marca de cinco diferentes titulares no espaço de uma única gestão. Entre 1998 e 2001 o MDIC contou com os seguintes titulares, em ordem cronológica: José Botafogo Gonçalves, Celso Lafer, Clovis Carvalho, Alcides Tápias e Sérgio Amaral.

22 https://www.gov.br/planejamento/pt-br/assuntos/plano-plurianual/arquivos/projeto-de-lei-ppa-2024-2027/projeto-de-lei-ppa2024-2027.pdf

3.8 Observações finais

A polêmica em torno da política industrial está baseada no fato de que ela pressupõe escolhas coletivas, do governo e da sociedade, de setores, missões ou cadeias produtivas para concentrar os recursos escassos do país e a energia institucional disponível. Nem todos os critérios que orientam essas escolhas são perfeitamente técnicos ou seguem uma racionalidade olímpica, ao contrário, a política industrial pressupõe avaliações políticas e institucionais, ou seja, verdadeiras apostas no futuro, que por definição é sempre incerto e nebuloso. As escolhas coletivas numa democracia sempre resultam de um processo político competitivo, que reflete em boa medida a correlação de forças real na sociedade e são sujeitas a riscos inerentes. Por isso ela exige, mais do que outras políticas públicas típicas, uma visão coordenada, interministerial, sistêmica, que articula o curto e o longo prazo e sobretudo que é coerente com a política macroeconômica.

O Brasil não pode mais abdicar de uma política industrial ativa, como aconteceu nos anos recentes. O Brasil já passa por quatro décadas de estagnação da produtividade; entre 1981 e 2020 o PIB cresceu apenas a 2% ao ano em média, inferior à taxa de crescimento mundial, que foi de 2,7% em média no mesmo período. O setor manufatureiro atingiu o pico de 21,4% do PIB em 1976 para cair a 11,9% em 2020. Os produtos primários dominam a pauta exportadora; eram 17% do valor exportado em 1990 e passaram para 45% em 2020. A dependência de produtos manufaturados do exterior já atingiu mais de 90% em 2020. Recentemente a pandemia da covid-19 acentuou a desindustrialização do país, mostrando as fragilidades da dependência tecnológica e industrial em áreas cruciais, como é o complexo econômico e industrial da saúde. Quase metade do mercado de trabalho está na informalidade e o coeficiente de Gini atingiu o menor valor da época recente, de 0,49. Está claro e evidente que uma economia baseada exclusivamente nas exportações de *commodities* primárias, agrícolas e minerais não é capaz de gerar renda e emprego na quantidade e qualidade que o país precisa.

A inserção ganhadora do Brasil nas novas cadeias globais de valor dependerá de uma estratégia complexa, que seja capaz de fazer escolhas e grandes apostas sobre o futuro de uma das dez maiores economias mundiais. Para isso, grandes acordos políticos deverão ser processados e maturados nos próximos anos. Não são poucos os setores da elite política e econômica brasileira que já abandonaram a política industrial em favor de uma visão limitada ao horizonte das nossas vantagens comparativas naturais ou na lucratividade fácil do capital financeiro rentista.

O futuro da indústria nacional, dos empregos de qualidade e da produtividade geral que ela viabiliza não será garantido sem um grande debate e eventuais disputas sobre as grandes escolhas nacionais sobre a indústria do futuro. Estaremos como nação à altura destes desafios? Nossa elite política está apta para oferecer uma visão de futuro sobre o futuro da indústria nacional e do próprio país? É difícil saber, mas o combate vale a pena.

Referências

ABDI. Diretrizes de Política Industrial, Tecnológica e de Comércio Exterior. Brasília: ABDI, 2003.

ABDI. Plano Brasil Maior: inovar para competir. Competir para crescer (período 2011/2014). Brasília: ABDI, 2012.

ARBIX, G. A nova geração de política industrial do Governo Biden. *Jornal da USP*, 9 fev. 2023. Disponível em: https://jornal.usp.br/artigos/a-nova-geracao-de-politica-industrial-do-governo-biden/. Acesso em: 01 ago. 2023.

ARBIX, G.; SALERNO, M.; AMARAL, G.; LINS, L. Política Industrial: avanços, equívocos e instabilidade das políticas de inovação no Brasil. *Novos Estudos*, v. 36, n. 3, p. 9-27, Cebrap, 2017.

BIANCHI, P.; LABORY, S. *International Handbook on Industrial Policy*. Edward Elgar Publishing, 2006.

BRASIL, Governo do Ministério do Desenvolvimento, Indústria e Comércio Exterior. Diretrizes de Política Industrial, Tecnológica e de Comércio Exterior. Brasília, DF: MDIC, 2004.

CHERIF, R.; HASANOV, F. The Return of the Policy That Shall Not Be Named: principles of Industrial Policy. *Policy Paper*, IMF, 2019. Disponível em: https://www.imf.org/en/Publications/WP/Issues/2019/03/26/The-Return-of-the-Policy-That-Shall-Not-Be-Named-Principles--of-Industrial-Policy-46710. Acesso em: 1 set. 2023.

CIMOLI, M.; DOSI, G.; STIGLITZ, J. E. (Eds.). *Industrial policy and development:* the political economy of capabilities accumulation. Oxford University Press, 2009.

CRESPI, G.; FERNANDEZ-ARIAS, E.; STEIN, E. Como repensar o desenvolvimento produtivo? Políticas e Instituições sólidas para a transformação econômica. *Banco Interamericano de Desenvolvimento*, 2014.

DE TONI, J. Novos arranjos institucionais na renovação da política industrial brasileira. *Revista Ensaios FEE*, v. 28, n. 1, Fundação de Economia e Estatística, Estado do Rio Grande do Sul, Porto Alegre, 2007.

DE TONI, J. *Novos arranjos institucionais na política industrial do governo Lula*: a força das novas ideias e dos empreendedores politicos. Tese de Doutorado, Instituto de Ciência Política da Universidade de Brasília, 2013.

FERNANDEZ-ARIAS, E.; HAUSMANN, R.; PANIZZA, U. *Smart development banks and productive development policies*. Washington, DC: BID, 2019.

EVENETT, S.; JAKUBIK, A.; MARTIN, F.; RUTA, M. The Return of Industrial Policy in Data. *IMF Working Papers*, n. 1, 2024.

GUIMARAES, A. The political economy of Brazilian industrial policy (2003--2014): main vectors, shortcomings and directions to improve effectiveness. *Dados*, v. 64, n. 2, 2021.

IEDI. Instituto de estudos para o desenvolvimento industrial. *A política de desenvolvimento produtivo*, ed. 313, 2008.

IMOLI, M.; DOSI, G.; STIGLITZ, J. *Industrial policy and development*: the political economy of capabilities accumulation. Oxford: Oxford University Press, 2009.

MAZZUCATO, M. *The entrepreneurial state*: debunking public vs. private sector myths (Anthem Other Canon Economics). Anthem Press, 2013.

MAZZUCATO, M. Mission-Oriented Research and Innovation in the European Union, a problem-solving approach to fuel innovation-led growth. *European Commision*, 2018a.

MAZZUCATO, M. Mission-oriented innovation policies: challenges and opportunities. *Industrial and corporate change*, 2018, v. 27, n. 5, p. 803--815, 2018b.

MAZZUCATO, M. *Mission economy*: a moonshot guide to changing capitalism. Penguin, 2021.

PAGE (2017). Green industrial policy and trade: a tool-box. *UN Environment e Unido.* Disponível em: https://www.unido.org/sites/default/files/files/2017-12/PAGE_GITA.pdf Acesso em: 02 set. 2023.

RODRIK, D. Normalizing Industrial Policy. Commission on growth and development (The International Bank for Reconstruction and Development/The World Bank). *Working Paper* n. 03, 2008.

SCHAPIRO, M. G. *Ativismo estatal e industrialismo defensivo*: instrumentos e capacidades na política industrial brasileira. Brasília: Ipea, 2013. p. 56. (Texto para Discussão, n. 1856).

STEIN, G. Q.; JUNIOR, R. H. Política industrial no Brasil: uma análise das estratégias propostas na experiência recente (2003-2014). *Planejamento e Políticas Públicas*, Brasília, n. 47, 2016.

STUMM, M.; NUNES, W.; PERISSINOTTO, R. Ideias, instituições e coalizões: as coalizões do fracasso da política industrial lulista. *Revista de Economia Política da UFPR*, v. 39, n. 4, 2019.

SUZIGAN, Wílson; FURTADO, João. *A institucionalidade da política industrial e tecnológica*: problemas, desafios, propostas. São Paulo: CNI, 2007.

SZIRMAI, A.; NAUDÉ, W.; ALCORTA, L. *Pathways to industrialization in the twenty-first century*. London: Oxford University Press, 2013.

4. Divagações sobre a indústria e a reindustrialização

Luiz Gonzaga Belluzzo

4.1 Introdução

Uma frase do economista Samuel Pessoa incitou minha decisão de alinhavar considerações sobre o tema da indústria e de sua importância: "Não me parece haver evidência empírica de que a indústria seja especial sob algum critério".

Não? O historiador Carlo Cipolla discorda. Em sua investigação sobre a ruptura econômica e social produzida pela assim chamada Revolução Industrial, Cipolla escreveu: "A Revolução Industrial transformou o Homem agricultor e pastor no manipulador de máquinas movidas por energia inanimada". Imagino que Samuel pretenda submeter a constatação de Cipolla a um teste econométrico, baseado numa série temporal que colhe informações desde o Neolítico até as primeiras décadas do século XIX.

À falta de tão requintados procedimentos da positividade empirista, só nos resta recorrer aos pacientes trabalhos de Angus Maddison. No livro *The World Economy*, ele estima que, entre 1820 e 1913, a renda *per capita* na Grã-Bretanha cresceu a uma taxa três vezes maior do que aquela apresentada no período 1700-1820. A publicação da *Riqueza das Nações* e o aperfeiçoamento para fins comerciais da máquina a vapor de Newcomen por James Watt no mesmo ano, 1786, talvez forneçam testemunho ainda mais confiável a respeito da radical ruptura no modo de produzir e nas formas de regulação da vida econômica e social.

Aí nasce, de fato, o capitalismo moderno, logo adiante sobranceiro em sua autodeterminação, alcançada mediante a constituição das forças produtivas ajustadas à sua natureza irrequieta. Assentada sobre suas bases materiais, a economia da indústria promove a nova sociabilidade, aquela amparada nas realidades do assalariamento generalizado e nas aspirações de liberdade e de autonomia individual. Na mesma toada, o industrialismo capitalista suscitou o desenvolvimento da metrópole, tabernáculo da modernidade, cuja efervescência cultural, não raro, exprime as misérias sociais nascidas das turbulências do progresso. É aconselhável consultar, entre outros, Balzac, Dickens, Baudelaire, Flaubert e Zola.

O surgimento da indústria como sistema de produção apoiado na maquinaria carrega nos ossos o progresso técnico, move a divisão social do trabalho e engendra diferenciações na estrutura produtiva, promovendo encadeamentos intra e intersetoriais. Os autores do século XIX anteciparam a industrialização do campo e perceberam a importância dos novos serviços funcionais gestados no rastro da expansão da grande empresa industrial.

O avanço tecnológico livra progressivamente a agricultura dos caprichos da natureza, ainda que, em seu avanço, os caprichos da indústria tenham afetado o meio ambiente. É reconhecida a mútua fecundação entre a constituição do setor de bens de produção – apoiado nos avanços da metalurgia, da mecânica e, agora, da informática e da eletroeletrônica – e a expansão dos transportes, das comunicações e da automação. Isso conduziu meus neurônios ao conceito de hiperindustrialização. Com isso quero afirmar que indústria não é apenas um conjunto de fábricas, mas também, e sobretudo, um modo de produzir. Esse modo de produzir está hoje disseminado por todos os "setores" da economia embuçado nos avanços tecnológicos que dominam a agricultura, os serviços – particularmente, hoje em dia, as comunicações.

Volto à História. Essa reordenação estrutural e profunda da economia capitalista exigiu uma resposta também pronta dos países retardatários. Para a Alemanha de Bismarck, para os Estados Unidos de Alexander Hamilton e para os japoneses da revolução Meiji, a industrialização não era uma questão de escolha, mas uma imposição de sobrevivência das nações, de seus povos e de suas identidades.

A industrialização dos retardatários se confunde com as inovações da Segunda Revolução Industrial. O aço, a eletricidade, o motor a combustão, a química e a farmacêutica são os protagonistas dos combates competitivos da *belle époque*. As transformações financeiras do crepúsculo do século XIX promoveram a centralização do capital requerida para o aumento das escalas de produção implícitas nas novas tecnologias. Isso seria inconcebível sem a concentração das relações de débito-crédito nos bancos de depósito e nas proezas dos bancos de negócios, sôfregos em "fixar" capital-dinheiro em novos investimentos.

É descuido imperdoável ignorar que algumas inovações da Segunda Revolução Industrial do final do século XIX – especialmente a ampliação da capacidade dos navios a vapor, o navio frigorífico e o telégrafo – "produziram" os produtores de alimentos e matérias-primas nas regiões periféricas. A rápida escalada industrial dos Estados Unidos e a incorporação da Argentina, da Austrália, da Nova Zelândia e do Brasil reconfiguraram a divisão internacional do trabalho e atraíram milhões de trabalhadores lançados na miséria pela depressão da agricultura europeia.

Depois do surgimento do capitalismo industrial, mais precisamente depois de 1850, diz Cippola, o passado não era apenas o que havia passado. O passado estava morto. A partir de então, o Prometeu Desacorrentado foi incansável em seu labor. Empenha-se agora na "reinvenção" da natureza e na criação das técnicas que poderiam ensejar a proteção do ecúmeno.

Aí estão as inovações da inteligência artificial, da biotecnologia, das alterações nas estruturas atômicas dos materiais, da impressão 3D, das novas energias limpas. Como disse Alfred Whitehead: "o homem inventou o método de inventar". Resta aos homens (no plural) a incumbência de reinventar a vida social para fruir as liberdades e benesses oferecidas pelas proezas de Prometeu.

4.2 Geoeconomia e a redistribuição espacial da indústria

Vou reservar esse espaço para arriscar considerações sobre a articulação entre os fatores que impulsionaram a expansão da economia globalizada nas quatro décadas que encerraram o século XX. Superada a crise da estagflação e da baixa "produtividade" dos anos 1970, a elevação da taxa de juro deflagrada por Paul Volker em 1979 deu novo impulso à "expansão americana". À sombra do fortalecimento do dólar, os Estados Unidos impuseram a liberalização financeira *urbi et orbi*, assim como impulsionaram a metástase produtiva para o Pacífico dos pequenos tigres e novos dragões. Nos últimos 40 anos, a desregulamentação dos mercados e a crescente liberalização dos movimentos de capitais alteraram profundamente o "jogo das regras":

(1) o crescimento continuado dos fluxos brutos de capitais para o mercado americano;

(2) a migração da produção manufatureira para os países de baixo custo da mão de obra;

(3) o acirramento da concorrência entre as grandes empresas impulsiona a nova distribuição espacial da produção globalizada;

(4) a concomitante hiperindustrialização, ou seja, a aceleração e difusão do progresso tecnológico "industrializante" entre os "setores": manufatura, a agricultura e serviços;

(5) a formação de bolhas sucessivas de valorização dos ativos reais e financeiros apoiada na "alavancagem" financeira;

(6) a insignificante evolução dos rendimentos dos trabalhadores, cada vez mais "precarizados";

(7) a consequente ampliação das desigualdades;

(8) o endividamento excessivo das famílias nos Estados Unidos e na "periferia" europeia;

(9) a degradação dos sistemas progressivos de tributação e o encolhimento da proteção social;

(10) a persistência de déficits fiscais alentados e a expansão das dívidas dos governos.

O movimento da grande empresa promoveu a reconfiguração do ambiente internacional. A metástase do sistema empresarial da tríade desenvolvida – Estados Unidos, Europa e Japão – determinou uma impressionante mutação na organização das cadeias produtivas e nos fluxos de comércio. É crescente a importância do comércio intrafirmas e decisivo o papel do *global sourcing*, fenômeno acentuado a partir da década de 1990.

Centralização do controle e descentralização da produção: esse movimento de dupla face afetou a natureza e a direção do investimento direto em nova capacidade, reconfigurou a divisão do trabalho entre produtores de peças e componentes e os "montadores" de bens finais. E alterou a participação dos países nos fluxos de comércio. O propósito da competição entre os grandes blocos de capital é assegurar simultaneamente a diversificação espacial adequada da base produtiva da grande empresa e o "livre" acesso a mercados.

Há quatro décadas a China executa políticas nacionais de industrialização ajustadas ao movimento de expansão da economia "global". As lideranças chinesas perceberam que a constituição da "nova" economia mundial passava pelo movimento da grande empresa transnacional em busca de vantagens competitivas, com implicações para a mudança de rota dos fluxos do comércio. Os chineses ajustaram sua estratégia nacional de industrialização acelerada às novas realidades da concorrência global.

A experiência chinesa combina o máximo de competição – a utilização do mercado como instrumento de desenvolvimento – e o máximo de controle. Entenderam perfeitamente que as políticas liberais recomendadas pelo Consenso de Washington não deveriam ser "copiadas" pelos países emergentes. Também compreenderam que a "proposta" americana para a economia global incluía oportunidades para o seu projeto nacional de desenvolvimento. Assim controlaram as instituições centrais da economia competitiva moderna: o sistema de crédito e a política de comércio exterior, aí incluída a administração da taxa de câmbio. Os bancos públicos foram utilizados para dirigir e facilitar o investimento produtivo e em infraestrutura.

Nessa perspectiva, é vital assegurar que o sistema econômico tenha sempre canais abertos para reformas institucionais. Na visão chinesa, depois de seu extraordinário desempenho dos anos do milagre pós-1945, o Japão entrou numa fase de baixo crescimento e estagnação porque não teve flexibilidade suficiente para adaptar suas instituições à nova etapa do capitalismo caracterizada pela intensificação da concorrência global. Já a Coreia, depois da crise asiática do final dos anos 1990, conseguiu acompanhar as transformações ocorridas na economia mundial.

O professor Yao Yang, da Universidade de Pequim, atribui a flexibilidade institucional à capacidade do governo de instaurar as políticas corretas sem atender aos grupos de interesses (dentro e fora do Estado, é bom lembrar) que buscam influenciar as decisões. Essa neutralidade, diz ele, explica o sucesso da transição econômica da China de uma economia de comando para uma economia "mista" em que o mercado tem papel importante, mas não tem influência na formulação das estratégias de longo prazo.

A abertura chinesa estava comprometida com os ganhos de produtividade voltados para o aumento das exportações. As relações importações/exportações faziam parte das políticas industriais, ou seja, do projeto que combinava o avanço das grandes empresas nacionais nos mercados globais e a proteção do mercado interno.

4.3 A trajetória brasileira

Depois de liderar – até meados dos anos 1970 – a "perseguição" industrial entre os países ditos periféricos, com forte atração de investimento direto na manufatura, o Brasil caiu para a Série B do torneio global das economias "emergentes".

A vitória do Plano Real sobre a hiperinflação não impediu que a execução do plano cobrasse uma conta salgada. Insufladas pelo primitivismo das "aberturas" comercial e financeira dos anos 1990, a taxa Selic real média de 24% ao ano e a valorização cambial ministraram extrema-unção à indústria brasileira. A desdita foi agravada pela escalada chinesa e seu *projeto nacional* de integração à economia global.

Enquanto isso, o Brasil enganava a torcida com a "abertura da economia", apontada como critério de classificação do país para disputar a série A do torneio global. Os "aberturistas" expulsaram o investimento nacional e estrangeiro da manufatura e lançaram os canarinhos na segunda divisão. Conseguiram a proeza da integração que desintegra.

Depois da bem-sucedida estabilização de 1994, os "reformistas liberais" brasileiros apoiaram sua estratégia em cinco pontos:

(1) a estabilidade de preços criou condições para o cálculo econômico de longo prazo, estimulando o investimento privado;

(2) a abertura comercial imporia disciplina competitiva aos produtores domésticos, forçando-os a realizar ganhos substanciais de produtividade;

(3) as privatizações e o investimento estrangeiro removeriam os gargalos de oferta na indústria e na infraestrutura, reduzindo custos e melhorando a eficiência;

(4) a liberalização cambial, associada à previsibilidade quanto à evolução da taxa real de câmbio, atrairia "poupança externa" em escala suficiente para complementar o esforço de investimento doméstico e para financiar o déficit em conta corrente;

(5) o gotejamento da renda promovida pela acumulação de riqueza nas camadas superiores - auxiliada pela ação das políticas sociais "focalizadas" - seria a forma mais eficiente de reduzir a desigualdade e eliminar a pobreza.

Na verdade, a privatização desarticulou um dos mecanismos mais importantes de governança e de coordenação estratégica da economia brasileira. O setor produtivo estatal - num país periférico e de industrialização tardia - funcionava como um provedor de externalidades positivas para o setor privado:

(1) o investimento público era o componente "autônomo" da demanda efetiva (sobretudo nas áreas de energia e transportes) e corria à frente da demanda corrente;

(2) as empresas do governo ofereciam insumos generalizados em condições c prcços adequados;

(3) começavam a se constituir - ainda de forma incipiente - em centros de inovação tecnológica.

Os celebrados efeitos da privatização sobre a eficiência da economia não se concretizaram. Senão vejamos:

(1) a indexação das tarifas e preços das empresas privatizadas produziu um aumento expressivo dos custos dos insumos de uso generalizado;

(2) o investimento em infraestrutura passou a correr atrás da demanda, gerando pontos de estrangulamento;

(3) as grandes empresas "exportaram" os seus departamentos de P&D e os escritórios de engenharia reduziram dramaticamente seus quadros;

(4) iniciativas importantes, como o Centro de Pesquisas da Telebrás, foram praticamente desativadas.

No debate em curso sobre a situação da indústria brasileira, há quem proclame: "a desindustrialização é mito". Mal sabem que a encrenca vai além dos problemas criados pelas importações predatórias, danosas à produção corrente e à ocupação da capacidade já instalada. A dilaceração das cadeias produtivas pelo "real forte" nos anos 1990 e a estagnação dos investimentos só serão reparadas com o aumento dos gastos na formação da nova capacidade, sobretudo, nos setores novos e intensivos em tecnologia.

Isto vai demandar, sim, o exercício do *animal spirits* dos dirigentes empresariais, a centralização do capital, agora disperso em empresas sem a escala requerida para participar do atual estágio da concorrência global, e a elevação do gasto autônomo do Estado.

O Brasil tem as condições de voltar à série A se usar de forma inteligente as vantagens que possui e as promessas que se revelaram recentemente na área ambiental e de transição energética. Não basta concentrar os esforços na manutenção do câmbio real competitivo ou esperar a queda dos juros. O investimento "autônomo", diz o FMI no *World Economic Outlook* de abril de 2023, é importante para formar a taxa de crescimento nas economias capitalistas contemporâneas.

Coordenado pelo Estado, o investimento em infraestrutura, por exemplo, permitiria a adoção de políticas industriais fundadas na formação de "redes de produtividade" entre as construtoras e seus fornecedores. As encomendas para os provedores nacionais devem estar submetidas, à moda dos vencedores asiáticos, a critérios de desempenho para as empresas encarregadas de dar resposta à demanda de equipamentos, peças e componentes.

No Brasil dos anos 1950, 1960 e 1970 havia sinergia entre o investimento público, então comandado pelas empresas estatais, e o setor privado. O setor produtivo estatal investia à frente da demanda corrente e, assim, funcionava como um provedor de externalidades positivas para as empresas privadas.

A participação da indústria brasileira no PIB caiu de 35,8% em 1984 para 15,3% em 2011. Em 2014 escorregou para 13%.

O estudo do IEDI *Indústria e estratégia de desenvolvimento socioeconômico do Brasil* deplora o desempenho industrial brasileiro:

> Nas últimas décadas, a indústria brasileira teve reduzida sua participação tanto na estrutura produtiva nacional como na indústria mundial. Nossa manufatura, que a preços constantes de 2015 correspondia por 21,1% do PIB do Brasil em 1980, atingiu a marca de apenas 11,9% em 2021. Como mostrou a Carta IEDI n. 940 intitulada "Um ponto fora da curva", este declínio industrial é não apenas prematuro, pois teve início antes de o país ter uma renda *per capita* elevada, como é dos mais intensos do mundo. Em contraste, a despeito dos efeitos negativos da pandemia de covid-19, a indústria global passou de 15,5% do PIB mundial em 1980 para 17,1% em 2021, indicando não haver um processo generalizado de desindustrialização no mundo.

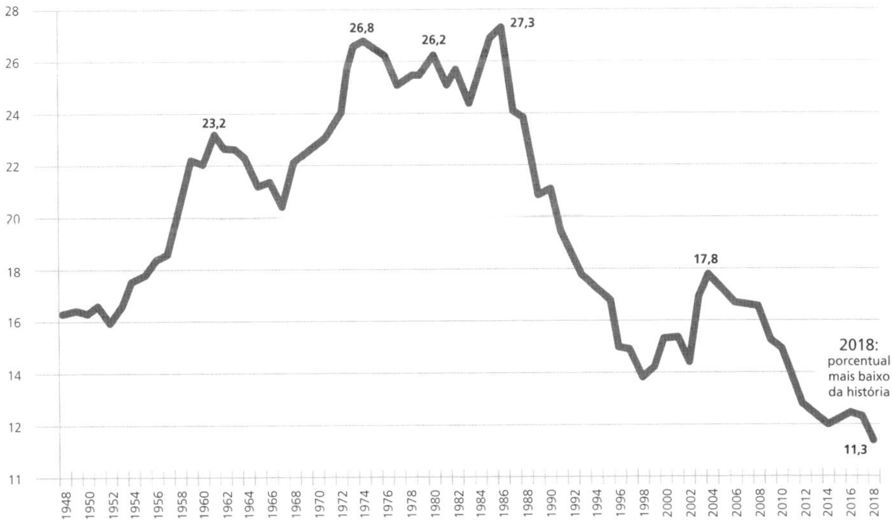

Gráfico 4.1 Indústria de transformação (% do PIB), Brasil, 1948 a 2018.

Fonte: Infonews (2018).

Seja como for, o leitor poderá comparar o índice brasileiro com os indicadores de alguns países, segundo dados da ONU de 2010: China, 43,1%; Coreia, 30,4%; e Alemanha, 20,8%. Aquela queda seria natural se decorresse dos ganhos de produtividade obtidos ou difundidos pelo crescimento da própria indústria, como ocorreu em países de industrialização madura, como os Estados Unidos (13,4%). Mas não foi isso o que se observou no Brasil.

Desde o crepúsculo dos anos 1970, no momento em que ocorria a revolução tecnológica da informática e da automação, companheiras da intensa redistribuição da capacidade produtiva manufatureira entre o centro e os emergentes, a indústria brasileira ficou para trás.

Em meio às rápidas e profundas transformações da economia industrial e dos padrões de concorrência no âmbito internacional, a indústria brasileira seguiu com a estrutura dos anos 1970, com avanços microeconômicos aqui e acolá. Esse é o caso, por exemplo, da indústria extrativa mineral, da indústria de petróleo e derivados e da indústria aeronáutica. O "afastamento" das transformações manufatureiras globais nos legou insuficiências em vários setores: telecomunicações móveis, computadores, *notebooks*, televisões com tela de plasma e LCD, câmeras digitais e componentes eletrônicos, para não falar da robótica, dos novos materiais e da nanotecnologia.

O Brasil apresenta uma regressão da estrutura industrial, ou seja, não acompanhou o avanço e a diferenciação setorial da indústria manufatureira global e, ademais, perdeu competitividade e elos nas cadeias que conservou.

A balança comercial brasileira ilustra os altos e baixos da indústria de transformação: em 2006, nas culminâncias do crescimento sino-americano, o saldo do setor era positivo em 29,8 bilhões de dólares. Em 2011, cinco anos depois, o resultado foi negativo em 48,7 bilhões. Já em 2014, o déficit da indústria de transformação subiria a 63 bilhões de dólares.

Chamam a atenção os déficits em produtos químicos, bens de capital mecânicos, equipamentos de rádio, TV e comunicação e veículos automotores. Fica claro que a falsa inserção competitiva da economia brasileira está cobrando o seu preço. Falsa porque as políticas dos anos 1990 entendiam que bastava expor a economia à concorrência externa e privatizar para lograr ganhos de eficiência micro e macroeconômica. Percorremos o caminho inverso dos asiáticos, que abriram a economia para as importações redutoras de custos.

A lógica dos sabichões é singular: se a indústria brasileira perdeu a capacidade de investir ou de se modernizar, a solução é destruí-la. É o silogismo binário dos indolentes: se o problema é de difícil solução, convém eliminá-lo para evitar aborrecimentos.

Em recente entrevista à Universidade do Vale do Rio dos Sinos (Unisinos), sugeri a transformação da Petrobras em uma empresa de energia e empreender uma fusão com a Eletrobras. O propósito é encaminhar a demandada e necessária transição energética para transformá-la em uma empresa que, ao mesmo tempo, possua participação no mercado de combustíveis e possa financiar a transição energética, aliada a uma empresa de energia elétrica.

Essa também tem uma dimensão de política industrial e tecnológica porque a almejada produção de painéis solares terá efeito multiplicador importante no avanço industrial. Colegas da Universidade de Campinas (Unicamp) me asseguram que é perfeitamente possível o Brasil produzir esses painéis. Essa é uma dimensão de política industrial que nos levaria a privilegiar a indústria de semicondutores que, hoje, representa a batalha global entre os Estados Unidos e a China.

O articulista do *Financial Times* Gideon Rachmann informa que, já neste ano, a China deverá se tornar a maior exportadora de automóveis do mundo. Os chineses são especialmente fortes em veículos elétricos, os carros do futuro. Essa vantagem será difícil de superar porque a China domina a produção de baterias e os suprimentos de minerais de terras-raras essenciais para a produção de veículos elétricos.

O Brasil tem reservas de terras-raras e caminha para a consolidação de sua indústria de semicondutores e baterias. A esse respeito reproduzo a nota da Associação Brasileira da Indústria de Semicondutores (Abisemi):

> Reunidos em audiência pública realizada pela *Câmara dos Deputados* no dia 13 de setembro [de 2023], membros do governo federal e do parlamento, representantes setor produtivo e da academia do país, foram unânimes em alertar para o impacto do setor de semicondutores nas economias nacionais e de que o Brasil precisa desenvolver a sua indústria neste segmento para se manter competitivo no cenário internacional.
>
> Na avaliação do professor do Departamento de Engenharia de Sistemas Eletrônicos da Escola Politécnica da Universidade de São Paulo (Poli/USP), Marcelo Zuffo, o Brasil não ficará entre as dez maiores economias do mundo sem investir neste setor. "Sem o setor de semicondutores, não teremos indústria automotiva, não teremos agronegócio competitivo e não teremos como proteger a floresta."
>
> Zuffo acrescentou que 50% do PIB Mundial é afetado por essa indústria e que cada dólar investido em semicondutores impacta em cerca de oitenta vezes a economia mundial. O secretário de Desenvolvimento Industrial, Inovação, Comércio e Serviços do Ministério do Desenvolvimento, Indústria, Comércio e Serviços (MDIC), Uallace Moreira Lima, reforçou ainda que promover política industrial significa cuidar também da soberania nacional.
>
> Nesse sentido, Lima informou que deve ser publicado até novembro deste ano uma medida provisória com o novo Programa Brasileiro de Semicondutores com o objetivo de aumentar a participação do país no mercado mundial de semicondutores de 2% para 4% nos próximos 15 anos.

O Brasil está precisando de uma política industrial em que também haja cobrança das empresas. Uma das vantagens da política industrial da Coreia do Sul é a simultaneidade entre proteção e exigências para o aumento de produtividade e competitividade. Ao mesmo tempo que concede benefícios, o Estado coreano também exige. É uma questão de planejamento de política industrial: não se trata só de dar favores; é preciso exigir desempenho. Essa é a lógica do desenvolvimento asiático. No Brasil, dada a correlação de forças sociais, dá-se o benefício, mas não se cobra o desempenho.

Por outro lado, se abrirmos a economia simplesmente, sem tomar cuidado com a proteção e o resguardo da indústria nacional, vai acontecer o que já acontece: um processo de desindustrialização.

Referência

INFONEWS. Panorama da indústria de transformação brasileira 2018. *E-Business Consultoria*. 2018. Disponível em: https://www.ebusinessconsultoria.com.br/infonews/panoramada-industria-de-transformacao-brasileira-.

5. Administrar a taxa de câmbio para voltar a crescer

Luiz Carlos Bresser-Pereira

5.1 Introdução

A crise econômica e política do Brasil que começou com a crise financeira de 2014 está afinal sendo superada. Nesses 8 anos houve uma perda generalizada de confiança no governo que impediu que a taxa de câmbio, que se desvalorizara na crise financeira, voltasse a se apreciar. Voltar para este equilíbrio de déficit em conta corrente, que estimo hoje estar em R$ 4,50 por dólar, levaria o país a entrar em uma nova onda de desindustrialização. Agora, porém, sob Lula e Fernando Haddad, a confiança no Brasil está sendo restabelecida, a economia brasileira está se normalizando, e a taxa de câmbio está voltando a se apreciar. Em 3 de janeiro de 2023 estava em R$ 5,45 por dólar; em 19 de junho, caíra para R$ 4,80. A continuar o processo, o mercado levará a taxa de câmbio para o equilíbrio nos países que têm uma política de déficit em conta corrente, como é o caso do Brasil, que estimo em R$ 4,50 por dólar, e a indústria que usa a melhor tecnologia voltará a perder competitividade. A Goldman Sachs alterou em 19 de junho suas projeções para R$ 4,40 por dólar para os próximos 6 e 12 meses. Se nada fizermos, a economia brasileira, que já está quase estagnada há 43 anos, continuará a crescer menos que os países ricos e ficará cada vez mais para trás, em vez de realizar o *catching up*.

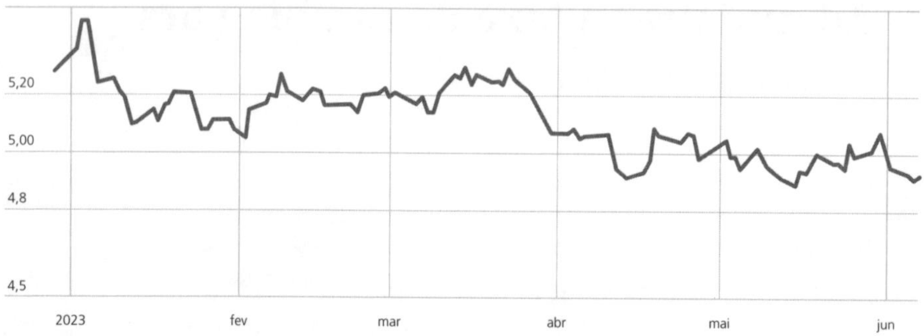

Gráfico 5.1 Taxa de câmbio em 2023.

Fonte: CMA.

Há alguma coisa a fazer diante desse quadro? É possível evitar que o câmbio se aprecie e mesmo que as empresas que usam a melhor tecnologia no seu setor percam competitividade e parem novamente de investir? A maioria dos economistas acredita que não, mas a Teoria Novo-Desenvolvimentista (TND) tem um diagnóstico, e uma política para resolver o problema. Neste breve artigo procurarei mostrar isto da maneira mais simples possível.

5.2 Câmbio e crescimento

Na literatura econômica, não existem teorias sobre a relação entre a taxa de câmbio e a taxa de crescimento. Dani Rodrik, em seu notável trabalho empírico sobre a relação entre taxa de câmbio e crescimento, não explica por que a taxa de câmbio é determinante do desenvolvimento. Nos livros de desenvolvimento econômico não há um capítulo, sequer uma seção, sobre o câmbio. Já existem muitas pesquisas demonstrando este fato, mas a única teoria o explicando é a TND. As demais escolas econômicas pensam a taxa de câmbio como uma variável de curto prazo, volátil, mas flutuando em torno do equilíbrio corrente. Fosse isso verdade, a taxa de câmbio não interferiria na decisão de investir das empresas. Já a TND supõe que em muitos países a taxa de câmbio pode se manter alta (depreciada) ou baixa (apreciada), dependendo de o país adotar uma política de conta corrente superavitária, ou deficitária. Taxa que se manterá assim enquanto durarem o superávit ou o déficit.

Se a taxa de câmbio de um país flutuar em torno do equilíbrio corrente (que zera a conta corrente) a empresa, ao investir, não considera a taxa de câmbio, mas se esta for constantemente apreciada, como é o caso dos países latino-americanos exportadores de *commodities*, como o Brasil, ou constantemente depreciada, como é o caso da Alemanha e dos países do Leste da Ásia (suas contas-correntes apresentam respectivamente déficits e superávits), a empresa considerará a taxa de câmbio ao não investir ou a investir. Como o crescimento depende basicamente do investimento, a taxa de câmbio é, portanto, uma variável chave no processo de crescimento econômico.

Podemos considerar o problema do investimento sob um outro ângulo – o das condições gerais da acumulação de capital, as condições que o Estado deve assegurar aos possíveis investidores para que o país cresça. Primeiro, temos as condições microeconômicas: educação, instituições, infraestrutura, sistema financeiro doméstico; segundo, temos a condição keynesiana, a existência de demanda efetiva. As duas condições de acumulação de capital podem estar presentes, e, no entanto, as empresas podem continuar a não investir por *falta de acesso à demanda*. Por isso a TND acrescenta uma terceira condição geral de acumulação de capital: a taxa de câmbio deve ser competitiva e assim garantir o *acesso à demanda* para as empresas que usam a melhor tecnologia.

É importante observar que a taxa de câmbio que importa para a decisão de investir não é a corrente, mas a esperada. No Brasil, por exemplo, a taxa de câmbio se depreciou na crise de 2014 e depois não voltou a se apreciar, como seria de se esperar. E as empresas não investiram porque estavam sempre esperando que ela voltasse a se apreciar, porque seus economistas lhes afirmavam que a taxa de câmbio de equilíbrio era mais baixa (apreciada).

Estamos, naturalmente, supondo, nos termos do Desenvolvimentismo Estruturalista Clássico, que nos países da periferia do capitalismo desenvolvimento é industrialização ou sofisticação produtiva; é a transferência de mão de obra para setores com alto valor adicionado *per capita*, que exigem mais educação e pagam melhores salários.

5.3 Políticas de conta corrente

Para a TND existem duas políticas – a política de superávit e a de déficit em conta corrente; e existe uma não política: deixar que a taxa de câmbio flutue em torno do equilíbrio corrente que zera intertemporalmente a conta corrente do país. São políticas porque se nenhuma política fosse adotada o mercado levaria a taxa de câmbio, ainda que de forma volátil, para o equilíbrio corrente. A política de déficit em conta corrente conta com o apoio da ortodoxia neoliberal porque déficits em conta corrente tornam a indústria menos competitiva e abrem oportunidades para o Norte Global exportar mais capital. Mas há também economistas associados à Escola Estruturalista Desenvolvimentista que entendem serem os déficits "estruturais", decorrentes da clássica restrição externa. Essa é equivocada. A restrição externa, decorrente de duas elasticidades-renda para os países não industrializados, realmente existe, mas seu resultado não é o déficit em conta corrente, e sim o fato de que a taxa de câmbio de equilíbrio corrente é mais depreciada do que precisaria ser, não fosse a restrição.

Neste caso, também, o déficit em conta corrente é necessariamente resultado de uma política, a não ser em casos de variações súbitas nas relações de troca. Na literatura econômica não existe o conceito de "política de conta corrente", mas a única coisa que pode explicar a apreciação ou depreciação no longo prazo é a existência de uma política. Em muitos casos, tratando-se da política de déficit em conta corrente, essa política não é consciente por parte dos países. Mas é uma prática e, afinal, é uma política.

Muitos países em desenvolvimento têm uma política de déficit em conta corrente porque acham possível crescer com poupança externa. Ou então por puro populismo, porque uma taxa de câmbio apreciada tem apelo popular. Assim como também outros países só podem apresentar superávits em conta corrente no longo prazo porque adotam a política de superávit em conta corrente. Para implementar essa política, os países deficitários aumentam seus gastos e incorrem em déficits públicos, além de adotar políticas de subsídio ao consumo dos mais variados tipos. Dessa forma, agem de forma populista: aumentam os salários e os rendimentos dos rentistas, inclusive os pequenos rentistas, para que o governo seja reeleito. Em contrapartida, os países superavitários comprimem relativamente os salários e o consumo. Isso só pode ocorrer se esses países e seus governos contarem com o apoio da população para esta limitação do consumo que, em termos de demanda efetiva, é compensada pelo aumento dos investimentos e do emprego voltados para a exportação.

A política de déficit em conta corrente tem como consequência a sobreapreciação de longo prazo da taxa de câmbio. Existem algumas exceções. Primeiro, os países do Leste Asiático que, não tendo doença holandesa, evitaram a sobreapreciação de suas moedas devido a déficits em conta corrente, enquanto apresentavam superávits em conta corrente. São também exceção os grandes exportadores de petróleo que apresentam grandes superávits em conta corrente. Eles usam impostos de exportação apenas com fins fiscais, como é o caso da Arábia Saudita; não neutralizam a doença holandesa senão parcialmente e, assim, não logram desenvolver sua indústria, mas podem crescer e investir pesadamente em educação, saúde e infraestrutura. Finalmente, há a absurda não exceção: os países exportadores de petróleo que poderiam ter superávits em conta corrente, mas gastam improdutiva e irresponsavelmente e, afinal, apresentam déficits em conta corrente! Foi o triste caso da Venezuela.

5.4 Não neutralizar a doença holandesa

A outra causa da tendência à sobreapreciação é a doença holandesa, que aprecia a taxa de câmbio apenas para a indústria, gerando dois equilíbrios. A doença holandesa é uma apreciação de longo prazo da taxa de câmbio para a indústria de países exportadores de *commodities*, causada pelo fato de o país contar com rendas ricardianas e/ou com um *boom* de preços que lhe permite exportar *commodities* de forma lucrativa a uma taxa de câmbio substancialmente mais apreciada (baixa) do que a taxa necessária para as empresas industriais que usam a melhor tecnologia para exportarem ou se defenderem das importações de bens similares.

O país precisa neutralizar a doença holandesa para se industrializar. Se não o fizer e o país ainda precisa se desenvolver, ele não se industrializará porque a taxa de câmbio tornará não competitivas as empresas existentes e aquelas que poderiam ser criadas. Se o país já houver se industrializado, porque neutralizou a doença holandesa durante um certo tempo, mas depois deixou de neutralizá-la, a desindustrialização será inevitável.

Em torno de 1980, antes que o neoliberalismo se tornasse dominante, os países neutralizavam a doença holandesa. Usavam para isso tarifas de importação ou então subsídios à exportação de bens manufaturados. Não era uma maneira deliberada e racional de neutralização. Os *policymakers* sabiam, porém, que para se desenvolver precisavam se industrializar, e que as tarifas eram essenciais mesmo que o argumento da indústria infante já houvesse perdido validade. Por isso usavam tarifas de forma pragmática, intuitiva, mesmo depois que a indústria deixara de ser "infante".

Em 1990, o Brasil abriu sua economia. Com a abertura comercial, as tarifas sobre manufaturados caíram de 45 para 12% (desmontando a neutralização da doença holandesa para efeito de mercado interno) e os subsídios zeraram (destruindo essa neutralização para efeito de exportação de manufaturados).

Com a abertura financeira, os juros puderam aumentar livremente e causaram uma valorização adicional do Real. Em consequência dessas reformas, o país entrou em uma onda de desindustrialização; caiu na armadilha da liberalização, não na armadilha da renda média, conforme Eliane Araújo, Samuel Peres e eu demonstramos em *paper* fundamentado empiricamente.

5.5 Três equilíbrios

Da mesma forma que existe um equilíbrio geral para a taxa de câmbio que a TND denomina *equilíbrio corrente* – a taxa de câmbio que equilibra ou zera intertemporalmente a conta corrente do país –, existe um equilíbrio para a taxa de câmbio necessária para a indústria, o equilíbrio industrial. E um terceiro equilíbrio que proponho chamar "equilíbrio com déficit em conta corrente", que no passado já chamei "equilíbrio de dívida externa", e que a teoria econômica ortodoxa, seguindo John Williamson, denomina "equilíbrio fundamental".

Esse equilíbrio pode ser calculado com precisão porque tem uma definição clara: é a taxa de câmbio real em relação ao PIB, que é igual à taxa de crescimento do mesmo PIB. Essa fórmula garante que a relação dívida externa-PIB não aumente e, assim, o risco de uma crise de balanço de pagamentos se torna praticamente zero. Os economistas ortodoxos que calculam o equilíbrio da taxa de câmbio seguem basicamente essa fórmula.

Para tornar mais prático o conhecimento destes três equilíbrios, vou supor que no Brasil, hoje:

(1) o equilíbrio industrial seja de R$ 5,10 por dólar, satisfatório para a indústria;

(2) o equilíbrio corrente igual a R$ 4,70 por dólar é o equilíbrio geral;

(3) o equilíbrio com política de déficit em conta corrente é igual a R$ 4,50, que é o equilíbrio para o qual a taxa câmbio tende.

Neste caso, a doença holandesa, que é igual aos dois primeiros equilíbrios, é de R$ 0,40 por dólar, e proponho chamar a diferença entre o equilíbrio industrial e o equilíbrio com política de déficit em conta corrente de "doença holandesa expandida".

Para o TND o terceiro equilíbrio é perverso. Enquanto o déficit em conta corrente persistir, a taxa de câmbio permanecerá sobreapreciada, e as empresas industriais não serão competitivas. Sobreapreciada porque as entradas líquidas de capital (descontadas as saídas) serão pelo menos iguais ao déficit. Esse é também um equilíbrio resultante de política econômica, que é viabilizado por indisciplina fiscal e pela elevação da taxa de juros para atrair capitais externos. Mas os déficits não resultam exclusivamente da política visando esse objetivo. Podem ocorrer outros fatores que aumentam a entrada de capitais, por exemplo, os países ricos podem ficar otimistas com o país e decidir aumentar seus investimentos, ou ainda porque pode ocorrer uma súbita melhoria das relações de troca que causa uma maior entrada de divisas pelo aumento das exportações. Nesses casos, o déficit em conta corrente não é resultado de política econômica. São, porém, casos fortuitos, enquanto, uma vez adotada, a política de déficit em conta corrente tem efeito constante.

A taxa de câmbio volta, assim, a seguir a tendência à sobreapreciação cíclica e crônica da taxa de câmbio. Sobreapreciação em relação a qual parâmetro? Na TND temos dois parâmetros: a taxa de câmbio de "equilíbrio corrente", aquela que torna equilibrada a conta corrente do país intertemporalmente, e a taxa de câmbio de "equilíbrio industrial", uma taxa de câmbio mais desvalorizada do que o equilíbrio corrente, um equilíbrio específico da indústria – a taxa de câmbio que torna competitivas as empresas industriais no país que utilizam no seu setor a melhor tecnologia existente no mundo. Neste artigo, proporei um terceiro e perverso equilíbrio para o qual a economia brasileira sempre tende: a taxa de câmbio de "equilíbrio de política de déficit em conta corrente", mais valorizada que o equilíbrio corrente.

5.6 Uma política absurda

O equilíbrio com déficit em conta corrente só não é exatamente a mesma coisa que o equilíbrio fundamental porque para a TND esse equilíbrio é perverso, é prejudicial ao desenvolvimento do país, enquanto para a ortodoxia neoliberal o equilíbrio fundamental é considerado "ótimo". Ótimo porque se acredita que é possível crescer com poupança externa (ou seja, com déficit em conta corrente) sem que haja risco de crise de balanço de pagamentos. Perverso para a TND porque a política de crescimento com poupança externa ou política de déficit em conta corrente causa a apreciação da taxa de câmbio no longo prazo, que leva o país a perder competitividade e não investir, ao mesmo tempo que provoca o aumento do consumo, porque causa o aumento artificial do poder aquisitivo de assalariados e rentistas. Em consequência, a poupança externa aumenta, mas substitui a poupança interna que cai, não havendo aumento da poupança total e do investimento. Apenas nos raros casos em que o país já está crescendo muito rapidamente (experimenta um "milagre") e a propensão marginal a consumir cai devido à elevação das perspectivas de lucro, a política de crescimento com poupança externa contribui para o desenvolvimento do país.

Nos países ricos, a situação é diferente. As entradas líquidas de capitais podem também contribuir para o desenvolvimento na medida em que compensam os saldos na conta corrente causados pelas entradas das rendas (juros e dividendos) de seus empréstimos e investimentos no exterior.

5.7 Taxa de câmbio e quase estagnação no Brasil

A administração da taxa de câmbio é fundamental para o Brasil voltar a se desenvolver depois de mais de 40 anos de quase estagnação. Há muitos fatores que determinam por que a economia brasileira vem ficando para trás do resto do mundo desde 1980 e, principalmente, desde 1990, mas muitas dessas causas (falta de investimentos em educação, investimentos insuficientes em infraestrutura, insuficiência de demanda) são bem conhecidas, e o Estado e a sociedade brasileira fazem o melhor que podem para enfrentá-las.

O Brasil parou de crescer nos anos 1980, e o que precisamos saber é quais foram os fatos históricos *novos* que causaram essa relativa paralisação. Nesse momento, depois de 50 anos de autonomia nacional, o Brasil se submeteu ao imperialismo do Norte Global, e então, sob pressão internacional e refletindo a dependência das elites, dois fatos novos causaram a quase paralisação da economia brasileira. O primeiro, que ocorreu em 1980, foi a queda da poupança pública e do investimento público, quando a crise da dívida externa explodiu e o Estado foi chamado para socorrer as empesas. Não discutirei aqui este problema. O segundo, que ocorreu em 1990-1992, foi a abertura comercial e financeira. A primeira reforma neoliberal reduziu de 45 para 12% as tarifas de importação de manufaturados e o país deixou de neutralizar a doença holandesa no mercado interno, enquanto a eliminação dos subsídios inviabilizou a exportação também de manufaturados. A segunda reforma possibilitou o radical aumento da taxa de juros que atraiu capital e aumentou a sobreapreciação do real. Em consequência, caiu o investimento privado ou deixou de aumentar, já que muitas empresas foram privatizadas.

5.8 Administrar a taxa de câmbio

Fiz até agora um resumo de uma teoria que suponho inovadora; e da qual eu derivo políticas. Mas de que adiantam teorias e políticas sobre a taxa de câmbio se a crença generalizada dos economistas é que esse preço macroeconômico não pode ser administrado? Eles pensam que a taxa de câmbio é determinada exclusivamente pelo mercado. Esta, porém, é uma crença equivocada. Como acontece com os demais preços macroeconômicos, a taxa de câmbio é um preço de mercado que, portanto, não pode ser plenamente, mas *razoavelmente* administrada. No tempo em que as taxas de câmbio eram fixas, ou se usavam as minidesvalorizações para corrigi-las (*crawling peg*), a taxa de câmbio era administrada. Agora que a taxa de câmbio é flutuante, há outras políticas para torná-la compatível com o crescimento.

O objetivo dessa administração é levar para a indústria a taxa de câmbio para o equilíbrio industrial, e a taxa de câmbio para as *commodities* e demais bens, para entre o equilíbrio corrente e o equilíbrio com déficit em conta corrente. Dessa maneira, a taxa de câmbio de equilíbrio industrial garante uma taxa de lucro satisfatória para a indústria, e uma taxa de câmbio de equilíbrio corrente para o agronegócio.

Muitas são as variáveis relevantes para a determinação da taxa de câmbio:

(a) a taxa de juros que atrai ou não capitais;

(b) o preço internacional das *commodities* ou as relações de troca que aumentam ou diminuem o déficit em conta corrente;

(c) a política de déficit ou superávit em conta corrente, que determinam as entradas ou saídas líquidas de capitais;

(d) as variações na produtividade no país comparada com a dos principais concorrentes dadas pelo índice comparativo do custo unitário do trabalho – estas quatro variáveis estão sempre mudando de maneira relativamente imprevista. Mas é possível ter uma política de taxa de câmbio e lograr implementá-la.

5.9 Uma reforma tarifária

Para alcançar esses objetivos, o governo Lula acredita que basta lograr a baixa da taxa de juros. Mas essa política não é suficiente. Ela ignora a política de déficit em conta corrente, que existe no Brasil (em torno de 2,5% do PIB), e ignora a necessidade de neutralizar a doença holandesa. Ela apenas procura controlar uma das variáveis que determinam a taxa de câmbio – as entradas de capital além daquelas determinadas pelo próprio déficit.

Para colocar a taxa de câmbio no equilíbrio corrente (importante para todos os bens e serviços exceto para importação e exportação de bens manufaturados) é preciso *abandonar* a política de crescimento com endividamento externo, é preciso que nós, brasileiros, nossos políticos e economistas deixem de estar felizes ou confortáveis com o déficit em conta corrente em torno de 2,5% do PIB. Este deve ser um objetivo nacional, como é o de manter as finanças públicas pautadas pelo novo arcabouço fiscal. Será isto possível? Apenas quando os economistas compreenderem que o déficit em conta corrente é um problema tão ou mais grave que o déficit público.

Já a doença holandesa só leva a economia para o equilíbrio corrente, não para o déficit. Para neutralizá-la, deslocando a taxa de câmbio do equilíbrio corrente para o equilíbrio industrial, uma alternativa é um imposto variável sobre a exportação de *commodities*. Esta foi a primeira proposta que fiz já em 2008, quando publiquei "The Dutch disease and its neutralization: a Ricardian approach", mas esta política demonstrou não ser viável do ponto de vista político em um país com uma quantidade imensa de produtores de *commodities* que não aceitam o imposto, mesmo que este mantenha sua taxa de lucro em nível satisfatório e mais estável.

A melhor alternativa no Brasil é o governo promover por lei uma *reforma tarifária* na qual cada bem ou serviço sofisticado tenha duas tarifas. Esta é a segunda vez que falo sobre esse assunto – a primeira vez foi em um *paper* publicado no *Journal of Post Keynesian Economics* em 2020. A primeira tarifa corresponderá à tarifa já existente, a tarifa de política econômica, que deverá ser reduzida com a reforma. A segunda denominar-se-á a *tarifa de neutralização da doença holandesa* – uma tarifa única para todos os bens industriais ou sofisticados, que será variável de acordo com o preço médio das *commodities* exportadas pelo Brasil. Ou então de acordo com a variação nas relações de troca. A lei que estabelecer a reforma deverá definir a relação entre diversas faixas de preço internacional das *commodities* exportadas em termos reais e a correspondente taxa de câmbio: quando o preço médio das *commodities* for "baixo", a tarifa única sobre manufaturados será zero; para cada faixa de preços haverá uma tarifa que aumenta conforme o preço médio das *commodities*. Enquanto a primeira alternativa transfere para o Estado o valor do imposto sobre exportações, capturando, assim, os ganhos excepcionais decorrentes de aumento dos preços das *commodities* para níveis acima do nível básico, a segunda alternativa transfere para o Estado o valor das tarifas de importação sobre manufaturados, enquanto elevam os preços que os compradores de bens manufaturados devem pagar. Nas duas alternativas, a indústria deixa de enfrentar a desvantagem competitiva representada pela doença holandesa.

Esta é a política que neutralizará a doença holandesa para efeito de mercado interno. Tornará as empresas competentes situadas no Brasil (nacionais ou multinacionais) competitivas internamente. Para que elas sejam competitivas para exportar, será preciso criar também um subsídio variável, que seguirá a mesma norma das tarifas. O Brasil, de 1969 até 1990, usou subsídios à exportação de manufaturados para neutralizar a doença holandesa – o chamado crédito-prêmio das exportações – cujo sucesso em transformar o Brasil em um grande exportador de manufaturados foi imenso.

Como já vimos, o que eu estou propondo é novo do ponto de vista teórico, mas não é novo do ponto de vista prático. Muitos países, inclusive o Brasil e os Estados Unidos, usaram tarifas para assegurar sua industrialização. Embora a indústria já não fosse mais infante, sabiam que se baixassem as tarifas a industrialização do país seria interrompida.

No quadro da Organização Mundial do Comércio (OMC), o Brasil tem espaço para levar adiante a reforma tarifária. Já em relação aos subsídios o problema é mais complicado, mas a OMC está em pleno declínio. Os Estados Unidos fizeram em 2021 a Virada Desenvolvimentista, e está pressionando a OMC para se tornar heterodoxa e aumentar o espaço de política que a organização havia rigidamente cortado. Para o Brasil, a prioridade é exportar manufaturados – bens e serviços produtivamente sofisticados. Este problema precisa ser resolvido, mesmo que seja em conflito com a OMC.

Referências

BRESSER-PEREIRA, L. C. Neutralizing the Dutch disease. *Journal of Post Keynesian Economics*, v. 43, n. 2, p. 298-316, 2020. Disponível em: https://doi.org/10.1080/01603477.2020.1713004. Acesso em: 1 abr. 2024.

BRESSER-PEREIRA, L. C.; ARAÚJO, E. C.; PERES, S. C. An alternative to the middle-income trap. *Structural Change and Economic Dynamics*, v. 52, p. 294-312, mar. 2020. https://doi.org/10.1016/j.strueco.2019.11.007. Acesso em: 1 abr. 2024.

RODRIK, D. Real exchange rate and economic growth. *Brooking Papers on Economic Activity*, v. 2, (Fall), p. 365-412, 2008.

6. Política industrial e neoindustrialização brasileira: os limites a partir da doença brasileira

Antonio Carlos Diegues

6.1 Introdução

A aceleração das transformações do paradigma tecnoprodutivo e o acirramento da competição interestatal e intercapitalista configuram-se como elementos centrais para se compreender a retomada do debate – teórico e político – sobre política industrial.

Neste cenário, o reflorescimento da temática ocorre em um contexto internacional substancialmente distinto e mais complexo daquele que serviu de objeto de análise para a formulação dos corolários normativos vigentes no período em que se observou o auge da compreensão das políticas industriais como instrumentos centrais para o desenvolvimento econômico – entre o pós-Segunda Guerra Mundial e ascensão do neoliberalismo.

Assim, a interpretação deste capítulo é a de que as políticas industriais necessárias para a neoindustrialização brasileira devem contornar algumas lacunas no que diz respeito à replicabilidade de estratégias tradicionalmente exitosas de política industrial no paradigma da Segunda Revolução Industrial. Tal qual Roselino e Diegues (2020), assume-se que a mera replicação das estratégias de desenvolvimento baseadas neste paradigma anterior está condenada a um desempenho limitado mediante profundas transformações na determinação mútua entre industrialização e desenvolvimento. Isso porque o arcabouço convencional baseia-se essencialmente em mediações construídas teórica e politicamente em um momento histórico em que se observava a generalização de um padrão caracterizado pela coexistência e pela coincidência territorial entre a produção, a geração e a apropriação do valor.

Nesse sentido, este capítulo busca propor elementos que permitam refletir sobre o desenho de políticas industriais mais efetivas em um cenário de grande transformação da morfologia da produção em escala global marcado por:

(1) fragmentação da produção;

(2) emergência das Cadeias Globais de Valor (CGV);

(3) servitização das atividades industriais;

(4) avanço na digitalização da produção;

(5) diluição das fronteiras setoriais;

(6) busca pela gestação acelerada da indústria 4.0 etc.

Adicionalmente, sugere-se que uma proposta de política industrial para a neoindustrialização brasileira deve compreender a atual configuração da dinâmica de concorrência e de acumulação manufatureira local a fim de contornar as limitações derivadas do que Diegues (2021) denomina de desindustrialização associada à doença brasileira. Isso porque, dadas as atuais características da dinâmica de acumulação das grandes empresas industriais, entende-se que os desafios colocados para a construção de uma coalizão produtivista são distintos daqueles apresentados no período do desenvolvimentismo. Em outros termos, o capítulo procura sugerir uma estratégia de política industrial levando-se em consideração que, em decorrência de décadas de desindustrialização, o capital industrial brasileiro reorientou sua estratégia de concorrência e acumulação em uma lógica distinta do período desenvolvimentista, o que lhe permitiu se libertar – ainda que parcialmente – das restrições impostas pela lógica produtivista.

6.2 Desindustrialização, doença brasileira e os limites da política industrial

O debate sobre as transformações na estrutura produtiva brasileira nos anos 2000 tem centralizado suas análises na compreensão dos determinantes da desindustrialização. De maneira geral, há um certo consenso na literatura de que este processo deriva de um esgotamento da dinâmica de industrialização por substituição de importações em um cenário de crise do desenvolvimentismo (Coutinho, 1997; Carneiro, 2002).

A partir desta intepretação, tal crise implicou em um vasto conjunto de medidas que se materializaram nas abruptas e intensas aberturas comercial e financeira, e culminaram em um cenário com fortes oscilações nos preços macroeconômicos, caracterizado desde então por longos períodos de apreciação do real, pela vigência de taxas de juros elevadas e pelo baixo investimento público (tanto na esfera empresarial quanto em infraestrutura e na dimensão social). Ao ampliarem o escopo deste debate, Hiratuka e Sarti (2017) destacam os impactos das transformações do sistema produtivo global na estrutura produtiva brasileira. Para tal, enfatizam a reconfiguração das cadeias globais de valor com o deslocamento das atividades produtivas em direção à Ásia – e o conseguinte fenômeno de "chinalização" industrial (Sarti; Hiratuka, 2017) – e o acirramento das pressões competitivas internacionais.

Outra corrente expoente a partir do mesmo referencial teórico deste trabalho é aquela que analisa as transformações na estrutura produtiva brasileira a partir da ótica da doença holandesa, cujos principais trabalhos são os de Bresser-Pereira (2005; 2008; 2013), Bresser-Pereira e Marconi (2007), Oreiro e Feijó (2010) e Palma (2005). Sinteticamente, o fenômeno da doença holandesa explica a redução do papel da indústria no desenvolvimento econômico como resultado da apreciação das moedas locais decorrente de um desempenho exportador pujante nos setores de *commodities* e do ingresso de capitais especulativos incentivados principalmente pelos diferenciais de juros internos e externos, aumentando a lucratividade e a atratividade relativa desses setores diante das atividades manufatureiras.

A tese subjacente à afirmação anterior é a de que tal deterioração na capacidade de acumulação seria a principal responsável pela queda do investimento produtivo na economia doméstica. Em última instância, essa redução do investimento explicaria a incapacidade de se engendrar um processo de transformação estrutural associado ao aumento da produtividade e ao crescimento da renda doméstica.

A interpretação de Diegues e Rossi (2017) e Diegues (2021), por sua vez, busca complexificar a relação expressa no parágrafo anterior a partir das transformações no padrão de concorrência e de acumulação da indústria brasileira como resultado de sua integração às cadeias globais de valor. Segundo os autores, após décadas de desindustrialização, os grandes empresários brasileiros reorganizaram as estratégias concorrenciais e de acumulação de suas empresas. Essa reorganização deu origem a um fenômeno que denominam de doença brasileira.

Em um cenário de desindustrialização marcado pela doença brasileira, tem-se observado nas últimas duas décadas o surgimento de estratégias que garantem a rentabilidade do capital alocado na esfera industrial com um grau de desvinculação crescente do desempenho estritamente produtivo. Essas seriam baseadas numa lógica concorrencial orientada a uma reação defensiva e regressiva, com busca permanente pela redução de custos – trabalhistas e tributários por exemplo – desvinculada do incremento do investimento, da produtividade e da inovação.

Estes fatos, por sua vez, trazem elementos importantes que permitem inferir que cada vez mais parece estar consolidada uma estrutura produtiva doméstica com uma menor capacidade de contribuição ao desenvolvimento. São dois os elementos que permitem compreender esta configuração como uma nova forma de um padrão que é constituinte da industrialização periférica brasileira.

Primeiro, o fato de que, ao contrário do que se observou historicamente na economia brasileira, este padrão tem viabilizado a sustentação de sua acumulação a partir de uma estratégia que contraria o corolário normativo do desenvolvimento, o qual associa a industrialização à transformação estrutural em direção ao *upgrading* técnico e produtivo. Assim, a indústria brasileira parece ter reagido de maneira relativamente exitosa às transformações internacionais oriundas da liberalização financeira e comercial, bem como do surgimento das cadeias globais de valor e engendrado uma estrutura ainda mais dependente das importações (tanto de bens intermediários quanto finais), do capital e da tecnologia externos. Ou seja, ao contrário do que sugeriria o industrialismo característico do desenvolvimentismo, a liberalização comercial e financeira se configurou como um instrumento para viabilizar a emergência de uma dinâmica de produção e acumulação relativamente exitosa do parque produtivo periférico brasileiro. Tal dinâmica, ao libertar ainda que parcialmente a indústria brasileira das restrições impostas pela lógica produtivista, faz com que haja a possibilidade de coexistência entre sustentabilidade na dimensão da acumulação e aprofundamento do caráter regressivo da transformação estrutural. Este fato, por sua vez, também se reveste em uma característica específica do período quando analisado em perspectiva histórica, dado que a transformação estrutural no período desenvolvimentista foi a alavanca do dinamismo industrial brasileiro.

Segundo, o fato de que, apesar de a complementaridade à estrutura produtiva internacional ser uma diretriz do industrialismo periférico, esta ocorre de maneira essencialmente distinta a partir da formação das cadeias globais de valor. Isso ocorre porque nestas cadeias não se observam a coexistência e a coincidência territorial entre a produção, a geração e a apropriação do valor. Assim, a complementaridade periférica assume um caráter distinto, dado que se dá não em termos setoriais ou de produtos, como tradicionalmente ocorreu no período desenvolvimentista, mas sim em termos das atividades realizadas domesticamente, as quais tendem a se concentrar em etapas menos nobres e com reduzida capacidade de agregação de valor na denominada "curva sorriso".

Em síntese, dado o fato de a produção nestas cadeias se organizar a partir de uma lógica fragmentada/modularizada, sua coexistência em paralelo à acentuação da liberalização financeira e comercial instrumentalizou a consolidação de uma nova dinâmica de produção e acumulação na indústria brasileira, com um grau relativo de independência da capacidade de o ciclo econômico doméstico fomentar a transformação estrutural. Essa dinâmica, ao contrário do que sugeririam as interpretações baseadas no arcabouço teórico que remonta às explicações clássicas e estruturalistas sobre o processo de industrialização, se beneficiaria estrategicamente do avanço da liberalização, uma vez que estaria crescentemente desvinculada da dinâmica produtivista característica do período fordista/*chandleriano*.

Assim, a dinâmica de concorrência e acumulação da estrutura produtiva brasileira nos anos 2000 que caracterizaria o que Diegues (2021) denomina doença brasileira seria baseada na:

(1) permanente estratégia defensiva por parte dos agentes industriais locais, na qual a busca pela competitividade não ocorre em paralelo à transformação estrutural virtuosa, com aumento da complexidade do processo produtivo e conseguinte aumento da produtividade. Ao contrário, tal busca se sustenta em estratégias regressivas baseadas em pressões permanentes para reduções de custos produtivos. Vale ressaltar, ainda, que o aprofundamento das pressões para a compressão destes custos produtivos deve ser compreendido em um cenário de espaço limitado para utilizar o instrumento por excelência de incremento da competitividade em estratégias industrializantes – a vigência de uma taxa de câmbio relativamente desvalorizada. Isso ocorre porque a desvalorização estaria associada a efeitos negativos de curto prazo

na acumulação local, dada a reconfiguração da estrutura produtiva em direção a uma integração essencialmente importadora nas redes produtivas globais.

(2) nova forma de complementaridade ao capital produtivo internacional, possibilitada pela reorganização das atividades manufatureiras em formato do que se convencionou denominar de "curva sorriso", na qual se observa um aumento da participação do parque produtivo doméstico em atividades vinculadas à representação deste (comercial, financeira e de *marketing*), e à tropicalização de produtos importados.

(3) busca pelo incremento da competitividade e potencialização da acumulação a partir da pressão permanente por incentivos fiscais e tributários de diversa natureza. Dentre estes pode-se citar aqueles benefícios associados à Zona Franca de Manaus e a demais regimes especiais setoriais ou regionais de tributação, pressões para reduções de custos salariais, por incentivos estaduais e municipais no âmbito da guerra fiscal, entre outros. Ou seja, a busca de incremento da competividade e potencialização da acumulação concentra-se em elementos estáticos e se desloca de um ciclo dinâmico decorrente do investimento associado ao aprendizado tecnológico e inovativo tal qual observado nas estratégias exitosas de *catching up* de países como Japão e Coreia.

É exatamente neste contexto que se busca compreender a relação entre os determinantes da concorrência e da lógica de acumulação do capital industrial brasileiro e as possibilidades de reconstruir a centralidade da contribuição da indústria ao desenvolvimento a partir de um esforço de neoindustrialização.

Entende-se que este rótulo, para além de questões semânticas, significa formular uma política industrial que leve em consideração as transformações na dinâmica global e local da manufatura das últimas décadas. Por isso prefere-se o termo neoindustrialização em vez de reindustrialização. Isso porque este último poderia remeter a uma lógica de política que se pautaria pela reconstituição da estrutura produtiva a partir de um paradigma que não apresenta as mesmas características quando comparadas ao auge do esforço industrializante no desenvolvimentismo. Ou seja, poderia trazer consigo implicitamente a sugestão de replicação de estratégias que foram adequadas e bem-sucedidas em um determinado momento histórico, mas que hoje apresentariam limitações.

Ao contrário, a ideia de neoindustrialização levaria em consideração tais transformações no paradigma tecnoeconômico desde o último quarto do século XX e sugeriria implicitamente a necessidade de se construir competências em novos segmentos, nichos e setores industriais (e também em serviços intensivos em conhecimento) e assim forjar uma estrutura produtiva baseada em uma nova dinâmica de concorrência e acumulação, onde o aumento da produtividade e o aprendizado inovativo sejam elementos centrais.

Entretanto, o esforço de neoindustrialização deve contornar algumas limitações e resistências oriundas da dinâmica de concorrência e acumulação que caracterizam o fenômeno anteriormente descrito como doença brasileira. Assim, é importante que a política industrial levante alguns questionamentos, a fim de amenizar possíveis resistências. São eles:

(1) dadas as atuais características da dinâmica de acumulação das grandes empresas industriais, quais são as possibilidades para construir uma coalizão industrialista?

(2) em outros termos, seria necessária uma estratégia de reindustrialização para garantir a rentabilidade do capital industrial brasileiro, dada sua atual lógica de concorrência de acumulação?

Trabalhos clássicos sobre política industrial, como Johnson (1982) e Chang (1994), já nos mostraram a importância da economia política para a construção de uma coalizão de sustentação de um objetivo amplo de desenvolvimento nacional a partir da transformação da estrutura produtiva. Evans (1995), de maneira complementar, salientou a condição essencial para o sucesso de qualquer estratégia dessa natureza: a capacidade de autonomia da burocracia pública ao formular tal estratégia e, ao mesmo tempo, o grau de inserção/aceitação (*embeddedness* no original) das políticas formuladas entre a sociedade local (inclusive entre sua elite empresarial).

No atual contexto brasileiro, tais condições parecem estar longe das ideais. Tal fato dificulta sobremaneira a formação de uma coalizão que sustente, nos termos de Erber (2011), uma convenção de desenvolvimento cujo eixo central seja a neoindustrialização.

Em síntese, as políticas derivadas da convenção desenvolvimentista vigente até os anos 1970 parecem ser cada vez menos funcionais à lógica de acumulação do capital industrial nacional, dado o cenário de doença brasileira.

Alguns, entretanto, poderiam advertir de maneira correta que, historicamente, essas contradições também se colocavam no auge do período industrializante do segundo governo Vargas.

Apesar do justo paralelo, as situações parecem assimétricas, dada a menor capacidade atual do Estado de induzir o desenvolvimento devido à drástica redução de seu setor produtivo, à menor capacidade de influência sobre instrumentos tradicionais de política industrial em face das restrições dos organismos multilaterais, à menor margem de autonomia no manejo de preços macroeconômicos chaves como juros e câmbio, entre outras restrições.

Assim, levar em consideração tais limitações (a economia da política industrial e a lógica de concorrência e de acumulação da grande indústria brasileira) é um fator que deve ser central a qualquer proposta de política industrial brasileira.

6.3 Política industrial e a neoindustrialização brasileira

A interpretação sobre a natureza da política industrial utilizada neste capítulo baseia-se fundamentalmente em Chang (1994). Assim, parte-se de uma definição estrita de política industrial, compreendida como um conjunto de políticas muito bem delimitadas, com metas claras e mensuráveis, destinadas a setores e atividades específicas, e que tem como objetivo fomentar a eficiência e a transformação estrutural. Essa definição, ainda em aderência ao proposto por Chang (1994), enfatiza o caráter particular da política industrial. Assim, "excluir políticas concebidas para afetar a indústria em geral (por exemplo, investimento educacional, desenvolvimento de infraestruturas)", além de "políticas destinadas principalmente a categorias que não a indústria (por exemplo, política regional, política 'orientada para grupos') do domínio da política industrial" (Chang, 1994, p. 60-61, tradução nossa). Apesar de essas políticas terem impactos indiretos na dinâmica industrial, assim como Chang (1994), entende-se que elas não devem ser confundidas, com as políticas industriais *per se*. Adicionalmente, tal qual sugere a corrente neoschumpeteriana, a definição de política industrial utilizada neste trabalho entende que a busca pela eficiência deve estar associada intrinsecamente ao fomento, ao aprendizado inovativo e a processos de destruição criativa. Ou seja, ao que Cimoli, Dosi, Nelson e Stiglitz (2007) denominam de eficiência inovativa ou schumpeteriana.

Com base nessa definição, as sugestões de políticas apresentadas nesta seção se amparam num tripé, tal qual sugerem Diegues, Roselino, Garcia e Ferreira (2023). Inicialmente, pretendem retomar a centralidade da relação entre estrutura industrial e sua heterogeneidade e os condicionantes do processo de *catching up*, tal qual fazem os desenvolvimentistas. Entretanto, pretende-se incorporar a esses condicionantes os níveis de capacitações tecnológicas e inovativas como variáveis centrais para a dinâmica concorrencial em um cenário de transição do paradigma tecnoprodutivo, tal qual sugerem as interpretações neoschumpeterianas baseadas na sugestão de *smart policies*. Por fim, como um esforço no estabelecimento do diálogo entre essas correntes, pretende-se analisar a capacidade de permanente transformação institucional como elemento balizador da aplicabilidade, coordenação e do *enforcement* das políticas industriais, tal qual sugere a interpretação baseada em *mission oriented policies*.

Para tal, conforme Diegues, Roselino, Garcia e Ferreira (2023), sugere-se que essas políticas se estruturem a partir da compreensão de alguns condicionantes que combinem três variáveis:

(1) níveis de capacitações – tecnológicas, produtivas e organizacionais – dos agentes locais (Cohen; Levinthal, 1989; Khan, 2019; Pisano, 2017; Teece; Pisano; Shuen, 1997);

(2) análise do potencial grau de efetividade das políticas industriais (Amsden, 2001; Andreoni; Chang, 2019; Best, 2018; Evans, 1995; Kattel, Drechsler e Karo, 2022),

(3) grau de transversalidade das atividades fomentadas (Andreoni, 2020; Fagerberg, 2017; Freeman, 1995; Hirschman, 1958; Kaldor, 1966; Kenney; Bearson; Zyzman, 2021; Lundvall, 1992, 2016; Nelson, 1993; Pérez, 2010).

Com o intuito de facilitar a visualização da combinação destas variáveis, o Quadro 6.1 apresenta inicialmente as diretrizes normativas gerais sugeridas por este capítulo. Com a complementação dessas diretrizes a partir da inclusão do eixo tridimensional de análise relacionado ao grau de transversalidade das atividades, propicia-se uma análise em nível mais detalhado de *design* e implementação de políticas.

Quadro 6.1 Diretrizes para a política industrial brasileira segundo o grau de efetividade das políticas e níveis de capacitações dos agentes

<table>
<tr><th></th><th></th><th colspan="2">Grau de efetividade das PI</th></tr>
<tr><th></th><th></th><th>Elevado</th><th>Baixo</th></tr>
<tr><td rowspan="2">Nível de capacitações – tecnológicas, produtivas e organizacionais – dos agentes locais</td><td>Elevado</td><td>Desenvolvimento tecnológico local</td><td>Fomento à competitividade sistêmica e financiamento às empresas de base tecnológica</td></tr>
<tr><td>Baixo</td><td>Fomento a atividades de médio valor agregado, vinculadas à estrutura produtiva doméstica</td><td>Incorporação de tecnologias e de fomento a sua difusão com vistas a aumentar a produtividade da estrutura produtiva</td></tr>
</table>

Fonte: Diegues *et al.* (2023).

A partir do arcabouço desenvolvido em Diegues, Roselino, Garcia e Ferreira (2023), sugere-se que a adoção de políticas industriais brasileiras cujo principal objetivo seja o *desenvolvimento tecnológico local* deveria ser característica de segmentos e atividades (sejam elas tradicionalmente entendidas como industriais ou de serviços) onde se verifica um elevado nível de efetividade das políticas e elevado nível de capacitações dos agentes locais.

Nos casos em que se observa a combinação de alta efetividade e baixo nível de capacitações dos agentes locais, sugere-se a estratégia de fomentar *a realização de atividades industriais e de serviço de médio valor agregado* por meio do acoplamento às demandas da estrutura produtiva doméstica e do benefício conferido a estes pelo conhecimento das especificidades dos modelos de negócios locais.

Quando se observa uma baixa efetividade das políticas industriais, mas um elevado nível de competência tecnológica, produtiva ou organizacional dos agentes locais, as diretrizes mais adequadas parecem ser aquelas voltadas ao *fomento à competitividade sistêmica e financiamento às empresas de base tecnológica*, tanto aquelas de caráter industrial quanto as de serviço intensivo em conhecimento.

Por fim, sugere-se inclusive que há cenários em que a estratégia mais adequada para a política industrial brasileira seja aquela baseada na incorporação *de tecnologias, de serviços intensivos em conhecimento e no fomento a sua difusão com vistas a aumentar a produtividade da estrutura produtiva* quando se observa uma baixa efetividade das políticas combinada com um baixo nível de desenvolvimento das capacitações dos agentes locais (Figura 6.1).

A. Alta efetividade e elevado nível de capacitações

Desenvolvimento tecnológico local

Alta transversalidade	Baixa transversalidade
Fomento ao Sistema Nacional de Inovação, oferta ampla de crédito a atividades inovativas, incentivos à utilização de pessoal ocupado em ocupações tecnológicas, compras públicas, estabelecimento de iniciativas piloto para o fomento à difusão tecnológica, fomento a padrões tecnológicos próprios.	Fomento às *startups* e empresas de base tecnológica.

B. Alta efetividade e baixo nível de capacitações

Realização de atividades industriais e de serviço de médio valor agregado por meio do acoplamento às demandas da estrutura produtiva doméstica

Alta transversalidade	Baixa transversalidade
Fomento a atividades de médio valor agregado por meio de instrumentos que sejam baseados na exigência de requisitos de conteúdo nacional (prioritariamente vinculados a atividades com o maior grau de complexidade tecnológica possível e não apenas a métricas físicas estanques).	Fomento a atividades vinculadas a nichos que estejam associados a mudanças estruturais futuras no atual paradigma tecnoprodutivo.

C. Baixa efetividade e elevado nível de capacitações

Fomento à competitividade sistêmica e financiamento às empresas de base tecnológica

Alta transversalidade	Baixa transversalidade
Formação de recursos humanos altamente qualificados, incentivo permanente ao aprimoramento de técnicas produtivas por meio de programas extensionistas, oferta de crédito em condições de prazo, custo e volume adequados, além de melhorias à infraestrutura física de maneira geral.	Políticas horizontais de reforço ao funcionamento do sistema institucional que regula os mercados nacionais.

(continua)

(continuação)

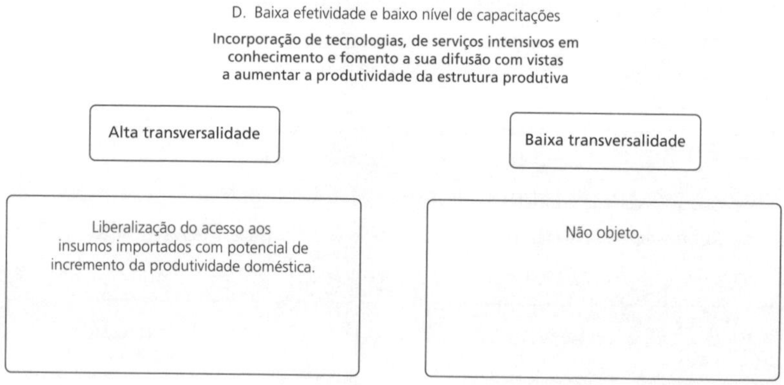

Figura 6.1 Sugestões de política industrial a partir do grau de efetividade das políticas, do nível de desenvolvimento das capacitações dos agentes domésticos e do grau de transversalidade das atividades incentivadas.

Fonte: Diegues *et al.* (2023).

A partir das diretrizes gerais sugeridas nos parágrafos anteriores, sugere-se que as políticas industriais necessárias para a neoindustrialização brasileira se estruturem no seguinte tripé:

(1) legitimidade política nos diversos estratos da sociedade (o que inclui a elite empresarial);

(2) viabilidade/exequibilidade no médio prazo, com resultados iniciais já percebidos em um ciclo político de 4 anos;

(3) aderência a uma visão moderna de política industrial que tenha como objetivo fomentar a construção de uma economia orientada ao desenvolvimento tecnológico e ao aprendizado inovativo.

Como combinação desses elementos, três missões parecem ser aquelas que atualmente poderiam nortear a estratégia de política industrial do governo que se inicia:

(1) aumento da produtividade industrial brasileira acima do ritmo de crescimento do PIB *per capita*;

(2) avanço substancial no desenvolvimento de todo um sistema de serviços públicos inteligentes (com ênfase em saúde, educação, mobilidade e

segurança) e soluções destinadas ao agronegócio, ambos habilitados por tecnologias da Indústria 4.0;

(3) fomento de maneira ubíqua às atividades econômicas e tecnologias voltadas à transição energética.

A primeira missão teria um caráter mais horizontal e, portanto, com elevado potencial de sustentabilidade política. Como eixos norteadores das ações sugere-se a zeragem do IPI para máquinas e equipamentos produzidos no Brasil, bem como a redução proporcional da mesma alíquota incidente nos bens importados. Tais medidas reduziriam os custos de maneira isonômica de produtos nacionais e importados, contribuindo para aumentar a rentabilidade e o incentivo ao investimento, com impactos no aumento da produtividade dada a renovação dos bens de capital utilizados pela indústria local. Em termos de custos, como referencial tem-se que, no último ano com dados disponíveis (2020), as renúncias correspondentes à zeragem das alíquotas de IPI e IPI importação para os setores de máquinas/equipamentos elétricos (divisão CNAE 27) e máquinas/ equipamentos (CNAE 28) somaram pouco menos de R$ 4 bilhões.

Adicionalmente, sugere-se um conjunto de medidas para reduzir a heterogeneidade dos níveis de produtividade entre grandes, pequenas e médias empresas, que são as maiores empregadoras na indústria manufatureira e o elo mais frágil assolado pela desindustrialização. Para tal, iniciativas consagradas internacionalmente são aquelas voltadas a políticas de extensionismo produtivo.

Um exemplo interessante é o programa de extensionismo norte-americano denominado *Manufacturing Extension Partnership*, criado nos anos 1980. Segundo avaliações empíricas, para cada US$ 1.570 de investimento federal é criado ou mantido um emprego manufatureiro (uma das maiores taxas de retorno entre os programas federais dos Estados Unidos).

Iniciativa similar no caso brasileiro recente é o programa Brasil Mais Produtivo, direcionado principalmente a implementar técnicas de engenharia de produção em pequenas e médias empresas localizadas em arranjos produtivos locais espalhados por nosso território. Sob coordenação do MDIC, com participação de ABDI, Senai, ApexBrasil, Sebrae e BNDES, e tendo como alvo principalmente empresas em setores intensivos em mão de obra, o programa foi capaz de aumentar consideravelmente a produtividade das empresas atendidas a um custo médio unitário extremamente baixo. Tal qual observa-se em países como Japão e Estados Unidos, sugere-se o estabelecimento permanente de iniciativas como essa em escala capaz de atender um volume significativo da estrutura produtiva local.

Dada a dificuldade de acesso a condições adequadas de financiamento, sugere-se que o programa seja combinado com instrumentos que permitam a oferta de crédito voltados à aquisição de máquinas e equipamentos para que as empresas possam implementar as sugestões de melhorias nos processos produtivos. Esses poderiam ser operacionalizados em conjunto pela Caixa a partir de fundos do BNDES, o que contribuiria para aumentar a legitimidade política de sua atuação perante a sociedade a partir do incremento de fundos destinados a pequenas e médias empresas.

A segunda missão teria como instrumento o poder de coordenação e compras públicas para fomentar todo um ecossistema de agentes (empresas privadas, instituições de pesquisa, organizações públicas, *startups*, ONG) capazes de desenvolver e prover soluções habilitadas pelas tecnologias da Indústria 4.0 para prestar serviços públicos inteligentes – porém não exclusivamente destinados ao setor estatal – bem como para o estímulo a soluções tecnológicas orientadas ao agronegócio.

Além do estabelecimento de compras públicas por meio de programas/chamadas coordenadas pelos respectivos ministérios e instituições de pesquisas públicas como Fiocruz etc., um outro eixo de política industrial sugerido é o estabelecimento de um programa específico no BNDES com o intuito de financiar as empresas nesses projetos. Esse programa poderia se inspirar no bem-sucedido Prosoft/BNDES e teria como objetivo financiar todas as etapas do processo de desenvolvimento de tecnologia, comercialização, implementação etc. Também se sugere fortemente que um braço desse programa destine recursos em volume razoável ao financiamento de uma miríade de *startups* na área, bem como sua consolidação futura e internacionalização.

Em paralelo ao fomento financeiro às *startups*, a alocação de recursos na Embrapii em montantes condizentes com os desafios apresentados seria um elemento complementar para o fomento ao aprendizado inovativo nas empresas das referidas atividades.

Por fim, é vital para o sucesso de longo prazo das políticas dessa segunda missão o crescimento exponencial dos recursos humanos com capacitação em áreas centrais à habilitação de serviços inteligentes, como *cloud computing, big data* e inteligência artificial (IA). Para tal, sugere-se como meta em 4 anos a duplicação do total de ingressantes no ensino superior público federal em graduações como Ciência da Computação e áreas correlatas. Em 2021, o número de concluintes em tais cursos em instituições federais foi de 4.814, ou 3,7% do total de concluintes nas referidas instituições.

Dada a magnitude do desafio colocado, sugere-se ainda o direcionamento de 20% dos novos contratos do Fies e do Prouni para tais áreas (estas áreas totalizaram apenas 7.707 bolsas concedidas pelo Prouni em 2020, ou 4,6% do total, enquanto os cursos de administração, gestão em suas diversas modalidades e direito totalizaram 41.200 bolsas).

Para a terceira missão, inicialmente sugere-se a replicação da iniciativa proposta de criação de um programa especial no BNDES, tal qual descrito nos parágrafos anteriores, com vistas a apoiar ao mesmo tempo o desenvolvimento de tecnologias, empresas e projetos que tenham como objetivo acelerar a transição energética. Adicionalmente, sugere-se que a nova versão do programa Minha Casa Minha Vida tenha como exigência em todos os seus projetos a geração de energia solar fotovoltaica.

De maneira similar ao proposto na missão 1, o desenvolvimento de tecnologias com vistas à transição energética deve se beneficiar de reduções tributárias para a produção local e para a importação de máquinas e equipamentos que componham os mais diversos projetos da área, como painéis solares fotovoltaicos, baterias, inversores, aerogeradores, naceles, turbinas etc.

Esses incentivos deveriam ser complementados com o restabelecimento de leilões para fontes alternativas de energia elétrica tal qual no período de vigência do Proinfa. Não suficiente, sugere-se que carros elétricos até R$ 150.000 tenham o mesmo tratamento tributário atribuído a automóveis de até 1.000 cilindradas, com vistas a acelerar a transição e que o BNDES financie, no âmbito do programa proposto, a aquisição de ônibus movidos por fontes energéticas alternativas destinados ao transporte público municipal.

Antes de concluir, vale destacar que as atividades associadas às duas últimas missões estão em estágio incipiente de desenvolvimento no território local, e assim não apresentam bases de tributárias da mesma magnitude que setores e regiões (como a Zona Franca de Manaus) tradicionalmente incentivados, como automobilística, petroquímica, eletrônica e até mesmo o agronegócio. Desse modo, as renúncias tributárias sugeridas não seriam incompatíveis com a busca pela estabilidade fiscal por parte do governo federal.

Além dos objetivos já descritos anteriormente, espera-se que essa proposta de política industrial contribua no médio prazo para pavimentar a construção de uma nova convenção de desenvolvimento industrializante entre as diversas esferas da sociedade (inclusive entre a elite empresarial industrial).

Em síntese, uma convenção que aprenda com os erros – e com os acertos – do passado, na qual a estratégia de industrialização seja permeada pela sustentabilidade social e ambiental e cuja busca pelo aumento da competitividade seja alicerçada no aumento da produtividade, no desenvolvimento tecnológico, na busca constante pelo aprendizado inovativo e na internacionalização.

6.4 Considerações finais

Em um cenário internacional marcado:

(1) pelo esgotamento do padrão de crescimento vigente entre o auge do liberalismo e a grande crise financeira de 2008,

(2) pelo acirramento da concorrência interestatal materializado na guerra tecnológica China-Estados Unidos,

(3) pela desestruturação das cadeias globais de valor decorrente da pandemia de covid-19 e

(4) pelo aumento da instabilidade internacional associada à guerra da Ucrânia, observa-se o reflorescimento da política industrial no debate político e econômico, inclusive no *mainstream* internacional.

Neste contexto, a política industrial tem exercido globalmente um papel crescente na busca pela construção de parques manufatureiros resilientes, ambiental e socialmente sustentáveis. São inúmeras as iniciativas neste sentido, com destaque para o *Inflation Reduction Act* e o *CHIPS and Science Act* nos Estados Unidos, o *Made in China* 2025, entre outras.

No caso brasileiro, este capítulo sugeriu que a elaboração de uma política para neoindustrialização deve se pautar em alguns condicionantes.

Na dimensão da política *per se*, sugeriu-se que esta deve se pautar em uma orientação moderna, aderente às diretrizes neoschumpeterianas e ter como objetivo fomentar o permanente aprendizado inovativo. Além disso, deve compreender que políticas bem-sucedidas em um paradigma produtivo característico do período desenvolvimentista (entendido *grosso modo* entre 1930 e 1980) não necessariamente devem ter as mesmas configurações, formatos e instrumentos quando direcionadas a fomentar atividades no atual paradigma tecnoeconômico, caracterizado pela transição em direção ao que se convencionou denominar de Indústria 4.0.

Já na dimensão da estrutura produtiva, procurou-se mostrar que a desindustrialização em um cenário de doença brasileira traz dificuldades adicionais para viabilizar a formação de uma coalizão produtiva, inclusive entre empresários no setor industrial. Isso porque, como decorrência deste cenário, observou-se nas últimas décadas a reorganização da estratégia de concorrência e acumulação do capital industrial brasileiro, o qual reconfigurou a sua histórica complementaridade ao capital internacional e se inseriu às redes globais de produção a partir de uma lógica crescentemente desvinculada do produtivismo que caracterizou o período desenvolvimentista.

Assim, conclui-se que a efetividade de uma estratégia de neonindustrialização, apesar de ser condição *sine qua non* à retomada de uma estratégia de crescimento de longo prazo da economia brasileira, deve ter clareza das limitações expressas nos parágrafos anteriores. O contorno destas, por sua vez, só é possível a partir de um tripé que articule legitimidade política nos diversos estratos da sociedade (o que inclui a elite empresarial), viabilidade/exequibilidade no médio prazo, com resultados iniciais já sentidos em um ciclo político de 4 anos e aderência a uma visão moderna de política industrial que tenha como objetivo fomentar a construção de uma economia orientada ao desenvolvimento tecnológico e ao aprendizado inovativo.

Referências

AMSDEN, A. H. *Asia's next giant*. South Korea and late industrialization. Nova York: Oxford University Press, 1992.

AMSDEN, A. H. *The rise of "the rest"*: challenges to the west from late-industrializing economies. Nova York: Oxford University Press, 2001.

ANDREONI, A. Technical Change. *In*: *The Oxford handbook of industrial policy*. Oxford: Oxford University Press, 2020. p. 369.

ANDREONI, A.; CHANG, H. The political economy of industrial policy: Structural interdependencies, policy alignment and conflict management. *Structural Change and Economic Dynamics*, v. 48, p. 136-150, 2019.

BEST, M. *How growth really happens*: the making of economic miracles through production, governance, and skills. Nova Jersey: Princeton University Press, 2018.

BRESSER-PEREIRA, L. C. Doença holandesa e sua neutralização: uma abordagem ricardiana. *Revista de Economia Política*, v. 28, n. 1, p. 47-71, 2007.

BRESSER-PEREIRA, L. C. The value of the exchange rate and the Dutch disease. *Brazilian Journal of Political Economy*, v. 33, p. 371-387, 2013.

BRESSER-PEREIRA, L. C.; MARCONI, N. Existe doença holandesa no Brasil. *Fórum de Economia da Fundação Getulio Vargas*, v. 4, 2007.

CARNEIRO, R. *Desenvolvimento em crise*: a economia brasileira no último quarto do século XX. Campinas: Unicamp, 2002.

CHANG, H. *The political economy of industrial policy*. London: Macmillan, 1994.

CIMOLI, M.; DOSI, G.; NELSON, R.; STIGLITZ, J. Instituições e políticas moldando o desenvolvimento industrial: uma nota introdutória. *Revista Brasileira de Inovação*, v. 6, n. 1, p. 55-85, 2007.

COHEN, W. M.; LEVINTHAL, D. A. Innovation and learning: the two faces of R&D. *The economic Journal*, v. 99, n. 397, p. 569-596, 1989.

COUTINHO, L. A especialização regressiva: um balanço do desempenho industrial pós-estabilização. *In:* VELLOSO, J. P. R. (org.). *Brasil*: desafios de um país em transformação. Rio de Janeiro: José Olympio, 1997. p. 81-106.

DIEGUES, A. C. The limits of the industry's contribution to development in the Lula and Dilma administrations: a new version of peripheral industrialism? *Economia e Sociedade*, v. 30, p. 681-711, 2021.

DIEGUES, A. C.; ROSELINO, J. E.; GARCIA, R.; FERREIRA, M. J. B. The renewal of the debate on industrial policy: limitations and suggestion for a normative typology based on the dialogue between neo-schumpeterians and developmentalists. *Revista de Economia Contemporânea*, v. 27, p. 1-32, 2023.

DIEGUES, A. C.; ROSSI, C. G. *Além da desindustrialização*: transformações no padrão de organização e acumulação da indústria em um cenário de "doença brasileira". Campinas: Unicamp, 2017.

ERBER, F. S. As convenções de desenvolvimento no governo Lula: um ensaio de economia política. *Brazilian Journal of Political Economy*, v. 31, p. 31-55, 2011.

EVANS, Peter B. *Embedded autonomy*: states and industrial transformation. Nova Jersey: Princeton University Press, 1995.

FAGERBERG, Jan. Innovation policy: rationales, lessons and challenges. *Journal of Economic Surveys*, v. 31, n. 2, p. 497-512, 2017.

FREEMAN, Chris. The "National System of Innovation" in historical perspective. *Cambridge Journal of economics*, v. 19, n. 1, p. 5-24, 1995.

HIRATUKA, C.; SARTI, F. Transformações na estrutura produtiva global, desindustrialização e desenvolvimento industrial no Brasil. *Brazilian Journal of Political Economy*, v. 37, p. 189-207, 2017.

HIRSCHMAN, A. O. *The strategy of economic development*. New Haven: Yale University Press, 1958.

JOHNSON, C. *MITI and the Japanese miracle*: the growth of industrial policy, 1925-1975. Stanford: Stanford University Press, 1982.

KALDOR, N. *Causes of the slow rate of economic growth of the United Kingdom*. Cambridge: Cambridge University Press, 1966.

KATTEL, R.; DRECHSLER, W.; KARO, E. *How to make an entrepreneurial state*: why innovation needs bureaucracy. Yale: Yale University Press, 2022.

KENNEY, M.; BEARSON, D.; ZYSMAN, J. The platform economy matures: measuring pervasiveness and exploring power. *Socio-economic Review*, v. 19, n. 4, p. 1451-1483, 2021.

KHAN, M. H. Knowledge, skills and organizational capabilities for structural transformation. *Structural Change and Economic Dynamics*, v. 48, p. 42-52, 2019.

LUNDVALL, B. User-producer relationships, national systems of innovation and internationalization. *National Systems of Innovation*, 1992.

LUNDVALL, B. *The learning economy and the economics of hope*. Oxford: Anthem Press, 2016.

NELSON, R. R. (ed.). *National innovation systems*: a comparative analysis. Oxford: Oxford University Press, 1993.

OREIRO, J. L.; FEIJÓ, C. A. Desindustrialização: conceituação, causas, efeitos e o caso brasileiro. *Brazilian Journal of Political Economy*, v. 30, p. 219-232, 2010.

PALMA, J. G. Quatro fontes de desindustrialização e um novo conceito de doença holandesa. *Conferência de industrialização, desindustrialização e desenvolvimento*. Federação das Indústrias do Estado de São Paulo, 2005.

PEREZ, C. Technological revolutions and techno-economic paradigms. *Cambridge Journal of Economics*, v. 34, n. 1, p. 185-202, 2010.

PISANO, G. P. Toward a prescriptive theory of dynamic capabilities: connecting strategic choice, learning, and competition. *Industrial and Corporate Change*, v. 26, n. 5, p. 747-762, 2017.

ROSELINO, J. E.; DIEGUES, A. C. *Limites do arcabouço tradicional de política industrial para o Brasil*: elementos para uma abordagem alternativa em um mundo de estruturas fluidas. Campinas: Unicamp, 2020.

SARTI, F.; HIRATUKA, C. Desempenho recente da indústria brasileira no contexto de mudanças estruturais domésticas e globais. *Texto para Discussão*, n. 290, p. 1-38, 2017.

TEECE, D. J.; PISANO, G.; SHUEN, A. Dynamic capabilities and strategic management. *Strategic Management Journal*, v. 18, n. 7, p. 509-533, 1997.

7. Políticas orientadas por missão: contexto internacional, experiência brasileira e lições para a agenda de neoindustrialização

Caetano C. R. Penna

7.1 Introdução

No cenário de múltiplos desafios que moldam nossa sociedade, as políticas de ciência, tecnologia e inovação (CTI) orientadas por missão emergem como uma abordagem estratégica para avançar a industrialização em novas bases tecnológicas e contribuir para o desenvolvimento socioeconômico do Brasil. Este capítulo explora o conceito das políticas de CTI orientadas por missão e sua aplicação no contexto brasileiro à luz do cenário internacional, onde as inovações são vistas como impulsionadoras da transformação industrial sustentável.

Ao longo das décadas, o Brasil testemunhou uma série de políticas que se encaixam nas diferentes gerações de políticas orientadas por missão, desde a busca por autossuficiência industrial até o enfrentamento de desafios societais contemporâneos. O capítulo resgata essa rica história, focando a análise em uma iniciativa recente que se enquadra na noção de programas orientados por missão: o Programa Inova, desenvolvido pela Finep e o BNDES, e propõe lições para o aperfeiçoamento da nova agenda de missões do Brasil.

Estas novas missões devem buscar a um só passo avançar o desenvolvimento industrial sobre novas bases sustentáveis, bem como promover a melhoria do bem-estar da população brasileira. O desafio não reside em importar arcabouços conceituais sobre políticas orientadas por missões, mas sim em como adaptá-los ao nosso contexto nacional, considerando nossa experiência histórica única, criando uma abordagem genuinamente brasileira que potencialize nossas capacidades e capacitações sistêmicas para retomar e completar nossa trajetória de desenvolvimento socioeconômico.

O capítulo[1] está dividido em outras cinco seções além desta breve introdução. A seção 7.2 traça um panorama das gerações e tipos de políticas de ciência, tecnologia e inovação orientadas por missão, enquanto a seção 7.3 discute a atual terceira geração. A seção 7.4 apresenta um arcabouço conceitual emergente das políticas orientadas por missão de terceira geração, culminando com a delineação de um novo arcabouço focado na análise de capacidades e capacitações sistêmicas. Após situar o histórico brasileiro com políticas orientadas por missão nas diferentes gerações, a seção 7.5 utiliza o arcabouço das capacidades e capacitações para analisar a experiência recente com o programa *Inova*, entendido como uma iniciativa orientada por missões. Com base nesta análise, a última seção conclui com lições para a formulação de uma nova agenda de missões genuinamente brasileira.

7.2 Políticas de ciência, tecnologia e inovação orientadas por missão

7.2.1 Origens, gerações e tipos

Políticas de ciência, tecnologia e inovação (CTI) orientadas por missão (POM) utilizam conhecimento de ponta para abordar desafios específicos em um prazo determinado (Ergas, 1987; Weinberg, 1967). Dentro desta definição ampla enquadram-se diferentes tipos de políticas e programas que

---

1 Este capítulo se beneficiou de reflexões desenvolvidas ao longo de dois projetos de consultoria para o Centro de Gestão e Estudos Estratégicos (CGEE): Oportunidades e Desafios da Bioeconomia (ODBio) e Subsídios para políticas orientadas por missão. Agradeço às equipes dos projetos pelas valiosas discussões e em especial aos líderes de cada projeto, respectivamente: Marcelo Khaled Poppe e Mayra Juruá Gomes de Oliveira.

buscam superar desafios, sejam eles tecnológicos, econômicos, ambientais ou sociais. Os primeiros programas que receberam (*a posteriori*) a denominação de "orientados por missão" foram o Projeto Manhattan, que visava ao domínio da energia nuclear para o desenvolvimento de uma bomba atômica durante a Segunda Guerra Mundial, e o Programa Apollo, que buscou pousar um ser humano na Lua e devolvê-lo em segurança à Terra até o fim da década de 1960.

Ainda que paradigmáticos, tais programas pertencem à segunda geração de políticas orientadas por missão, cujo foco era principalmente científico--tecnológico e ligado à soberania nacional – as soluções desenvolvidas eram de uso restrito (militar; exploração espacial) e não para a sociedade civil. Kattel e Mazzucato (2018) propõem a existência de três gerações de POM:

(1) *Primeira geração*: políticas orientadas ao emparelhamento industrial sistêmico, iniciadas por Estados Unidos e Alemanha nos séculos XIX e XX e posteriormente emuladas por países latino-americanos e asiáticos no pós-Segunda Guerra Mundial.

(2) *Segunda geração*: políticas orientadas a missões de fronteira tecnológica, como os grandes programas americanos do século XX nos setores de defesa, aeroespacial e de energia.

(3) *Terceira geração:* políticas orientadas à resolução de desafios sociais, ambientais, econômicos e tecnológicos de relevância para a sociedade civil, correspondendo às ações contemporâneas para mitigar mudanças climáticas, resolver problemas ambientais, tratar questões demográficas, promover transformações setoriais etc. – mas também garantir soberania tecnológica e competitividade econômica.

Cada geração de POM tem suas peculiaridades em desenho e implantação (Soete; Arundel, 1993). As POM de primeira geração visavam transformar o sistema produtivo do país de uma base agrária para uma base industrializada, por meio da definição de metas e direcionamento centralizados, priorizando a coordenação governamental por meio de agências centrais e do controle estatal de empresas estratégicas, com ênfase na capacitação tecnológica e no desenvolvimento de setores industriais-chave para diminuir a dependência a insumos e produtos importados ("substituição de importações"). Já as POM de segunda geração priorizavam a definição prévia de objetivos tecnológicos por um grupo de tecnocratas, com menor ênfase na difusão das inovações, sem preocupação com a viabilidade econômica e com controle centralizado em instituições públicas, limitando a participação a poucas empresas focadas em um pequeno número de inovações radicais.

As atuais políticas orientadas por missões, de terceira geração, combinam elementos das duas gerações anteriores: ainda que o controle e governança sejam liderados pelo Estado, tais políticas promovem a participação de partes interessadas desde a definição de objetivos até a proposição de soluções. As missões precisam ser viáveis tanto tecnológica como economicamente, mas também aceitáveis socialmente, uma vez que o que se busca é a difusão das inovações para uso em massa. As soluções desenvolvidas podem ser tanto inovações radicais como incrementais, pois ambos os tipos podem contribuir para o alcance da missão e, em última instância, a superação dos desafios societais. Essas soluções vão muitas vezes além da inovação tecnológica, para abarcar também mudanças comportamentais e institucionais. Enfim, a elaboração e a execução das políticas orientadas por missões de terceira geração apresentam uma complexidade significativa.

7.2.2 Políticas orientadas por missão de terceira geração: das grandes estratégias aos programas temáticos e baseados em desafios

Em relatório da OCDE, Larrue (2021, p. 15) sugere uma nova definição para as políticas de inovação orientadas por missões de terceira geração:

> [...] um pacote coordenado de medidas políticas e regulatórias adaptadas especificamente para mobilizar ciência, tecnologia e inovação a fim de alcançar objetivos bem definidos relacionados a um desafio "societal" em um prazo definido. Essas medidas possivelmente abrangem diferentes estágios do ciclo de inovação, desde a pesquisa até a demonstração e a implantação no mercado, misturam instrumentos de oferta e demanda e abrangem várias áreas de política, setores industriais e disciplinas.

O autor adota uma estratégia empírica para desenvolver uma tipologia das políticas orientadas por missão contemporâneas a partir do mapeamento de quarenta iniciativas orientadas por missão atualmente em curso. Essas iniciativas enquadram-se em quatro tipos conceituais, que diferem principalmente em termos de escopo (tipo e número de missões e desafios abordados) e governança (Tabela 7.1):

(1) grandes estratégias orientadas por missão;

(2) programas baseados em desafios;

(3) programas baseados em ecossistemas orientados por missão;

(4) programas temáticos orientados por missão.

Tabela 7.1 Quatro tipos de políticas orientadas por missão de terceira geração

Tipo	Governança	Missões	Exemplos
Grandes estratégias	Núcleo do governo Comitê de alto nível	Múltiplas missões ou áreas Desafios ambiciosos Horizonte de longo prazo	Missões do horizonte Europa (EU) *Mission-driven top-sector and innovation policy* (NL)
Programas baseados em desafios	Agências públicas	Focadas Acelerar a inovação (tecnológica) para resolução de desafios Horizonte de médio/ longo prazo	*Industrial strategy challenge fund* (UK) *Science Foundation Ireland's Innovative Prize* (IE)
Programas temáticos ou tecnológicos (pré--competitivos)	Ministérios Agências públicas	Focada em competitividade (consórcios de pesquisa dos anos 1980-1990) Combinação de desafios sociais e competitivos nos programas atuais	USABC (US) Cidades do Futuro (AT)
Programas baseados em ecossistemas	Ministérios Agências públicas	Agenda de inovação desenvolvida pelos próprios atores da inovação, com apoio neutro do poder público	Programa de Inovações Estratégicas (SE) *Vision-Driven Innovation Milieus* (SE)

Fonte: Larrue (2021, p. 20).

As grandes estratégias orientadas por missão são caracterizadas por focarem em amplos desafios traduzidos em missões ambiciosas de longo prazo em múltiplas áreas e por serem lideradas por comitês de alto nível ou pelo núcleo de governos. Exemplos são as missões do programa Horizonte Europa (Figura 7.1) e a política de setores estratégicos direcionados por missão dos Países Baixos.

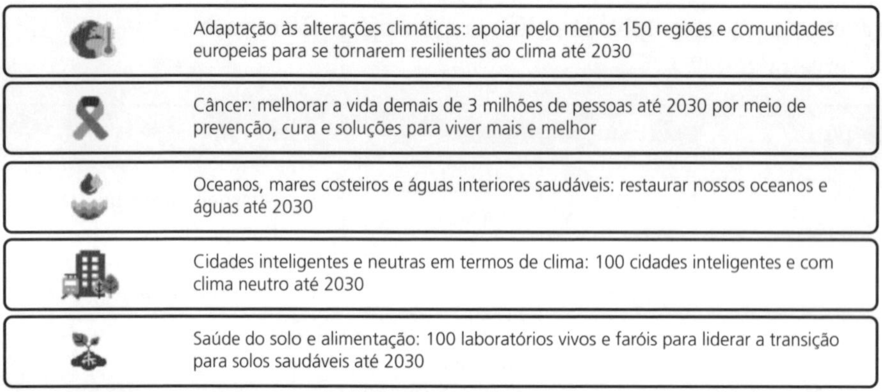

Figura 7.1 As missões da União Europeia no Horizonte Europa.

Fonte: baseada em "EU Missions in Horizon Europe".[2]

Os programas baseados em desafios são ações mais contidas, usualmente lideradas por agências governamentais, que focam em desafios específicos, com horizontes de médio/longo prazo, que podem ser resolvidos por meio da aceleração do desenvolvimento tecnológico e da inovação. Aqui temos como exemplo o fundo para desafios da estratégia industrial britânica e o programa norueguês Pilot-E. Como explica Larrue (2021), estes programas emulam diversas características do modelo da agência americana *Defense Advanced Research Projects Agency* (DARPA), caracterizado por uma forte liderança dos gestores do programa, que possuem profundo conhecimento sobre os desafios dos quais estão incumbidos, atuando como intermediários entre pesquisadores e desenvolvedores de tecnologia, e autonomia decisória para alocar e redistribuir recursos financeiros sem interferência política.

Já os programas temáticos ou tecnológicos, liderados por agências governamentais e ministérios, são ainda mais restritos por focarem em desafios

2 https://research-and-innovation.ec.europa.eu/funding/funding-opportunities/funding-programmes-and-open-calls/horizon-europe/eu-missions-horizon-europe_en?prefLang=pt.

tecnológicos guiados por ambições de competitividade e soberania tecnológica (como nos consórcios de pesquisa e desenvolvimento dos anos 1990), mas cada vez mais em associação à superação dos desafios societais (isto é, socioambientais e econômicos). Os consórcios de pesquisa, muitas vezes pré-competitivos, são normalmente considerados POM de primeira geração, mas continuam em voga na atualidade e se enquadram neste tipo. Nestes consórcios, empresas e governo definem em conjunto os objetivos do programa, que são traduzidos em metas de desempenho precisas para as tecnologias a serem desenvolvidas. A cooperação entre diferentes empresas e usuários finais permite a exploração coordenada de opções tecnológicas e segmentos de mercado. Além disso, exemplos recentes demonstram a coordenação de programas interdisciplinares e intersetoeiais para enfrentar desafios sociais e competitivos. Um exemplo de programa temático é o programa Prédios do Amanhã/Cidades do Futuro da Áustria.

Os programas baseados em ecossistemas orientados por missão atualmente são desenvolvidos pioneiramente por países nórdicos (Suécia e Finlândia), em que agências governamentais ou ministérios delegam a responsabilidade de direcionamento estratégico (elaboração das missões e da agenda de projetos orientados por missões) para a comunidade ou ecossistema envolvido com o desafio focal, como forma de aumentar a legitimidade e relevância do programa perante as partes interessadas (que se tornam mais comprometidas com ele). Exemplos são os Programas de Inovações Estratégicas e a missão para transformação do setor de alimentos sueco, ambos liderados pela agência de inovação sueca Vinnova.

Em resumo, as políticas orientadas por missão de terceira geração estão se expandindo em uma variedade de formatos empíricos. Não há uma única fórmula ou modelo aplicável a todos os tipos de desafios e contextos em que esses desafios emergem. Acompanhando essa evolução, surgem, assim, conceitos e abordagens propostos por diferentes autores. A próxima seção fornecerá um resumo desse arcabouço conceitual em desenvolvimento.

7.3 O arcabouço conceitual emergente das políticas orientadas por missão de terceira geração

7.3.1 Desafios societais e missões de ciência, tecnologia e inovação

É importante ter em conta a distinção entre um desafio e uma missão: um desafio ("societal") pode ser entendido como uma questão-chave a ser resolvida em área específica; questão essa muitas vezes definida de forma ampla, mas caracterizada por sua urgência e relevância. Para que tal desafio se torne uma missão para orientar políticas públicas, é necessário que ela pertença a uma área em que o Estado tenha legitimidade de ação (tanto do ponto de vista legal como perante a opinião pública). Exemplos de desafios incluem a prevenção e mitigação das mudanças climáticas, o enfrentamento dos desafios relacionados ao envelhecimento da população e a garantia da segurança energética, mas também desafios mais específicos, como os identificados no âmbito do Conselho Nacional de Desenvolvimento Industrial (Brasil, 2023b) e os que orientarão a Estratégia Nacional de Ciência, Tecnologia e Inovação (Brasil, 2023a).

Já as *missões* são a tradução dos desafios em objetivos a serem alcançados em prazo definido. As missões – que podem ser mais amplas (como visões de futuro) ou mais específicas (com metas quantitativas); neutras (definindo padrões de desempenho) ou enviesadas tecnologicamente (selecionando soluções tecnológicas) – indicam possíveis abordagens para a resolução dos desafios. Nas palavras de Mazzucato (2016, p. 141):

> Missões implicam definir direções de mudança... As missões devem ser amplas o suficiente para catalisar muitos setores diferentes (a missão do homem na lua envolveu uma dúzia de setores) e concretas o suficiente para se traduzir em problemas específicos a serem resolvidos, para que o progresso em direção à missão possa ser avaliado de forma contínua.

Essa reflexão inicial levou ao agora seminal Relatório Mazzucato (Mazzucato, 2018), que estabeleceu as bases para o atual ímpeto da política orientada por missões da União Europeia e de outros países e regiões. Sua definição do que constitui missões apropriadas para orientar a política de inovação baseia-se em cinco critérios – segundo Mazzucato (2018, p. 14-15), as novas missões devem:

(1) ser *audaciosas e inspiradoras*, com ampla relevância social;

(2) ser *ambiciosas*, mas com ações de pesquisa e inovação realistas;

(3) ter uma *direção clara*, o que significa ser *direcionada, mensurável* e com *prazo determinado*;

(4) promover a inovação *interdisciplinar, intersetorial e multiatores*;

(5) levar a *múltiplas soluções* criadas de baixo para cima (isto é, sem a predefinição de soluções ou tecnologias).[3]

Note que essas qualidades se alinham aos critérios SMART (Doran, 1981) para objetivos de gestão de projetos, segundo os quais objetivos bem desenhados devem ser específicos, mensuráveis, atribuíveis, realistas e temporais (a formulação original em inglês: *specific*, *measurable*, *assignable*, *realistic* and *time-related*). A originalidade está na formulação desses critérios dentro de um arcabouço de políticas de inovação orientadas por missão.

Mazzucato reconhece, no entanto, a dificuldade em traduzir desafios contemporâneos em missões concretas. De fato, Larrue (2021), ao analisar as quarenta iniciativas orientadas por missão em curso, concluiu que nenhuma atende a todos os critérios do Relatório Mazzucato. Por outro lado, identificou também que, em comum, essas iniciativas tendem a seguir uma abordagem aberta e não prescritiva, selecionando problemas e desafios, mas não soluções específicas. Assim, é importante destacar que, na prática, a forma como as missões são enunciadas difere, não havendo uma estrutura única (Figuras 7.2a e 7.2b). Entretanto, é possível identificar dois tipos de formulação, a partir dos exemplos de missões na área de saúde coletados por Larrue (2021): a primeira postula metas quantitativas a serem alcançadas em prazo preestabelecido (missões na Figura 7.2a); a segunda enuncia uma visão de futuro (missões na Figura 7.2b). Em todo caso, mesmo missões enunciadas como visão de futuro devem-se prestar à sua mensuração (ou mensuração de seus objetivos) para monitoramento e avaliação de sua evolução. A elaboração desses enunciados é, de fato, uma das etapas cruciais para a formulação de uma política orientada por missão, e costuma envolver processos participativos e

3 Evidentemente, o critério de neutralidade de soluções depende do tipo de desafio ou missão. Para programas com temática tecnológica ou algumas missões aceleradoras, o escopo tecnológico tende a ser predefinido.

de consulta a partes interessadas – ou seja, a formulação do enunciado das missões não fica a cargo apenas de órgãos de governo.

A ausência de processos consultivos pode levar à baixa legitimidade das missões perante o público-alvo, diminuir o senso de propriedade necessário para o engajamento com missões e tornar todo o processo propenso a críticas. Um exemplo de processo equivocado que não incluiu etapa consultiva é o da missão anunciada pelo Reino Unido em fevereiro de 2022, que propunha a ambição de aumentar a expectativa de vida da população britânica em 5 anos até 2035 (ver Figuras 7.2a e 7.2b) – o que era uma missão altamente irrealista, uma vez que a tendência da época indicava a necessidade de 192 anos para alcançar tal melhoria (Tinson, 2022). Uma consulta com especialistas poderia ter evitado tal crítica. Além de aumentar a legitimidade, relevância, pertinência e senso de propriedade, a participação de distintos atores ao longo dos processos de desenho e execução das missões permite a mobilização de distintas capacidades e capacitações sistêmicas.

Programa prioritário de pesquisa "Resistência a antibióticos" (França):
combater a resistência aos antibióticos em todas as frentes por meio de um melhor conhecimento da resistência, desenvolvimento de novas estratégias terapêuticas e inovações tecnológicas (*big data*, inteligência artificial).

Fundo de Desafio de Estratégia Industrial (Reino Unido):
até 2035, as pessoas desfrutarão de mais cinco anos de vida saudável e independente, reduzindo a distância entre a experiência dos mais ricos e dos mais pobres.

Plataforma DARPA de Prevenção de Pandemias (Estados Unidos):
desenvolver uma plataforma de resposta rápida, escalável e adaptável, capaz de produzir um número relevante de doses contra qualquer ameaça infecciosa conhecida ou desconhecida no prazo de 60 dias após a identificação de tal ameaça.

Inovação orientada por desafios da Vinnova (Suécia):
reduzir a disseminação de doenças infecciosas e neutralizar a resistência a antibióticos estabelecendo uma plataforma nacional para compartilhamento digital de dados de sequenciamento genético.

Missão Genômica de Futuros de Saúde (Austrália):
até 2028, salve ou transforme a vida de mais de 200 mil australianos por meio da pesquisa genômica para oferecer melhores testes, diagnóstico e tratamento.

Programa Robô de Cuidados (Coreia do Sul):
até 2023, desenvolver e distribuir para o governo local 5 mil robôs de cuidado que possam auxiliar os idosos em sua vida diária.

Figura 7.2a Missões na área-desafio de saúde.

Fonte: adaptada de Larrue (2021, p. 52, tradução nossa).

Setores Estratégicos Movidos por Missões (Países Baixos):
até 2040, todos os cidadãos holandeses viverão pelo menos cinco anos a mais com boa saúde, e as desigualdades de saúde entre os grupos socioeconômicos mais baixos e mais altos terão diminuído em 30%.

Estratégia de alta tecnologia 2025 (Alemanha):
prevenir o maior número possível de novos casos de câncer e permitir que os pacientes com câncer tenham uma vida melhor.

Missão do Câncer do Horizonte Europa (União Europeia):
até 2030, salvar mais de 3 milhões de vidas, vivendo mais e melhor; alcançar uma compreensão completa do câncer; prevenir o que é evitável; otimizar diagnóstico e tratamento; apoiar a qualidade de vida de todas as pessoas expostas ao câncer; e assegurar o acesso equitativo em toda a Europa.

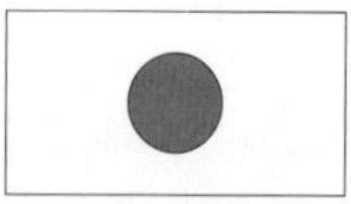

Programa Moonshot (Japão):
até 2050, desenvolver a previsão e intervenção ultra-precoce de doenças que permitam suprimir e prevenir o aparecimento de doenças, por meio da análise integrada de toda a rede funcional entre os órgãos humanos.

Figura 7.2b Missões na área-desafio de saúde.

Fonte: adaptada de Larrue (2021, p. 52, tradução nossa).

O desenho e execução de políticas ou programas orientados por missões envolve diferentes processos (CGEE, 2020; Penna, 2018) e dimensões (Larrue, 2021). Os distintos processos se iniciam, normalmente, nas dimensões estatais, com a seleção e o enquadramento do desafio, passa pelo estabelecimento coletivo de missões concretas, pelo desenho de programas e ferramentas de política, e culmina na execução dos projetos nas áreas sistêmicas de ciência e tecnologia, produção e mercado (Penna, 2018). O sucesso da ação requer coordenação (governança), recursos, capacidades e capacitações adequadas, promoção de parcerias, mas também de competição, e uma estrutura explícita de monitoramento e avaliação para garantir a eficácia das ações e alcançar os objetivos estabelecidos pelas missões (Mazzucato e Penna, 2016). Em resumo, o estabelecimento de políticas ou programas orientados por missões passa por múltiplos processos ao longo de distintas dimensões.

7.3.2 Capacidades e capacitações sistêmicas para realização de missões

Por um lado, a eficácia de uma iniciativa orientada por missão depende de um desenho robusto, que inclua diagnósticos e prognósticos sólidos, baseados em análises técnicas e um processo de construção coletiva para incorporar diversas perspectivas, fortalecendo assim a legitimidade da iniciativa. Por outro lado, a implantação e governança de tal iniciativa também desempenham um papel crucial e complexo. Isso exige uma combinação de capacidades e capacitações do setor público para mobilizar recursos privados, bem como mecanismos que incentivem a cooperação, a competição e o controle por meio de monitoramento e avaliação das missões (Mazzucato; Penna, 2016).

Diversos autores destacam a importância de capacidades e capacitações na realização de políticas de inovação orientadas por missão. Autores como Ergas (1987) e Steward (2012) já enfatizavam a necessidade de estruturas de governança e mecanismos de controle para evitar que as missões ultrapassem as capacidades disponíveis. Mazzucato e Penna (2016) e Mazzucato (2018) ressaltam a indispensabilidade das capacidades distintivas do Estado na identificação, tradução de desafios e execução das missões. Kattel e Mazzucato (2018) introduzem o conceito de "capacitações dinâmicas no setor público", englobando liderança, engajamento amplo, coordenação, experimentação e avaliação. As capacidades institucionais para governar mudanças transformadoras, em particular, são destacadas por autores como Weber e Rohracher (2012) e Rohracher *et al.* (2023). Essas capacidades se diferenciam daquelas necessárias para promover o crescimento econômico e ainda não estão completamente definidas na literatura. No entanto, sua identificação e desenvolvimento são fundamentais para o sucesso de políticas de ciência, tecnologia e inovação orientadas por missão. De fato, a literatura internacional ainda está em processo de desenvolvimento no que diz respeito a definições explícitas e integração desses conceitos em um arcabouço orientador, tanto a nível internacional quanto em contextos específicos, como o brasileiro e latino-americano.

Aqui avançamos, portanto, uma conceitualização original sobre capacidades e capacitações sistêmicas (ver: CGEE, 2020; Penna, 2018; Penna *et al.*, 2023). Como ponto de partida, é fundamental distinguir o que entendemos por "capacidades" e "capacitações". As *capacidades* englobam recursos tangíveis e intangíveis que possibilitam ou restringem a ação humana, incluindo instituições e suas relações estruturais (CGEE, 2020; Karo; Kattel, 2014; Penna,

2018). Essas capacidades abrangem, por exemplo, recursos humanos, capital financeiro, ativos de produção, informações e conhecimento, tecnologias, reputação e vários tipos de instituições, como leis, normas, regras informais, rotinas, processos e procedimentos.

Embora capacidades sistêmicas sejam fundamentais para (políticas de) inovação, por si só não são insuficientes. As capacidades permanecem inertes a menos que sejam mobilizadas e utilizadas. No contexto de políticas orientadas por missões, as capacidades são cruciais para facilitar o processo de desenvolvimento de inovações que efetivamente contribuam para a resolução do desafio-focal. No entanto, a implantação eficaz das capacidades requer *habilidades* ou *capacitações* (Kattel, 2023; Kattel; Mazzucato, 2018; Teece *et al.*, 1997). Em linha com a visão baseada em recursos da empresa, as capacitações podem ser definidas como habilidades e competências organizacionais dinâmicas que permitem a absorção e a transformação de recursos existentes (ou seja, capacidades) com vistas ao alcance de objetivos predefinidos (ou seja, missões) (Barney *et al.*, 2001; Teece *et al.*, 1997). Consequentemente, capacitações representam a habilidade de uma organização (seja ela pública ou privada) de utilizar recursos e estruturas para alcançar metas específicas, incluindo a adaptabilidade a ambientes em mudança (capacitação dinâmica).

Dadas essas definições, podemos especificar as diferentes dimensões de capacidades e capacitações que são cruciais para políticas de inovação orientadas por missões a partir da caracterização de Soete e Arundel (1993) das velhas e novas políticas orientadas por missão. De certo modo, esses autores adotam uma perspectiva "ampla" sobre sistemas de inovação (Cassiolato, 2015; Mazzucato; Penna, 2016) para identificar seis dimensões que devem ser consideradas em políticas orientadas para missões:

(1) *Dimensão de estado (ou governança)*: concentra-se em resolver desacordos, gerar consenso e estabelecer a legitimidade do Estado para abordar um desafio por meio de ações orientadas por missões.

(2) *Dimensão técnico-administrativa*: envolve o diagnóstico do desafio e a formulação de planos estratégicos de desenho e implantação da missão.

(3) *Dimensão de políticas (públicas)*: abrange a implementação real da política por meio de uma combinação de medidas primárias e complementares que empregam diversos instrumentos.

(4) *Dimensão científico-tecnológica*: centra-se no desenvolvimento de conhecimento sobre o desafio e de potenciais soluções inovadoras.

(5) *Dimensão industrial (ou produtiva)*: envolve a participação de empresas na produção e na introdução no mercado dessas soluções (lado da oferta).

(6) *Dimensão de demanda (ou consumidora)*: considera a difusão dessas soluções por toda a economia (lado da demanda).

Essas dimensões são preenchidas por diferentes recursos que constituem as capacidades sistêmicas fundamentais necessárias para o desenho, implantação e avaliação de políticas orientadas por missões. A mobilização dessas capacidades requer um conjunto correspondente de capacitações, que podem ser associadas a organizações específicas (ou seja, a existência de organizações com certas competências em cada dimensão é o principal indicador das capacitações). A Tabela 7.1 apresenta os pares de capacidades e habilidades nessas seis dimensões. É com base neste arcabouço das capacidades e capacitações que podemos traçar algumas lições a partir da experiência recente do Brasil com iniciativas orientadas por missões. Ainda que o detalhamento de cada um dos pares de capacidades e capacitações sistêmicas esteja além do escopo deste capítulo, estando disponível em Penna *et al.* (2023), este arcabouço será utilizado para refletir sobre a experiência brasileira recente com iniciativas orientadas por missões.

Tabela 7.2 Capacidades e capacitações sistêmicas para o desenvolvimento de políticas de inovação orientadas por missões

Capacidade	Definição	Capacitação	Definição	Referências
Capacidade estatal	Recursos para gerar consenso, mitigar desacordos e obter legitimidade para enfrentar desafios societais	*Capacitação de liderança e governança*	Habilidade do Estado de fornecer liderança eficaz, exercer autoridade legítima e gerenciar processos de tomada de decisão para enfrentar desafios sociais	Painter e Pierre (2005); Ergen e Umemura (2021); Janssen *et al.* (2023)
Capacidade administrativa	Recursos para estabelecer políticas orientadas por missões viáveis para enfrentar o desafio focal	*Capacitação organizacional e gerencial*	Habilidade das organizações públicas de transformar o mandato de ação sobre um desafio social em políticas orientadas por missões viáveis e em programas estratégicos	Painter e Pierre (2005); Kattel (2023); Janssen *et al.* (2023); Evans (1995)
Capacidade de política	Conjunto de instrumentos de política (instrumentos de oferta, demanda, regulação, serviços etc.)	*Capacitação de desenho e implantação*	Habilidade das organizações públicas de gerenciar eficientemente os recursos necessários para entregar os resultados de uma política orientada por missões, incluindo escolhas, financiamento e indução de mudanças	Painter e Pierre (2005); Karo e Kattel (2014); Rogge *et al.* (2017); Kattel (2023); Könnölä *et al.* (2012); Wiarda *et al.* (2023); Larrue (2021); van Mierlo *et al.* (2020); Molas-Gallart *et al.* (2021)

(*continua*)

Tabela 7.2 Capacidades e capacitações sistêmicas para o desenvolvimento de políticas de inovação orientadas por missões (*continuação*)

Capacidade	Definição	Capacitação	Definição	Referências
Capacidade científico--tecnológica	Recursos para o desenvolvimento de soluções inovadoras	*Capacitação de pesquisa e inovação*	Habilidades organizacionais dinâmicas relacionadas à promoção de uma cultura de pesquisa, exploração científica e avanço tecnológico dentro e fora do aparato estatal	Mowery (2012); Breznitz e Ornston (2013); Kuhn (2012); Dosi (1982); UNCTAD (2006)
Capacidade produtiva	Recursos e estruturas que possibilitam a produção de bens e serviços em diversos setores industriais	*Capacitação empreendedora*	Habilidade organizacional de mobilizar recursos produtivos para transformar insumos em produtos, investir, inovar, aprimorar produtos, e competir em mercados	UNCTAD (2006); Hidalgo e Hausmann (2009); Tõnurist (2015); Nelson e Winter (1982)
Capacidade de demanda	Tamanho do mercado e a demanda efetiva por produtos e serviços	*Capacitação de moldar e criar mercado*	Habilidade organizacional de compreender e influenciar dinâmicas de mercado, avaliar condições de mercado e criar demanda efetiva por meio de estratégias como pesquisa de mercado, aquisição, regulamentação e adaptação às condições locais	Boon e Edler (2018); Keynes (2006); Janssen *et al.* (2023)

Fonte: Penna *et al.* (2023).

7.4 A experiência brasileira com políticas orientadas por missão

7.4.1 Missões brasileiras das três gerações

O Brasil tem experiência com políticas orientadas por missão que se enquadram em cada uma das três gerações (Figura 7.3). Por exemplo, as políticas de substituição de importações das décadas de 1950 a 1970, que levaram o país a se industrializar, seriam do tipo POM de primeira geração. Nesta classe também se enquadrariam as políticas que levaram a Petrobras a estabelecer suas capacidades e competências iniciais em exploração de petróleo e a Embraer ao desenvolvimento inicial da aviação brasileira.

Figura 7.3 Exemplo de políticas brasileiras "orientadas por missões".

Já na classe das POM de segunda geração poder-se-iam incluir as políticas que levaram a Petrobras a dominar e liderar a exploração de petróleo em águas profundas, ultraprofundas e no pré-sal, incialmente através dos programas Procap (Furtado; Freitas, 2004; Morais, 2014). Cabe observar que essas missões da Petrobras possuem elementos de terceira geração (objetivos societais), pois visaram à autossuficiência brasileira na produção de petróleo. Também pertenceriam à segunda geração o programa nuclear brasileiro (com características iniciais de emparelhamento), e o desenvolvimento da agricultura tropical pela Embrapa (também com elementos alinhados às políticas de terceira geração).

Na terceira geração, se enquadrariam os programas Proálcool e PAISS (Apoio à Inovação dos Setores Sucroenergético e Sucroquímico), com objetivos de segurança energética (bem como autonomia tecnológica e competitividade); o programa Inova da Finepe do BNDES (diversos desafios tecnológicos, societais e de competitividade); as políticas tecnológicas em apoio ao Sistema Único de Saúde (desenvolvimento do complexo econômico-industrial da saúde com objetivo de dar sustentabilidade, resiliência e autonomia ao SUS) (Mazzucato; Penna, 2016); e o programa de desenvolvimento de vacinas para prevenir a covid-19 pela Fiocruz e pelo Instituto Butantan (Santos *et al.*, 2023). Por certo, tais políticas e programas não foram chamados de "orientados por missão" quando de sua concepção e execução, mas suas características são afins ao modelo de POM. A próxima seção desenvolve este argumento ao analisar a experiência com o programa Inova.

7.4.2 Capacidades e capacitações sistêmicas para missões: lições do programa Inova

O programa Inova (ou Plano Inova Empresa) é um caso paradigmático que exemplifica a integração e aplicação de capacidades e capacitações sistêmicas essenciais para o sucesso de políticas orientadas por missões. Na tipologia de Larrue (2021), o Inova pode ser classificado como "baseado em desafios": iniciativas geralmente lideradas por agências governamentais, que focam em ambições específicas (normalmente uma combinação de desafios societais e de competitividade), com horizontes de médio e longo prazo, que podem ser resolvidos através da aceleração do desenvolvimento tecnologias e de inovações.

Projetado e implementado pelo BNDES e pela Finep, o programa Inova foi lançado em 2012-2013 e é considerado a iniciativa de política de inovação mais ambiciosa do Brasil (Corder *et al.*, 2016; de Negri, 2015). O Inova foi inspirado pelos sucessos do programa PAISS (posteriormente chamado de PAISS Industrial), que tinha como objetivo promover o avanço do etanol de segunda geração (2G) derivado da biomassa de cana-de-açúcar no Brasil. Posteriormente, novas linhas programáticas sob a denominação Plano Inova Empresa foram criadas em setores como petróleo e gás, farmacêutico, aeroespacial, agricultura e telecomunicações, estabelecendo um canal unificado para as empresas acessarem financiamento do BNDES e da Finep, o que possibilitaria a colaboração e o apoio a projetos com riscos tecnológicos e de mercado mais elevados. Ao alavancar recursos dedicados à inovação, o programa Inova buscou promover parcerias produtivas entre empresas, universidades, agências governamentais e instituições de pesquisa, com o objetivo de enfrentar desafios tecnológicos e sociais específicos. O modelo-teórico do Inova pode ser caracterizado pelos seguintes aspectos (De Negri, 2015; Nyko *et al.*, 2013):

(1) Concentração em desafios tecnológicos em campos, setores ou temas específicos que têm importância estratégica para o Brasil (contribuindo para questões de desenvolvimento) ou oferecem potencial de mercado.

(2) Integração de instrumentos de políticas públicas, especialmente ferramentas de financiamento (subvenções, crédito subsidiado e equidade), compras públicas e regulamentação.

(3) Estabelecimento de parcerias de Finep e BNDES com ministérios, outras agências públicas (como reguladoras) ou empresas estatais.

(4) Promoção de redes de inovação, incentivando parcerias entre instituições de pesquisa e empresas, com base em planos de negócios (de inovação) e não em projetos de P&D.

(5) Seleção de planos de negócios de inovação por meio de chamadas competitivas para garantir a excelência dos planos financiados.

Embora esse modelo, que surgiu do PAISS, tenha sido amplamente replicado pelos outros subprogramas, algumas iniciativas tinham um foco tecnológico muito mais amplo (como o programa de energia, que tinha um de seus focos em energias renováveis em geral, em vez de tipos específicos de renováveis ou componentes tecnológicos) ou não definiam um foco setorial (como o programa de sustentabilidade). No entanto, todos esses programas tinham em comum a escolha de alvos tecnológicos que contribuiriam para uma missão societal.

Ao contrário da tradição brasileira de políticas de inovação ofertista (incentivo ao P&D via instrumentos de crédito, subvenção, renúncia fiscal), o Inova pode ser visto como uma iniciativa política sistêmica, que buscava empregar tanto instrumentos de oferta quanto de demanda (embora em menor medida) para atingir seus objetivos. E, dadas suas características de direcionar recursos financeiros e estabelecer redes setoriais (com instituições públicas, privadas e científicas) para desenvolver tecnologias que abordam desafios específicos, o programa Inova pode ser visto como um exemplo de política de inovação orientada por missões. Ao contrário de planos, o Inova não foi concebido apenas pelo Ministério da Ciência, Tecnologia e Inovação (MCTI) (a Finep é uma agência gerenciada pelo MCTI), mas sim em colaboração com o Ministério do Desenvolvimento, Indústria e Comércio (MDIC) (o BNDES é gerenciado pelo MDIC). Ministérios setoriais (por exemplo, Ministério da Saúde e Ministério da Defesa) ajudaram ainda a estabelecer os focos dos subprogramas; seu envolvimento foi fundamental para o estabelecimento de cada missão.

Apesar deste modelo-teórico comum, cada programa apresentou certas idiossincrasias, que se refletiram em maior ou menor grau de sucesso em atrair propostas de planos de negócios. De fato, uma das questões que pede explicação é: por que alguns dos subprogramas Inova foram mais bem-sucedidos do que outros em termos da mobilização real de recursos financeiros públicos e da atratividade dos interesses da indústria privada (ver Tabela 7.3)? Em nossa análise, a resposta se encontra no âmbito das capacidades e capacitações sistêmicas – mais especificamente, se essas foram contempladas (explícita ou implicitamente mobilizadas ou criadas) no desenho e na execução inicial de cada subprograma.

Tabela 7.3 Orçamento alocado *vs.* projetos contratados por subprograma Inova

Subprograma	**Orçamento alocado**	**Projetos contratados**	**Número de projetos**
PAISS Industrial	BRL 1,0 bi	BRL 3,3 bi	32
PAISS Agrícola	BRL 1,5 bi	BRL 261, 3 mi	11
Inova Petro	BRL 3 bi (duas chamadas)	BRL 69 mi	7
Saúde – Fármacos	BRL 1,3 bi	BRL 1,3 bi	21
Saúde – Equipamentos	BRL 600 mi	BRL 129,7 mi	21
Inova Energia	BRL 3 bi	BRL 302,2 mi	21
Inova Aerodefesa	BRL 2,9 bi	BRL 363,4 mi	43
Inova Agro	BRL 1 bi	BRL 335,1 mi	16

(continua)

Tabela 7.3 Orçamento alocado *vs.* projetos contratados por subprograma Inova (*continuação*)

Subprograma	Orçamento alocado	Projetos contratados	Número de projetos
Inova Sustentabilidade	BRL 2 bi	BRL 184,5 mi	6
Inova Telecom	BRL 1,5 bi	BRL 93,6 mi	6

Fonte: Penna *et al.* (2023) com base nos dados de Finep (2015).

Corder *et al.* (2016, p. 16) argumentam que o Inova Empresa foi "uma ação tão ousada como pouco clara, seja quanto à definição dos critérios para a seleção dos projetos [planos de negócio] seja quanto à alocação dos recursos por modalidade e quanto à própria operacionalização/execução dos projetos pelas duas agências responsáveis". A escassez de recursos agravou a desconexão entre a demanda inicial e os recursos contratados no programa Inova. Apesar do modelo teórico, a utilização limitada de instrumentos do lado da demanda (compras públicas, regulação) para mitigar riscos não estimulou mudanças nas empresas, refletindo uma dependência do caminho percorrido (*path dependence*) em termos de políticas de inovação brasileiras, com seu viés ofertista. O programa também enfrentou dificuldades em compatibilizar interesses e promover a colaboração entre empresas e academia (Gordon; Cassiolato, 2019).

A análise do programa Inova como um todo não permite explicar por que alguns foram relativamente mais bem-sucedidos do que outros em atrair interesse privado e mobilizar recursos financeiros públicos. Estudos fornecem insumos limitados sobre o desempenho individual dos subprogramas (Corder *et al.* 2016; Gordon; Cassiolato 2019; Pereira e Souza *et al.* 2017), exceto em casos como o estudo de Mendonça *et al.* (2018) sobre o subprograma de energia e o de Santos (2020) sobre o subprograma de petróleo e gás.

A análise resumida no "mapa de calor" da Tabela 7.4 enfatiza a importância de capacidades específicas para o sucesso dos subprogramas. Essa tabela é derivada da análise qualitativa em Penna *et al.* (2023), que avaliaram as capacidades e capacitações em cada um dos subprogramas e atribuíram uma escala de cinco níveis desde "muito baixas" (capacidades/capacitações), indicadas em vermelho, passando por "moderadas", indicadas por amarelo, até "muito altas", indicadas por verde-escuro. Já a Tabela 7.5 resume a avaliação de Penna *et al.* (2023) a respeito dos mecanismos críticos para a mobilização plena (ou criação) de capacidades e capacitações em políticas orientadas por missão (Mazzucato; Penna, 2016): mecanismos de competição, cooperação e controle (monitoramento e avaliação). Este mapa também se baseia em uma escala de cinco níveis, que refletem os tipos de competição, cooperação e controle por subprograma. Por exemplo, se a competição foi só por recursos de subvenção, atribuiu-se um nível mais baixo do que se houvesse também competição por recursos reembolsáveis (ou ainda por renda variável); tal competição induziria uma maior qualidade dos planos apoiados. Casos em que tanto cooperação entre ICT e empresas e entre múltiplas empresas foram promovidos foram avaliados como nível máximo (casos de cooperação ICT-empresa foram avaliados como nível mais alto do que só cooperação entre empresas). No caso dos mecanismos de controle, poucos subprogramas apresentaram mecanismos explícitos de monitoramento e avaliação.

Tabela 7.4 Avaliação das capacidades e capacitações sistêmicas por dimensão

<table>
<tr><th colspan="2" rowspan="2"></th><th colspan="9">Subprograma Inova</th></tr>
<tr><th>PAISS Agrícola</th><th>Inova Petro</th><th>Saúde – Fármacos</th><th>Saúde – Equipamentos</th><th>Inova Energia</th><th>Inova Aerodefesa</th><th>Inova Agro</th><th>Inova Sustentabilidade</th><th>Inova Telecom</th></tr>
<tr><td rowspan="6">Dimensão (capacidades e capacitações)</td><td>Estado</td><td></td><td></td><td></td><td></td><td></td><td></td><td></td><td></td><td></td></tr>
<tr><td>Técnico-
-administrativo</td><td></td><td></td><td></td><td></td><td></td><td></td><td></td><td></td><td></td></tr>
<tr><td>Política</td><td></td><td></td><td></td><td></td><td></td><td></td><td></td><td></td><td></td></tr>
<tr><td>Produção</td><td></td><td></td><td></td><td></td><td></td><td></td><td></td><td></td><td></td></tr>
<tr><td>Ciência e Tecnologia</td><td></td><td></td><td></td><td></td><td></td><td></td><td></td><td></td><td></td></tr>
<tr><td>Demanda</td><td></td><td></td><td></td><td></td><td></td><td></td><td></td><td></td><td></td></tr>
</table>

Fonte: adaptada de Penna *et al.* (2023) a partir dos estudos de Corder *et al.* (2016); De Negri (2015); Gordon e Cassiolato (2019); Mendonça *et al.* (2018); Pereira e Souza *et al.* (2017); Santos (2020).

Tabela 7.5 Avaliação dos mecanismos de competição, cooperação e controle por subprograma

		Subprograma Inova									
		PAISS Industrial	PAISS Agrícola	Inova Petro	Saúde - Fármacos	Saúde - Equipamentos	Inova Energia	Inova Aerodefesa	Inova Agro	Inova Sustentabilidade	Inova Telecom
Mecanismos	Competição										
	Cooperação										
	Controle										

Fonte: adaptada de Penna *et al.* (2023) a partir dos estudos de Corder *et al.* (2016); De Negri (2015); Gordon e Cassiolato (2019); Mendonça *et al.* (2018); Pereira e Souza *et al.* (2017); Santos (2020).

Fica claro que os subprogramas mais bem-sucedidos, como o PAISS Industrial e o Inova Saúde-Fármacos, demonstraram capacidades sólidas em várias dimensões e a habilidade de mobilizá-las efetivamente, incluindo por meio da criação de mecanismos que incentivam colaboração e competição. O Inova Saúde-Fármacos, por exemplo, ao integrar diversas capacidades, como científico-tecnológica, de demanda, produtiva, do estado e política, não apenas se destacou por sua abordagem multifacetada em promover inovações na área farmacêutica, mas também por perpetuar uma trajetória de políticas de estado na área da saúde no Brasil.[4] Este programa, enraizado em uma robusta base de conhecimento e apoiado por entidades como Fiocruz e universidades, alavancou o poder de compra do Sistema Único de Saúde (SUS) e atendeu às

4 A trajetória política na área da saúde, que tem como marco a criação do SUS, estabelecido pela Lei Orgânica n. 8080/1990, foi fortalecida por diversas iniciativas e programas subsequentes, como a criação da Agência Nacional de Vigilância Sanitária (Anvisa) e da Fundação Nacional de Saúde (Funasa), a implementação da Política Nacional de Genéricos em 1999, o licenciamento compulsório do Efavirenz, e os programas Profarma do BNDES em suas três fases. Além disso, a criação das Parcerias para o Desenvolvimento Produtivo (PDPs) nos anos 2000 também foi um passo significativo, demonstrando um compromisso contínuo com o desenvolvimento do setor farmacêutico nacional.

necessidades prementes de medicamentos e equipamentos, demonstrando uma capacidade de demanda bem articulada. Já o PAISS Industrial parece ter sido beneficiado pela experiência e sucesso do Brasil com o programa Proálcool, que visava substituir a gasolina pelo etanol de cana-de-açúcar para garantir a segurança enérgica do país, e das capacidades e capacitações que foram criadas. O sucesso do PAISS Industrial foi ainda impulsionado por sua capacidade de atender às demandas do mercado *flex-fuel* para etanol de segunda geração, além de atualizar as instalações existentes.

Em contrapartida, subprogramas menos bem-sucedidos, como o Inova Aerodefesa e Inova Energia e Inova Agro, possuíam capacidades desenvolvidas, mas falharam em estabelecer os mecanismos necessários para mobilizá-las adequadamente. Além disso, subprogramas como o PAISS Agrícola, Inova Petro, Inova Saúde-Equipamentos, Inova Sustentabilidade e Inova Telecom enfrentaram desafios devido à falta de uma ou mais capacidades, prejudicando a formação de redes e parcerias, bem como a execução de projetos inovadores. Outros subprogramas, como Inova Petro e Inova Aerodefesa, falharam em mobilizar a capacidade de demanda necessária, uma vez que não tinham compradores garantidos para as tecnologias desenvolvidas. Detalhamos esta análise na forma de cinco lições a título de conclusão.

7.5 Conclusão: lições para a construção de novas missões brasileiras

Com base na experiência recente com o programa Inova, é possível tirar lições valiosas para a construção de uma nova agenda de missões que visem mais uma vez avançar o desenvolvimento industrial, desta vez sobre novas bases tecnológicas e sustentáveis, e promover a melhoria do bem-estar da população brasileira. Propomos aqui seis lições:

(1) *Não se devem criar missões em áreas onde não há capacidades e capacitações plenas ou planos para criá-las*: o programa *Inova* como um todo exemplifica o risco de expandir missões para áreas onde as capacidades sistêmicas não estão plenamente desenvolvidas (Ergas, 1987) ou não há um plano robusto para mobilizá-las e criá-las. De fato, projetos que contribuem para o cumprimento de missões podem ser classificados em projetos que mobilizam capacidades/capacitações existentes e aqueles que buscam criá-los.

(2) *Iniciativas orientadas por missão requerem diagnósticos e prognósticos sólidos*: antes de lançar uma iniciativa orientada por missão, é fundamental uma avaliação cuidadosa das capacidades/capacitações existentes e necessárias (mas ausentes) para o cumprimento das missões. De certo modo, o estudo de Nyko *et al.* (2010) cumpriu o papel de traçar diagnóstico e prognóstico para o Paiss Industrial. Por outro lado, o desenho do Inova Saúde - Fármacos se beneficiou do conhecimento técnico de servidores de Finep, Ministério da Saúde e CNPq,[5] bem como da experiência acumulada de políticas e ações para o desenvolvimento tecnológico na área de saúde.

(3) *É desejável construir iniciativas orientadas por missão a partir de experiências prévias*: o Paiss, com suas raízes no Proálcool, e o Inova Saúde Fármacos, com sua trajetória de políticas de Estado, exemplificam como experiências prévias em áreas focais podem ser catalisadoras de sucesso em iniciativas orientadas por missão. Este ponto é também destacado por Larrue (2021): as novas iniciativas orientadas por missões tendem a serem construídas sobre políticas anteriores e resultam de um processo gradual de aprimoramento e coordenação. O objetivo é direcionar e otimizar as políticas existentes, estabelecendo de novas estruturas de governança para alcançar maior eficácia e efetividade na resolução de desafios específicos.

(4) *O estabelecimento de uma estrutura de governança explícita é aspecto definidor de iniciativas orientadas por missão*: as atuais políticas orientadas por missão são definidas como um pacote coordenado de instrumentos e ações políticas e regulatórias (Larrue, 2021). De fato, a eficácia do Inova Saúde Fármacos, que coordenou com sucesso entidades como Finep, Ministério da Saúde, CNPq, Anvisa e farmacêuticas nacionais, contrasta com as dificuldades de governança do Inova Aerodefesa, sublinhando a importância de uma estrutura de governança explícita e uma coordenação eficaz entre os atores responsáveis por políticas e ferramentas estratégicas.

(5) *As novas iniciativas orientadas por missão requerem um mix de instrumentos, com especial atenção à indução da demanda*: as novas missões "societais" buscam não apenas demonstrar a viabilidade tecnológica de

5 BNDES não participou deste subprograma, uma vez que já contava com o BNDES Profarma (3ª Fase).

certas soluções, mas sim difundi-las em massa. Assim, é crucial considerar um *mix* de instrumentos que combine ferramentas tanto do lado da oferta quanto da demanda, garantindo que sejam adequadas e alinhadas com os objetivos específicos de cada missão e tecnologia em desenvolvimento. A capacidade de demanda e de criar mercados, exemplificada positivamente pelo Paiss (com o mercado de veículos *flex-fuel*) e pelo Inova Saúde Fármacos (com as compras do SUS), e negativamente pelo Inova Aerodefesa e Inova Petro (nos quais, por diferentes motivos, a falta de poder de compra e comprometimento de entidades como Ministério da Defesa/Aeronáutica e a Petrobras foram obstáculos), é crucial para a difusão de soluções desenvolvidas. Especialmente em mercados de monopsônio, é imperativo que as empresas desenvolvendo soluções tenham garantias de compra para mitigar os riscos de desenvolvimento de novos produtos.

Estas cinco lições contribuem para uma reflexão inicial sobre a experiência brasileira recente com iniciativas orientadas por missão. Em meio à nova rodada mundial de políticas orientadas por missão e políticas industriais ativas, o desafio brasileiro não é copiar acriticamente as conceitualizações internacionais, e sim utilizá-las como inspirações para refletir sobre sua própria experiência. O Brasil tem uma história única de superação de desafios tecnológico-industriais e societais, que ainda precisa ser explorada sob a ótica das missões. Desde as primeiras tentativas de desenvolvimento industrial até os esforços contemporâneos para abordar questões ambientais e sociais, o Brasil demonstrou ser capaz de criar planos ambiciosos de transformação de sua economia em prol do bem-estar da população. Assim, o novo arcabouço das capacidades e capacitações sistêmicas é um primeiro passo na direção da construção de uma abordagem genuinamente brasileira na formulação, governança e implantação de novas missões que contribuem para acelerar a rica, mas ainda inacabada, trajetória de desenvolvimento socioeconômico do país.

Referências

BARNEY, J.; WRIGHT, M.; KETCHEN JR., D. J. The resource-based view of the firm: ten years after 1991. *Journal of management*, v. 27, p. 625-641, 2001.

BRASIL. Portaria MCTI n. 6.998, 89. ed. *Diário Oficial da União*, Brasília, p. 145, 2023a.

BRASIL. Resolução CNDI/MDIC n. 1, de 6 de julho de 2023. *Diário Oficial da União*, Brasília, p. 16, 2023b.

CASSIOLATO, J. E. Evolution and Dynamics of the Brazilian National System of Innovation. *In:* SHOME, P.; SHARMA, P. (eds.). *Emerging economies*. New Delhi: Springer India, 2015. p. 265-310.

CGEE. Oportunidades e desafios da Bioeconomia. *Manual de Políticas de Inovação Orientadas por Missões*. Brasília: CGEE, 2020.

CORDER, S.; BUAINAIN, A. M.; LIMA JUNIOR, I. S. Análise preliminar do Plano Inova Empresa. *In: Anais do I Encontro Nacional de Economia Industrial e da Inovação (ENEI)*. São Paulo: Blucher, 2016.

DE NEGRI, J. A. Avançar ou avançar na política de inovação. *In:* BARBOSA, N.; MARCONI, N.; PINHEIRO, M. C.; CARVALHO, L. (eds.). *Indústria e desenvolvimento produtivo no Brasil*. Rio de Janeiro: Elsevier, 2015. p. 359-375.

DORAN, G. T. There'sa SMART way to write management's goals and objectives. *Management review*, v. 70, p. 35-36, 1981.

ERGAS, H. Does technology policy matter? *In:* BROOKS, H.; GUILE, B. *Technology and global industry*: companies and nations in the world economy. Washington D. C.: National Academies Press, 1987. p. 191-245.

FINEP. *Inova Empresa*: análise de resultados e perspectiva crítica. Rio de Janeiro: Finep, 2015.

FURTADO, A. T.; FREITAS, A. G. Nacionalismo e aprendizagem no Programa de Águas Profundas da Petrobras. *Revista Brasileira de Inovação*, v. 3, p. 55-86, 2004.

GORDON, J. L.; CASSIOLATO, J. E. O papel do Estado na política de inovação a partir dos seus instrumentos: uma análise do Plano Inova Empresa. *Revista de Economia Contemporânea*, v. 23, p. 1-26, 2019.

KARO, E.; KATTEL; R. Public management, policy capacity, innovation and development. *Brazilian Journal of Political Economy*, v. 34, p. 80-102, 2014.

KATTEL, R. Dynamic capabilities of the public sector: Towards a new synthesis. *Revista do Serviço Público*, v. 74, p. 12-41, 2023.

KATTEL, R.; MAZZUCATO, M. Mission-oriented innovation policy and dynamic capabilities in the public sector. *Industrial and Corporate Change*, v. 27, p. 787-801, 2018.

LARRUE, P. The design and implementation of mission-oriented innovation policies. *OECD Science*, Technology and Industry Policy Papers, v. 100, 2021.

MAZZUCATO, M. From market fixing to market-creating: a new framework for innovation policy. *Industry and Innovation*, v. 23, p. 140-156, 2016.

MAZZUCATO, M. *Missions: mission-oriented research & innovation in the European Union* – a problem-solving approach to fuel innovation-led growth. Brussels: European Commission, 2018.

MAZZUCATO, M.; PENNA, C. C. R. *The Brazilian innovation system*: a mission-oriented policy proposal, avaliação de programas em CT&I. Apoio ao Programa Nacional de Ciência (Plataformas de conhecimento). Brasília: CGEE, 2016.

MENDONÇA, H. L.; MACEDO-SOARES, T. D. L. A.; FONSECA, M. V. A. Working towards a framework based on mission-oriented practices for assessing renewable energy innovation policies. *J. Clean. Prod.*, v. 193, p. 709-719, 2018.

MORAIS, J. M. *Petrobras*: uma história das explorações de petróleo em águas profundas e no pré-sal. Rio de Janeiro: Elsevier, 2014.

NYKO, D.; GARCIA, J. L. F.; MILANEZ, A. Y.; DUNHAM, F. B. A corrida tecnológica pelos biocombustíveis de segunda geração: uma perspectiva comparada. *BNDES Setorial*, v. 32, p. 5-48, 2010.

NYKO, D. *et al.* Planos de fomento estruturado podem ser mecanismos mais eficientes de política industrial? Uma discussão à luz da experiência do PAISS e seus resultados. *BNDES Setorial*, v. 38, p. 55-78, 2013.

PENNA, C. C. R. Mission-oriented approach to innovation policy for long-term smart growth in Latin American countries: a conceptual note. Institutional innovation-led growth: a commitment with the future (RG-T2726). *IADB*, 2018.

PENNA, C. C. R.; MAZZUCATO, M.; SANTOS, G. O. Systemic capacities and capabilities for mission-oriented policies: the case of Brazil's Inova programme. *In*: 9th *European Conference on Corporate R&D and Innovation CONCORDi*. Seville, JRC, 2023.

PEREIRA E SOUZA, E. P. *et al.* Atuação do BNDES no sistema brasileiro de inovação: avanços e oportunidades. *In*: COUTINHO, D. R.; FOSS, M. C.;

MOUALLEM, P. S. B. (eds.). *Inovação no Brasil*: avanços e desafios jurídicos e institucionais. São Paulo: Blucher, 2017. p. 153-176.

ROHRACHER, H.; COENEN, L.; KORDAS, O. Mission incomplete: layered practices of monitoring and evaluation in Swedish transformative innovation policy. *Science and Public Policy*, v. 50, p. 336-349, 2023.

SANTOS, G.; PENNA, C.; LA ROVERE, R. Missão covid-19: potenciais e limites para a construção de uma Política de Inovação Orientada a Missões. *Revista Economia Ensaios*, v. 38, p. 201-229, 2023.

SANTOS, R. J. D. Inova Petro: explicações para o desempenho do programa a partir de uma análise ex ante. *Revista Brasileira de Inovação*, v. 19, 2020.

SOETE, L.; ARUNDEL, A. *An integrated approach to European innovation and technology diffusion policy*: a Maastricht memorandum. Commission of the European Communities, SPRINT Programme, Luxembourg, 1993.

STEWARD, F. Transformative innovation policy to meet the challenge of climate change: sociotechnical networks aligned with consumption and end-use as new transition arenas for a low-carbon society or green economy. *Technol. Anal. Strateg.*, v. 24, p. 331-343, 2012.

TEECE, D. J.; PISANO, G.; SHUEN, A. Dynamic capabilities and strategic management. *Strategic Management Journal*, v. 18, p. 509-533, 1997.

TINSON, A. Healthy life expectancy target: the scale of the challenge. Does the government's health mission measure up? [*Online*]. *The Health Foundation*, 2022. Disponível em: https://www.health.org.uk/news-and-comment/charts-and-infographics/healthy-life-expectancy-target-the-scale-of-the-challenge. Acesso em: 13 jul. 2023.

WEBER, M.; ROHRACHER, H. Legitimizing research, technology and innovation policies for transformative change: combining insights from innovation systems and multi-level perspective in a comprehensive "failures" framework. *Research Policy*, v. 41, p. 1037-1047, 2012.

WEINBERG, A. M. *Reflections on big science*. Cambridge: M.I.T. Press, 1967.

8. Neoindustrialização, políticas orientadas por missões e compras públicas de inovação no Brasil

Celso Pansera
Hudson Mendonça

8.1 Introdução

Segundo o Portal da Indústria da Confederação Nacional da Indústria (CNI), a neoindustrialização é o processo de modernização e evolução da indústria, enfatizando inovação, compromisso ambiental e integração com cadeias produtivas internacionais.

Alguns especialistas acrescentam a este tripé a integração do setor industrial com os setores de comércio e serviço. Refletir sobre esses conceitos é fundamental para entender a razão do ressurgimento – em todo o mundo – de políticas industriais robustas e muito bem direcionadas.

No Brasil, o setor industrial tem perdido relevância em termos de participação no PIB. Segundo números do IBGE e da Fiesp, nas décadas de 1970 e 1980 o setor correspondia a cerca de 30% do PIB nacional, enquanto no cenário atual corresponda a algo próximo a 10%.

Um olhar desatento poderia dizer que o setor está perdendo importância. Porém, uma reflexão mais profunda nos leva a outro diagnóstico e a necessidade de uma urgente e nova política industrial baseada em quatro pilares: inovação, sustentabilidade, inserção em cadeias globais e integração com o setor de serviços.

Esses quatro pilares temáticos conversam intimamente com dois outros conceitos fundamentais: políticas orientadas à missão e compras públicas de inovação. A Finep, que historicamente tem apoiado a inovação e a sustentabilidade na indústria, percebeu a importância desta relação e, na esteira das novas possibilidades do novo Marco Legal de Ciência, Tecnologia e Inovação (CT&I), criou um grupo de trabalho para capacitar a instituição a aplicar os novos instrumentos de apoio à inovação pelo lado da demanda criados pela legislação (Figura 8.1).

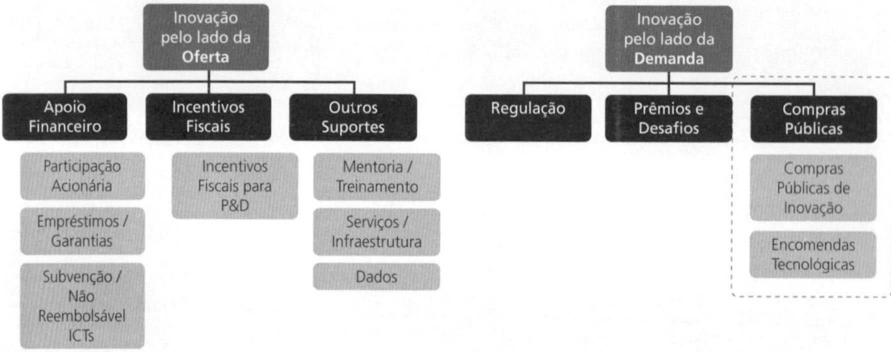

Figura 8.1 Instrumentos de apoio à inovação pelo lado da oferta e pelo lado da demanda.

Neste capítulo abordaremos a importância da relação entre esses instrumentos, a neoindustrialização e o papel da Agência Brasileira de Inovação e Pesquisa nesse processo.

8.2 Um breve contexto histórico do processo de industrialização no mundo

Antes de entrar no entendimento da neoindustrialização, é importante compreender, historicamente, como se chegou a este momento. A história da industrialização mundial pode ser dividida em cinco diferentes fases, cada uma caracterizada por inovações tecnológicas específicas, mudanças nas práticas de produção e impactos socioeconômicos significativos.

A Primeira Revolução Industrial aconteceu no período compreendido entre o final do século XVIII e o início do século XIX. Teve início na Inglaterra e se espalhou para outras partes da Europa e da América do Norte, transformando sociedades agrárias em industriais, gerando um processo de urbanização intensa com mudanças nas condições de trabalho e trocando a produção artesanal dos períodos anteriores pela produção em massa de produtos industrializados.

Em termos de mudanças tecnológicas, pode-se destacar a introdução de máquinas movidas a vapor, a mecanização da produção têxtil, as melhorias na metalurgia e o desenvolvimento dos sistemas de transporte, destacadamente as grandes ferrovias.

A Segunda Revolução Industrial aconteceu praticamente um século depois, entre o final do século XIX e o início do século XX. Em termos geográficos, ela se concentrou na Europa, na América do Norte e, em menor grau, no Japão. Entre suas principais características estão a introdução da eletricidade, o desenvolvimento da indústria química, as inovações na produção de aço e a expansão das redes de transporte e comunicação.

Entre os principais impactos, pode-se destacar a aceleração da produção industrial e um crescimento econômico significativo decorrente desse aumento da produtividade, o desenvolvimento de grandes corporações industriais e aumento da influência do setor industrial na economia global. Foi principalmente neste momento que o setor industrial começou a consolidar sua importância em termos de vetor de desenvolvimento socioeconômico e geopolítico.

Já a Terceira Revolução Industrial começou logo após a Segunda Guerra Mundial, em meados do século XX, e foi até o final deste mesmo século. Uma das grandes marcas dessa terceira revolução é seu caráter global com a liderança de países como Estados Unidos, Alemanha e Japão, e posteriormente outros países da Europa e da Ásia.

Entre suas principais características estão a introdução da automação, dos computadores e da robótica na produção, o desenvolvimento da indústria eletrônica e das TIC, que permitiram o surgimento do fenômeno da globalização, fundamental para o entendimento do contexto e os desdobramentos que resultaram na neoindustrialização.

Entre os principais impactos da Terceira Revolução Industrial estão a transformação das cadeias produtivas, o aumento da eficiência e produtividade da indústria em escala exponencial, a globalização da produção e do comércio, e as mudanças no mercado de trabalho com exigência de novas habilidades técnicas e gerenciais.

A Quarta Revolução Industrial, também conhecida como Indústria 4.0, começou no início do século XXI e permanece até o presente momento. Tem como principais características a integração de tecnologias digitais, físicas e biológicas, o desenvolvimento da internet das coisas (IoT), a inteligência artificial, a impressão 3D, *big data analytics* e a automação avançada com aprendizado de máquina (*machine learning*).

Entre os principais impactos da Quarta Revolução Industrial estão a transformação digital das indústrias, o desenvolvimento de novos modelos de negócios, a maior flexibilidade e personalização da produção e os desafios relacionados à privacidade e segurança de dados.

A neoindustrialização pode ser considerada uma expansão do conceito de Quarta Revolução Industrial. Embora ambas cubram o mesmo período, que se estabelece do início do século XXI até os dias de hoje, a neoindustrialização vai além dos conceitos de inovação e transformação digital colocados pela Quarta Revolução Industrial. Ela considera a participação mais ativa dos países emergentes e em desenvolvimento no processo de industrialização e das cadeias globais, a integração da indústria e do setor de serviços e, principalmente, os aspectos da sustentabilidade e impactos ambientais.

Assim como aconteceu nas demais revoluções industriais, cada um desses aspectos irá gerar (e já está gerando) uma profunda transformação na sociedade atual. Entender esses pilares e o papel do governo por meio do uso de seu poder de compra é um fator crítico para o desenvolvimento do país.

8.3 Os pilares da neoindustrialização

A neoindustrialização possui quatro pilares fundamentais: Inovação, Sustentabilidade, Integração das Cadeias Globais e Integração entre Indústria e Serviços. Para entender o contexto das atuais políticas industriais brasileiras e internacionais, é fundamental compreender esses elementos e como eles se conectam com os conceitos de compras públicas de inovação.

8.3.1 Inovação

O primeiro pilar, o da Inovação, talvez seja o traço mais evidente das mudanças do processo de industrialização a partir dos anos 2000. Já na Terceira Revolução Industrial era possível identificar o papel crítico da tecnologia na produtividade e no desempenho industrial, mas foi apenas a partir do século XXI que a correlação entre desenvolvimento econômico e inovação se tornou mandatória.

Segundo o Índice Global de Inovação (GII) da Organização Mundial da Propriedade Intelectual (OMPI), atualmente a inovação está diretamente relacionada à competitividade das empresas e dos países, mostrando uma correlação positiva entre o desempenho em inovação dos países e seu Produto Interno Bruto (PIB) *per capita* através de diversos indicadores.

Estudos recentes da Organização para a Cooperação e Desenvolvimento Econômico (OCDE) mostram que empresas inovadoras crescem cerca de duas vezes mais rápido em empregos e vendas do que empresas não inovadoras. A Pesquisa Industrial de Inovação Tecnológica (Pintec) do IBGE aponta para resultados semelhantes no contexto brasileiro.

O impacto gerado pelas empresas inovadoras e que mais crescem também é refletido na geração de empregos. Relatório da Endeavor de 2017 mostra que as empresas que mais crescem (acima de 20% ao ano por 3 anos seguidos) empregam cem vezes mais que as outras. Enquanto as *scale-ups* empregam em média 31,2 novas pessoas por ano, a média das demais empresas é de apenas 0,34.

A percepção do impacto positivo da inovação nas empresas e nos países impactou substancialmente o volume investido em pesquisa e desenvolvimento (P&D) nesse período. Segundo dados da Unesco, o investimento global em P&D mais que triplicou entre 2000 e 2018, atingindo quase 2,3 trilhões de dólares em 2018.

No contexto brasileiro, ainda há desafios a superar. O Brasil investe cerca de 1,2% de seu PIB em P&D, metade da média de 2,4% dos países da OCDE. Além disso, o volume de investimento privado é muito mais baixo que a média dos países desenvolvidos. A participação das empresas nos gastos totais com P&D é de cerca de 40%, enquanto em países da OCDE essa participação é, em média, de 70%.

Neste ponto, é possível perceber os dois primeiros orientadores para uma política industrial efetiva no que tange a neoindustrialização no Brasil: o aumento do investimento em P&D (tanto público quanto privado) e o estímulo ao investimento privado nesta atividade através de instrumentos orientados pela demanda, como as compras públicas de inovação e as encomendas tecnológicas. Este último ponto se destaca, pois os instrumentos orientados pela demanda são capazes de reduzir o risco de mercado e o *lock-in* de fornecedores privados de forma mais adequada do que os instrumentos de apoio à inovação pela ótica da oferta (que também são fundamentais, mas priorizam a redução de riscos tecnológicos).

8.3.2 Sustentabilidade

A sustentabilidade tornou-se um imperativo para a indústria global, influenciando não apenas as práticas de produção, mas também a inovação e a estratégia de negócios. Alguns movimentos merecem destaque como tendências da neoindustrialização, com impactos potenciais de trilhões de dólares.

Primeiramente é importante compreender que as origens da preocupação humana com o desenvolvimento sustentável é algo relativamente recente. De modo estruturado, a ideia de conciliar o suprimento das necessidades dos seres humanos da atualidade sem comprometer a capacidade do planeta para atender as futuras gerações surgiu apenas em 1972, durante a Primeira Conferência das Nações Unidas sobre o Meio Ambiente e Desenvolvimento, que ocorreu em Estocolmo (Suécia).

Desde então, diversas práticas empresariais e hábitos de consumo têm mudado considerando-se essa preocupação. Sob a ótica da demanda, um relatório da Nielsen apontou que 73% dos consumidores globais estão dispostos a mudar seus hábitos de consumo para reduzir o impacto ambiental. Pela ótica das práticas empresariais, a economia circular (que reduz, reutiliza e recicla) se tornou um mercado enorme, podendo gerar benefícios econômicos da ordem de US$ 4,5 trilhões até 2030, segundo relatório da Fundação Ellen MacArthur.

Além dos hábitos de consumo e de produção industrial, o setor de energia (insumo fundamental para produção e transporte) vem passando por uma verdadeira transformação radical, conhecida como transição energética. Um dos pilares dessa transição é a descarbonização que envolve fontes renováveis de energia, eficiência energética e "descarbonização" das fontes fósseis de energia. Segundo a Agência Internacional de Energia (IEA) e a *Building Co-ordination Group* (BCG), os investimentos na transição energética poderão chegar a US$ 18 trilhões até 2030.

Essas tendências irão mudar radicalmente o padrão de produção e distribuição industrial que conhecemos hoje, demandando trilhões de dólares de investimentos e políticas públicas bem direcionadas para essa realidade.

Neste contexto, o Brasil está bem posicionado para ocupar um papel de protagonista por seu passado, presente e futuro. Não é de hoje que o Brasil é reconhecido por suas pautas de sustentabilidade e transição energética. O país foi a sede das mais importantes conferências globais do clima, como a Eco-92, Rio+20 e Rio+30. Além disso, o país possui uma das mais limpas matrizes energéticas do mundo, com uma matriz elétrica chegando a mais de 80% da energia oriunda de fontes renováveis. Outro aspecto que reforça essa fama internacional é a Amazônia, a maior floresta tropical do mundo.

No presente, o atual governo anunciou que suas principais políticas de desenvolvimento serão embasadas nessa temática. Desde o Plano de Transição Ecológica liderado pelo Ministério da Fazenda, passando pelo novo Plano de Aceleração do Crescimento (PAC) que destinará R$ 1,4 trilhão à sustentabilidade e transição energética (cerca de 80% do total) até o Plano Mais Inovação Brasil, em que Finep e BNDES destinarão R$ 66 bilhões para inovação, considera entre suas temáticas centrais a bioeconomia, a mobilidade sustentável, a sustentabilidade no agronegócio, a descarbonização e a transição energética.

Para o futuro, além dos resultados das políticas anunciadas, o Brasil sediará diversos dos mais importantes eventos globais sobre o tema, como a cúpula do G20, o *Planetiers World Gathering* e o *Energy Summit* do *Massachusetts Institute of Technology* (MIT). Esses e outros eventos atrairão a atenção de dezenas de milhares de pessoas de todo o mundo interessadas na agenda do desenvolvimento sustentável.

Depois da revolução da internet, no início dos anos 2000, que marcou o início da Quarta Revolução Industrial, poucas vezes o mundo presenciou uma agenda de mudança tão relevante quanto a transição ecológica. E, ao contrário das três revoluções industriais anteriores, o Brasil pode, agora, ser um dos líderes desse movimento. Como essa mudança demandará novas tecnologias que podem ser menos viáveis economicamente em um primeiro momento, o uso do poder de compra do Estado e os instrumentos de apoio a inovação orientados pela demanda será fundamental.

8.3.3 Integração das cadeias globais

Outro aspecto fundamental da neoindustrialização é a integração com as cadeias globais. Iniciada na Terceira Revolução Industrial, a integração das cadeias globais de produção passou a ser mandatória a partir da Quarta Revolução. A aceleração da produção em massa na China e em outros países asiáticos, com altos investimentos em tecnologia e inovação por parte deles, trouxe novamente a necessidade da retomada e da elaboração de novas políticas industriais em todo o mundo.

De modos diferentes, dois movimentos foram decisivos para esta dimensão da neoindustrialização: as plataformas globais de *e-commerce* e as novas definições de insumos estratégicos.

Em relação ao *e-commerce*, plataformas globais, a exemplo de Amazon, MercadoLivre e AliExpress, conseguem distribuir produtos para o mundo inteiro pulando boa parte dos intermediários locais. O avanço da internet e das tecnologias de integração logística redefiniram os meios de distribuição de boa parte da indústria.

Na outra ponta, as novas relações geopolíticas entre os países acenderam o alerta sobre a necessidade do domínio da produção de insumos estratégicos, com destaque para dois setores – eletrônicos e farmacêutico –, ambos notados de maneira muito intensa durante a pandemia de covid-19. Com a interrupção de boa parte do transporte aéreo e naval durante a pandemia, muitos países se viram sem insumos estratégicos para alimentar suas indústrias.

A indústria eletrônica, por exemplo, possui hoje uma transversalidade muito grande, afetando a produção de diversas máquinas e equipamentos, como computadores, celulares, dispositivos de telecomunicações, sensores e até a indústria automobilística, já que, atualmente, cerca de 30% do valor de um automóvel provém de componentes eletrônicos. Outro item estratégico cuja ausência de competência industrial foi bastante percebida durante a pandemia foram os insumos farmacêuticos ativos (IFA). No Brasil, conseguimos produzir rapidamente as vacinas graças às competências já instaladas de Butantã e Fiocruz, ambas fortemente suportadas por investimentos públicos estratégicos.

Nesta última dimensão, dos insumos estratégicos, diversos países vêm desenvolvendo políticas específicas que integram suas políticas de inovação industrial com o uso do poder de compra do Estado, como o Programa SBIR nos Estados Unidos (*Small Business Innovation Research*), o Programa Horizonte Europa (anteriormente *Horizon* 2020) e o Plano de Médio e Longo Prazo 2006-2020 da China.

8.3.4 Integração com serviços

Por fim, a quarta dimensão da neoindustrialização é a integração da indústria com os serviços. Essa mudança é tão grande que traz até a reflexão se a redução do setor industrial é mesmo tão grande quanto parece, pela própria forma de fazer a contabilidade do PIB industrial *versus* sua nova relação simbiótica com o setor de serviços. Essa mudança é impulsionada pela digitalização, inovação tecnológica e mudança nos modelos de negócios, em que algumas tendências podem se destacar:

- *Manufatura avançada*: a adoção de tecnologias como IoT, IA e automação na manufatura tem criado uma convergência entre produção e serviços. A Whirlpool (dona das marcas Brastemp e Consul no Brasil) vem estudando acoplar serviços de diversas naturezas em eletrodomésticos inteligentes que utilizam essas tecnologias. O mercado global de manufatura inteligente está projetado para atingir 220 bilhões de dólares até 2025, segundo números da *Global Industry Analysis* (GIA).
- *Servitização*: indústrias estão oferecendo não apenas produtos, mas também serviços relacionados, como manutenção, treinamento e consultoria. A General Electric, por exemplo, tem oferecido a opção de vender "horas de voo" integrando serviços e produtos, em vez das tradicionais vendas de motores de avião (Produtos). O advento dos veículos autônomos também pode fazer com que a indústria automobilística passe a oferecer serviços de transporte urbano em vez de vender os automóveis para proprietários individuais, como faz atualmente. Essa mudança de modelo de negócios *as a service* pode atingir diversas indústrias nos próximos anos.
- *Economia de plataforma*: plataformas digitais têm permitido a integração entre diferentes setores, criando ecossistemas de produtos e serviços. A Amazon, por exemplo, começou como varejista *on-line* e agora oferece uma vasta gama de serviços, incluindo soluções de armazenamento em nuvem e *streaming*. A integração entre produto e serviços no modelo plataforma é também o cerne da proposta de valor dos binômios iPhone/Apple Store e *smartphones* Android/Google Store. A não adoção desse modelo de negócios integrando serviço e produto foi uma das principais causas da derrocada da Nokia no mercado de *smartphones*. A empresa finlandesa foi líder de mercado por 14 anos, chegando a ter 40% do mercado até 2012. Em 2014, sua divisão de celulares foi adquirida pela Microsoft quando tinha menos de 4% de *marketshare*.

Como política pública, é interessante observar o caso de Hangzhou, na China, que participou do programa de aceleração de regiões do *Massachusetts*

Institute of Technology (MIT REAP) em 2012. Percebendo o movimento da integração da indústria com os serviços e o modelo de plataformas, a cidade, que tinha vocação predominantemente industrial, lançou uma série de iniciativas para se posicionar como um grande polo global de *e-commerce*. Hoje, é o quarto maior ecossistema de inovação da China, sendo sede de gigantes do setor como o Alibaba e o Ant Group.

No Brasil, a visão integrada entre indústria e serviços ganhou um grande reforço quando falamos de compras públicas de inovação. O Marco Legal das Startups e Empreendedorismo Inovador (Lei Complementar n. 182/2021) abriu a possibilidade de uso dos *Sandbox* e do Contrato Público de Solução Inovadora, fundamentais para permitir que o poder de compra do Estado seja utilizado para alavancar inovações, principalmente das Govtechs.

8.4 Compras públicas de inovação, encomendas tecnológicas e programas orientados a missão

As compras governamentais são um poderoso instrumento de estímulo à demanda. Segundo números da OMC, os países gastam 10 a 15% de seu PIB com compras públicas de diversas naturezas, um valor entre US$ 8 a 13 trilhões. No Brasil, cuja média é cerca de 12% do PIB, o valor das compras governamentais estaria próximo a R$ 1 trilhão (números de 2021).

Diversos países da OCDE vêm estabelecendo que valores entre 2,5% e 5% de suas compras governamentais sejam alocadas para compras públicas de inovação. Se o Brasil seguir essa tendência, estaríamos falando entre R$ 26 e 52 bilhões adicionados ao sistema nacional de CT&I sem a necessidade de impacto fiscal para isso.

No Brasil, essa possibilidade vem se tornando uma realidade desde 2018 devido ao Decreto n. 9.283/2018, que regulamentou a utilização das Encomendas Tecnológicas (ETECs) previstas na Lei de Inovação (Lei n. 10.793/2004) e o Código Nacional de CT&I (Lei n. 13.243/2016). Depois disso, o Marco Legal das Startups (Lei Complementar n. 182/2021) e a Nova Lei de Compras (Lei n. 14.133/2021) habilitaram uma série de outros instrumentos que permitiram ao Brasil pensar em políticas estruturadas de apoio à inovação pelo lado da demanda.

No mundo, a utilização do uso do poder de compra do Estado para fomentar a inovação já tem uma longa história, cujo destaque cabe ao papel da Agência de Projetos de Pesquisa Avançada em Defesa (Darpa) dos Estados

Unidos, fundada em 1958, e que aplica 75% do seu orçamento de aproximadamente US$ 4 bilhões através de compras públicas de inovação. Entre suas encomendas tecnológicas mais famosas estão alguns desenvolvimentos do projeto Apollo (de enviar o homem à Lua, em 1961), o *mouse* de computador (1964), a própria Internet (originalmente Arpanet, em 1968), a interface gráfica para computadores (1968), o GPS (em 1973), os drones (1988), a assistente da Apple Siri (2002) e os primeiros robôs da Boston Dynamics em 2005.

No Brasil há poucos casos famosos e/ou relevantes de encomendas tecnológicas, até porque a legislação que permite o uso do instrumento como ele foi idealizado é bastante recente. Dois deles merecem destaque nesse contexto. O KC-390 – o mais moderno avião já fabricado pela Embraer – foi uma encomenda tecnológica que aconteceu antes da existência da legislação apropriada e, por isso, envolveu diversos desafios na gestão do apoio governamental que não precisariam existir nos dias de hoje. O segundo exemplo, já com a nova legislação em vigor, foi a maior encomenda tecnológica do país e foi essencial para salvar milhões de vidas brasileiras: a vacina Oxford-Fiocruz-Astrazeneca contra a covid-19.

É interessante observar que mesmo com a existência de grandes casos de sucesso, o uso de instrumentos de apoio à inovação orientados pela demanda como política pública estruturada é bastante recente na maior parte do mundo. Um estudo da OCDE mostra que somente nos últimos 15 anos seus países-membros começaram a desenvolver instituições e políticas focadas em compras públicas de inovação. Nesse estudo, eles entrevistaram os principais demandantes desses países para saber quais eram os maiores desafios para a ampla utilização dos instrumentos. O resultado foi surpreendente: nada ligado à legislação, ao apoio político ou à falta de recursos financeiros. Os três principais desafios reportados pelos demandantes foram: aversão ao risco (93% dos respondentes), capacidade de gestão e coordenação (93%) e falta de competências, efetivo ou habilidades (87%) (Figura 8.2).

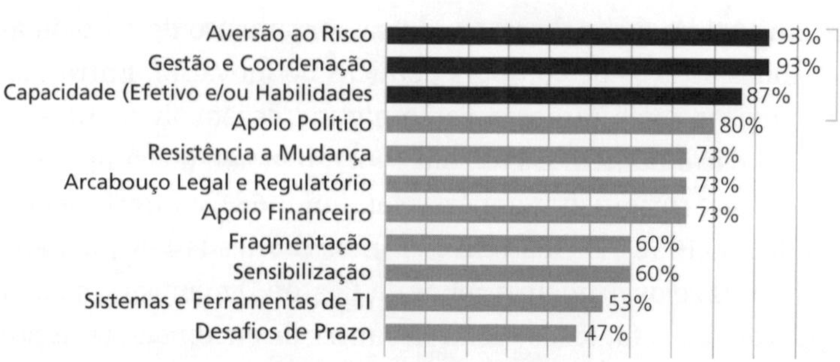

Figura 8.2 Desafios reportados pelos demandantes da OCDE em compras públicas de inovação.

Fonte: OECD (2017).

No Brasil, o projeto Inovamos, uma parceria entre TCU, BID e Tellus, realizou um estudo semelhante e obteve resultados parecidos: entre os principais gargalos estavam o medo do controle e a cultura institucional (aversão ao risco) e a falta de alinhamento e de competências técnicas. Apesar do grande esforço para a capacitação de instituições públicas como a ENAP, a ABDI e o próprio TCU, ainda faltava uma agência que apoiasse mais efetivamente os agentes públicos na execução desses processos. Assim, a Finep, utilizando sua experiência desde 1967 apoiando projetos de inovação orientados pela oferta, e inspirada nas lições internacionais de outras agências de inovação, incumbiu-se de organizar parte de sua estrutura e força de trabalho para ajudar em tal missão. O momento não poderia ser mais apropriado, principalmente devido ao alinhamento e às necessidades das principais políticas brasileiras ligadas à inovação.

8.5 As novas políticas nacionais orientadas à missão e o papel da agência-plataforma de inovação

Pode-se dizer que o tema inovação definitivamente entrou na agenda de prioridades nacionais. O Programa de Transição Ecológica liderado pelo Ministério da Fazenda, a Nova Política Industrial elaborada pelo Conselho Nacional de Desenvolvimento Industrial (CNDI), o novo PAC liderado pela Casa Civil e o Programa Mais Inovação desenvolvido conjuntamente por Finep e BNDES possuem em seus âmagos um forte componente de missões estratégicas.

No início da década de 2010, diversos autores, como Edquist, Zabala-Iturriagagoitia, Lember, Mowery, Veugelers e Zelenbabic, mapearam a importância das compras públicas de inovação para o sucesso de programas orientados à missão. Entretanto, no arcabouço institucional brasileiro ainda não há uma instituição capaz de desempenhar o papel de apoio à execução dos instrumentos de inovação pelo lado da demanda, o que pode ser um gargalo para o sucesso dessas grandes missões.

Do ponto de vista executivo, mobilizar atores-chave tão diferentes entre si como *startups*, grandes empresas, universidades e institutos de pesquisa (todos essenciais para a solução desses grandes e complexos desafios postos pelas missões) não é uma tarefa trivial. Da mesma forma, não é simples integrar os recém-regulamentados instrumentos de apoio a inovação pelo lado da demanda com os mais diversos instrumentos já existentes de apoio a inovação pelo lado da oferta como subvenções, não reembolsável para ICT, financiamentos e investimentos de venture capital (Figura 8.3).

No arcabouço institucional brasileiro a única instituição que atua com todos esses atores e com todos esses instrumentos é a Finep, a Agência Brasileira de Inovação. Para executar esse papel do que seria uma possível secretaria-executiva de apoio a compras públicas de inovação, a Finep teria ainda algumas vantagens adicionais, como ser multissetorial (ao contrário da famosa Darpa, por exemplo, que atua apenas no setor de defesa) e também ter ampla experiência com programas conjuntos com outras agências governamentais, como o BNDES (Programa Inova), os Bancos de Desenvolvimento regionais (Inovacred), as fundações de amparo à pesquisa (PNI; Centelha), o Conselho Nacional de Desenvolvimento Científico e Tecnológico (CNPq; Ações Transversais), entre outros.

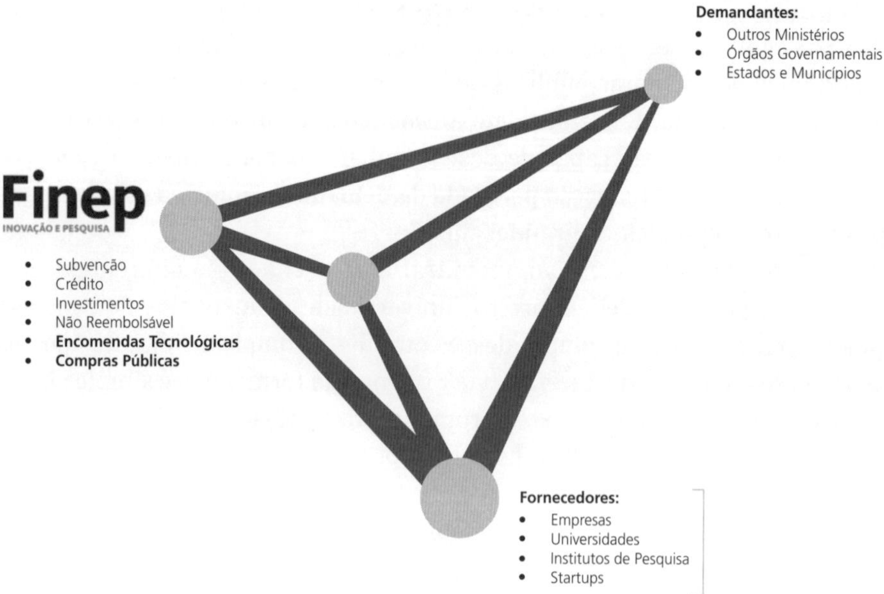

Figura 8.3 Finep - demandantes, fornecedores e instrumentos de apoio.

Entendendo a importância de preencher essa lacuna do Sistema Nacional de CT&I, a Finep vem se preparando para desempenhar esse papel. Para isso, foi criado o grupo de trabalho (GT) para proposição de modelo de atuação da Finep nos temas de compras públicas de inovação, encomendas tecnológicas e alianças estratégicas para inovação. Nos últimos meses, o GT - composto por representantes de todas as diretorias e liderado pela própria Presidência da instituição - realizou o conjunto de 22 entregas capazes de colocar dois pilotos em marcha e preparar a Finep para o próximo passo: apoiar outros ministérios, outros órgãos da administração federal, estados e municípios a realizarem com segurança suas encomendas tecnológicas e compras públicas de inovação.

Entre as entregas estavam a definição dos clientes-alvo, a seleção de instrumentos, o desenho dos novos produtos e serviços, a definição da precificação e formas de remuneração, o levantamento da conformidade estatutária e legal dos novos produtos e serviços, o mapeamento de parcerias e alianças estratégicas, os modelos de contratos iniciais e dos termos de referência, a proposta de estrutura e demanda de pessoas no curto e no longo prazo, o desenho dos macroprocessos, os sistemas e formulários mínimos e a definição de projetos-piloto alvo (um na área de Saúde e um na área de Defesa).

Embora exista um grande esforço para atingir essas entregas em tempo recorde, o desafio é complexo e envolverá muitos ministérios e outras instituições. Operar orientado por missões está posto como um das grandes prioridades e desafios do Brasil e, nesse contexto, pode-se dizer que a Finep está se preparando com grande empenho para se tornar uma Agência-Plataforma de Inovação e executar o papel que se faz necessário, da mesma forma que tem feito nos seus 56 anos de história de apoio a CT&I no país.

Referências

BRASIL. Planalto. *Decreto n. 9.283, de 7 de fevereiro de 2018*. Regulamenta a Lei n. 10.973, de 2 de dezembro de 2004, a Lei n. 13.243, de 11 de janeiro de 2016, o art. 24, § 3º, e o art. 32, § 7º, da Lei n. 8.666, de 21 de junho de 1993, o art. 1º da Lei n. 8.010, de 29 de março de 1990, e o art. 2º, caput, inciso I, alínea "g", da Lei n. 8.032, de 12 de abril de 1990, e altera o Decreto n. 6.759, de 5 de fevereiro de 2009, para estabelecer medidas de incentivo à inovação e à pesquisa científica e tecnológica no ambiente produtivo, com vistas à capacitação tecnológica, ao alcance da autonomia tecnológica e ao desenvolvimento do sistema produtivo nacional e regional. Brasília, DF, 2018. Disponível em: https://www.planalto.gov.br/ccivil_03/_ato2015-2018/2018/decreto/d9283.htm. Acesso em: 1 jul. 2024.

BRASIL. Planalto. *Lei n. 10.973, de 2 de dezembro de 2004*. Dispõe sobre incentivos à inovação e à pesquisa científica e tecnológica no ambiente produtivo e dá outras providências. Brasília, DF, 2004. Disponível em: https://www.planalto.gov.br/ccivil_03/_ato2004-2006/2004/lei/l10.973.htm. Acesso em: 1 jul. 2024.

BRASIL. Planalto. *Lei n. 13.243, de 11 de janeiro de 2016*. Dispõe sobre estímulos ao desenvolvimento científico, à pesquisa, à capacitação científica e tecnológica e à inovação e altera a Lei n. 10.973, de 2 de dezembro de 2004, a Lei n. 6.815, de 19 de agosto de 1980, a Lei n. 8.666, de 21 de junho de 1993, a Lei n. 12.462, de 4 de agosto de 2011, a Lei n. 8.745, de 9 de dezembro de 1993, a Lei n. 8.958, de 20 de dezembro de 1994, a Lei n. 8.010, de 29 de março de 1990, a Lei n. 8.032, de 12 de abril de 1990, e a Lei n. 12.772, de 28 de dezembro de 2012, nos termos da Emenda Constitucional n. 85, de 26 de fevereiro de 2015. Brasília, DF, 2016.

Disponível em: https://www.planalto.gov.br/ccivil_03/_Ato2015-2018/2016/Lei/L13243.htm. Acesso em: 1 jul. 2024.

BRASIL. Planalto. *Lei Complementar n. 182, de 1º de junho de 2021*. Institui o marco legal das startups e do empreendedorismo inovador; e altera a Lei n. 6.404, de 15 de dezembro de 1976, e a Lei Complementar n. 123, de 14 de dezembro de 2006. Brasília, DF, 2021. Disponível em: https://www.planalto.gov.br/ccivil_03/leis/lcp/lcp182.htm. Acesso em: 1 jul. 2024.

BRASIL. Planalto. *Lei n. 14.133, de 1º de abril de 2021*. Lei de Licitações e Contratos Administrativos. Brasília, DF, 2021. Disponível em: https://www.planalto.gov.br/ccivil_03/_ato2019-2022/2021/lei/l14133.htm. Acesso em: 1 jul. 2024.

BRASIL. *FINEP*. 2024. Disponível em: http://www.finep.gov.br/. Acesso em: 1 jul. 2024.

OECD. *Public procurement for innovation:* good practices and strategies. Paris: OECD Public Governance Reviews, OECD Publishing, 2017. Disponível em: https://doi.org/10.1787/9789264265820-en.

9. Ciência, tecnologia e inovação como elementos centrais de uma política de (neo)industrialização

Tatiana Farah de Mello Cauville

A diminuição da participação da indústria brasileira no PIB do país ao longo das últimas décadas reforça a necessidade urgente de um plano de retomada. Com um potencial significativo de se destacar no mercado mundial – em tempos de bioeconomia, descarbonização, sustentabilidade, novas formas de energia, digitalização e novos desafios para a saúde –, o Brasil conta com os elementos que trazem vantagens comparativas e o posicionam, potencialmente, na vanguarda mundial de uma nova industrialização com bases verdes.

Essas vantagens comparativas são consenso global: o Brasil possui 20% da biodiversidade global, 12% da água doce, 60% de cobertura florestal. No entanto, para transformá-las em vantagens competitivas, precisamos refletir sobre o tipo de governança que precisa ser realizada para que o Brasil não fique apenas na promessa e se torne, de fato, um líder global da nova indústria. A resposta passa, necessariamente, pela inovação e pelo desenvolvimento tecnológico do país. O investimento em inovação precisa ser estratégico, com políticas públicas assertivas, definição de missões claras e objetivas, investimentos constantes e diálogo com o setor produtivo. É necessário elaborar políticas industriais e de inovação a partir do diálogo entre governo, empresas privadas, academia e sociedade.

Promover o diálogo intersetorial entre governo, academia e setor produtivo é essencial para que o país siga um modelo conectado às tendências globais, fomentando um ecossistema de inovação maduro, sustentável e com resultados que ajudem a transformar vantagens comparativas em resultados por meio da competição global. Esse diálogo contínuo e profícuo é o objetivo da MEI,[1] coordenada pela CNI.

O objetivo deste capítulo é demonstrar que a proposta de nova industrialização no Brasil passa pela perenização e intensificação do investimento total em inovação e que podemos nos apoiar em um modelo orientado por missões, definidas a partir de amplos desafios da sociedade.

9.1 Desindustrialização brasileira

A desindustrialização brasileira é uma realidade. Segundo estudo da FGV,[2] a participação da indústria de transformação na economia brasileira vem diminuindo de maneira significativa e progressiva.

A indústria de transformação chegou a representar, em 1985, 35,9% do PIB do país na comparação a preços correntes. Em 1998, caiu para 13,8%. Em 2004, houve uma ligeira recuperação para 17,8% e, em 2020 e 2021, declinou para os menores índices da série histórica, com apenas 11,2 e 11,3% de participação, respectivamente (FGV, 2022).

A desindustrialização do país também pode ser medida pelo grau de competitividade da indústria de transformação no mercado doméstico, isto é, por meio da capacidade de suprir a demanda interna. De acordo com o estudo da FGV, a participação das importações na oferta doméstica de produtos cresce

1 A Mobilização Empresarial pela Inovação (MEI), movimento coordenado pela Diretoria de Inovação (DI) da Confederação Nacional da Indústria (CNI), completou 15 anos de atuação em 2023. Seu objetivo é estimular a estratégia inovadora das empresas brasileiras e ampliar a efetividade das políticas de apoio à inovação, por meio da interlocução construtiva e duradoura entre a iniciativa privada, o setor público e a academia. Atualmente, o fórum reúne mais de quinhentas lideranças empresariais do país, para as quais a inovação deve estar no centro das estratégias das empresas. Ao longo dos últimos anos, a MEI se consolidou como o mais bem-sucedido ambiente de diálogos e de proposição de políticas de inovação, em parceria com os principais integrantes do ecossistema de Ciência, Tecnologia e Inovação (CT&I) do Brasil, além de viabilizar a integração de iniciativas nessa área.

2 Disponível em: https://portalibre.fgv.br/sites/default/files/2022-10/texto-de-discussao-6-a-beira-da-extincao_0.pdf. Acesso em: 24 ago. 2023.

de forma progressiva, passando de 70,6% em 1997 para 77,6% em 2021. Já participação da indústria nacional nas exportações brasileiras caiu de 75%, em 1997, para 47,5%, em 2021 (FGV, 2022).

A fração da indústria brasileira na produção mundial também diminuiu. Em 1995, a manufatura do Brasil representava 2,77% da produção mundial, caindo para 1,28% em 2023. A queda foi de praticamente 50%, conforme estudo da CNI.

A desindustrialização mostra-se danosa à economia brasileira, sobretudo devido à capacidade que a indústria tem de dinamizar a economia, gerando empregos e renda. Segundo projeções da CNI, a cada R$ 1,00 produzido na indústria de transformação são gerados R$ 2,43 na economia como um todo. A título de comparação, na agricultura são gerados R$ 1,75 e nos setores de comércio e serviços, R$ 1,49. O setor industrial tem a capacidade de puxar o crescimento dos demais setores por possuir cadeias produtivas longas e ser o grande indutor de inovações da economia.

Além de impulsionar a geração de riquezas em um país, um dos atributos essenciais da indústria é a capacidade de inovar e, consequentemente, criar todo o ciclo positivo que o desenvolvimento tecnológico traz. A indústria é responsável por efeitos de transbordamento para a economia como um todo, gerando externalidades positivas em setores como a agricultura, comércio e serviços, em movimento similar ao efeito multiplicador da renda observado no setor. A experiência internacional mostra que a inovação é o principal motor do desenvolvimento dos países. O caderno *Propostas da Indústria para as Eleições 2022*,[3] desenvolvido pela CNI, informa que instituições internacionais como a OCDE, a Unido, o Banco Mundial, o FMI e o Fórum Econômico Mundial enfatizam que a inovação ajuda a elevar a produtividade, acelera a recuperação em tempos de crise e impulsiona o crescimento econômico.

O desempenho do Brasil em inovação é insuficiente para que o país seja competitivo, produtivo e inclusivo. Há cerca de 20 anos o tema da inovação entrou na agenda pública e privada. Ainda assim, o país avançou pouco nos índices globais, mesmo quando comparado a pares emergentes ou latino-americanos. Em 2011, o Brasil ocupava a 47ª posição na classificação do Global Innovation Index – até então foi a melhor marca registrada pelo país. Em 2015, caiu para a 70ª. Em 2021, oscilou para a 57ª posição e, em 2023,

3 Disponível em: https://static.portaldaindustria.com.br/media/filer_public/3b/b2/3bb26816-f457-4c2b-9615-bdb1c193b3a8/doc_2_-_inovacao_web.pdf. Acesso em: 28 ago. 2023.

apresentou melhora, chegando à 49ª posição (World Intellectual Property Organization, 2023).

O ecossistema de inovação brasileiro é formado por uma extensa e complexa rede de agentes dos setores privado, público, além de universidades, centros científicos e mercado de financiamento, entre outros. Há iniciativas de fomento ao avanço do ecossistema por meio de políticas públicas de nível nacional e local. No entanto, a CNI, representando o setor produtivo e em diálogo com demais atores do ecossistema de inovação brasileiro, defende a alocação mais estratégica dos recursos públicos aplicados no fomento à inovação.

Desde quando foi criada, em 2008, por iniciativa da CNI, a MEI se consolidou como principal ambiente de diálogos e de proposição de políticas públicas no campo da inovação, por meio de uma interlocução efetiva entre a iniciativa empresarial, o setor público e a academia. Hoje reúne aproximadamente quinhentas das mais importantes lideranças empresariais do país e alcançou importantes resultados para o país, como a inserção na Constituição Federal, do dever do Estado em promover a inovação; melhorias no texto do Marco Legal de CT&I e sua regulamentação; articulações em defesa dos recursos do Fundo Nacional de Desenvolvimento Científico e Tecnológico (FNDCT); aprimoramentos à Lei do Bem; apoio à criação da Empresa Brasileira de Pesquisa e Inovação Industrial (Embrapii) e à criação da rede Senai de Institutos de Inovação e Tecnologia.[4]

As lideranças integrantes deste movimento seguem reforçando que a alocação estratégica de recursos para inovação é favorecida quando há definição mais precisa dos principais desafios da sociedade, o que pode ser definido por meio de missões. Uma visão de longo prazo, que contemple e busque amenizar as diferenças sociais e regionais, pode apoiar no avanço de uma agenda estratégica prioritária que interligue ciência, tecnologia, inovação e indústria.

9.2 Novas políticas industriais e neoindustrialização

Diante do quadro de desaceleração da indústria nacional, o setor produtivo é uníssono na defesa de uma nova política de desenvolvimento, com incentivos à indústria que favoreçam o reposicionamento do país nas cadeias produtivas globais por meio da inovação, principalmente a ecoinovação. O anseio

4 Todos os resultados alcançados pela MEI, assim como suas publicações desde 2008, podem ser acessadas em: https://www.portaldaindustria.com.br/cni/canais/mei/

do empresariado brasileiro está em conformidade com tendências observáveis atualmente em países e regimes de todo o mundo, dos Estados Unidos à União Europeia. Cada nação busca reposicionar sua indústria por meio de políticas públicas que focam, principalmente, no fomento à competitividade por meio da inovação.

Até recentemente, o debate acerca de políticas industriais se limitava a sua defesa ou acusação. Hoje, o debate é sobre como políticas industriais podem fomentar a indústria do futuro. Elas se distanciaram das políticas industriais do pós-guerra e do neoliberalismo no século XXI: enquanto no pós-guerra prevaleceu o uso intensivo de proteção aduaneira e incentivos fiscais, no neoliberalismo a preponderância foi o uso de políticas horizontais.

Atualmente, em parte como resposta à dificuldade na recuperação do ritmo de crescimento econômico das economias industrializadas após a crise de 2008, observa-se o ressurgimento de novas políticas industriais estruturantes, com visão de longo prazo e foco em resultados globais, alinhadas ao novo cenário multipolarizado.

Desde então, os anúncios de iniciativas ambiciosas de políticas de fomento científico, tecnológico e de inovação pelas principais economias passaram a ser o centro das estratégias governamentais. Iniciativas como a Industrie 4.0, a Advanced Manufacturing Initiative e a Made in China 2025 (GTAI, 2011; NSTC, 2012; U.S. Chamber of Commerce, 2017) lançadas entre 2011 e 2015, formuladas pela Alemanha, Estados Unidos e China, respectivamente, buscaram o fomento à emergência de novas fronteiras tecnológicas ou mesmo a resolução de desafios robustos da sociedade, como o enfrentamento das mudanças climáticas.

A pandemia da covid-19 acelerou as tendências supracitadas, mudando em parte a direção perseguida até então. Por um lado, a crise sanitária impôs investimentos em novas tecnologias, movimento que acabou por induzir o incremento da escala de produção, contribuindo para reduzir os custos relativos ao desenvolvimento tecnológico.

Por outro lado, as cadeias globais de valor foram colocadas em xeque e trouxeram questionamentos quanto às vantagens e riscos dos sistemas de produção com maior integração internacional,[5] principalmente em cenários de disrupção logística global e eventos que podem gerar maior protecionismo, como a guerra da Ucrânia. A crise econômica que acompanhou a pandemia

5 Ver a discussão contida, por exemplo, nos documentos: The White House (2021); e Lee e Park (2021).

motivou a formulação de políticas voltadas para a redução da dependência externa e até mesmo para a repatriação de investimentos. Numerosas iniciativas e medidas de estímulos econômicos de curto e longo prazo foram lançadas nas principais economias do mundo com o objetivo de aumentar a competitividade dos seus sistemas industriais domésticos. Esse é o caso, por exemplo, dos pacotes de investimentos propostos e aprovados pelos Estados Unidos e pela Europa em 2021 e 2022, como o Infrastructure Investment and Jobs Act, o Inflation Reduction Act, o Chip and Science Act e o Next Generation EU.

Os planos nacionais para o desenvolvimento industrial passaram a mobilizar recursos públicos de magnitude progressivamente maior. Entre os planos lançados nos últimos anos por diversas nações, está o Green Deal Industrial Plan, de 2023, em execução na União Europeia, que envolve investimentos de pelo menos 662 bilhões de euros na descarbonização da economia. Os Estados Unidos também estão implementando programas de apoio às cadeias produtivas domésticas, como o os programas citados, ambos de 2022, que somam pelo menos US$ 700 bilhões em investimentos anunciados.

Observa-se o volume crescente dos recursos anunciados e a ambição das políticas de desenvolvimento tecnológico no período posterior à covid-19. A evolução dessas políticas, que alcançaram somas próximas de 10% do PIB em alguns países, moldará, pelos próximos anos, o progresso tecnológico e a reestruturação da indústria em nível global.

As políticas industriais do século XXI normalmente têm traços comuns que podem ser categorizados da seguinte forma:

9.2.1 Megatendências e disputas no contexto geopolítico

As políticas industriais contemporâneas seguem três tendências: a aceleração da transformação digital, genômica e nanotecnológica; a crise climática e a transição energética, com o consequente imperativo de descarbonização; e, por fim, as demandas da sociedade diante da perda de empregos e o aumento da desigualdade de renda. As políticas também respondem ao aumento dos riscos do novo desenho geopolítico, com preocupação com a segurança nacional, marcado por rivalidades entre os países e conflitos, assim como as disputas comerciais e tecnológicas entre Estados Unidos e China.

9.2.2 Missões para atingir objetivos sociais relevantes

As políticas contemporâneas organizadas por missões almejam alcançar objetivos sociais relevantes, como a preservação ambiental, a segurança sanitária, alimentar e energética, a melhoria da mobilidade urbana e o respeito aos imperativos da soberania nacional.

9.2.3 Foco em ciência, tecnologia e inovação

A nova geração de políticas industriais foca, sobretudo, em ciência, tecnologia e inovação. Por isso as políticas industriais e as políticas de ciência, tecnologia e inovação precisam estar conectadas. A aproximação entre políticas industrial e de CT&I ocorre sobretudo após o avanço da Quarta Revolução Industrial e Tecnológica, que foi impulsionada por tecnologias exponenciais, tais como plataformas de manufatura 4.0, a internet das coisas, telecomunicações 5G, supercomputação, inteligência artificial, genômica aplicada, nanotecnologias e materiais avançados.

Nesse sentido, o aprendizado tecnológico – que é o processo de construção e acumulação de competências e conhecimentos para inovar – e a inovação são essenciais à captura de oportunidades de desenvolvimento industrial e de inserção competitiva nos processos de rearranjo das cadeias globais de valor em curso.

A política industrial contemporânea se volta para o desenvolvimento institucional dos sistemas nacionais de inovação, favorecendo a formulação de políticas voltadas ao acúmulo de capacitações tecnológicas, em oposição aos recortes setoriais usados pelas políticas adotadas até então. Esse enfoque tem mudado também as formas de organização e operacionalização das políticas industriais, com o aumento do número de iniciativas voltadas a missões de desenvolvimento de tecnologias específicas e à criação de *hubs* tecnológicos, por exemplo.

9.2.4 Visão sistêmica

A indústria nacional é vista como um sistema complexo, formado pela articulação de vários elementos, em que os fatores de competitividade dizem respeito não apenas às empresas, mas ao seu entorno institucional e à infraestrutura logística e tecnológica. Dessa forma, não se trata mais de apenas apoiar o aumento dos investimentos e da oferta de bens e serviços. As novas políticas industriais contemplam, igualmente, ações para assegurar a demanda global. Dentro dessa ideia, a infraestrutura industrial como um todo - incluindo a energética, logística e de telecomunicações - é vista como um dos alvos principais das modernas estratégias de desenvolvimento industrial.

9.2.5 Exposição ao mercado internacional

O aumento da escala de produção global, a captura de novos mercados e os incentivos aos investimentos em bens estratégicos de maior complexidade e valor agregado trouxeram a necessidade de reestruturação competitiva das políticas de exportação. Por isso, o incremento das exportações passou a ser fundamental para o sucesso das novas políticas industriais.

9.2.6 Coordenação, governança, monitoramento e avaliação

Políticas industriais bem-sucedidas se sobrepõem a mandatos governamentais. Portanto, são políticas de Estado, estruturantes, que requerem visão de longo prazo, previsibilidade e certeza de execução. Não se submetem e não podem ser afetadas nem por movimentos econômicos conjunturais nem por alterações dos processos de gestão, vinculados a mudanças das equipes ou prioridades de governo.

As políticas industriais modernas são complexas e demandam coordenação de alto nível no âmbito do Poder Executivo e do Congresso Nacional. A participação do setor privado e da sociedade nos fóruns de coordenação é essencial para o sucesso da implementação das ações programadas.

9.3 Inovação como pauta prioritária

A experiência internacional mostra que a inovação é o principal motor do desenvolvimento dos países de alta renda. O investimento em ciência, tecnologia e inovação tem sido fundamental para que os países mais competitivos mantenham economias fortes. Por isso, o capital destinado à inovação é de suma importância para a reestruturação da indústria.

De acordo com dados da OCDE e trazidos no documento apresentado pela CNI aos candidatos à presidência em 2022 (CNI, 2022), nos Estados Unidos, por exemplo, os investimentos em pesquisa e desenvolvimento correspondiam, em 2018, a 2,83% do PIB, enquanto a Coreia do Sul, no mesmo ano, atingiu 4,53% do PIB.

No início da década de 2000 a China investiu cerca de 1% do PIB em pesquisa e desenvolvimento – percentual similar ao do Brasil naquela data – e saltou para 2,14% do PIB em 2018. O Brasil mantém a média de 1% em investimentos (CNI, 2022).

Enquanto nos países desenvolvidos e na China a maior parte do investimento é realizada pelo setor privado, as empresas brasileiras respondem por menos da metade do total alocado em pesquisa e desenvolvimento no país. Essa situação, que se degradou desde 2015, foi agravada ainda mais durante a pandemia de covid-19. No Brasil, em 2018, os dispêndios públicos foram da ordem de R$ 42 bilhões, e o privado, de R$ 37 bilhões, segundo dados de 2021 do Ministério da Ciência, Tecnologia e Inovação.

O investimento em pesquisa, desenvolvimento e inovação aquém da sua capacidade coloca em risco o futuro da indústria nacional, a produtividade do país, a competitividade no mercado global e, sobretudo, a geração de emprego e renda. De acordo com a CNI,[6] a indústria corresponde a 21,2% do emprego formal no Brasil – em 2010, chegou a ser 24,5%.

Dessa forma, para manter a sobrevivência das empresas brasileiras e posicionar melhor o país nos *rankings* globais, a inovação precisa estar no ponto focal das políticas públicas e das estratégias empresariais, de modo que o país construa um ecossistema que impacte as cadeias global de valor em reconfiguração.

9.4 Forças e fraquezas do sistema brasileiro de inovação

O ecossistema de ciência, tecnologia e inovação no Brasil vem se desenvolvendo ao longo dos anos, com capacidades avançando progressivamente nas últimas duas décadas. No entanto, a descontinuidade das políticas públicas de fomento à inovação no Brasil tira a previsibilidade necessária para o planejamento de longo prazo, uma barreira para uma maior efetividade na alocação

6 https://industriabrasileira.portaldaindustria.com.br/grafico/total/mercado-trabalho/#/industria-total. Acesso em: 31 ago. 2023.

de recursos e incentivos. Tal constatação atrapalha o planejamento de agentes econômicos que buscam parcerias e recursos públicos para compartilhamento dos riscos da inovação.

Um dos pontos fortes do sistema de inovação do Brasil, na visão de Mazzucato (2023, p. 17), é que o país possui elementos de um sistema de inovação bem estabelecido, componentes que "se assemelham a um sistema bem desenvolvido". Dessa forma, o Brasil conta com instituições-chave dentro dos subsistemas de educação e pesquisa, produção e inovação, e políticas e regulamentação.

O país tem atores engajados como empresas privadas, empresas estatais, associações industriais, universidades, instituições públicas, instituições de pesquisa, instituições de ensino profissional, bancos privados, financiamento público instituições, agências reguladoras, órgãos de propriedade intelectual, inovação tecnológica centros etc. Assim, essa rede diversificada colabora para promover a inovação, a pesquisa e o desenvolvimento, abrindo caminho para um ecossistema de inovação dinâmico e vibrante.

Destaca-se a produção científica brasileira, que é a 14ª maior do mundo, com mais de 74 mil artigos publicados em periódicos indexados na base Scopus da Elsevier. O país também tem um subsistema de pesquisa científica responsável por criar excelência em setores específicos como petróleo e gás, aviação, agricultura, saúde e, em menor grau, automação bancária. Um trunfo do país são os ativos naturais brasileiros, como recursos minerais, hídricos e a biodiversidade.

As instituições de fomento à ciência, tecnologia e inovação também colaboram com o sistema de inovação do Brasil. O sistema de financiamento de longo prazo do setor público é facilitado por meio de instituições como Banco Nacional de Desenvolvimento Econômico e Social (BNDES) e a Financiadora de Estudos e Projetos (Finep). Outro ponto a favor da inovação brasileira é o mercado interno relevante.

Por outro lado, o sistema brasileiro de inovação apresenta fragilidades, como a dificuldade em elaborar e implementar de políticas de longo prazo que considerem horizontes temporais mais amplos que a vigência de um governo. Além disso, o baixo investimento privado em pesquisa e desenvolvimento é um desafio a ser superado. O dispêndio em pesquisa e desenvolvimento no

Brasil foi de 1,14% do PIB[7] em 2020, segundo informações do Ministério da Ciência, Tecnologia e Inovação.

Na série histórica de 2000 a 2020 disponibilizada pelo governo federal, os investimentos totais em inovação em relação ao PIB oscilaram entre 0,96%, em 2004, e 1,37%, em 2015. Em 20 anos, os dispêndios empresariais com inovação nunca ultrapassaram a marca de 0,64% (2015). Em 2020, o percentual foi de 0,53%. Com esses índices, o Brasil fica muito aquém da média dos países da OCDE, em que a média de participação privada nos investimentos com inovação corresponde a 2,14% do PIB.[8] Trata-se de um dos maiores desafios na agenda do ecossistema de inovação brasileiro, que deve dedicar-se ao aumento dos investimentos em pesquisa e desenvolvimento no setor privado.

Os esforços para adotar e disseminar proativamente novas técnicas e tecnologias resultam de uma ligação eficaz entre os setores acadêmico e privado. Atualmente, uma parcela significativa da pesquisa conduzida na academia permanece confinada e não consegue dialogar com o setor produtivo. De acordo com pesquisa conduzida pelo Ipea,[9] a maioria dos coordenadores acadêmicos (87%) não só é favorável à realização de parcerias com empresas como pensa que a universidade deve incentivar essa interação. Entretanto, apenas 51% dos laboratórios estiveram envolvidos em projetos em parcerias com o setor privado.

Assim, no contexto brasileiro de pesquisa e desenvolvimento, um desafio significativo está em unir o abismo entre instalações de pesquisa públicas e privadas. Para encorajar o aumento do investimento privado, é fundamental desburocratizar os acordos de parceria entre os dois setores.

Além do abismo entre os setores acadêmico e privado, o Brasil assistiu a uma queda da produção científica. Em 2023, o país teve seu primeiro declínio na publicação de artigos científicos desde 1996 – o índice é o pior entre os 51 países analisados, e é o mesmo que a Ucrânia, que está em guerra. As informações são do relatório da Elsevier-Bori "2022: um ano de queda na produção

7 Ministério da Ciência, Tecnologia e Inovação, com base em dados do PIB disponibilizados pelo Instituto Brasileiro de Geografia e Estatística (IBGE). 2023. Disponível em: https://www.gov.br/mcti/pt-br/acompanhe-o-mcti/indicadores/paginas/recursos-aplicados/indicadores-consolidados-1/2-1-1-brasil-dispendio-nacional-em-ciencia-e-tecnologia-c-t-em-valores-correntes-por-atividade-2000-2019 Acesso em: 31 ago. 2023.

8 Agenda 2034: Visões do setor produtivo e da sociedade civil para o desenvolvimento sustentável do país, MBC e FGV, 2023.

9 https://repositorio.ipea.gov.br/bitstream/11058/8125/1/Pol%C3%ADticas%20de%20apoio%20%C3%A0%20inova%C3%A7%C3%A3o%20tecnol%C3%B3gica%20no%20Brasil.pdf. Página 110. Acesso em: 31 ago. 2023.

científica para 23 países, inclusive o Brasil",[10] divulgado esta semana pela Agência Bori.

A pesquisa analisou dados de 51 países que publicaram mais de 10 mil artigos científicos em 2021 e mostrou as variações ocorridas em relação ao ano seguinte. Na comparação, 23 países experimentaram decréscimo no número de artigos publicados. O decréscimo – inédito – do Brasil foi de 7,4% na publicação de artigos científicos em 2022 em comparação a 2021.

O Brasil caracteriza-se por uma estrutura produtiva dualista, em que se destaca um seleto grupo de grandes empresas que inovam e coexistem com empresas menores e de baixa produtividade e tecnologia. Para se ter uma noção da discrepância do uso de tecnologias entre empresas de portes diferentes, de acordo com a CNI (2023, p. 47), 86% das grandes empresas utilizam pelo menos uma tecnologia digital e o percentual cai para 64% entre as médias empresas e 42% entre as pequenas empresas.

Ainda, o Brasil enfrenta distorções tributárias, deficiências logísticas e infraestrutura inadequada que aumentam os custos de produção e reduzem a competitividade potencial do país.

Há várias maneiras de superar esses desafios. Primeiro, implementar reformas fiscais para melhorar a competitividade. Em segundo lugar, estabelecer uma âncora fiscal que equilibre as contas públicas e os desafios sociais. Terceiro, atrair investimentos sustentáveis e, ao mesmo, tempo implementar políticas ambientais. Quarto, garantir o acesso à educação pública de qualidade. Quinto, estimular novos investimentos para criar empregos. E, por fim, melhorar o financiamento das PME.

Mazzucato (2023) propõe que a estratégia de desenvolvimento do Brasil deve priorizar o aumento de produtividade e inovação entre empresas menores. A persistência histórica de PME menos produtivas, rotineiramente na informalidade, contribuiu para uma deterioração da produtividade agregada da economia. Por isso, a importância dos avanços tecnológicos e das inovações incrementais para as pequenas empresas não pode ser negligenciada.

---

10 https://abori.com.br/wp-content/uploads/2023/07/2022-um-ano-de-queda-na-producao-cientifica-para-23-paises-inclusive-o-Brasil.pdf. Acesso em: 31 ago. 2023.

9.5 Ecoinovação: uma oportunidade para a liderança brasileira

As inovações que implicam baixa emissão de carbono podem representar um grande impulso para o desenvolvimento do país, contribuindo para fortalecer o fluxo de conhecimento e de aprendizado, além de favorecer a geração de um ciclo virtuoso entre conservação ambiental e crescimento econômico. O Brasil pode e precisa aproveitar melhor toda a sua biodiversidade e se consolidar como um líder global verde.

Para se tornar uma liderança reconhecida em ecoinovação, no entanto, o Brasil ainda enfrenta muitos gargalos. Sua parcela de patentes verdes diminuiu em comparação com outras grandes economias, indicando uma perda relativa em área que apresenta forte vantagem comparativa. A proporção de produtos manufaturados ecologicamente corretos também diminuiu. Segundo o relatório "Tendências, desafios e oportunidades em ecoinovação para a indústria brasileira" (Confederação Nacional da Indústria, Comissão Econômica para a América Latina e o Caribe, 2023), embora o Brasil apresente uma participação de patentes verdes superior àquela de economias avançadas (16,1% no Brasil contra 14,9% nos Estados Unidos, 14,3% na União Europeia e 15,3% na China em 2018), essa diferença tem caído nos últimos anos.

De cada dez empresas industriais no Brasil, apenas três inovaram, enquanto apenas uma ecoinovou. Ou seja, a maior parte da indústria (66,1%) não inova e a grande maioria (87,8%) não realiza inovação verde. Embora a indústria e a academia façam esforços, a ecoinovação progrediu lentamente no país e poderia ser impulsionada com incentivos e políticas públicas de fomento a inovação verde.

A ascensão econômica da China, as novas formas de energia e a busca de maior independência em torno dos mercados dominantes e das redes globais de fornecimento – principalmente após a pandemia de covid-19, quando os países fornecedores priorizaram o atendimento doméstico – representaram gatilhos para que países voltassem a investir em políticas industriais.

A economia verde é um dos principais focos das novas políticas industriais em implementação pelo mundo, com ênfase no incentivo a descarbonização, biotecnologia e sustentabilidade. Após a conferência climática COP26, realizada em novembro de 2021 em Glasgow, na Escócia, firmou-se o entendimento sobre a necessidade de envolver o setor privado nas discussões sobre economia verde, impulsionadas pela urgência do desenvolvimento sustentável.

Dessa forma, o Brasil deve aproveitar essa janela de oportunidade trazida pelo interesse global em fomentar a economia verde para impulsionar a inovação. Isto está alinhado com o compromisso do país com os Objetivos de Desenvolvimento Sustentável (ODS) das Nações Unidas e a sua aspiração de abordar a questão global dos desafios e promover o desenvolvimento sustentável.

Ao encarar desafios como a convergência da política industrial, as transições verdes e os desafios sociais, o país caminha para reduzir sua dependência das exportações de *commodities* e promover a sustentabilidade a longo prazo. O país tem o potencial de assumir um papel de liderança nas transições verdes com utilização intensiva de tecnologia, diversificando assim sua importância no mercado global, de modo a diminuir a dependência de exportações de matérias-primas.

Alguns passos estão sendo dados para aproveitar essa janela de oportunidades. Em agosto de 2023, o governo federal apresentou o Plano de Transição Ecológica com o objetivo de ajudar o Brasil a cumprir seus compromissos de redução das emissões de gases causadores do efeito estufa. O trabalho terá como base finanças sustentáveis, economia circular, adensamento tecnológico, bioeconomia, transição energética e adaptação à mudança do clima.

9.6 Políticas orientadas por missões – um caminho para a inovação

A partir das tendências que o mundo e o país vêm traçando, o setor industrial do Brasil está reavaliando sua postura. O momento é propício para promover melhor coordenação e colaboração entre diferentes atores no ecossistema de inovação, incluindo governo, academia e indústria. As missões para inovação têm um enorme potencial para cumprir esse papel, conectando diferentes departamentos governamentais, seja por estarem sediados no gabinete da presidência ou estabelecendo departamentos dedicados responsáveis pela coordenação.

Além disso, ao perseguir objetivos orientados para a missão, o Brasil tem a oportunidade de enfrentar desafios sociais prementes e canalizar investimentos para áreas críticas do desenvolvimento. Este impulso deve ser aproveitado para orquestrar investimentos e ações para cumprir missões específicas, contribuindo, em última análise, para a transformação econômica do país e suas necessidades sociais.

Mas o que seria uma política orientada por missões no contexto da inovação? Em seu estudo, Mazzucato (2023) explica que as missões são objetivos traçados por uma política em que há esforços entre setores (público e privado) para alcançar resultados compartilhados.

Como exemplo de missões, tem-se a Missão Apollo, cujo objetivo era chegar à Lua. Outro exemplo é o programa Oceanos Limpos da Comissão Europeia, que visa reduzir a poluição nos ambientes marinhos até 2025, os Objetivos de Desenvolvimento Sustentável (ODS) traçados pelas Nações Unidas.

Em uma política orientada por missões, diferentes atores como empresas, governo e universidades dividem desafios complexos, compartilham funções e promovem transformações em todo o sistema a partir do papel de cada participante na sociedade.

Para promover o avanço da inovação, as missões precisam estabelecer conexões que construam confiança entre as diferentes partes interessadas. As principais organizações públicas devem reunir atores relevantes e reforçar as suas capacidades para desenvolver o projeto com senso de responsabilidade compartilhada.

O Brasil tem uma tradição de instituições intermediárias que promovem esse tipo de inteligência conjunta. Um exemplo é o Conselho Nacional de Desenvolvimento Industrial (CNDI), que reúne 21 ministérios e 21 organizações da sociedade civil, incluindo sindicatos e confederações do setor privado, como a CNI. Juntos, eles delinearam um conjunto de seis missões para orientar a formulação da nova política industrial do Brasil. Essa colaboração garante que partes interessadas tenham voz na definição de estratégias de desenvolvimento para o Brasil.

As missões definidas pelo CNDI são as seguintes:

(1) Cadeias agroindustriais sustentáveis e digitais para segurança alimentar, nutricional e energética.

(2) Complexo econômico industrial de saúde para reduzir as vulnerabilidades do SUS e expandir o acesso à saúde.

(3) Infraestrutura sustentável, saneamento, habitação e mobilidade para integração produtiva e bem-estar nas cidades.

(4) Transformação digital da indústria para aumentar a produtividade.

(5) Bioeconomia, descarbonização e transição energética e segurança para garantir recursos às gerações futuras.

(6) Tecnologias para a soberania e defesa nacionais.

Essas políticas orientadas por missões demandam transformações abrangentes em múltiplos setores e indústrias. O foco é promover mudanças em todo o sistema diante de diversos desafios e oportunidades sociais, de modo a gerar uma sociedade mais dinâmica e impactante.

Uma abordagem orientada para a missão da estratégia industrial no Brasil tem o potencial de revolucionar a colaboração entre os setores público e privado, ampliando os benefícios para os cidadãos e trabalhadores. Na visão de Mazzucato (2023, p. 17), essas parcerias podem produzir resultados tangíveis e significativos, colocando objetivos partilhados no centro das parcerias público-privadas e garantindo uma partilha justa dos riscos e recompensas por meio de acordos contratuais vinculados à propriedade intelectual, doações, empréstimos e aquisições.

Para potencializar a transformação econômica, empresas, governos, sindicatos brasileiros e outras partes interessadas devem se unir para moldar mercados que reflitam uma forma mais equitativa de capitalismo com múltiplas partes interessadas.

Uma estratégia de desenvolvimento sustentável incluiria, por exemplo, o fomento de políticas para as pequenas e médias empresas industriais. O BNDES pode oferecer alternativas de financiamento para este perfil. Inclusive, a expectativa do banco é a de financiar R$ 50 bilhões em projetos em 2023 – o valor é o dobro do emprestado em 2022. Parte desse dinheiro será destinada ao Plano de Transição Ecológica e ao financiamento à inovação e à digitalização no Brasil.[11]

Os investimentos públicos orientados para missões envolvem o direcionamento estratégico de recursos para mudanças tecnológicas transversais, financiamento, colaboração nos setores privado e público e implementação de normas e impostos. Cabe enfatizar, ainda, a importância de direcionar recursos para criar um ambiente mais propício para que o setor privado inove e se sinta confiante em iniciar processos e produtos disruptivos dentro de suas indústrias.

Isso porque no cenário atual, marcado pelo baixo investimento privado em inovação e restrito a algumas grandes empresas, o Brasil cai em um ciclo perigoso: apenas as empresas mais competitivas inovam e garantem melhores resultados e crescimento a longo prazo. Assim, é imperativo que o setor

---

11 https://agenciabrasil.ebc.com.br/economia/noticia/2023-07/bndes-pretende-dobrar-concessao-de-financiamentos-este-ano. Acesso em: 31 ago. 2023.

privado intensifique e contribua ativamente para promover o ecossistema de inovação próspero no Brasil.

Daí a urgência em aumentar o ritmo da inovação tecnológica para o Brasil acelerar o crescimento econômico. Para isso, é preciso foco e investimento. Sem o devido impulso ao desenvolvimento tecnológico e à inovação – e sua difusão –, o país perde a capacidade de crescer, gerar empregos de qualidade e enfrentar os desafios sociais.

9.7 Conclusão

Ao longo das últimas décadas, o Brasil construiu investimentos e políticas de inovação, com setores que se destacaram ao apostar em ciência e tecnologia – como é o caso da aviação. Porém, o país apresenta baixo desempenho nos índices globais de inovação, mesmo quando comparado a outras nações com o mesmo potencial econômico.

O país precisa aproveitar o que já construiu de positivo na caminhada em prol da inovação – conquista de fundos setoriais focados em inovação, a existência de linhas de crédito destinadas ao financiamento de projetos, a presença de rede de laboratórios, a produção científica, entre outros – e redirecionar sua trajetória com políticas assertivas para promover um ecossistema de inovação próspero no país. Isso inclui a melhoria do ambiente burocrático e de infraestrutura, o aumento do uso de tecnologias como as da Indústria 4.0, redução das desigualdades regionais, a dispersão de projetos pelo país e o aumento de investimento do setor produtivo nos processos de inovação.

Em um momento em que países ao redor do mundo reconstroem suas políticas de industrialização, a CNI defende que o Brasil deve aproveitar a onda e conectar, definitivamente, a indústria nacional com a inovação. Para isso, um dos caminhos é apostar em missões específicas que devem ter objetivos a nível de país.

Para as missões darem certo, é preciso uma governança efetiva e diálogo entre atores centrais, como o setor privado, governo e academia. Em tempos em que o mundo prioriza economia verde, novas energias e biotecnologia, o Brasil tem as ferramentas ideais para criar um ecossistema de inovação de referência e que conecte o país com as novas cadeias globais de valor, fortalecendo a economia e reduzindo as desigualdades sociais. O aumento da desigualdade oferece uma série de problemas para o sucesso do desenvolvimento dos países, seja em relação a questões referentes à restrição de demanda ou a tensões políticas.

Reforçando toda a estratégia de integração entre inovação e política industrial é importante, ainda, uma maior integração do ecossistema nacional de inovação com ecossistemas mundiais. Trata-se não apenas de aprender com as melhores práticas internacionais, mas também de promover a cooperação com outros países, pois é a única forma de superar os problemas científicos e tecnológicos cada vez mais complexos e urgentes. O diálogo e integração dos agentes do ecossistema são a forma de condução inevitável para uma política de neoindustrialização exitosa.

Referências

BARBOSA, L. G. M.; CAUBY, R.; RIBEIRO, T. A. Visões do setor produtivo e da sociedade civil para o desenvolvimento sustentável do país. *Movimento Brasil Competitivo; Agenda 2034*, Rio de Janeiro, 2023.

CONFEDERAÇÃO NACIONAL DA INDÚSTRIA. Reversão da desindustrialização é crucial para o Brasil crescer de forma sustentável. *Agência de Notícias da Indústria*, 21 out. 2022. Disponível em: https://noticias.portaldaindustria.com.br/artigos/robson-braga-de-andrade/reversao-da-desindustrializacao-e-crucial-para-o-brasil-crescer-de-forma-sustentavel/#. Acesso em: 12 set. 2023.

CONFEDERAÇÃO NACIONAL DA INDÚSTRIA, COMISSÃO ECONÔMICA PARA A AMÉRICA LATINA E O CARIBE. *Tendências, desafios e oportunidades da ecoinovação para a indústria no Brasil*. Brasília: CNI, 2023.

CONFEDERAÇÃO NACIONAL DA INDÚSTRIA. *Agenda da MEI 2021-2022*. Brasília: CNI, 2021.

CONFEDERAÇÃO NACIONAL DA INDÚSTRIA. *Inovar é desenvolver a indústria do futuro*: 30 casos de inovação em pequenas, médias e grandes empresas. Brasília: CNI, 2019.

CONFEDERAÇÃO NACIONAL DA INDÚSTRIA. *Planejamento estratégico da MEI 2020-24*. Brasília: CNI, 2020.

CONFEDERAÇÃO NACIONAL DA INDÚSTRIA. *Plano de Retomada da Indústria*: uma nova estratégia, focada em inovação, competitividade, descarbonização, inclusão social e crescimento sustentável. Brasília: CNI, 2023.

CONFEDERAÇÃO NACIONAL DA INDÚSTRIA. *Propostas da Indústria para as Eleições 2022*: Caderno de Inovação. Brasília: CNI, 2022.

CONSIDERA, Claudio; TRECE, Juliana. Textos para Discussão #6: À Beira da Extinção. *FGV IBRE*, p. 1-26, 7 out. 2022. Disponível em: https://portalibre.fgv.br/sites/default/files/2022-10/texto-de-discussao-6-a-beira-da-extincao_0.pdf. Acesso em: 24 ago. 2023.

COUTINHO, L. *et al. Tecnologias disruptivas e indústria*: situação atual e avaliação prospectiva. Núcleo Central. Síntese dos resultados. Brasília: IEL/NC, 2018.

DUTTA, S. *et al.* Global Innovation Index 2023. *WIPO*, 27 Sept. 2023.

GLOBAL INNOVATION INDEX 2022. What is the future of innovation-driven growth? *World Intellectual Property Organization (WIPO)*, Geneva, 2022. Disponível em: https://www.wipo.int/edocs/pubdocs/en/wipo-pub-2000-2022-en-main-report-global-innovation-index-2022-15th-edition.pdf. Acesso em: 10 ago. 2023.

GLOBAL INNOVATION INDEX 2023. Innovation in the face of uncertainty. *World Intellectual Property Organization (WIPO)*, Geneva, 2023. DOI:10.34667/tind.48220.

GTAI. *Industrie 4.0: smart manufacturing for the future*. Berlim: German Trade and Investments, 2011.

LEE, K.; PARK, T. Changing GVC in Post-Pandemic Asia: Korea, China and Southeast Asia. *SIER Working Paper Series*, 144, 2021.

MAZZUCATO, Mariana. *Challenges and opportunities for inclusive and sustainable growth in Brazil*: a mission-oriented approach. Brasília: CNI, 2023.

MINISTÉRIO DA CIÊNCIA, TECNOLOGIA E INOVAÇÃO. Acompanhe o MCTI com base em dados do PIB disponibilizados pelo Instituto Brasileiro de Geografia e Estatística (IBGE). [S. l.], 2023. Disponível em: https://www.gov.br/mcti/pt-br/acompanhe-o-mcti/indicadores/paginas/recursos-aplicados/indicadores-consolidados-1/2-1-1-brasil-dispendio-nacional-em-ciencia-e-tecnologia-c-t-em-valores-correntes-por-atividade-2000-2019. Acesso em: 31 ago. 2023.

NSTC. *A National strategic plan for advanced manufacturing*. Washington, DC: National Science and Technology Council, 2012.

OECD. Enabling the next production revolution: issues paper. Background document prepared for the Danish Production Council Conference

Shaping the Strategy for Tomorrow's Production, Directorate for Science, Technology and Entrepreneurship: Copenhagen, 2015.

THE WHITE HOUSE. *Building resilient supply chains, revitalizing American manufacturing, and fostering broad-based growth*. Washington, DC: The White House, 2021.

U.S. CHAMBER OF COMMERCE. *Made in China 2025*: global ambitions built on local protections. Washington DC, 2017.

WORLD INTELLECTUAL PROPERTY ORGANIZATION. *Global Innovation Index 2023*. Edited by Soumitra Dutta et al., WIPO, 27 Sept. 2023.

10. O novo ciclo de industrialização

Mario Bernardini

Reindustrialização e neoindustrialização são neologismos que surgiram recentemente para dar um ar de novidade à necessidade de relançar a indústria como um instrumento importante para o crescimento econômico e o desenvolvimento do país. Isso ocorre após mais de quatro décadas em que citar, ou pior ainda, defender políticas industriais era algo ultrapassado ou, simplesmente, sinônimo de atraso.

O neoliberalismo, responsável pela má reputação de políticas industriais, havia se tornado o *mainstream* da economia mundial, ao longo do último meio século, a partir das eleições quase simultâneas de Margaret Thatcher, como primeira-ministra da Inglaterra, e de Ronald Reagan, como presidente dos Estados Unidos, em 1979 e 1981, respectivamente. Ambos passaram a aplicar ideias econômicas que, até então, estavam praticamente restritas a ambientes acadêmicos.

A bem da verdade, essas ideias já circulavam desde os anos 1950 do século passado, principalmente na chamada Escola de Chicago, fortemente influenciada pela escola austríaca, que tinha renascido em reação à expansão do comunismo da então União Soviética e, principalmente, ao modelo econômico socialista de planejamento estatal centralizado. A defesa do livre mercado, a desregulamentação, a redução do tamanho do Estado e a livre circulação de bens e de capitais constituem os pilares do pensamento da escola de Chicago.

Essa escola abominava e continua a abominar até formas mais suaves e democráticas de intervenção do Estado na economia, como o keynesianismo, que começou no período posterior à Depressão de 1929, e teve seu auge após a Segunda Guerra Mundial. O Chile, com Pinochet na década de 1970, foi a primeira cobaia dos "Chicago Boys", mas somente com a adoção dessas ideias por Thatcher e Reagan o neoliberalismo, com a defesa da redução do papel do Estado, e da supremacia do mercado, se converteu na escola dominante de pensamento econômico, influenciando decisivamente a ação das principais organizações econômicas multilaterais, como o Gatt e, posteriormente, a OMC, o FMI e o Banco Mundial.

As regras estabelecidas no Consenso de Washington, em 1989, vieram a coroar este processo, e viraram a bíblia dos organismos internacionais, principalmente do FMI, que passou a impor seus conceitos aos países em desenvolvimento, seriamente afetados em seus balanços de pagamento pela segunda crise do petróleo, e pela forte subida da taxa básica de juros americanos, nos anos 1980.

No campo político, o surgimento do neoliberalismo encerrou a era da social-democracia, surgida na Europa após a Segunda Guerra Mundial, como forma de enfrentar o crescimento dos partidos comunistas nas democracias ocidentais. A social-democracia, ao ceder os anéis para não perder os dedos, ou seja, com forte apelo ao social, e com o decidido apoio econômico dos Estados Unidos, conteve a expansão do comunismo nos países da Europa ocidental, e foi responsável pelos "30 gloriosos", período que vai do fim da Segunda Guerra Mundial ao início dos anos 1970, que teve como características principais um forte crescimento da economia e dos salários, a redução das desigualdades e o aumento da mobilidade social na maioria dos países ocidentais, especialmente na Europa.

Por outro lado, os principais partidos comunistas europeus, após o XX Congresso do Partido Comunista da União Soviética, onde foram denunciados os crimes de Stalin, deixaram, pouco a pouco, a defesa da revolução armada e passaram a defender o eurocomunismo, ou seja, reformas dentro dos limites constitucionais. O Partido Comunista Italiano (PCI), então o maior do ocidente, passou a defender o chamado "compromisso histórico", ou seja, uma aliança com a Democracia Cristã (DC), partido de centro-direita. Evidentemente, tal "compromisso" era visto como uma heresia tanto pela extrema-esquerda, defensora da revolução armada, quanto pela direita, apoiada pelos Estados Unidos. Na realidade, esses últimos tinham um temor medular por tudo que cheirasse a comunismo, depois de mais de uma década de macarthismo.

Em 1978, o mal explicado assassinado de Aldo Moro, líder da DC, que, junto com Berlinguer, do PCI, eram os fiadores do acordo, pôs fim à tentativa. Assim, a década de 1980 assistiu, de um lado, ao crescimento do neoliberalismo, que se tornou o *mainstream* econômico, e, de outro, ao colapso da União Soviética, que começou com a queda do muro de Berlim, em 1989, e terminou com o fim da URSS, em 1991, acabando com a ameaça da expansão do comunismo e demonstrando, na prática, a superioridade do capitalismo como regime econômico.

Essa vitória do capitalismo, tanto política quanto econômica, teve várias consequências. Um dos efeitos colaterais mais importantes do sucesso do modelo americano sobre o modelo soviético foi o fato de o Estado passar a ser demonizado como ineficiente, corrupto e fonte de quase todos os males da sociedade, enquanto o livre mercado passou a ser visto como uma solução virtuosa, capaz de resolver todos os problemas, desde que o Estado não interferisse.

Portanto, uma das conclusões lógicas foi a necessidade de reduzir o poder e o tamanho do Estado, privatizar as estatais, abrir a economia e desregulamentar o mercado. Essas mudanças, iniciadas nos anos 1980, foram consolidadas ao longo da década de 1990, com a globalização, onde as empresas passaram a alocar uma crescente parcela da produção de bens, em países que ofereciam condições de produzir a custos mais competitivos. Mão de obra barata e produtiva, câmbio depreciado, estabilidade política e incentivos fiscais eram os requisitos essenciais. Jacques Welch, que tinha a fama de ser um gestor genial, CEO da General Eletric, então possivelmente a maior empresa industrial do mundo, chegou a declarar, certa vez, que o sonho dele era montar uma fábrica, numa estrutura flutuante, como uma balsa, e lançar âncoras no porto do país que oferecesse mais vantagens para a produção de manufaturas. Empregos passaram a ser criados basicamente no sudeste da Ásia, notadamente na China, em detrimento dos empregos na Europa e, principalmente, nos Estados Unidos. Os reflexos dessas mudanças perduram até hoje.

A indústria siderúrgica americana e boa parte das indústrias mecânicas de seu entorno, inclusive parte considerável da indústria automotiva, vieram a constituir o chamado *rust belt*, ou o "cinturão da ferrugem", com empresas fechadas, desemprego e descontentamento social. Vista em seu conjunto, a globalização teve também efeitos econômicos positivos ao tirar da miséria milhões de pessoas na China e no Sudeste Asiático, mas seus aspectos negativos sociais e, principalmente, políticos, no ocidente foram maiores ao provocar desemprego nos países centrais e ao praticamente congelar os salários, que deixaram de crescer, em termos reais, ao longo dos últimos 30 anos, nos Estados Unidos e na Europa.

Provavelmente, entretanto, entre as várias mudanças introduzidas na economia pelo pensamento neoliberal, a desregulamentação dos mercados foi a que causou as maiores mudanças, que nem sempre levaram a resultados positivos. Este breve histórico é importante para entender as mudanças ocorridas nestas últimas cinco décadas, que levaram a indústria a perder importância em face de outros setores da economia, notadamente em relação ao setor financeiro, e sua ligação com o tema deste livro.

Entretanto, depois da crise de 2008-2009, as dúvidas que já estavam sendo discutidas na academia, à voz pequena, sobre as inconsistências dos fundamentos da escola neoliberal ortodoxa, especialmente com relação a alguns dos dogmas neoliberais mais sagrados, foram ganhando força.

Em 2016, um relatório do FMI, até então considerado o templo da ortodoxia econômica, criticava, pela primeira vez, o neoliberalismo. Um texto, assinado por três importantes funcionários do Fundo, começava afirmando que "em vez de gerarem crescimento, algumas políticas neoliberais têm aumentado a desigualdade e colocado em risco uma expansão duradoura". Era uma importante rachadura no edifício da ortodoxia neoliberal, ou seja, no *mainstream* da teoria econômica dos últimos 50 anos.

O golpe de graça, entretanto, viria do próprio FMI, três anos depois, com a publicação de um artigo, de dois de seus economistas principais, cujo título citava, de forma irônica, "a política que não podia ser nomeada" ao se referir à política industrial. De lá para cá, a pandemia e o conflito da Ucrânia, ao desorganizarem as produtivas mundiais, mostraram aos países ocidentais a necessidade de estes manterem uma certa capacidade produtiva, principalmente nos setores estratégicos, para não depender excessivamente da China, que neste meio-tempo, além de virar a fábrica do mundo, se tornara uma ameaça à hegemonia, econômica e política, americana.

Assim, já no fim da década passada, a Alemanha começou a questionar se o livre mercado seria mesmo suficiente para fazer frente à concorrência das grandes empresas multinacionais, cada vez mais apoiadas pelos respectivos governos nacionais. A conclusão dos alemães, expressa num documento do então ministro da economia, Peter Altmaier, e intitulado "Estratégia Industrial Nacional 2030", foi que o Estado precisava resgatar seu papel de planejador e indutor do desenvolvimento, coordenando, e subsidiando, quando necessário, suas empresas privadas e, simultaneamente, fortalecendo seus próprios campeões nacionais para que não sucumbissem à concorrência externa, nem sempre leal, bem como atuando para evitar a desnacionalização de seus ativos estratégicos. A Alemanha foi seguida, neste caminho, pelos Estados Unidos, onde o governo Biden assumiu um papel francamente intervencionista, despejando bilhões de dólares em incentivos para estimular a reindustrialização americana e a retomada, ou manutenção, de sua dianteira tecnológica.

O resto da Europa, a maioria dos países ocidentais e o Japão, ameaçados pela concorrência chinesa e pela atração que os incentivos americanos exerciam sobre suas próprias empresas, começaram a participar desta "guerra fiscal", mandando às favas os preceitos neoliberais, e tentando recuperar o papel do Estado na economia.

Entretanto, apesar das tentativas do Estado de retomar seu papel, a excessiva financeirização teve, e continua tendo, sérias consequências sobre a economia real. Um *paper* recente da McKinsey Global Institute sobre o futuro do crescimento e da riqueza mostra, com muitos dados, os efeitos de 40 anos de empoderamento do mercado e da subordinação do Estado ao mercado. Segundo os autores, somente nas últimas duas décadas a valorização de ativos criou cerca de US$ 160 trilhões em "riqueza de papel", o crescimento econômico perdeu fôlego, as desigualdades sociais aumentaram e para cada dólar em investimentos foi criado 1,9 dólar de dívida.

Os ativos financeiros se descolaram da economia real, com taxas de crescimento das dívidas e dos preços dos ativos, muito acima da taxa de crescimento do PIB mundial. O mundo ficou mais parecido com um cassino do que com uma fábrica. Obviamente, endividamento alto não convive tranquilamente com elevadas taxas de juros e efeitos negativos começaram a aparecer, quando os bancos centrais tiveram que subir as taxas básicas dos juros, para combater a inflação.

As recentes dificuldades enfrentadas por bancos e empresas, tanto na Europa quanto nos Estados Unidos e nos países em desenvolvimento, são sinais de instabilidades no atual modelo, em consequência da elevação dos juros, após mais de duas décadas de juros extremamente baixos ou até negativos. A possibilidade dessas taxas ficarem altas por um bom tempo devido à continuidade das pressões inflacionárias causadas pelo conflito na Ucrânia, que parece estar longe de acabar, pela transição energética e pelo desacoplamento entre a economia chinesa e americana, o que está forçando as empresas a fazerem enormes investimentos para realocar plantas produtivas, coloca dúvidas sobre o futuro do preço dos ativos, e até sobre o futuro do setor financeiro como hoje conhecemos. Os 8 trilhões de dólares de riqueza perdida pelas famílias somente no ano passado podem ser somente uma amostra do que pode ocorrer ao longo desta década. A crescente financeirização da economia levou cada vez mais capitais para o setor financeiro em detrimento dos investimentos no setor produtivo.

Assim, enquanto o balanço de riquezas globais alcançava, em 2022, 1.630 trilhões de dólares, no total, com 610 trilhões em imóveis, 520 trilhões em ativos financeiros no setor não financeiro, e mais 500 trilhões dentro do setor financeiro (1), os investimentos produtivos declinaram. Nos anos posteriores a 2010, esses investimentos representavam menos de 50% do período anterior a 2008, na Europa, e menos 40%, nos Estados Unidos. O crescimento do estoque de capital produtivo, por trabalhador, caiu ao menor nível desde a Segunda Guerra Mundial. Para piorar, junto com os investimentos privados, os investimentos públicos em geral, e em infraestrutura em particular, têm caído consistentemente em consonância com a ideologia neoliberal de não intervenção do Estado.

Neste cenário, o Brasil, que até o ano passado continuava imperturbável a rezar pela cartilha neoliberal, após as eleições está ensaiando mudar sua agenda, sob cerrado ataque da mídia e do mercado financeiro, que continuam a demonizar o Estado como origem de todos os males, e continuam a crer que o mercado é a solução de nossos problemas.

A tentativa do atual governo de retomar o papel do Estado na implementação de políticas públicas de desenvolvimento, que incluem políticas industriais, entretanto, é muito mais ameaçada pela falta de clareza nos objetivos desejados e nos meios disponíveis para tanto do que pelo fogo de barragem do mercado, secundado pela mídia. Se realmente quisermos ter chance de sucesso nesta empreitada é preciso ter clareza de que o país precisa dispor de algumas condições objetivas.

Um ambiente macroeconômico e de negócios favorável ao investimento produtivo é simplesmente *conditio sine qua non* para poder participar do jogo. Isso significa, de forma resumida, contar com *juros de mercado* assemelhados aos nossos principais concorrentes externos, um *sistema tributário*, baseado no IVA, e com taxação equivalente à média da OCDE, *câmbio* competitivo e pouco volátil, e *segurança jurídica*. Essas, entretanto, são apenas as premissas indispensáveis para poder competir. Sem elas, quaisquer políticas industriais terão apenas caráter compensatório, e não irão dar certo, como provam as experiências das duas últimas décadas. Estas condições são importantes por garantir o mínimo de isonomia entre as empresas brasileiras e seus concorrentes externos, condição indispensável para podermos enfrentar a concorrência externa com algumas chances de êxito. Elas são absolutamente necessárias, mas, *de per si*, não são suficientes para garantir a retomada do crescimento sustentado.

Assim, levando em conta que o país perdeu as últimas quatro décadas, devemos tentar recuperar parte do tempo perdido, atacando nossos problemas com objetivos e ações de curto, médio e longo prazo. O governo deve fazer o possível para "vender" à sociedade um projeto de país cujo objetivo seja o desenvolvimento do Brasil, com a melhoria contínua da qualidade de vida da população brasileira, através do crescimento sustentado, redução das desigualdades e nivelamento no acesso às oportunidades. Esse projeto deverá ter metas ambiciosas, mas factíveis ao longo do tempo, medidas por indicadores sociais e econômicos com um cronograma de execução que cubra pelo menos três mandatos presidenciais, com o detalhamento das ações e dos meios para alcançar os resultados.

Enquanto isso o governo deve atacar os problemas que impedem o crescimento a curto prazo, construindo um ambiente macroeconômico favorável no menor tempo possível, e trabalhar para reduzir fortemente o custo Brasil, estabelecendo um cronograma para sua extinção, com metas anuais e a definição dos responsáveis por seu cumprimento. Tudo isso não basta, entretanto, para assegurar a retomada do crescimento sustentado. Medidas para criar demanda e instrumentos para capacitar o setor produtivo a atendê-la são fundamentais para esta demanda não vazar para fora. Mais do que uma reconstrução da indústria perdida, um novo ciclo de industrialização é indispensável para o país voltar a trilhar o caminho do desenvolvimento. Ainda que haja quem defenda a ideia de que a indústria já esgotou, no mundo, sua capacidade de desenvolver um país, porque agora estamos entrando na "era do conhecimento". Cabe perguntar para que serve o conhecimento, senão para produzir bens e serviços indispensáveis à sociedade, de forma mais eficiente e ecologicamente correta.

Portanto, este novo ciclo, baseado no conhecimento, na digitalização, na IA, irá diferir dos anteriores basicamente por estar focado na transição energética, na automação inteligente da produção e na economia verde, mas irá igualmente precisar de um enorme esforço financeiro e humano para modernizar o parque industrial, para promover seu *upgrade* tecnológico e para dispor de recursos humanos adequadamente preparados. O sistema financeiro nacional, tal como está, não tem condições de ajudar neste objetivo. Caberá ao Estado criar condições para que o investimento produtivo seja tão ou mais atrativo do que o investimento financeiro, como já foi no passado, e deixou de sê-lo há mais de cinco décadas.

Aliás, este não é um problema exclusivamente brasileiro e terá que ser enfrentado em nível mundial. A desregulamentação do setor financeiro permitiu a concentração excessiva de riqueza e, consequentemente, de poder. Este "poder de mercado" permitiu que o setor financeiro fosse acumulando, paulatinamente, uma série de vantagens competitivas em relação ao setor produtivo de bens e serviços. Ele é líquido, tem, em média, melhores retornos, e seus resultados são menos taxados do que os resultados de quem produz e quem trabalha. Com o risco de imitar o Conselheiro Acácio, é bom lembrar que o motor do capitalismo é o lucro. E como o setor financeiro oferece mais lucros e tem menos impostos do que a indústria de transformação, sem mudar esta realidade não há como convencer o capital a ir para o setor produtivo.

Uma reforma do Imposto de Renda, que taxe de forma equivalente toda e qualquer forma de renda, independentemente de sua origem, e todos os ativos não produtivos, acima de certo valor, com alíquotas progressivas a partir de determinados pisos, pode restabelecer a isonomia competitiva entre os diversos setores econômicos, permitindo que o capital volte a fluir para o setor produtivo. Isto é essencial inclusive porque a produtividade, que no dizer de renomados economistas "é quase tudo no longo prazo", depende, em sua maior parte, do estoque de recursos produtivos à disposição de cada pessoa ocupada, ou seja, depende do volume de investimentos produtivos.

Neste tópico, a educação, por mais importante que seja, vem em segundo lugar. Os enormes investimentos necessários à transição para a economia verde, para a transformação energética, para a modernização e o fortalecimento da produção de bens e serviços nacionais irão se beneficiar de sua maior atratividade, reduzindo custos de capital e de investimento, possibilitando produzir a custos mais competitivos. O Brasil parte com algumas vantagens nessa mudança pelo fato de contar com uma matriz energética praticamente limpa, por dispor de terra, sol e vento abundantes, e ter reservas da maioria dos metais necessários a esta transição.

Por outro lado, é preciso ressaltar que o fato de ter energia limpa é de pouca valia, do ponto de vista competitivo, se o preço dessa energia, pelos impostos e taxas nele embutidos, a tornam muito mais cara que a de nossos concorrentes. O custo de insumos como o gás e matérias-primas básicas não deve estar muito acima do preço internacional dessas *commodities* por problemas regulatórios e/ou de monopólios ou oligopólios mal regulados, ou ainda por um sistema de alíquotas de imposto de importação distorcido, ao longo dos anos, por *lobbies*, e pela falta de uma visão sistêmica de competitividade.

Ao mesmo tempo, o Estado deverá iniciar um ambicioso programa de qualidade na educação, ampliar o apoio público à ciência e tecnologia, colocar os bancos e empresas estatais a serviço deste projeto de desenvolvimento e definir quais setores serão objeto de políticas verticais e que, de forma realista, e dentro de nossas possibilidades, terão políticas de apoio específicas. A utilização inteligente do poder de compra do Estado, encomendas tecnológicas e a definição de algumas "missões" que usem nossas carências para o desenvolvimento de setores tecnologicamente importantes constituem um bom ponto de partida. O complexo industrial da saúde e, mais do que isso, das ciências da vida, o reaparelhamento das Forças Armadas, a transição energética, a mobilidade urbana e a infraestrutura são alguns entre muitos exemplos de problemas que podem se transformar em soluções, desde que sejam inseridas num objetivo comum, ou seja, num projeto de país, que vise o desenvolvimento do Brasil com a redução de desigualdades e com o nivelamento no acesso às oportunidades.

Para não repetir erros passados, todo e qualquer incentivo deverá ter contrapartidas por parte dos setores beneficiados, com métricas adequadas de acompanhamento de desempenho, em termos de produção, emprego e exportações, e os programas, embora com prazo determinado, deverão ser suficientemente flexíveis para permitir ajustes e correções, ao longo do tempo. O objetivo é fazer o Brasil voltar a crescer, de forma sustentada, acima de média mundial, como fez durante muitas décadas, até os anos 1980 do século passado, quando desaprendemos a crescer. O crescimento, ou melhor, o desenvolvimento é um objetivo de médio e longo prazo que deve ser "comprado" pela sociedade brasileira e transformado num projeto de Estado, e não do governo de plantão, se quisermos ter chances de sucesso.

No curto prazo, entretanto, com os juros praticados pelo nosso BC e pelo setor bancário, um cenário de crescimento medíocre, o consumo das famílias limitado pela renda baixa, pelo desemprego e pela inadimplência, o governo engessado pelo arcabouço fiscal, e um investimento que patina, há anos, ao redor de 18% do PIB, pelo menos cinco pontos abaixo do mínimo indispensável para possibilitar um crescimento decente do PIB, não temos nenhum *drive* capaz de reverter o processo.

Na realidade, não há, hoje, na indústria, setores que possam assumir o papel de motor do crescimento, como ocorreu no passado, e, embora o agro vá relativamente bem, por suas características e por seu tamanho modesto, não tem condições de arrastar a economia como um todo. Os serviços, por outro lado, sentem a falta de renda e crédito. Se há algo em que todos praticamente concordam, é que os investimentos de hoje são o crescimento de amanhã. Mas o setor privado não investe por falta de um cenário de crescimento, pelo custo de capital e pela concorrência das aplicações financeiras que têm menos risco, melhor retorno, e menores impostos do que a produção.

Assim, para a economia sair do marasmo em que se arrasta, há algumas décadas, será preciso, ao menos no curto prazo, a retomada dos investimentos públicos, em infraestrutura, em valores superiores a 3,0% do PIB, para criar empregos e demanda ao setor produtivo, ou seja, para dar partida a um novo ciclo de crescimento econômico até que a economia engrene e estimule o aumento do investimento privado, iniciando o novo ciclo de industrialização capaz de levar o país a cumprir seu futuro, sempre adiado.

Referências

ALTMAIER, P. *National Industrial Strategy 2030*. Disponível em: https://skei.si/uploads/skei3/public/_custom/GermanIPstrategy2030.pdf. Acesso em: 5 abr. 2024.

MISCHKE, J. *et al.* The future of wealth and growth hangs in the balance. *McKinsey Global Institute*, 20 ago. 2023. Disponível em: https://www.mckinsey.com/mgi/overview/the-future-of-wealth-and-growth-hangs-in-the-balance. Acesso em: 5 abr. 2024.

11. Proposta de um Plano Nacional de Desenvolvimento para o Brasil: integrando missões econômicas, sociais e ambientais[1]

André Nassif
Paulo César Morceiro

11.1 Introdução

Desde a década de 1970, a economia global vem passando por profundas transformações, impulsionadas por revoluções tecnológicas radicais, como a da indústria de tecnologia da informação e comunicação (TIC) e, mais recentemente, a revolução da Indústria 4.0, também denominada economia digital. Em que pese a importância crescente dos diversos serviços de média e alta intensidade tecnológica na estrutura produtiva e nas exportações mundiais, é enganoso pensar que o setor de serviços assumirá o comando do crescimento econômico global. Como argumentam Bianchi e Labory (2018, p. 51, grifo nosso), esta Quarta Revolução Industrial (ou seja, a revolução da economia

1 Uma primeira versão deste artigo foi originalmente publicada como "Texto para Discussão" (Nassif; Morceiro, 2021) e enviada para alguns participantes da equipe de transição do terceiro mandato do Governo Lula, no final de 2022, pois acreditávamos que as propostas poderiam ser úteis para a formulação da política industrial do governo recém-eleito. Ela circulou entre vários membros da equipe atual do Ministério da Fazenda, do Ministério do Desenvolvimento, Indústria e Comércio (MDIC) e do Banco Nacional de Desenvolvimento Econômico e Social (BNDES), tendo sido, provavelmente, fonte de inspiração para a NIB, dada a falta de estudos focados em missões para o Brasil até então.

digital), impulsionada pela robótica, inteligência artificial, *big data*, internet das coisas, biotecnologia, genômica, novos materiais e energias renováveis, representa uma "*integração real* da ciência e da produção, e não apenas mera interação, como nas revoluções industriais anteriores".

Isso significa que, em linha com as teorias clássicas de desenvolvimento, como propostas por Young (1928), Lewis (1954), Kaldor (1966; 1967), Hirschman (1958) e Cornwall (1977), o setor manufatureiro (isto é, a indústria de transformação) continuará atuando como a principal fonte geradora e difusora de progresso técnico e como principal motor estrutural do crescimento econômico no longo prazo. Além disso, embora as novas tecnologias radicais em curso sejam poupadoras de trabalho no médio prazo, não é evidente que serão redutoras de emprego no longo prazo. A importância do setor industrial na sustentação do crescimento econômico é tal que o problema da desindustrialização vem sendo fortemente debatido nas últimas duas décadas. No caso dos países desenvolvidos, observa-se notório processo de desindustrialização natural, decorrente dos impactos adversos do progresso tecnológico sobre o emprego relativo industrial em relação ao emprego total.

O problema é que o Brasil, assim como outros países em desenvolvimento, tem sido afetado por um severo processo de desindustrialização prematura, em que a participação do valor adicionado industrial no PIB teve expressivo recuo nas últimas décadas, antes que o país tivesse atingido nível de renda *per capita* considerado *turning point*, similar ao de países desenvolvidos que se desindustrializaram naturalmente. O Brasil é um dos países em desenvolvimento mais severamente prejudicados pela desindustrialização prematura nas últimas décadas. A participação do valor adicionado da indústria de transformação no PIB (a preços constantes de 2015) diminuiu de 21,1% para 11,9% entre 1980 e 2020 (Morceiro, 2021). Quanto à participação do emprego industrial no emprego total no Brasil, o resultado tem sido sempre decepcionante. Segundo a Pesquisa Nacional por Amostra de Domicílios (PNAD-IBGE/Série Anual), a maior parcela de mão de obra absorvida pela indústria de transformação brasileira, correspondente a 16,2%, foi alcançada em 1986. Em 2018, essa parcela já se havia reduzido para apenas 10,8%.

Tendo em vista o papel fundamental do setor manufatureiro na sustentação do crescimento e no avanço da produtividade agregada, é de importância capital o desenho e a adoção de uma política industrial centrada no objetivo de reindustrializar a economia brasileira. Cabe ressaltar que a reindustrialização, em vez de entendida como mera reestruturação do "velho" tecido industrial brasileiro, deve ser concebida com o objetivo de resgatar a industrialização como principal propulsora da retomada e sustentação do desenvolvimento econômico e social no Brasil. Significa, então, que a reindustrialização deverá ser ancorada na adoção e difusão de inovações tecnológicas, irradiadas dos segmentos prioritários que serão sugeridos neste capítulo.

Com base no arcabouço neoschumpeteriano, políticas industriais bem-sucedidas devem ser concebidas e implementadas de forma sistêmica, contemplando não apenas os mecanismos clássicos da política industrial (definição dos segmentos estratégicos e das medidas de estímulo), mas também a coordenação destes com as demais políticas públicas, como a ciência e tecnologia, educação e treinamento, o aparato regulatório e, principalmente, a política macroeconômica. A este emaranhado de políticas públicas que devem ser harmonizadas, a abordagem neoschumpeteriana denomina Sistema Nacional de Inovação (Lundvall *et al.*, 2002; Lastres; Cassiolato, 2003). Como argumentamos em artigo anterior (Nassif; Bresser-Pereira; Feijó, 2018), as metas estabelecidas pela política industrial nos países em desenvolvimento dificilmente serão alcançadas em um ambiente em que prevaleçam taxas de juros reais elevadas e moedas domésticas sobrevalorizadas (isto é, taxas de câmbio reais baixas em relação ao dólar ou a uma cesta de moedas de parceiros comerciais relevantes) por longo período. Nessa abordagem, como argumenta Nassif (2023), no Capítulo VII de seu livro publicado recentemente, a política industrial deve ser entendida e concebida como plano nacional de desenvolvimento de longo prazo, tais como os adotados, desde sempre, nos países asiáticos, como China e Índia, e já adotados no Brasil no passado.

O objetivo central deste capítulo é propor as linhas gerais de um Plano Nacional de Desenvolvimento (PND), tal como definido anteriormente, em prol da reindustrialização e retomada do desenvolvimento econômico no Brasil. O PND proposto é baseado na abordagem pioneira de Mazzucato (2021), para quem a política industrial deve ser concebida, adotada e orientada por missões (*mission oriented*). O arcabouço proposto por Mazzucato implica que um plano nacional de desenvolvimento deve envolver cooperação entre o governo e o setor privado, pautando-se por direções, prioridades e instrumentos para alcançar objetivos econômicos e sociais. Nas palavras de Mazzucato (2021, p. 8), um plano orientado por missões

> significa escolher direções para a economia e selecionar os problemas que precisam de ser resolvidos, colocando-os como objetivos centrais do sistema econômico. Significa conceber políticas que catalisem o

investimento, a inovação e a colaboração entre uma diversidade de agentes econômicos, envolvendo tanto empresas quanto cidadãos.

Este capítulo contém três seções adicionais. Na seção 11.2, mostraremos alguns indicadores da desindustrialização prematura (em nível subsetorial) e da regressão estrutural da economia brasileira nas últimas décadas, os quais servirão, em parte, para justificar as prioridades do PND proposto. Na seção 11.3, sugeriremos as prioridades ("missões") e instrumentos principais de um PND orientado para a reindustrialização e o avanço da economia brasileira no restante desta década. Na seção 11.4, faremos uma breve conclusão do capítulo.

11.2 Brasil: um caso de regressão estrutural e desindustrialização prematura

O Brasil ilustra uma experiência de país em desenvolvimento que, após trajetória inicial de *catching up* entre 1950 e 1980, entrou em acelerado processo de desindustrialização prematura e regressão econômica (*falling behind*) desde então (Nassif, 2008; Nassif; Feijó; Araújo, 2015). As trajetórias de crescimento (1950-1980) e de estagnação da economia brasileira (1981-2020) envolvem particularidades que podem ser assim resumidas. Durante a estratégia de substituição de importações (1950-1980), os governos conceberam e implementaram políticas industriais ambiciosas (Planos Nacionais de Desenvolvimento), concedendo proteção interna contra as importações e estímulos orientados para o aumento e diversificação das exportações de produtos manufaturados. A despeito dos problemas micro e macroeconômicos, tais como falta de seletividade, tarifas de importação elevadas, pouca exigência de desempenho, extrema dependência tecnológica externa, aumento da desigualdade social, complacência com taxas elevadas de inflação e excessivo endividamento externo, a economia brasileira experimentou alta eficiência dinâmica, expressa por um crescimento significativo do PIB real anual (7,5%) e da produtividade do trabalho (4,5% a.a.). Ou seja, a ineficiência estática na alocação dos recursos produtivos foi largamente compensada pelo dinamismo da economia no período (Nassif, 2003; 2005).

Em contraste, o período 1981-2020 foi marcado pela inflação crônica e pela crise da dívida externa (1981-1994) e pelas reformas econômicas liberalizantes adotadas partir da década de 1990. A partir dos anos 1990, particularmente, o governo brasileiro embarcou em um conjunto de reformas radicais sugeridas pelo Consenso de Washington, como a rápida liberalização comercial, privatizações, desregulamentação financeira, abertura aos fluxos de capitais externos de curto prazo etc., a maioria das quais adotadas sob a forma de "terapia de choque". Como resultado, entre 1981 e 2020, a melhoria na eficiência estática da economia brasileira, expressa pelo acesso dos consumidores a bens importados mais baratos, não se traduziu em maior eficiência dinâmica. Consequentemente, o Brasil registrou crescimento econômico lento (crescimento do PIB de 2,0% ao ano, inferior ao crescimento mundial, de 2,7% ao ano), estagnação da produtividade do trabalho (incremento de apenas 0,3% ao ano) e desindustrialização prematura. Como documentam Morceiro e Tessarin, no Capítulo 1 deste livro, o Brasil figura como o caso mais grave de desindustrialização prematura observado no mundo.

E mais preocupante ainda é que, segundo cálculos de Morceiro e Guilhoto (2023), desde 1980, a desindustrialização prematura disseminou-se tanto nos subsetores industriais de baixa quanto de elevado grau de sofisticação tecnológica, como mostra a Tabela 11.1. De acordo com os autores, os subsetores de menor intensidade tecnológica iniciaram sua trajetória de desindustrialização já na década de 1970, período em que o PIB *per capita* brasileiro era significativamente baixo, de US$ 6.800 em PPC de 2016. Entre os segmentos industriais de baixa intensidade tecnológica acometidos por desindustrialização prematura, destacam-se subsetores intensivos em trabalho, como têxteis, vestuário, couro e calçados, subsetores intensivos em recursos naturais, como alimentos, bebidas e fumo, e subsetores sujeitos a economias de escala, como papel, metalurgia básica, minerais não metálicos e borracha e plásticos.

No entanto, os casos mais preocupantes de desindustrialização prematura dizem respeito aos subsetores de alta tecnologia, particularmente as indústrias baseadas em ciência e tecnologia, como a química e a farmacêutica, e as de fornecedores especializados, como máquinas e equipamentos e equipamentos elétricos. Morceiro e Guillhoto (2023) calculam que, no período 1980--2020, a taxa de crescimento média anual do setor manufatureiro, de 0,6%, foi bastante inferior à taxa de crescimento da economia brasileira (de 2%). E, pior, à exceção do subsetor farmacêutico, que teve incremento médio de 2% a.a., todos os demais subsetores industriais registraram taxas de crescimento inferiores à da economia brasileira no período. De acordo com as estimações de Tregenna e Andreoni (2020) e Dosi, Riccio e Virgilitto (2021), nestes setores de alta tecnologia não há evidência empírica de desindustrialização prematura nos países em desenvolvimento que têm conseguido manter suas trajetórias de *catching up*. Consequentemente, a severa desindustrialização prematura no Brasil compromete o futuro desenvolvimento científico, tecnológico, econômico e social do país.

Tabela 11.1 Valor adicionado industrial em relação ao PIB (1970-2020; em %, a preços constantes de 2020)

	Participação no PIB a preços constantes de 2020						Variação percentual
	1970	**1980**	**1990**	**2000**	**2010**	**2020**	**1980-2020**
Baixa intensidade tecnológica	**13,11**	**11,93**	**10,08**	**9,39**	**8,04**	**6,67**	**-5,26**
Alimentos, bebidas e fumo	3,51	2,87	2,95	3,18	2,84	2,56	-0,31
Têxteis	1,12	0,84	0,62	0,41	0,32	0,19	-0.65
Vestuário, couro e calçados	3,39	2,67	1,87	1,33	0,85	0,57	-2.10
Móveis e produtos de madeira	1,02	1,10	0,86	0,87	0,71	0,62	-0,48
Papel e papelão	0,73	0.,2	0,64	0,69	0,67	0,59	-0,03
Minerais não metálicos	0,74	0,83	0,64	0,61	0,56	0,46	-0,37
Metalurgia básica e produtos de metal	1,88	2,00	1,65	1,57	1,48	1,19	-0,81
Borracha e plástico	0,72	1,00	0,85	0,72	0,60	0,49	-0,50

(*continua*)

Tabela 11.1 Valor adicionado industrial em relação ao PIB (1970-2020; em %, a preços constantes de 2020) (*continuação*)

	Participação no PIB a preços constantes de 2020						**Variação percentual**
	1970	**1980**	**1990**	**2000**	**2010**	**2020**	**1980-2020**
Elevada intensidade tecnológica	**7,79**	**9,61**	**7,97**	**7,10**	**7,10**	**5,66**	**-3,95**
Produtos químicos e refino de petróleo	3,43	4,09	3,95	3,27	2,74	2,19	-1,90
Produtos farmacêuticos	0,97	0,76	0,81	0,76	0,76	0,81	0,05
Máquinas e equipamentos	1,69	2,34	1,48	1,42	1,47	1,15	-1,19
Computadores e equip. elétricos	0,60	0,88	0,79	0,62	0,64	0,77	0,11
Veículos e outros equip. e transporte	1,10	1,54	0,94	1,03	1,49	0,74	-0,80
Indústria de transformação	**20,91**	**21,54**	**18,05**	**16,49**	**15,14**	**12,34**	**-9,21**

Fonte: Morceiro e Guilhoto (2023).

Diversos fatores contribuíram para o acelerado processo de desindustrialização prematura no Brasil. Nos anos 1990, ao processo de liberalização comercial, implementado de forma muito rápida no Brasil, comparativamente a outras experiências de reforma comercial, como a da Coreia do Sul e Índia, seguiu-se um período de ausência de políticas industriais. Embora pareça parodoxal, como mostrou Nassif (2000), em artigo publicado no final daquela década, as políticas industrial e de liberalização comercial não são mutuamente excludentes, já que o objetivo desta é redefinir a estrutura de proteção média e intersetorial da economia, reduzindo ou eliminando as tarifas de importação dos segmentos em que o país detém inequívoca vantagem comparativa, mas proporcionando níveis satisfatórios de proteção aos segmentos industriais com elevado potencial de alavancar o ritmo da produtividade média agregada e aos subsetores em que o país possa alcançar vantagem comparativa dinâmica no longo prazo.

Já entre 2004 e 2014, a retomada da política industrial representou a adoção de três programas nos governos Lula e Dilma Rousseff, devidamente analisados por De Toni e Barros, no Capítulo 2 deste livro. No entanto, ainda que tenham sido orientados para impulsionar o investimento, a inovação e reverter a desindustrialização prematura, a principal razão explicativa do fracasso destes três programas de política industrial foi a ausência de coordenação com o regime macroeconômico prevalecente, do qual resultaram elevadas taxas de juros reais, sobrevalorização da moeda brasileira na maior parte do período e um regime fiscal que impediu, na prática, a reativação de investimentos públicos em atividades com grande potencial de fomentar empregos diretos e indiretos e de disseminar externalidades econômicas positivas.

Com respeito aos efeitos deletérios das taxas de juros elevadas e câmbio sobrevalorizado, a explicação é óbvia: à medida que as primeiras aumentam os custos de capital, a sobrevalorização cambial, ao deslocar os recursos produtivos para bens não comercializáveis e manufaturados importados (não necessariamente bens de capital), reduz a taxa de lucro esperada, o que acaba afetando negativamente o investimento e a inovação. Nassif, Feijo e Araújo (2020, p. 760-761) calculam que entre 2006 e 2011 não apenas o real brasileiro esteve sobrevalorizado (exceto durante curtos períodos transitórios), mas também a taxa de juros real ficou em torno de 6,5% a.a, em média (contra 10,5% entre 1999 e 2005). Não é de surpreender que tal ambiente econômico se reflita numa especialização comercial regressiva, com enorme concentração das exportações brasileiras em *commodities* (66% do total em 2016, contra 49% em 1995, segundo Nassif e Castilho, 2020, p. 687) e importações concentradas em bens de elevada elasticidade-renda da demanda, como mostramos em estudos empíricos (Nassif; Feijó; Araújo, 2015). De acordo com os cálculos de Nassif e Castilho (2020, p. 687), em 2016, as importações de produtos mais sofisticados tecnologicamente (intensivos em escala, bens de capital e baseados em ciência e conhecimento) representavam 58% do total, contra 49% em 1995.

Com respeito à estrutura do emprego, a base de dados brasileira registra aumento na participação do emprego industrial no emprego total até ao início da década de 1980, refletindo absorção do excedente de mão de obra agrícola tradicional durante a trajetória inicial de industrialização, tal como prediz o desenvolvimentismo clássico (Lewis, 1954). No entanto, no Brasil, ao contrário de diversas experiências de desenvolvimento bem-sucedidas (Felipe; Mehta; Rhee, 2019), a parcela do emprego no setor manufatureiro nunca ultrapassou o pico de 16,2%, alcançado em 1986. A participação do emprego industrial oscilou entre 10,5% e 15% no período 1990-2018, confirmando que a desindustrialização prematura brasileira se manifesta pela queda da parcela do valor agregado industrial no PIB, e não pela retração do emprego industrial em relação ao emprego total.

Em relação à estrutura do emprego no Brasil, a força de trabalho ocupada no mercado informal (que inclui os trabalhadores autônomos) representou quase metade do emprego total na economia brasileira em 2018. A maior formalização da força de trabalho ocorre nos serviços de trabalho médio e superior qualificado, especialmente no setor público e nas atividades financeiras. Com exceção da construção, os demais segmentos da indústria brasileira (incluindo a indústria de transformação) também apresentam alto grau de formalização trabalhista.

Os dados do Sistema de Contas Nacionais, do IBGE, também registram reduzida formalização da força de trabalho na agricultura, silvicultura e pesca (que representou 12,7% do emprego formal em 2018), em comparação com os demais setores. Este resultado não surpreende, uma vez que a agricultura brasileira ainda mantém suas características duais de condições precárias para os trabalhadores do Nordeste e de maior nível de bem-estar na agricultura mecanizada das regiões Sudeste, Sul e Centro-Oeste. Com base no Censo Agropecuário do Brasil de 2017, Souza, Gomes e Alves (2020, p. 39) estimam que a desigualdade de renda na agricultura brasileira é uma das mais elevadas do mundo. O índice de Gini (mais próximo de 1 significa maior concentração de rendimento) no nível da empresa agrícola saltou de 0,85 para 0,90 entre 2006 e 2017.

A concentração da renda agrícola impacta tanto a elevada desigualdade social geral quanto o desequilíbrio regional no Brasil, cujas raízes têm causas históricas, econômicas e políticas que estão fora do escopo deste capítulo. Mesmo assim, vale registrar alguns indicadores da desigualdade social e regional no Brasil. Em primeiro lugar, o índice de Gini relacionado à renda nacional comprova que o crescimento econômico acelerado entre 1950 e 1980 não foi anteparo à enorme concentração de renda observada no período. O índice de Gini, que ainda era extremamente elevado em 1981 (0,579), atingiu o pico em 1989 (0,633) e, devido às transferências sociais governamentais e aos aumentos reais do salário mínimo na segunda metade da década de 2000, caiu para 0,519 em 2015. No entanto, a recessão de 2015-2016 e o baixo crescimento registrado no período posterior fizeram com que o índice de Gini aumentasse novamente para 0,534 em 2019, confirmando o Brasil como um dos países com maior nível de desigualdade social no mundo.

Em segundo lugar, apesar de ainda serem elevados, tanto a proporção de pobreza como de extrema pobreza diminuiu consideravelmente no Brasil, especialmente após a década de 2000, devido aos diversos programas governamentais de transferência de renda para as famílias mais pobres. A parcela da população que aufere menos de US$ 5,50 por dia caiu de 41,1% para 19,6% entre 2001 e 2019 (no mundo, esta redução foi de 65,2% para 43,5%), ao passo que o percentual da população que recebe menos de US$ 1,90 por dia reduziu-se de 11,5% para 4,6% no mesmo período (no mundo, esta redução foi de 26,9% para 9,3%).

E, por último, a disparidade de renda também aparece entre as regiões geográficas do Brasil. Apesar de concentrarem 35,9% da população brasileira em 2018, as regiões Norte e Nordeste tinham uma renda média *per capita* de cerca de US$ 9.174 (em PPC), muito inferior à renda *per capita* média do país, de US$ 15.513 (em PPC). Em particular, a região Nordeste, mais pobre do país e responsável por 27,2% da população total, detinha renda *per capita* correspondente a 53,2% da renda *per capita* média brasileira e apenas 40,8% da renda *per capita* do Centro-Oeste, considerada a região mais rica do Brasil na atualidade.

Os indicadores relativos à desindustrialização prematura, à estrutura precária do emprego e à desigualdade social e regional justificam a adoção de um ambicioso Plano Nacional de Desenvolvimento no Brasil que contemple as seguintes missões, orientadas para recolocar a economia brasileira em trajetória sustentada de *catching up*:

(1) reindustrialização e revitalização industrial;

(2) promoção da inovação, progresso técnico e criação de vantagens comparativas dinâmicas;

(3) fomento e formalização do emprego;

(4) redução das desigualdades sociais e regionais. Além destas, dada a revolução digital em curso, com acelerada disseminação de tecnologias radicais (robótica, inteligência artificial, internet das coisas, *big data* e outras) e a transição mundial para uma economia verde, é necessário acrescentar outras duas missões:

(5) integração das atividades produtivas brasileiras às tecnologias digitais;

(6) substituição gradativa de tecnologias com alta emissão de dióxido de carbono (CO2) por tecnologias com baixa emissão de CO2. Cabe lembrar que é praticamente impossível que, à falta de estímulos governamentais (inclusive subsídios) e de participação direta do governo mediante investimentos públicos em algumas dessas atividades, o setor privado *per se* tenha apetite ao risco para mobilizar a totalidade dos recursos requeridos para os investimentos associados a estas duas últimas missões. Na próxima seção, essas missões serão justificadas de forma um pouco mais detalhada.

11.3 Um plano nacional de desenvolvimento para o Brasil: missões e instrumentos

Nesta seção, nosso objetivo é indicar as diretrizes gerais de uma política industrial para enfrentar os gargalos estruturais e os enormes obstáculos existentes à retomada do desenvolvimento socioeconômico no Brasil. Em linha com nossos argumentos iniciais, a política industrial deve ser concebida e implementada como um Plano Nacional de Desenvolvimento (PND), indicando missões, metas principais, segmentos prioritários, instrumentos e requisitos de desempenho, direcionados a empresas que venham a receber benefícios governamentais sob a forma de subsídio ou outra forma de estímulo que envolva recursos públicos. A seção limita-se a apontar o esboço geral deste PND, cabendo às instituições governamentais adaptá-lo e detalhá-lo, inclusive modificando seu escopo. Nosso propósito, de caráter meramente sugestivo, é traçar um roteiro genérico com prioridades para chegar a um consenso – note-se que as missões utilizam instrumentos de política industrial existentes, mas de forma combinada com o objetivo específico de aumentar a taxa de sucesso das políticas adotadas. Para cumprir nosso objetivo, baseamo-nos no arcabouço de políticas de inovações orientadas por "missões" (*mission-oriented policies*), concebido por Mazzucato (2018, p. 2021) e Kattel e Mazzucato (2018). No entanto, as missões aqui propostas são mais amplas, não se concentrando apenas na missão de inovação.

Em termos gerais, três requisitos principais são necessários para o sucesso do PND proposto: primeiro, é preciso melhorar significativamente o ambiente de negócios, a fim de fomentar o esforço inovativo empresarial e lograr maior competitividade internacional; segundo, é crucial a adoção de uma reforma tributária que, além de ampliar seu grau de progressividade, mediante maior taxação relativa das maiores faixas de renda, simplifique a complexidade dos impostos indiretos – item que, após alcançar algum consenso no país, já foi aprovado pelo Congresso Nacional e será implementado *pari passu* com a devida regulamentação; terceiro, adotar uma política comercial em que as tarifas de importação médias sejam fixadas em níveis moderados, com gravames apenas suficientes para que as empresas possam percorrer a curva de aprendizado e ampliar a capacitação tecnológica, seja para criar ou imitar (Viotti, 2002). Assim, eventual reforma de liberalização comercial, em vez de contemplar cortes lineares e generalizados das tarifas de importação *ad valorem* (método *across-the-board*), deveria redefinir, caso a caso, a estrutura tarifária brasileira (método *concertina*), fixando tarifas nulas ou próximas de zero para bens de capital e bens intermediários não focados pela política industrial e tarifas mais elevadas (porém, apenas suficientes para equalizar preços domésticos aos internacionais) para estimular a persecução da curva de aprendizado pelos inovadores e evitar que o processo inovativo seja abortado por importações excessivas de bens substitutos próximos; e, por último, é fundamental que o regime macroeconômico (políticas monetária, fiscal e cambial) esteja alinhado com o PND. Nessas circunstâncias, em linha com as propostas de Nassif, Bresser-Pereira e Feijó (2018), é crucial que a política macroeconômica, especialmente a monetária e cambial, seja manejada de tal sorte que o objetivo de preservar a estabilidade inflacionária esteja equilibrado com o de assegurar as mudanças estruturais e o desenvolvimento econômico no longo prazo.

11.3.1 Plano Nacional de Desenvolvimento para o Brasil: principais missões

Com base nos indicadores associados à regressão econômica e aos problemas sociais brasileiros (baixo ritmo de crescimento da produtividade, desindustrialização prematura, reprimarização da pauta de exportações, desigualdade social e regional, dentre outros), selecionamos as principais missões do PND no Brasil, acompanhadas das respectivas justificativas. Elas estão resumidas na Tabela 11.2.

Tabela 11.2 Plano Nacional de Desenvolvimento no Brasil: principais missões e justificativas

Missões	Justificativas
1. Reindustrialização e revitalização industrial	- Brasil como caso mais grave de desindustrialização prematura no mundo. - Precária industrialização nas regiões mais pobres, sobretudo Norte e Nordeste, onde há potencial de desenvolvimento industrial não apenas em subsetores intensivos em trabalho, mas também em novas atividades de maior intensidade tecnológica, relacionadas à economia verde (por exemplo, energia eólica e solar). - Revitalização do setor industrial nas demais regiões, através de inovação, incorporação de tecnologias verdes e maior integração com os serviços das indústrias de tecnologia da informação e comunicação (TIC).
2. Promoção de inovações, fomento do progresso técnico e criação de vantagens comparativas dinâmicas	- Os subsetores industriais intensivos em escala, fornecedores especializados (bens de capital) e baseados em ciência e conhecimento, embora sejam os maiores geradores e difusores de progresso técnico, perderam participação na estrutura produtiva e na pauta de exportações brasileiras nas últimas décadas.
3. Fomento e formalização do emprego e redução das desigualdades sociais e regionais	- Além de exibir, de forma recorrente, elevadas taxas de desemprego, o Brasil possui baixo nível de formalização da mão de obra, sobretudo nas regiões Norte e Nordeste. Retomar e sustentar o crescimento econômico (inclusive nas regiões mais pobres), acompanhado de avanço da produtividade, é uma das condições necessárias (mesmo que não suficientes) para reduzir as desigualdades sociais. - Fomento do emprego e redução de desigualdades sociais criam enorme potencial de demanda para os setores produtores de bens de consumo de massa e subsetores cuja competitividade depende de economias de escala.

(continua)

Tabela 11.2 Plano Nacional de Desenvolvimento no Brasil: principais missões e justificativas (*continuação*)

Missões	Justificativas
4. Ampliação dos investimentos em infraestrutura	- Além de ser grande gerador de emprego direto e indireto, investimentos em infraestrutura, em virtude das enormes externalidades positivas a eles associadas, têm elevado retorno social no longo prazo. - A infraestrutura brasileira é precária em diversas áreas: 16% da população não tem acesso à água potável; 47% não acessam rede de esgotos; a rede de transporte ferroviário por km^2 é muito baixa para um país continental.
5. Integração com a economia digital	- Como mostrou Andreoni (2018), as novas tecnologias digitais em curso têm potencial de revitalizar quase todos os subsetores industriais. Além disso, as tecnologias de serviços de informação contribuem cada vez mais para a expansão da fronteira tecnológica, abrindo uma janela de oportunidades para os países que as incorporam.
7. Engajamento na economia verde: substituição de tecnologias com elevada emissão por baixa emissão de dióxido de carbono (CO_2)	- É irreversível a tendência global de substituir gradativamente as tecnologias produtivas com elevada emissão de CO_2, herdadas da Revolução Industrial, por tecnologias de baixa emissão. - Novos requisitos de competitividade industrial internacional substituirão a complacência histórica dos governos com atividades que comprometem a sustentabilidade ambiental, mediante acordos comerciais e pressão das sociedades para processos neutros em carbono e produtos mais eficientes. - Novos parâmetros competitivos já em vigor, como o índice de reparabilidade dos produtos franceses e o rótulo de eficiência energética exigido em vários países.

Para que o Brasil restaure e sustente sua trajetória de desenvolvimento, e se livre da estagnação econômica e de sua posição travada há décadas como economia de renda (*per capita*) média, é necessário impulsionar a reindustrialização do país (Missão 1). Isto significa não apenas aumentar a participação do valor agregado industrial no PIB, mas também aproveitar as oportunidades para a revitalização e avanço de sua estrutura tecnológica, incluindo a substituição gradual de tecnologias de elevada emissão de CO_2 por tecnologias limpas (Missão 6). Ao mesmo tempo, é necessário inovar mais (Missão 2), criar mais e melhores empregos formais, bem como reduzir as desigualdades sociais e regionais (Missão 3), avançar na integração com a economia digital (Missão 5) e aproveitar as oportunidades abertas para incorporar tecnologias ambientalmente sustentáveis, com baixa emissão de CO_2 (Missão 6).

Incluímos também os investimentos em infraestrutura física e social entre as missões prioritárias (Missão 4) do PND. A razão é que o Brasil tem graves deficiências em áreas como saneamento, acesso a água tratada, transporte de massa em cidades populosas e redes de informação e comunicação – estas últimas vitais para o avanço da digitalização (Missão 5) –, além de profunda desigualdade espacial na cobertura de infraestrutura física (estradas, ferrovias, eletricidade), social (saneamento, água, mobilidade urbana) e tecnológica (internet e telecomunicações). Infraestruturas precárias, insuficientes ou ausentes, como estradas e acesso à internet, inviabilizam, na prática, a industrialização em regiões atrasadas. Ademais, investimentos em infraestrutura ampliam a probabilidade de sucesso das políticas industriais, já que produzem efeitos sobre o produto, renda e emprego, para trás (subsetores químico, de materiais de construção e máquinas e equipamentos personalizados, serviços de engenharia e P&D, dentre outros) e para a frente (bens de consumo duráveis e não duráveis).

Cabe ressaltar que todas as missões indicadas na Tabela 11.2 possuem sinergias entre si, de sorte que a ativação de uma delas produz *feedbacks* dinâmicos (quantitativos e qualitativos) nas demais. Por exemplo, o engajamento em tecnologias verdes, com maior diversificação da matriz energética em energias eólica e solar (Missão 6), localizadas no Nordeste brasileiro, onde há abundância de vento e luz solar (Missões 3 e 4), induz ao aumento da produção e ao estímulo das inovações nos subsetores de turbinas eólicas e de componentes eletrônicos (Missões 2 e 5). Note-se também que a ampliação dos investimentos em infraestruturas física, social e tecnológica podem também contribuir, simultaneamente, para o sucesso de todas as missões descritas na Tabela 11.2.

11.3.2 Subsetores e instrumentos prioritários

Não obstante o PND deva contemplar uma variedade de missões, cabe ao governo brasileiro a seleção de um número reduzido de subsetores-alvo para receber prioritariamente os estímulos das políticas públicas, tais como proteção contra importações (caso necessária), subsídios à produção e ao crédito, financiamento do Banco Nacional de Desenvolvimento Econômico e Social (BNDES) e outras agências governamentais, compras governamentais, requisitos de conteúdo local etc. Estes instrumentos de política devem ser analisados caso a caso. Por exemplo, quando o alvo é atingir subsetores em que o maior impulso ao alcance da competitividade provém das economias de escala, a política de compras governamentais é a mais importante; quando o foco é a inovação em tecnologias radicais, em que o grau de incerteza quanto ao retorno esperado dos investimentos é muito elevado, os subsídios governamentais são essenciais; quando os inovadores potenciais correm o risco de interromper o aprendizado tecnológico por causa da pressão excessiva de produtos importados substitutos, cabe ao governo fixar uma tarifa de importação *ad valorem* em nível adequado para equalizar o preço doméstico ao preço internacional; em investimentos cujo retorno é de longa maturação e requerem montante expressivo de recursos financeiros, é fundamental o acesso às linhas de financiamento do BNDES, com cláusulas de prazo e taxas de juros adequadas para viabilizar os investimentos; e assim por diante. A seguir, sugerimos alguns subsetores a serem contemplados pelo PND. Note que privilegiamos tanto subsetores em que o Brasil já conta com uma base de vantagem comparativa potencial quanto subsetores em que, conquanto não estejam associados a indústrias de fronteira tecnológica internacional, é possível alcançar vantagens comparativas dinâmicas através de saltos tecnológicos. Ou seja, é possível tanto respeitar a base e o potencial de vantagem comparativa existente, na linha dos argumentos de Justin Lin, quanto desafiar e se desviar desse padrão através de saltos tecnológicos, na linha dos argumentos de Ha-Joon Chang – ver o debate dos dois autores em Lin e Chang (2014). Sugerimos priorizar os seguintes subsetores:

(1) Complexo industrial da saúde, inclusive indústria farmacêutica, em que há necessidade de reindustrialização e potencial de criação de inovações (Missões 1 e 2). O Brasil tem muitos atores-chave no sistema de inovação do complexo industrial da saúde, como os institutos públicos de pesquisa (Fiocruz e Butantan), grandes empresas farmacêuticas e

um dos maiores sistemas de saúde pública do mundo. Esse complexo conta com indústrias de base científica e com nível razoável de capacitação tecnológica (farmacêutica e química), fornecedores especializados (equipamentos médico-hospitalares) e subsetores manufatureiros intensivos em escala (plásticos ligados a insumos hospitalares). A pandemia escancarou a necessidade de um sistema robusto de saúde pública. Neste caso, é o governo, notadamente através da política de compras para o sistema de saúde pública (via Sistema Único de Saúde – SUS), que consegue fortalecer toda a cadeia industrial deste complexo, aproveitando também a *expertise* dos institutos públicos de pesquisa para o desenvolvimento de vacinas. Note-se que não propomos que o Brasil priorize toda a cadeia de produção farmacêutica, mas apenas vacinas e fármacos (notadamente para combate a doenças tropicais) cujas indústrias tenham elevado potencial de desenvolvimento no país.

(2) Subsetores com significativo potencial para gerar empregos de média-alta e alta qualificação técnica e vantagens comparativas dinâmicas (Missões 1 e 2). Há nichos nas indústrias de fornecedores especializados (máquinas e equipamentos), intensivas em escala e baseadas em ciência e conhecimento, como:

- insumos químicos, especialmente fertilizantes e pesticidas, uma vez que o país tem um elevado déficit comercial e expressiva demanda no setor agropecuário;
- segmentos da indústria aeroespacial, pois já existe capacitação técnica, notadamente na Embraer – empresa líder na cadeia de valor que produz jatos regionais e está entrando no segmento de carros voadores – e no Instituto Tecnológico da Aeronáutica (ITA). As compras públicas direcionadas à área de defesa e segurança podem garantir uma demanda mínima para viabilizar projetos, como fez o governo no passado recente para desenvolver o cargueiro militar KC-390;
- cadeia de motores elétricos e baterias para veículos elétricos, incluindo a infraestrutura de carregamento, nichos em que o Brasil detém elevado potencial de alcance de vantagens comparativas dinâmicas, já que as maiores montadoras de automóveis do mundo possuem fábricas no país (Missões 1, 2 e 4).

(3) Subsetores intensivos em trabalho nas regiões Norte e Nordeste (Missão 3), áreas geográficas que ficaram praticamente à margem do processo de industrialização no Brasil. A combinação do efeito das transferências de renda – por meio de programas bem-sucedidos como o Bolsa Família – com a retomada do crescimento econômico detém elevado potencial para ativar a propensão marginal e média a consumir em subsetores de consumo de massa, como alimentação, vestuário, calçados, construção e comércio varejista, cuja característica comum é serem todos intensivos em mão de obra (Missão 3). O governo brasileiro, através de bancos de desenvolvimento nacionais (BNDES) e regionais (Banco do Nordeste) e regulamentações regionais e setoriais, pode encorajar a industrialização de áreas periféricas onde a mão de obra é, ainda, relativamente barata, encorajando a produção em subsetores intensivos em trabalho e em recursos naturais. Certamente, haverá necessidade de adoção de uma combinação de políticas adicionais, como a expansão das infraestruturas (Missão 4), mediante investimentos públicos, transferências de rendas para criar mercados (Missão 3) e políticas de formação profissional e inovação (Missão 2).

(4) Serviços da indústria de tecnologia da informação e comunicação (TIC), principalmente *softwares* (Missões 2 e 5). Atualmente, as TIC, que investem tanto em P&D quanto os subsetores do setor industrial que utilizam tecnologias de fronteira (Galindo-Rueda; Verger, 2016), desempenham um papel vital nas principais tecnologias da economia digital – tais como inteligência artificial, aprendizagem automatizada, computação em nuvem, robótica avançada, realidade virtual etc. Essas tecnologias podem não apenas contribuir para a revitalização da indústria brasileira (Missão 1), devido à crescente simbiose entre indústria e serviços, como também proporcionar saltos tecnológicos em outros subsetores contemplados pelo PND. Tendo como suporte as linhas de financiamento (inclusive para inovação) do BNDES e da FINEP, o governo pode promover a digitalização e a modernização industrial.

(5) Subsetores associados às infraestruturas física, social e tecnológica e à economia verde (Missões 1, 2, 4 e 6), tais como:

- bens de capital utilizados na expansão e melhora da infraestrutura física (transporte público, como metrô e trens urbanos e suburbanos, transporte de carga e equipamentos portuários);

- equipamentos de telecomunicações associados ao aprimoramento da infraestrutura tecnológica, como a rede 5G. A expansão da cobertura e da velocidade da rede de banda larga pode reduzir as desigualdades regionais (Missão 3), acelerar a adaptação ao uso de tecnologias digitais (Missão 5) e permitir novos modelos de negócios em regiões periféricas;
- insumos químicos e produtos plásticos associados à expansão do saneamento básico;
- equipamentos de geração, transmissão e distribuição de energia, incluindo energia limpa, como painéis fotovoltaicos e turbinas eólicas (Missão 4).

Com respeito à infraestrutura, particularmente, estamos longe de sugerir que o governo arque com todos os enormes custos dos investimentos. No entanto, ele deveria exercer a coordenação geral da política de infraestrutura no país, através da estipulação de metas a serem alcançadas, do aprimoramento dos mecanismos de regulação (inclusive para coibir abuso de preços em monopólios naturais ou práticas monopolistas em empresas privatizadas), da decisão de quais segmentos deverão ser totalmente financiados por recursos públicos e do fomento das parcerias público-privadas.

11.4 Conclusão

Com base nos indicadores de desindustrialização prematura e nas diversas evidências empíricas sobre a estagnação econômica do Brasil nas últimas décadas, propusemos um Plano Nacional de Desenvolvimento (PND) com os objetivos de impulsionar o crescimento da produtividade do trabalho, restaurar a trajetória de recuperação e sustentar o desenvolvimento socioeconômico do Brasil. Sugerimos seis missões:

(1) reindustrialização e revitalização industrial;

(2) promoção da inovação, do progresso técnico e criação de vantagens comparativas dinâmicas;

(3) fomento do emprego, formalização da força de trabalho e redução das desigualdades sociais e regionais;

(4) aumento dos investimentos em infraestrutura;

(5) integração das atividades econômicas com as tecnologias digitais; substituição gradual das tecnologias com elevadas emissões de CO_2 por tecnologias redutoras de CO_2.

Sugerimos também subsetores prioritários, associados às missões principais. Cabe destacar que as missões sugeridas podem também ser estendidas a outros países em desenvolvimento que enfrentam desindustrialização prematura e estagnação econômica. Nossas propostas de um PND, embora sejam de caráter sugestivo, amparam-se em indicadores econômicos, sociais e regionais do Brasil, alguns dos quais descritos e analisados neste capítulo. Em virtude das transformações que ocorrerão na economia mundial no restante deste século, induzidas pela mudança energética, revolução da economia digital e virtual hegemonia econômica e tecnológica da China, o Brasil não pode mais perder tempo na retomada de seu desenvolvimento econômico, cuja interrupção persiste desde o início da década de 1980.

Referências

ANDREONI, A. The architecture and dynamics of industrial ecosystems: diversification and innovative industrial renewal in Emilia Romagna. *Cambridge Journal of Economics*, v. 42, n. 6, p. 1613-1642, 2018.

BIANCHI, P.; LABOURY, S. *Industrial policy for the manufacturing revolution*: perspectives on digital globalisation. Cheltenham, UK: Edward Elgar, 2018.

CORNWALL, J. *Modern capitalist: its growth and transformation*. New York: St. Martin's Press, 1977.

DOSI, G.; RICCIO, F.; VIRGILITTO, M. E. Varieties of deindustrialization and patterns of diversification: why microchips are not potato chips. *Structural Change and Economic Dynamics*, v. 57, p. 182-202, 2021.

FELIPE, J.; MEHTA, A.; RHEE, C. Manufacturing matters... but it's the Jobs that count. *Cambridge Journal of Economics*, v. 43, p. 139-168, 2019.

GALINDO-RUEDA, F.; VERGER, F. *OECD taxonomy of economic activities based on R&D intensity* (OECD Science, Technology and Industry Working Papers n. 2016/04). Paris: OECD Publishing, 2016.

HIRSCHMAN, A. *The strategy of economic development*. New Haven: Yale University Press, 1958.

KALDOR, N. Causes of the slow rate of economic growth of the United Kingdom: an inaugural lecture. *In:* KALDOR, N. *Further essays on economic theory*. London: Duckworth, 1966. p. 100-138.

KALDOR, N. *Strategic factors in economic development*. Ithaca, New York: Cornell University, 1967.

KATTEL, R.; MAZZUCATO, M. Mission-oriented innovation policy and dynamic capabilities in the public sector. *Industrial and Corporate Change*, v. 27, n. 5, p. 787-801, 2018.

LASTRES, H. M. M.; CASSIOLATO, J. E. *Systems of innovation and development from a South American perspective: a contribution to Globelics*. Unpublished paper presented at the First Globelics Workshop on Innovation Systems. Aalborg University, Aalborg, Denmark, 4-6 November, 2003.

LEWIS, W. A. Economic development with unlimited supplies of labour, *Manchester School of Economic and Social Studies*, v. 22, n. 2, p. 139-91, 1954.

LIN, J.; CHANG, H. J. Should industrial policy in developing countries conform to comparative advantage or defy it? A debate between Justin Lin and Ha-Joon Chang. *Development Policy Review*, v. 27, n. 5, p. 1-20, 2014.

LUNDVALL B.; JOHNSON B.; ANDERSEN, E. S.; DALUM, B. National systems of production, innovation and competence building. *Research Policy*, v. 31, p. 213-231, 2002.

MAZZUCATO, M. Mission-oriented innovation policies: challenges and opportunities. *Industrial and Corporate Change*, v. 27, n. 5, p. 803-815, 2018.

MAZZUCATO, M. *Mission economy*. A moonshot guide to changing capitalism. New York: HarperCollins, 2021.

MORCEIRO, P. C. Influência metodológica na desindustrialização brasileira. *Revista de Economia Política*, v. 41, n. 4, p. 700-722, 2021.

MORCEIRO, P. C.; GUILHOTO, J. J. M. Sectoral deindustrialization and long-run stagnation of Brazilian manufacturing. *Brazilian Journal of Political Economy*, v. 43, n. 2, p. 418-441, 2023.

NASSIF, A. As fontes de mudança da eficiência técnica da indústria brasileira após a liberalização comercial. *Revista de Economia Aplicada*, v. 9, n. 1, p. 1-24, abr.-jun. 2005.

NASSIF, A. *Desenvolvimento e estagnação*: o debate entre desenvolvimentistas e liberais neoclássicos. São Paulo: Contracorrente, 2023.

NASSIF, A. Há evidências de desindustrialização no Brasil? *Brazilian Journal of Political Economy*, v. 28, n. 1(109), p. 72-96, 2008.

NASSIF, A. *Liberalização comercial e eficiência econômica*: a experiência brasileira. Dissertação (PhD) – Universidade Federal do Rio de Janeiro, Rio de Janeiro, 2003.

NASSIF, A.; BRESSER-PEREIRA, L. C.; FEIJÓ, C. The case for reindustrialisation in developing countries: towards the connection between the macroeconomic regime and the industrial policy in Brazil. *Cambridge Journal of Economics*, v. 42, p. 355-381, 2018.

NASSIF, A.; CASTILHO, M. Trade patterns in a globalised world: Brazil as a case of regressive specialization. *Cambridge Journal of Economics*, v. 44, p. 671-701, 2020.

NASSIF, A.; FEIJÓ, C.; ARAÚJO, E. Macroeconomic policies in Brazil before and after the 2008 global financial crisis: Brazilian policy-makers still trapped in the New Macroeconomic Consensus guidelines. *Cambridge Journal of Economics*, v. 44, p. 749-779, 2020.

NASSIF, A.; FEIJÓ, C.; ARAÚJO, E. Structural change and economic development: is Brazil catching up or falling behind? *Cambridge Journal of Economics*, v. 39, p. 1307-1332, 2015.

NASSIF, A., MORCEIRO, P. C. *“Industrial policy for prematurely deindustrialized economies after the Covid-19 pandemic crisis: integrating economic, social and environmental goals with policy proposals for Brazil”*. Texto para Discussão, n. 351. Niterói: Universidade Federal Fluminense, nov. 2021. Disponível em: http://economia.uff.br/wp-content/uploads/sites/584/2021/11/TD-351.pdf

SOUZA, G. S., GOMES, E. G., ALVES, E. R. A. Uma visão da agricultura brasileira com base em dados recentes do censo agropecuário. *In:* VIEIRA FILHO, J. E. R.; GASQUES, J. C. *Uma jornada pelos contrastes do Brasil*: cem anos do Censo Agropecuário. Brasília: Ipea, 2020. p. 39-50.

TREGENNA, F.; ANDREONI, A. *Deindustrialisation reconsidered: structural shifts and sectoral heterogeneity*. Working Paper 2020-06. London: Institute for Innovation and Public Purpose, University College London, 2020.

VIOTTI, E. B. National learning systems: a new approach on technological change in late industrializing economies and evidences from the cases of Brazil and South Korea. *Technological Forecasting & Social Change*, v. 69, p. 653-680, 2002.

YOUNG, A. A. Increasing returns and economic progress. *The Economic Journal*, v. 152 (XXXVIII), p. 527-542, Dec. 1928.

12. A transformação ecológica brasileira

Cristina Froes de Borja Reis
Rafael Dubeux

12.1 Introdução

O governo Lula chegou com uma proposta ambiciosa de desenvolvimento: o Plano de Transformação Ecológica (Ministério da Fazenda, 2023a). Visando mudar profundamente os paradigmas tecnológicos, financeiros, produtivos e até mesmo culturais, trata-se de um arranjo institucional inovador. Incorpora o desafio de descarbonização ratificado no Acordo de Paris, mas também o projeto de nação legitimado pelas urnas em 2022: crescimento econômico com redução de desigualdades.

Assim, o objetivo deste capítulo é explicar a estratégia do plano, à luz do debate de desenvolvimento internacional deste século, particularmente no âmbito do enfrentamento da crise climática. Para tanto, na primeira seção, resumimos o percurso histórico que relacionou definitivamente o desenvolvimento ao enfrentamento da crise climática nas negociações internacionais; na segunda seção, o desenvolvimento da ideia de transição verde e/ou ecológica, apresentando algumas políticas dos governos de outros países para esse fim; e, na última seção, descrevemos sumariamente o plano de transformação ecológica do Brasil.

12.2 Desenvolvimento e mudança do clima

O debate sobre desenvolvimento acompanha a história econômica, ganhando contornos ambientais mais definidos a partir da Segunda Guerra Mundial. Ao longo dos anos 1970 e 1980, a questão ambiental e climática tornou-se central neste debate e diversas abordagens teóricas passaram a discuti-la a partir de diferentes ângulos políticos e metodológicos, conforme evoluíam as negociações internacionais e a própria compreensão científica sobre a situação ambiental do planeta.

No relatório *Os limites do crescimento*, de 1972, o grupo de pesquisadores do *Massachusetts Institute of Technology* (MIT) apresentou ao Clube de Roma o princípio de desenvolvimento sustentável para pautar as ações no mundo, salientando que os recursos naturais do planeta são finitos e que uma nova relação econômica planetária com a natureza era necessária. Em 1983, foi criada pela Assembleia Geral da ONU a Comissão Mundial sobre o Meio Ambiente e Desenvolvimento (CMMAD), presidida na época pela ex-primeira-ministra da Noruega Gro Harlem Brundtland, cujos trabalhos resultaram no documento *Our Common Future*, de 1987. Ele firma o caráter da sustentabilidade do desenvolvimento, ao defini-lo como o processo que "satisfaz as necessidades presentes, sem comprometer a capacidade das gerações futuras de suprir suas próprias necessidades" (ONU, 2023).

A Conferência das Nações Unidas sobre Meio Ambiente e Desenvolvimento de 1992, realizada no Rio de Janeiro, estabeleceu marcos fundamentais para negociações internacionais climáticas e de desenvolvimento. Na sua sequência vieram o secretariado da Convenção sobre Mudanças Climáticas (UNFCCC), entidade da ONU encarregada de apoiar a resposta global à ameaça das alterações climáticas. A Convenção tem quase adesão universal (197 Partes) e gerou diversos acordos posteriores, como o Protocolo de Quioto, em 2005, o de Copenhagen, em 2009, e o Acordo de Paris, em 2015 (ONU, 2023).

A UNFCCC afirma que

> [...] a natureza global das alterações climáticas exige a mais ampla cooperação possível por parte de todos os países e a sua participação numa resposta internacional eficaz e apropriada, de acordo com suas responsabilidades comuns, mas diferenciadas, e respectivas capacidades de suas condições sociais e econômicas [...] (CQNUMC, 1992, Convenção-Quadro das Nações Unidas sobre Mudanças Climáticas, CQNUMC/INFORMAL/84/Rev. GE.14-20481).

Analogamente, a Agenda do Desenvolvimento na ONU evoluiu ao longo dos anos 1990 até que, em 2000, a Declaração do Milênio, assinada por 191 países, estabeleceu os objetivos do milênio de desenvolvimento, que, aprimorados em 2015, culminaram na Agenda 2030 e seus 17 Objetivos de Desenvolvimento Sustentável. Apesar das críticas à sua fundamentação teórica acerca dos condicionamentos estruturais e institucionais do desenvolvimento (Sengupta, 2018), a Agenda 2030 traz o principal conjunto de metas e indicadores internacional e legitimamente reconhecidos para orientar estratégias públicas e privadas a reduzir as desigualdades locais, nacionais e globais (Reis; Berringer, 2023).

Passada metade da duração prevista para o cumprimento da Agenda 2030, o balanço geral é de que os resultados retrocederam. Transformações estruturais e crises econômico-financeiras contribuíram para o agravamento dos problemas climáticos e para o aumento das desigualdades entre 2015 e 2023. Destacam-se, neste sentido, a corrida tecnológica em torno do paradigma produtivo da Indústria 4.0, centrada na disputa sino-estadunidense, a pandemia da covid-19 e as guerras, notadamente entre Ucrania e Rússia e, recentemente, entre Israel e Palestina. Em tal contexto, as cadeias produtivas passam por profundas mudanças que reorganizam as estratégias atuais de empresas e Estados, fortalecendo decisões de redução de riscos a partir da diversificação de localização de plantas produtivas (Unido, 2022).

O Brasil, por sua vez, ao longo do século XXI, passou por uma experiência inicial inédita de crescimento econômico, com expressiva redução da miséria e saída do mapa da fome entre 2004 e 2014 (FAO, 2015). Contudo, a dinâmica econômica não reverteu o processo estrutural em curso de significativa desindustrialização (Morceiro, 2018), que redundou em fragilidades tecnológicas e financeiras que reduziram a resiliência da matriz produtiva nos anos de crise seguintes. Sobretudo a partir do golpe de 2016, a evolução das taxas de crescimento do produto e do emprego foi fraca, a pobreza e a insegurança alimentar recrudesceram e o país viveu sucessivos desastres ambientais e climáticos (ABDE, 2022).

A volta ao poder em 2023 de uma visão de desenvolvimento inclusivo e sustentável requer, portanto, políticas públicas à altura dos desafios nacionais e internacionais postos, que conjuguem a incorporação tecnológica, a redução do impacto ambiental e climático e a busca por um modelo mais justo em termos distributivos.

12.3 A transição verde e/ou ecológica

Existe um extenso debate em torno do conceito de transição, abrangendo diferentes ciências, posições teóricas e lugares de análise (Norte ou Sul global). Desde visões mais liberais a abordagens marxianas perante a crise ecológica do planeta e as possíveis soluções, a conclusão gira em torno da inescapável necessidade do estabelecimento urgente de um processo de Grande Transição (Foster, 2015, p. 82) das relações entre as pessoas e a natureza, desde uma abordagem sistêmica.

Tal transição deve acontecer no momento da conhecida "tempestade perfeita" no sistema produtivo internacional, causada pelos efeitos conjuntos da pandemia e das "megatendências" - transformações disruptivas em curso desde a crise financeira de 2008/09:

(a) tendências tecnológicas e a Nova Revolução Industrial (NIR);

(b) tendências na governação econômica global;

(c) tendências do desenvolvimento sustentável.

Além disso, as guerras entre a Rússia e a Ucrânia e, posteriormente, no Oriente Médio intensificaram as preocupações geopolíticas e econômicas, o que levou algumas nações a oferecerem vultosos incentivos para relocalizar a produção (UNCTAD, 2020, 2021).

As reações dos países, então, significaram a volta da política industrial para o centro da estratégia. Como descrito por Reis (2023), o plano quinquenal 2021-2025 pretende tornar a China um líder inovador até 2035, concentrando-se em tecnologias 4.0, como inteligência artificial de próxima geração, semicondutores, computação em nuvem e redes 5G - para que os gastos em P&D aumentem mais de 7% todos os anos. Querem que os combustíveis não fósseis cresçam de 15% para 20% na matriz de utilização energética até 2025.

A administração Biden e Harris anunciou em 2021 o Plano de Empregos e Infraestrutura, e uma força-tarefa para maior resiliência das cadeias de abastecimento e revitalização da indústria americana, com base em infraestrutura, especialmente relacionada à energia limpa. O relatório desta força-tarefa identificou as atividades das cadeias mais críticas para os Estados Unidos, a saber: processamento de semicondutores, baterias de grande capacidade, minerais e materiais estratégicos (terras-raras em particular), produtos farmacêuticos e ingredientes farmacêuticos ativos (API) (Casa Branca, 2021).

Tais vulnerabilidades provinham, como destacado, de políticas industriais adotadas por nações aliadas/parceiras/concorrentes, da concentração geográfica da oferta global no Leste Asiático, da coordenação internacional limitada etc. Portanto, em 2022, os Estados Unidos conseguiram a aprovação no Congresso da *Lei de Redução da Inflação*, um enorme programa que inclui ações do lado da oferta para combater a inflação, notadamente a redução dos custos na área de saúde e aumento de receitas tributárias, mas também um volume muito expressivo de recursos voltados para aumentar a produção de energia de baixo carbono, quase sempre vinculada a exigências rigorosas de conteúdo nacional.

A União Europeia também teve iniciativas para resiliência nas cadeias de valor, publicadas pela Comissão Europeia e pelo Parlamento Europeu. A Estratégia Industrial 2020 propôs alianças industriais e ecossistemas industriais para alcançar a transição verde e digital, preparando-os contra crises em setores estratégicos. A Nova Estratégia Industrial revê a anterior, analisando um conjunto de produtos sensíveis para os quais o bloco é altamente dependente de fornecedores externos. Ele contém seis análises aprofundadas das cadeias de fornecimento com o uso predominante destes materiais: ingredientes farmacêuticos ativos, baterias, hidrogênio, matérias-primas, semicondutores e tecnologias de nuvem e de ponta (EPRS, 2021).

E o Plano do Pacto Industrial Verde, de março de 2023, visa aumentar a competitividade da indústria verde da Europa e acelerar a transição para a neutralidade climática. Os pilares do plano são: ambiente regulatório, acesso mais rápido ao financiamento, melhorar as capacidades e competências humanas, comércio aberto para cadeias de abastecimento resilientes – exceto em setores relacionados com autonomia estratégica (EPRS, 2021).

Vários países europeus adotaram planos específicos de enfrentamento da crise climática, mas também econômica. Em artigo recente da *Nature*, Rotondo *et al.* (2022) salienta também a dimensão tecnológica desta transição ecológica na Itália: "o processo de inovação tecnológica para conseguir mudanças na nossa sociedade considerando o cumprimento dos critérios de sustentabilidade ambiental". Sustentabilidade entendida no sentido da Agenda 2030 das Nações Unidas, destacando as tecnologias-chave para o plano italiano de transição ecológica e o *Piano Nationale di Ripresa e Resilienza*: fontes renováveis; mobilidade elétrica, energia digital, armazenamento de energia; edifício inteligente; economia circular; modelo agroecológico.

A França, que possui um Ministério da Transição Ecológica desde 2017, promulgou em outubro de 2023 uma lei de programação das finanças públicas dedicada à transição ecológica. A partir de 2024, o governo terá de definir anualmente a sua estratégia plurianual para financiar a transição, e a colocá-la em discussão, também com o setor privado (Leguet, 2023).

Portanto, no centro da dinâmica do sistema mundial, os Estados estão mais atuantes nas esferas econômica e política, doméstica e internacional. Isto acontece não só porque eram necessárias medidas anticíclicas para contornar a crise da covid-19, mas também para induzir investimentos nas tecnologias e indústrias estratégicas do nosso tempo: o paradigma sustentável 4.0. Os esforços das duas principais potências mundiais, China e Estados Unidos, e da Europa, mesmo que não totalmente concretizados, tendem a intensificar ainda mais a concentração de poder e de riqueza, dificultando as condições de competitividade para os países em desenvolvimento e emergentes (Reis; Kvangraven, 2023).

12.4 A transformação ecológica brasileira

O projeto de país democraticamente eleito em 2022 estabeleceu o compromisso de defesa da igualdade, da democracia, da soberania e da paz, bem como com o desenvolvimento nas suas dimensões sociais, econômicas, ambientais e climáticas (Partido dos Trabalhadores, 2022, p. 5, grifo nosso):

> Temos compromisso com a sustentabilidade social, ambiental, econômica e com o enfrentamento das mudanças climáticas. Isso requer cuidar de nossas riquezas naturais, produzir e consumir de forma sustentável e mudar o padrão de produção e consumo de energia no país, participando do esforço mundial para combater a crise climática. Somaremos esforços na construção de sistemas alimentares saudáveis e sustentáveis e no avanço da *transição ecológica* e energética para garantir o futuro do planeta, apoiando o surgimento de uma economia verde inclusiva, baseada na conservação, na restauração e no uso sustentável da biodiversidade de todos os biomas brasileiros.

A ideia de transição ecológica dialoga com o artigo 225 da Constituição do Brasil, que estabelece que "todos têm direito a meio ambiente ecologicamente equilibrado, bem de uso comum do povo e essencial à sadia qualidade de vida". Mas o conceito de transição (por definição, a passagem de um lugar, de um estado de coisas, de uma condição a outra) fica pequeno diante da dimensão dos desafios políticos, econômicos, sociais, ambientais e climáticos colocados. Ademais, o debate sobre transição ecológica tem sido liderado por uma perspectiva dos países centrais, especialmente pelos países europeus (Comissão Europeia, 2023).

Por essas razões, preferimos a noção de "transformação estrutural" das abordagens brasileiras e latino-americanas do desenvolvimento (Rodríguez, 2009), com crescimento da participação e da produtividade de atividades econômicas mais sofisticadas e/ou complexas da matriz produtiva (e a consequente mudança dos coeficientes técnicos das funções de produção e da matriz insumo-produto) de um país (Cardoso; Reis, 2018). Neste processo, o desenvolvimento da indústria de transformação e a melhor inserção externa em cadeias globais de valor tem papel essencial, sem que se constituam um fim em si, mas meios para se superar os grandes desafios sociais, ambientais e climáticos (Reis, 2023).

Como já salientara Furtado nas reflexões de *O Mito do Desenvolvimento* (1974), para ocorrerem transformações estruturais na matriz produtiva de ordem tecnológica e ecológica, há de se buscar maior autonomia cultural. Estabelecer padrões de vida a partir de um modo de produção, alocação e distribuição sustentáveis que rompam com a dependência externa passa por uma nova postura cultural em prol da coletividade que reverbera no projeto político de desenvolvimento nacional.

Em agosto de 2023, no Rio de Janeiro, o ministro Fernando Haddad anunciou o PTE como parte do lançamento do Novo Plano de Aceleração do Crescimento (Casa Civil, 2023). Logo depois, na semana do clima de Nova Iorque, o governo brasileiro anunciou que os investimentos públicos e privados, nacionais e internacionais podem contar com um plano robusto para a transformação ecológica, baseado em três princípios (Ministério da Fazenda, 2023a).

O primeiro princípio é a geração de trabalho decente e o aumento da produtividade, ampliando o número e a qualidade das oportunidades de emprego, buscando transformar o perfil da matriz produtiva brasileira, em direção às suas maiores intensidades de tecnologia e conhecimento. O segundo princípio é a justiça ambiental e climática, pois, ao descarbonizar a economia, serão implementadas políticas de adaptação e mitigação comprometidas em reduzir os impactos no meio ambiente e "não deixar ninguém para trás" (ONU, 2023). E o terceiro é a busca da equidade, reduzindo as desigualdades de renda e riqueza, pessoais e funcionais, entre as regiões do país, entre os gêneros e entre etnias e raças.

O plano alinha-se aos objetivos do desenvolvimento sustentável (ODS), visando impactar diretamente o ODS 8 (trabalho decente), 9 (inovação, indústria e infraestrutura), 13 (mudança do clima), 5 (igualdade de gênero) e 10 (redução de desigualdades) (UN, 2020). Mas vai além da Agenda 2030, colocando a questão étnico-racial no centro das metas de desenvolvimento.

O PTE está estruturado em 6 eixos, a saber: finanças sustentáveis, densidade tecnológica, bioeconomia, transição energética, economia circular e nova infraestrutura. Seus planos e programas específicos estão sob a liderança de outras áreas governamentais, como os planos de combate ao desmatamento (Ministério do Meio Ambiente e Mudança do Clima, 2023a), o próprio plano de aceleração do crescimento com um pacote expressivo de investimentos em infraestrutura (Casa Civil, 2023), ou as 6 missões industriais (Ministério do Desenvolvimento, Indústria, Comércio e Serviços, 2023).

O Ministério da Fazenda os apoia por meio de um conjunto de medidas financeiras, fiscais, regulatórias, creditícias etc. Algumas delas já foram lançadas, mas muito ainda está por vir. Particularmente, no eixo de finanças sustentáveis estão sendo apresentados instrumentos que impactam substancialmente o investimento para a sustentabilidade, como a regulamentação do mercado de carbono, a taxonomia sustentável, os títulos soberanos sustentáveis, a reformulação do Fundo Clima e o Plano Safra (Ministério da Fazenda, 2023a).

A palavra "sustentável" (nem verde ou outra) é usada com um propósito: porque carrega o entendimento de estabilidade e continuidade. Além disso, propõe o tratamento conjunto e intrínseco dos aspectos social, econômico, ambiental e climático do desenvolvimento. Mais além, significa uma perspectiva soberana de desenvolvimento, cujos desafios tecnológicos são priorizados a partir de uma perspectiva nacional. Por exemplo, as rotas de transição energética passam pelo fortalecimento de tecnologias com vantagens competitivas, considerando uma matriz mais limpa historicamente constituída – como prevê o programa combustível do futuro (Ministério de Minas e Energia, 2023).

Sobre a regulação do mercado de carbono, de abril a agosto, um grupo de trabalho interministerial coordenado pelo MF trabalhou para propor um projeto de lei que foi apresentado ao CDESS em 21 de agosto de 2023. O texto foi apresentado como substitutivo ao projeto de Lei n. 412/2022 na Comissão de Meio Ambiente do Senado, que, após ajustes, foi aprovado por unanimidade e em caráter terminativo em 4 de outubro de 2023. Ele instalará o sistema de *cap and trade*, com um corte horizontal de emissões, tendo sido excluídas as fontes primárias. Fontes ou instalações que emitam mais de 25 mil toneladas de dióxido de carbono estarão sujeitas a regras mais rígidas, com sanções e multas pelo não cumprimento das metas. As empresas ou indústrias que emitirem mais de 10 mil toneladas de (CO_2) por ano estarão sujeitas às regras do Sistema Brasileiro de Comércio de Emissões de Gases de Efeito Estufa. Esse projeto contou com o apoio do Banco Mundial, por meio dos acordos PMR, *Just in Time* e PMI (Ministério da Fazenda, 2023d).

A República Federativa do Brasil lançou o Arcabouço Brasileiro para Títulos Soberanos Sustentáveis (2023), documento que orientará a emissão de títulos pelo Tesouro Nacional no mercado externo. Haverá três tipos de títulos: títulos verdes, cujos recursos líquidos devem ser utilizados exclusivamente para financiar despesas com impacto ambiental positivo; títulos sociais, para financiar despesas com impacto social positivo; e títulos sustentáveis, para despesas que combinem impactos ambientais e sociais positivos. A maior parte dos recursos captados por meio de títulos soberanos sustentáveis brasileiros, que poderá ser um programa de vários anos, será canalizada para o Fundo Clima, administrado pelo Banco Nacional de Desenvolvimento Econômico e Social para financiar investimentos sustentáveis.

O Fundo Clima é um dos instrumentos da Política Nacional sobre Mudança do Clima e é um fundo de natureza contábil, vinculado ao Ministério do Meio Ambiente, com o objetivo de garantir recursos para apoiar projetos ou estudos e financiamentos de empreendimentos que visem à mitigação da mudança do clima. O fundo apoia a implementação de projetos, a aquisição de máquinas e equipamentos e o desenvolvimento tecnológico relacionados à redução das emissões de gases de efeito estufa e à adaptação às mudanças climáticas e seus efeitos (Ministério do Meio Ambiente e Mudança do Clima, 2023b).

O último Plano Safra de 2023/2024 trouxe mecanismos para promover os compromissos socioambientais da produção agrícola, integrando melhor as políticas agrícolas e ambientais (Ministério da Fazenda, 2023b). O plano incentiva o fortalecimento de sistemas de produção ambientalmente sustentáveis. Os produtores rurais que já tiverem seu Cadastro Ambiental Rural (CAR) analisado e também os produtores rurais que adotarem práticas agrícolas consideradas mais sustentáveis serão premiados com taxas de juros mais baixas. Embora haja espaço para melhorar as práticas sustentáveis na agricultura, já existem procedimentos comuns que levam à redução das emissões: sistema de plantio direto aplicado na maioria das culturas para exportação; fixação biológica de nitrogênio como alternativa ao fertilizante N; melhoria genética dos rebanhos de gado para reduzir a idade de abate, reduzindo assim as emissões sem prejudicar a produção de carne; recuperação de áreas degradadas para plantio, evitando novos desmatamentos.

Entre setembro e outubro de 2023, o MF lançou uma consulta pública para seu Plano de Ação de Taxonomia Sustentável, que deve ser concluída ao final de 2024, tornando-se obrigatória em 2026. O plano foi elaborado por técnicos de mais de vinte ministérios e de instituições reguladoras financeiras, como o Banco Central e o Banco Nacional de Desenvolvimento. Ele foi inspirado nas melhores práticas internacionais, de modo que a interoperabilidade é uma condição necessária. Inova, além de apresentar os objetivos estratégicos e ambientais e climáticos, ao incluir quatro objetivos sociais. Em seu desenvolvimento, haverá oito grupos técnicos setoriais e dois para temas específicos, como redução de desigualdades e monitoramento, relatório e verificação (Ministério da Fazenda, 2023c).

Estes são, portanto, exemplos de instrumentos redefinidores dos investimentos produtivos e financeiros, nacionais e internacionais no país, em prol da descarbonização, crescimento do emprego e da renda, com justiça ambiental e climática e redução de desigualdades. O PTE possui, ainda, dezenas de outras iniciativas que dão coerência e massa crítica a este processo, em consonância com outros esforços do governo federal e da sociedade em geral.

12.5 Conclusões

A transformação ecológica é um imperativo para a economia mundial. O redesenho das relações produtivas, tecnológicas, financeira e culturais entre a economia e o meio ambiente é crucial para assegurar a qualidade de vida das gerações atuais e futuras. O tema é especialmente evidente no caso da mudança do clima, embora o transcenda. A essa necessidade se soma o rearranjo das cadeias globais de valor, depois do choque da pandemia, das guerras e das tensões crescentes entre algumas das principais potências globais.

Nesse contexto, o Brasil pode fazer uso de sua matriz energética especialmente limpa, de sua biodiversidade diferenciada e da retomada de um projeto de desenvolvimento inclusivo para impulsionar a transformação ecológica. É uma agenda encarada como custo em muitos países, mas, no caso nacional, é principalmente uma oportunidade de promover o adensamento tecnológico do sistema produtivo, de gerar novos empregos com maior qualidade e de fazer isso a partir dessa nova relação com o meio ambiente.

Em síntese, a transformação ecológica do Brasil é a convergência da pauta internacional de redução do impacto ambiental com a pauta brasileira de desenvolvimento econômico inclusivo.

Referências

ABDE. *Plano de desenvolvimento sustentável 2030*. Brasília: Associação Brasileira de Desenvolvimento, 2022.

BRUNDTLAND, G. H. Our common future – Call for action. *Environmental conservation*, v. 14, n. 4, p. 291-294, 1987.

CARDOSO, F. G.; REIS, C. F. B. Centro e periferia nas cadeias globais de valor: uma interpretação a partir dos pioneiros do desenvolvimento. *Revista de Economia Contemporânea*, v. 22, p. e182232, 2018.

CASA BRANCA. Building resilient supply chains, revitalizing American manufacturing, and fostering broad-based growth. *100-Day Reviews under Executive Order 14017*, June 2021.

CASA CIVIL. *Novo Programa de Aceleração do Crescimento*. Disponível em: https://www.gov.br/casacivil/novopac. Acesso em: 02 nov. 2023.

COMISSÃO EUROPEIA. Transição Justa, ecológica e digital. Disponível em: https://ec.europa.eu/social/main.jsp?catId=1587&langId=pt. Acesso em: 2 nov. 2023.

CQNUMC. *Convenção-quadro das nações unidas sobre mudanças climáticas*, CQNUMC/INFORMAL/84/Rev. GE.14-20481, 1992.

EPRS. Resilience of Global Supply Chains. Challenges and Solutions. *European Parliamentary Research Service*, nov. 2021.

FAO. *The state of food insecurity in the world*, 2015. Disponível em: http://www.fao.org/3/a-i4646e.pdf.

FOSTER, J. B. Marxismo e Ecologia: fontes comuns de uma Grande Transição. *Lutas sociais*, v. 19, n. 35, p. 81-97, 2015.

FURTADO, C. *O mito do desenvolvimento econômico*. 4. ed. Rio de Janeiro: Paz e Terra, 1974.

FURTADO, C. *O mito do desenvolvimento*. Rio de Janeiro: Editora Fundo de Cultura, 1961.

LEGUET, B. *France will (finally) adopt a strategy to finance the ecological transition.* Institute for Climate Economics, AFD, out. 2023.

MINISTÉRIO DA FAZENDA. *Plano de transformação ecológica.* Brasília: MF, 2023a. Disponível em: https://www.gov.br/fazenda/pt-br/acesso-a-informacao/acoes-e-programas/transformacao-ecologica. Acesso em: 2 nov. 2023.

MINISTÉRIO DA FAZENDA. Governo federal anuncia Plano Safra 2023/2024 para estimular produção agropecuária com sustentabilidade. Brasília: MF, 2023b. Disponível em: https://www.gov.br/fazenda/pt-br/assuntos/noticias/2023/junho/governo-federal-anuncia-plano-safra-2023-2024-para-estimular-producao-agropecuaria-com-sustentabilidade. Acesso em: 2 nov. 2023.

MINISTÉRIO DA FAZENDA. *Taxonomia sustentável brasileira*: plano de ação para consulta pública. Brasília: SDES/SPE/MF, 2023c.

MINISTÉRIO DA FAZENDA. *Sistema Brasileiro de Comércio de Emissões.* Brasília: SDES/ SPE/ MF, 2023d. Disponível em: https://www.gov.br/fazenda/pt-br/orgaos/spe/desenvolvimento-economico-sustentavel/sistema-brasileiro-de-comercio-de-emissoes. Acesso em: 2 nov. 2023.

MINISTÉRIO DE MINAS E ENERGIA. *Programa Combustível do Futuro*. Brasília: MME, 2023. Disponível em: https://www.gov.br/mme/pt-br/programa-combustivel-do-futuro. Acesso em: 2 nov. 2023.

MINISTÉRIO DO DESENVOLVIMENTO, INDÚSTRIA, COMÉRCIO E SERVIÇOS. *Comitê executivo do CNDI define missões para construção da política industrial.* Brasília: MF, 2023. Disponível em: https://www.gov.br/mdic/pt-br/assuntos/noticias/2023/maio/comite-executivo-do-cndi-define-missoes-para-construcao-da-politica-industrial. Acesso em: 2 nov. 2023.

MINISTÉRIO DO MEIO AMBIENTE E MUDANÇA DO CLIMA. Plano de Ação para Prevenção e Controle do Desmatamento na Amazônia Legal (PPCDAm). Brasília: MMA, 2023a. Disponível em: https://www.gov.br/mma/pt-br/assuntos/prevencao-e-controle-do-desmatamento/amazonia-ppcdam-1. Acesso em: 2 nov. 2023.

MINISTÉRIO DO MEIO AMBIENTE E MUDANÇA DO CLIMA. *Fundo Nacional de Mudança do Clima.* Brasília: MMA, 2023b. Disponível em: https://www.gov.br/mma/pt-br/acesso-a-informacao/apoio-a-projetos/fundo-nacional-sobre-mudanca-do-clima. Acesso em: 02 nov. 2023.

MINISTÉRIO DO PLANEJAMENTO E ORÇAMENTO. *Plano plurianual 2024--2027: mensagem presidencial/Ministério do Planejamento e Orçamento, Secretaria Nacional de Planejamento.* Brasília: Secretaria Nacional de Planejamento/MPO, 2023.

MILLOT, V.; RAWDANOWICZ, L. The return of industrial policies: policy considerations in the current context. *OECD Economic Policy Papers*, n. 34, 2024. Disponível em https://doi.org/10.1787/051cc36d-en.

MORCEIRO, P. C. *A indústria brasileira no limiar do século XXI: uma análise da sua evolução estrutural, comercial e tecnológica.* (Tese Doutorado) – Universidade de São Paulo, 2018.

OECD. Building back better: A sustainable, resilient recovery after Covid-19. *OECD Policy Responses to Coronavirus (Covid-19)*, 2020.

OECD. Global value chains: Efficiency and risks in the Context of Covid-19. *Organisation for Economic Co-operation and Development Publishing*, 2021.

ONU. *Transforming our world: the 2030 Agenda for Sustainable Development*. Genebra: Organização das Nações Unidas, 2023. Disponível em: https://sdgs.un.org/2030agenda. Acesso em: 2 nov. 2023.

PARTIDO DOS TRABALHADORES. *Diretrizes para o programa de reconstrução e transformação do Brasil.* São Paulo: Fundação Perseu Abramo, 2022.

REIS, C. F. B. Who is not Afraid of Industrial Policy? A Southern Perspective. *Development Cooperation Review,* Special Issue: New hopes, new horizons and G20, v. 6, n. 3, p. 9, July-September 2023.

REIS, C.; BERRINGER, T. (org.). *South-North Dialogues on Democracy, Development and Sustainability.* London: Routledge, 2023. v. 1, p. 90.

REIS, C.; KVANGRAVEN, I. H. Dependency in a world system of global value chains led by transnational corporations. *In:* REIS, C. F. B.; BERRINGER, T. (org.). *South-North Dialogues on Democracy, Development and Sustainability.* London: Routledge, 2023. v. 1, p. 90.

REPÚBLICA FEDERATIVA DO BRASIL. *Arcabouço Brasileiro para Títulos Sustentáveis – 2023*. Brasília: MF/ STN/ Comitê de Finanças Sustentáveis, 2023.

RODRÍGUEZ, O. *O estruturalismo latino-americano*. Rio de Janeiro: Civilização Brasileira, 2009.

ROTONDO, F.; PERCHINUNNO, P.; L'ABBATE, S.; MONGELLI, L. *Ecological transition and sustainable development: integrated statistical indicators to support public policies*, 2022, n. 18513. Disponível em: https://doi.org/10.1038/s41598-022-23085-0

SENADO FEDERAL. *Projeto de Lei 412*. Disponível em: https://www25.senado.leg.br/web/atividade/materias/-/materia/151967. Acesso em: 2 nov. 2023.

SENGUPTA, M. Transformational change or tenuous wish list? A critique of SDG 1 ('End poverty in all its forms everywhere'). *Social Alternatives*, v. 37, n. 1, p. 12-17, 2018.

UN. *Transformando nosso mundo: a agenda 2030 para o desenvolvimento sustentável*, 2020. Disponível em: https://brasil.un.org/sites/default/files/2020-09/agenda2030-pt-br.pdf

UNCTAD. *World Investment Report 2020: International production beyond the pandemic.* New York: United Nations Conference on Trade and Development, 2020.

UNCTAD. *World Investment Report 2021: Investing in sustainable recovery.* New York: United Nations Conference on Trade and Development, 2021.

UNIDO. *International yearbook of industrial Statistics*. Genebra: United Nations Industrial Development Organization, 2022.

13. O papel do BNDES no contexto da nova política industrial

José Luis Gordon
João Paulo Pieroni

13.1 Introdução

Após décadas de declínio na participação da produção industrial sobre o Produto Interno Bruto (PIB), o Brasil tem o enorme desafio de retomar a sua industrialização, diversificando sua estrutura produtiva e ampliando a complexidade da sua economia. Para além dos relevantes objetivos de criar empregos, gerar e distribuir renda, o país precisa se reposicionar quanto às exigências da sociedade moderna, no que se refere à sua indústria. Formado paritariamente por representantes de instituições do governo e da sociedade civil, o Conselho Nacional de Desenvolvimento Industrial (CNDI) é a estrutura de governança responsável por assessorar a presidência da república na construção da nova política industrial brasileira (Decreto n. 11.482/2023, de 06 abr. 2023).

O fortalecimento da atividade industrial não é um fenômeno exclusivamente brasileiro. Países com grandes economias e forte participação da indústria também buscam o fortalecimento desse setor com políticas específicas, com forte ênfase à promoção da ciência e da inovação (Babbage Forum Report, 2023). Os conflitos geopolíticos, a necessidade de acesso a bens essenciais, especialmente após a pandemia da covid-19, a segurança energética e a descarbonização das atividades produtivas são alguns dos fatores estratégicos que impulsionam a retomada de políticas industriais.

A complexidade de múltiplos fatores estratégicos e o inter-relacionamento entre os campos do conhecimento científico trazem um desafio adicional à formulação das políticas industriais e de inovação. A revisão de literatura e das políticas nacionais em implementação demonstra uma nova metodologia para organizar os desafios nacionais, por missões, no conceito caracterizado e difundido pela pesquisadora Mariana Mazzucato (Mazzucato, 2014).

A organização das políticas por missões tem sido estudada e estimulada, inclusive pela Organização para a Cooperação e Desenvolvimento Econômico (OCDE). Países como China, França, Alemanha, Itália, Japão, Coreia do Sul, Cingapura, Suécia, Reino Unido, além dos Estados Unidos, têm formulado e implementados políticas industriais e de inovação orientadas por missões ou desafios nacionais (OECD, 2024).

O Brasil tem um longo histórico na formulação e implementação de políticas industriais, com diferentes abordagens metodológicas, objetivos e resultados (Monteiro Filha; Prado; Lastres, 2014). Mais recentemente, a metodologia de políticas orientada por missões foi utilizada para análise e proposições ao Sistema Brasileiro de Inovação (Mazzucato; Penna, 2016). A sociedade civil, notadamente a Confederação Nacional da Indústria (CNI), também usou a metodologia de missões para organizar propostas para a retomada da indústria brasileira (CNI, 2023). Em linha com essa tendência, a nova política industrial é explícita em seu artigo 3º, no sentido de que a nova política industrial se organiza por meio de missões, endereçando os desafios da sociedade brasileira a partir de seus objetivos específicos (Resolução CNDI n. 01/2023, de 06 jul. 2023).

Ao longo de seus 72 anos de existência, o BNDES tem sido o principal instrumento de implantação, consolidação e expansão da indústria brasileira. O banco compartilha da visão que a indústria é o segmento impulsionador das economias modernas, agregando valor e conhecimento na transformação de bens primários. A atividade é relevante na geração de empregos qualificados, ampliação da renda e incorporação de conhecimentos científicos e tecnológicos, possibilitando um ciclo de encadeamento virtuoso na economia e na melhora das condições socioeconômicas. A essa formulação, adiciona-se a sustentabilidade das atividades industriais, buscando processos produtivos e produtos com menor impacto ao meio ambiente, com especial atenção para a descarbonização.

Entender a indústria dentro desse contexto é essencial para reposicionar o BNDES no apoio à nova política industrial, instituição capaz de gerar e compartilhar conhecimentos, estruturar projetos e articular um conjunto de instrumentos de apoio financeiro a serviço da nova política industrial brasileira.

O objetivo do presente trabalho é apresentar a estratégia e os instrumentos de apoio do BNDES para implementar a nova política industrial. Para tanto, além desta Introdução, o texto está organizado em cinco seções e uma conclusão. A seção 13.2, "O processo de desindustrialização no Brasil", aborda o processo de desindustrialização no Brasil, fazendo uma revisão da bibliografia mais atual disponível para o tema. A seção 13.3, "Retomada da Política Industrial Brasileira", discute as bases da construção da nova política industrial brasileira, abordando sua estrutura de governança e metodologia de estruturação em missões. A seção 13.4, "O papel do BNDES na Política Industrial", discute o papel do BNDES na nova política industrial, debatendo sua participação institucional na formulação técnica e como agente indutor por meio dos instrumentos de apoio financeiro. Nesta seção, cabe destacar o Plano Mais Produção, que articula os diversos instrumentos financeiros do BNDES, da Finep e da Embrapii em prol do apoio à Nova Indústria Brasil.

A seção 13.5, "Transparências, monitoramento e avaliação", traz uma abordagem dedicada à avaliação de eficácia e efetividade dos projetos apoiados, atributos organizacionais que estão disponíveis para qualificar a formulação da política e medir seus resultados. A conclusão resume os principais pontos discutidos, reforçando a importância de o Brasil conjugar esforços para retomar a relevância da sua indústria, agora sob uma base mais inovadora, exportadora verde e produtiva.

13.2 O processo de desindustrialização no Brasil

A desindustrialização ocorrida nas economias desenvolvidas a partir dos anos 1980 do século passado, o deslocamento da produção industrial para o oriente e o heterogêneo avanço da produtividade da mão de obra dos setores manufatureiros são fenômenos observados ao redor de todo o mundo. No Brasil, para além da velocidade do processo de desindustrialização, observa-se uma acentuada perda da complexidade industrial.

Em contraposição a esse movimento, dado o aspecto disruptivo da pandemia de 2020, seguida da Guerra na Ucrânia, que impactou de modo relevante a disponibilidade de energia no planeta, vários países e blocos econômicos, inclusive o Brasil, têm procurado reconstruir suas políticas industriais.

Morceiro e Guilhoto (2023), após construírem séries de dados setoriais para a indústria de transformação brasileira (período de 1970 a 2016), concluem que

> a desindustrialização brasileira é normal (e esperada) para os subsetores manufatureiros intensivos em mão de obra, mas prematura (e indesejável) para os subsetores intensivos em tecnologia. Portanto, a desindustrialização brasileira tem consequências negativas para o futuro desenvolvimento científico e tecnológico do país.

Ou seja, a economia brasileira não foi capaz de ver sua estrutura produtiva, inclusive sua mão de obra, (re)qualificada na velocidade imposta pelas transformações tecnológicas. Compreender essa conjuntura é essencial para dar eficácia às novas políticas industriais que visam a uma neoindustrialização do Brasil, em bases verdes, inclusivas e digitais.

A Figura 13.1 ilustra o processo descrito no parágrafo anterior. Significa dizer que, a despeito do crescimento da parcela dos serviços no PIB global, a participação da manufatura reverteu uma trajetória de queda presente até o início dos anos 2000, quando passa a expressar a retomada da importância industrial na economia mundial. Esse definitivamente não é o caso do Brasil no mesmo período, que apresenta queda contínua da relevância da indústria.

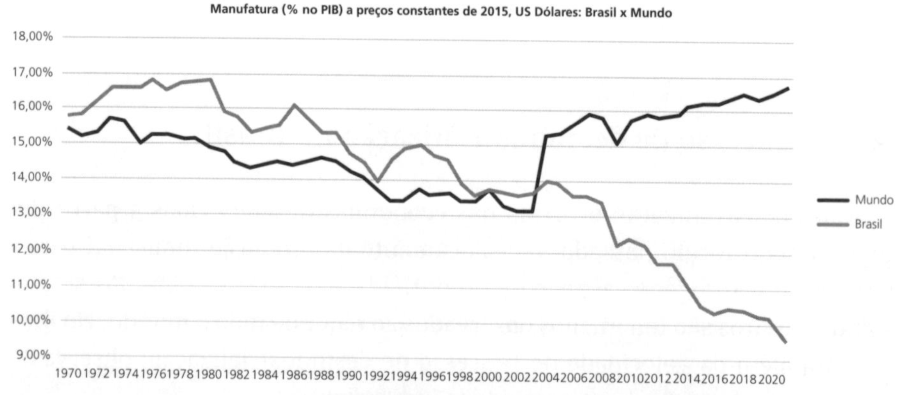

Figura 13.1 Participação da manufatura no PIB – Comparação Brasil e mundo.

Fonte: https://unstats.un.org/unsd/snaama/basic, *download* em 10 out. 2023.

Ainda mais crítico, do ponto de vista da intensidade tecnológica da produção industrial, há uma clara perda de posições do Brasil em complexidade econômica de sua matriz produtiva. A queda nos últimos 25 anos foi vertiginosa. A Figura 13.2 ilustra o progresso experimentado pelos demais países dos BRIC, em comparação à queda brasileira.

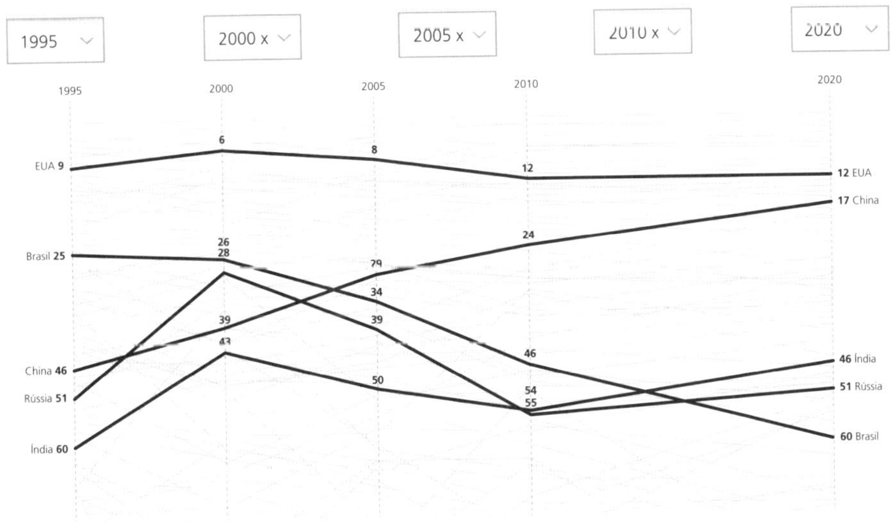

Figura 13.2 Índice de Complexidade Econômica (ECE) da Indústria – Comparação BRICs e Estados Unidos.

Fonte: https://atlas.cid.harvard.edu/rankings (*Atlas of Economic Complexity*), *download* em 2 out. 2023.

Uma das expressões do fenômeno descrito na Figura 13.2 é ilustrado na Figura 13.3. Perdendo complexidade econômica, o tecido industrial brasileiro também perdeu competitividade internacional, com queda de participação na pauta exportadora nacional dos setores industriais de alta e média alta tecnologia a partir dos anos 2000.

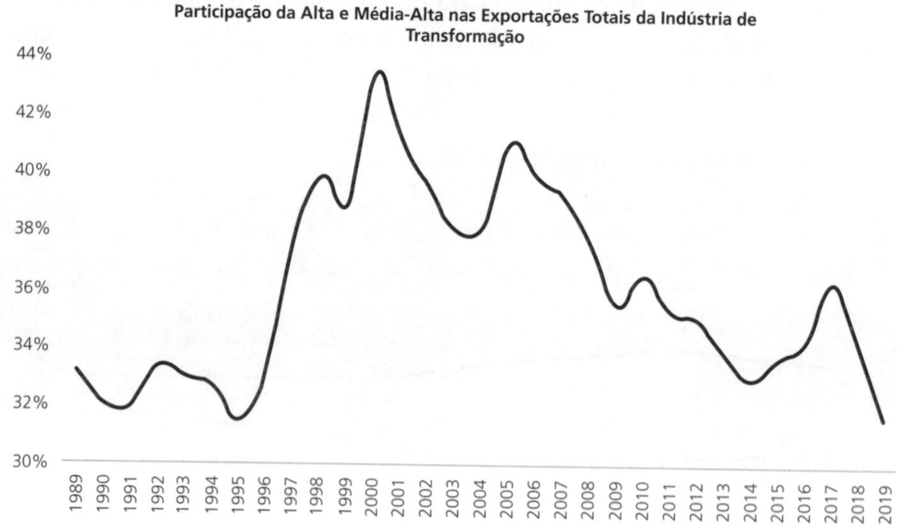

Figura 13.3 Intensidade tecnológica da pauta exportadora brasileira.

Fonte: https://iedi.org.br/cartas/carta_iedi_n_974.html, *download* em 2 out. 2023.

Resumidamente, as evidências coletadas corroboram as conclusões expostas no início desta seção, ou seja, a indústria brasileira perdeu complexidade e competitividade, com estagnação de sua produtividade, entre anos 1980 e o período atual.

O aumento da produtividade da mão de obra nacional é essencial para a reversão desse quadro, e o estímulo à inovação e digitalização na indústria cumpre papel-chave nesse processo, junto com as oportunidades abertas pelos movimentos de *nearshoring*, *friendshoring* e *powershoring*, típicos das políticas industriais pós-covid-19, e pela transição ecológica, a partir dos compromissos do Acordo de Paris sobre o Clima.

13.3 Retomada da Política Industrial Brasileira

13.3.1 Estrutura de governança da Nova Política Industrial Brasileira

O Conselho Nacional de Desenvolvimento Industrial (CNDI) é o elemento aglutinador da estrutura de governança da nova política industrial. O Conselho foi recriado pelo Decreto n. 11.482/2023, de 06 de abril de 2023, estando vinculado à Presidência da República.

O CNDI tem por finalidade propor ao presidente a política industrial e demais medidas para promover o desenvolvimento industrial do país. Com característica paritária entre o setor público e privado, o CNDI é composto pelos titulares de vinte ministérios e pelo presidente do BNDES e por 21 representantes da sociedade civil.

O CNDI conta com um Comitê Executivo, colegiado a quem compete formular as proposições da política industrial e planejar acompanhando a eficácia da sua implementação e monitorando a sua efetividade.

Assessorando o Comitê Executivo, foram criados Grupos de Trabalho que, dentre outros temas, discutem as propostas para cada uma das seis missões formuladas para a nova política industrial.

Nessa estrutura, destaca-se o Grupo de Trabalho para Coordenação das Ações de Financiamento ao Desenvolvimento Industrial (GT de Coordenação do Financiamento), composto por representantes da Secretaria Executiva do CNDI, da Casa Civil da Presidência da República, do Ministério de Desenvolvimento, Indústria, Comércio e Serviços (MDIC), do Ministério de Ciência, Tecnologia e Inovação (MCTI), do Ministério da Fazenda (MF), do Ministério do Planejamento e Orçamento (MPO), do BNDES e da Financiadora de Estudos e Projetos (Finep).

Completando a estrutura de governança, a Secretaria Executiva do CNDI tem a atribuição de fornecer o apoio administrativo e metodológico para a formulação, implementação e acompanhamento da política industrial.

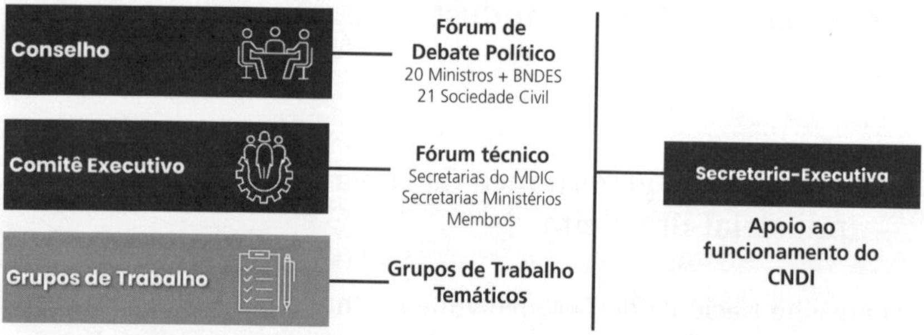

Figura 13.4 Estrutura de governança do CNDI.

Fonte: CNDI.

13.3.2 Referencial metodológico para organizar a Nova Política Industrial Brasileira

O Brasil experimentou diferentes modelos de formulação de políticas industriais e de desenvolvimento produtivo, passando por experiências com diretrizes para a substituição de importações, aproveitamento do potencial de demanda do mercado interno, internacionalização e outras vertentes. As políticas tinham características que se alternaram entre setoriais e transversais (Monteiro Filha; Prado; Lastres, 2014).

Atualmente, a complexidade de múltiplos fatores estratégicos e o inter-relacionamento entre os campos do conhecimento científico trazem um desafio adicional à formulação das políticas industriais e de inovação.

Diversas entidades e especialistas têm debatido metodologias que permitam conjugar esses desafios, expressando-os numa formulação política que direcione os recursos e os esforços dos agentes econômicos para o crescimento econômico e o acúmulo de conhecimento técnico.

A revisão de literatura e das políticas nacionais em implementação demonstra uma nova metodologia para organizar os desafios nacionais, por missões, no conceito caracterizado e difundido pela pesquisadora Mariana Mazzucato (2014).

Na metodologia, a missão de política pública precisa ser ousada e inspiradora, com alta relevância social para melhorar diretamente a vida das pessoas em uma sociedade. As missões precisam ter um propósito concreto, serem mensuráveis e seguirem um cronograma de implantação. As missões precisam estimular a inovação por entre múltiplas disciplinas, em meio a diferente setores e agentes (públicos, privados e da sociedade civil), produzindo o efeito de focar em problemas multissetoriais e de abrir possibilidades para transformações abrangentes (transformações efetivamente sistêmicas).

Com a adaptação do referencial teórico, o CNDI definiu a estrutura metodológica para a formulação das missões da nova política industrial. A Figura 13.5 traz a representação esquemática da estrutura por missões.

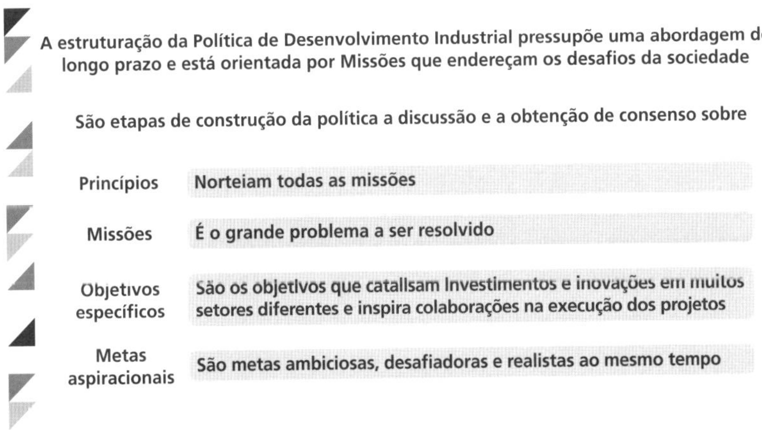

Figura 13.5 Estrutura esquemática utilizada pelo CNDI para a elaboração das missões da nova política industrial.

Fonte: CNDI.

A organização das políticas por missões tem sido estudada e estimulada, inclusive pela Organização para a Cooperação e Desenvolvimento Econômico (OCDE). Países como China, França, Alemanha, Itália, Japão, Coreia do Sul, Cingapura, Suécia, Reino Unido, além dos Estados Unidos, têm formulado e implementado políticas industriais e de inovação orientadas por missões (OECD, 2021).

No Brasil, é possível encontrar algumas iniciativas de organizar as políticas por missões. Mazzucato e Penna (2016) realizaram uma extensa análise e proposições ao Sistema Brasileiro de Inovação. Na sociedade civil, a Confederação Nacional da Indústria (CNI) também usou a metodologia de missões para organizar propostas para a retomada da indústria brasileira (CNI, 2023).

13.3.3 A Nova Política Industrial Brasileira

Lançada na reunião de 06 de julho de 2023, a Resolução CNDI n. 01/2023, de 01 de julho de 2023, explicita em seu artigo 3º que a nova política industrial é organizada por meio de missões, endereçando os desafios da sociedade brasileira a partir de seus objetivos específicos.

São seis as missões enunciadas pela nova política industrial, todas acompanhadas dos seus respectivos objetivos específicos:

(1) cadeias agroindustriais sustentáveis e digitais para a segurança alimentar, nutricional e energética;

(2) complexo econômico industrial da saúde resiliente para reduzir as vulnerabilidades do SUS e ampliar o acesso à saúde;

(3) infraestrutura, saneamento, moradia e mobilidade sustentáveis para a integração produtiva e o bem-estar nas cidades;

(4) transformação digital da indústria para ampliar a produtividade;

(5) bioeconomia, descarbonização, e transição e segurança energéticas para garantir os recursos para as futuras gerações;

(6) tecnologias de interesse para a soberania e a defesa nacionais.

No dia 22 de janeiro de 2023, ocorre a segunda reunião do CNDI, em que se busca estabelecer metas aspiracionais para cada uma das missões, bem como o Plano de Ação da nova política industrial, batizada de "Nova Indústria Brasil (NIB)". Nessa mesma ocasião, é lançado o Plano Mais Produção (P + P), o pilar de financiamento da NIB, com recursos estimados de R$ 300 bilhões ao longo de quatro anos (2023 a 2026), com fundamental participação do BNDES, detalhado na próxima seção. Conforme a Resolução 4 do CNDI/MDIC, as metas e ações serão detalhadas e publicizadas ao longo de 90 dias.

13.4 O papel do BNDES na política industrial

13.4.1 A participação do BNDES na discussão das missões da política industrial

O BNDES é a única instituição pública, além dos ministérios, a compor o Conselho Nacional de Desenvolvimento Industrial (CNDI). Por sua *expertise* setorial, foi convocado para os debates técnicos da formulação da nova política industrial. O Banco tem sido chamado a contribuir com conhecimentos setoriais, tendo colaborado desde a fase de formulação dos enunciados das seis missões, seus objetivos específicos, metas aspiracionais e ações.

Para tanto, o BNDES utiliza suas gerências de estudos setoriais, unidades que constituem a composição dos departamentos setoriais, abrangendo temas como: complexo agroalimentar e de biocombustíveis, indústria de base e extrativa, complexo industrial e de serviços da saúde, indústria de bens de capital, indústrias de tecnologia da informação, telecomunicações e economia criativa, comércio exterior, clima e energia. A estrutura do BNDES conta ainda com uma unidade transversal para coordenar as ações internas e a interlocução externa para os temas de inovação e estratégia industrial.

Considerando os desafios colocados pelas missões da nova política industrial, as equipes de estudos setoriais têm organizado diversos seminários temáticos, debatendo os temas das missões com especialistas de governo, da academia e do setor produtivo.

13.4.2 Articulação e atuação em parceria

O BNDES trabalha em estreita parceria com as demais ministérios e instituições que compõem o CNDI. No caso específico do apoio à inovação, o Banco atua em articulação com os diferentes atores do Sistema Nacional de Inovação, como a Finep, Embrapii, CNI, Senai, Sebrae, entre outros.

A atuação em parceria tem como objetivos:

(1) a utilização dos recursos e instrumentos de cada uma das instituições de maneira complementar;

(2) o desenvolvimento de modelos de fomento à inovação conjuntos;

(3) a alavancagem e aumento do investimento privado; e

(4) a ampliação do impacto da atuação no apoio à inovação.

Para a coordenação das ações de financiamento da NIB foi criado o Grupo de Trabalho para Coordenação das Ações de Financiamento ao Desenvolvimento Industrial (GT de Coordenação do Financiamento), composto por representantes da Secretaria Executiva do CNDI, da Casa Civil da Presidência da República, do Ministério de Desenvolvimento, Indústria, Comércio e Serviços (MDIC), do Ministério de Ciência, Tecnologia e Inovação (MCTI), do Ministério da Fazenda (MF), do Ministério do Planejamento e Orçamento (MPO), do BNDES e da Financiadora de Estudos e Projetos (Finep). O GT terá prazo de vigência de quatro anos.

Trata-se de um passo relevante na estrutura de governança, coordenando as ações de governo e as demais instituições integrantes do Sistema Nacional de Inovação, potencializando seus resultados.

13.4.3 A queda de participação da indústria nos desembolsos do BNDES

Conforme discutido na seção 13.2, "O processo de desindustrialização no Brasil", o Brasil enfrenta um processo de desindustrialização e de acelerada perda da complexidade econômica. Para além das medidas estatísticas, a fragilidade do tecido industrial se reflete na decrescente demanda por crédito para novos investimentos, expansões industriais ou modernização das plantas. Trata-se de um elemento de rápido acompanhamento da tendência de investimento pelos setores de atuação do Banco.

A Figura 13.6 traz a trajetória na queda da participação relativa da indústria nos desembolsos do BNDES.

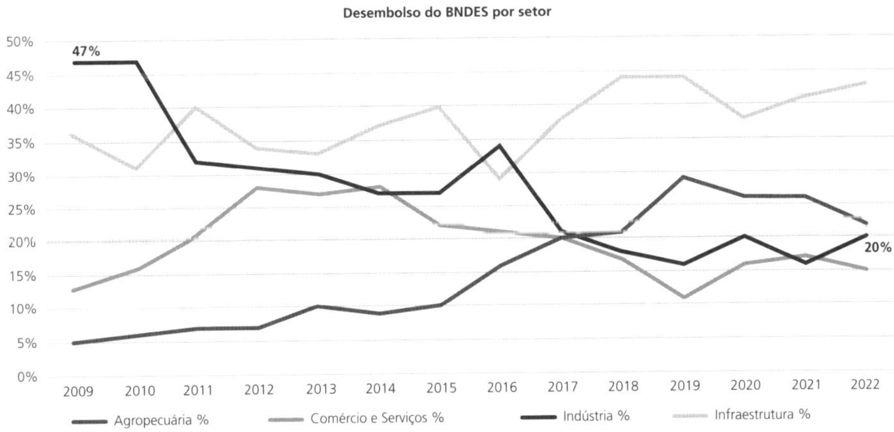

Figura 13.6 Trajetória de queda na participação do setor industrial no total de desembolso do BNDES (período de 2008 a 2022).

Para reverter a trajetória descendente do setor industrial brasileiro, a nova política industrial precisa ser suportada por instrumentos de apoio efetivos. O BNDES opera um amplo conjunto de instrumentos, desde linhas de crédito para inovação, desenvolvimento produtivo, infraestrutura e exportação, linhas não reembolsáveis, concessão de garantias, fundos de investimentos em direitos creditórios, participações societárias, dentro outros. A Finep, por sua vez, dispõe de instrumentos de subvenção econômica (recursos não reembolsáveis destinados às empresas) e linhas de apoio a projetos de cooperação entre institutos de pesquisa e empresas. Cabe destacar a segurança orçamentária alcançada pela Finep com a sanção da Lei Complementar n. 177/2021, que transformou o Fundo Nacional de Desenvolvimento Científico e Tecnológico (FNDCT) em fundo de natureza contábil e financeira, vedando ainda quaisquer limites à sua execução orçamentária e financeira. A Associação Brasileira de Pesquisa e Inovação Industrial (Embrapii) complementa o conjunto de instrumentos de apoio, proporcionando recursos não reembolsáveis para a realização de projetos entre institutos de pesquisa e empresas, notadamente as de menor porte.

Nesse contexto, o Plano de Ação da Nova Indústria Brasil é estruturado com instrumentos regulatórios, de compras públicas (instrumentos de contratações públicas para alavancar o desenvolvimento) e de financiamento. Os instrumentos financeiros foram organizados dentro do Plano Mais Produção

(P+P), coordenando as linhas de apoio e as disponibilidades do BNDES, Finep e Embrapii.

A Figura 13.7 traz a representação esquemática da estrutura da NIB, considerando os eixos do Plano de Ação e do Plano Mais Produção.

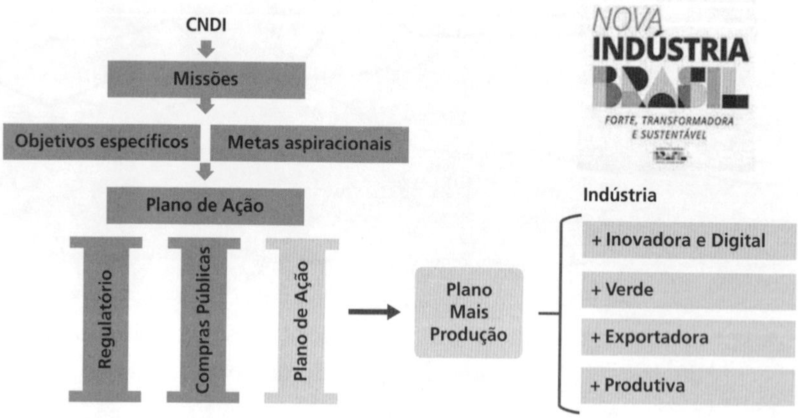

Figura 13.7 Representação esquemática da estrutura da Nova Indústria Brasil e do Plano Mais Produção.

13.4.4 O Plano Mais Produção

O Plano Mais Produção possui o objetivo de promover e financiar a neoindustrialização e a transição ecológica do Brasil. Engloba um período de quatro anos (2023 a 2026) e é composto por quatro qualificadores para o que se busca para a indústria brasileira – Mais Inovadora e Digital, Mais Verde, Mais Exportadora e Mais Competitiva – conforme a Figura 13.8.

Figura 13.8 Qualificadores que orientam o Plano Mais Produção.

A seguir, serão apresentadas as ações em curso e os principais instrumentos disponibilizados pelo BNDES para a implementação da NIB e que compõe o Plano Mais Produção.

13.4.5 Principais instrumentos para incentivar a Inovação e a Digitalização (Mais Inovadora e Digital)

13.4.5.1 Programa Mais Inovação

O primeiro instrumento relevante para apoio à NIB pelo BNDES foi a aprovação de um custo diferenciado para apoio à inovação tecnológica. A Lei n. 14.592/2023, aprovada pelo Congresso Nacional em 30 de maio de 2023, autoriza o BNDES a utilizar até 1,5% a.a. do saldo de recursos do FAT (Fundo de Amparo ao Trabalhador) para apoiar operações de inovação e digitalização remunerados a taxa TR (Taxa Referencial). Em termos absolutos, esse valor está estimado em aproximadamente R$ 5 bilhões por ano, até 2026. Também ficou consignado que o Conselho Monetário Nacional (CMN) definiria os critérios de elegibilidade das operações, o que foi regulado pela Resolução n. 5.097/2023. Em setembro de 2023, o BNDES lançou o Programa Mais Inovação.

O BNDES Mais Inovação apoia empresas de todos os portes em projetos de investimento e na compra de máquinas e serviços inovadores.[1]

No apoio a investimentos em inovação, tais como planos de Pesquisa, Desenvolvimento e Inovação (PD&I), o Banco atuará de forma conjunta com Finep, oferecendo as melhores taxas para projetos alinhados às missões da NIB.

Para essas propostas, serão oferecidas condições idênticas entre BNDES e Finep, com taxas a partir de TR + 2,0 % a.a. e prazo total de até 16 anos, com até quatro de carência, e possibilidade de financiamento pelo BNDES do valor total do investimento. O Banco também apoiará investimentos em plantas pioneiras, parques tecnológicos e processos de transformação digital.

O programa possui três subprogramas, com condições de apoio distintas.[2]

(a) Financiamento direto e indireto, a partir de R$ 20 milhões, aos seguintes itens de uso, previstos pelo Conselho Monetário Nacional: P&D&I compatíveis com a NIB ou políticas nacionais ligadas ao Meio Ambiente; plantas pioneiras; difusão tecnológica; digitalização e parques tecnológicos.

(b) Financiamento direto com o BNDES para compra de equipamentos com tecnologias inovadoras; de bens de informática com tecnologia nacional e que cumpram o Processo Produtivo Básico (PBB); contratação de serviços tecnológicos.

(c) Financiamento indireto, até R$ 20 milhões, para compra de equipamentos com tecnologias inovadoras; de bens de informática com tecnologia nacional e que cumpram o Processo Produtivo Básico (PBB); e para contratação de serviços tecnológicos.

1 O programa é operado tanto na modalidade direta – financiamentos contratados pelo BNDES com o cliente final – quanto em operações indiretas – quando os recursos são repassados por meio de um dos mais de setenta agentes financeiros credenciados ao BNDES, como bancos comerciais públicos e privados, cooperativas e bancos regionais.

2 Para mais informações acessar: https://www.bndes.gov.br/wps/portal/site/home/financiamento/produto/programa-bndes-mais-inovacao.

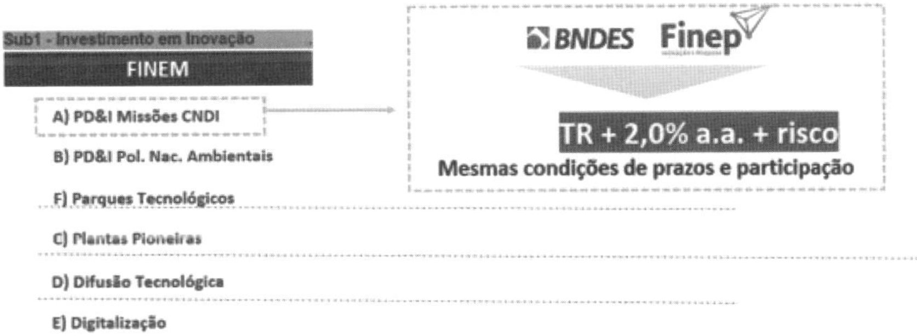

Figura 13.9 Quadro resumo com as condições do Programa BNDES Mais Inovação.

Estão previstos, ainda, na frente de Mais Inovação e Digitalização, editais de subvenção e recursos não reembolsáveis do MCTI/Finep nos temas prioritários das Missões Industriais. No dia 22 de janeiro, houve o lançamento de 11 chamadas públicas, disponíveis no site da Finep.

13.4.5.2 *Atuação via mercado de capitais*

O BNDES também irá estruturar fundos de investimentos de mercados de capitais para investimento em pequenas e médias empresas inovadoras no âmbito das missões industriais. O objetivo é, em conjunto com fundos e investidores privados selecionados pelo BNDES, alavancar o desenvolvimento de tecnologia inovadoras por meio da aplicação de capital de risco em empresas.

13.4.5.3 *Criação do Fundo Nacional do Desenvolvimento Industrial e Tecnológico (FNDIT)*

Em 27 de junho de 2024, foi sancionado o PL que institui o Programa de Mobilidade Verde e Inovação (Mover). A proposta inclui uma inovação institucional relevante, com a criação do FNDIT, fundo que receberá inicialmente o aporte de recursos da contrapartida de empresas que aderirem ao Programa para investimento em ações de desenvolvimento indústria e tecnológico. O Fundo, gerido pelo BNDES, também poderá receber recursos de outras políticas de incentivo promovidas pelo MDIC, tornando a alocação de recursos das políticas públicas mais eficiente e menos dispersa.

Os recursos para uma indústria mais inovadora e digital é estimado em R$ 66 bilhões no período do P+P.

13.4.6 Principais instrumentos para incentivar a Indústria Verde (Mais Verde)

13.4.6.1 Novo Fundo Clima

O BNDES, o Ministério do Meio Ambiente e Mudança do Clima (MMA) e o Ministério da Fazenda relançaram o Fundo Nacional sobre Mudança do Clima com ampliação dos recursos a partir de captação de R$ 10 bilhões e foco em seis novas áreas.

Vinculado ao MMA, o Fundo Clima foi criado em 2009 e é administrado pelo BNDES, que atua como gestor na aplicação dos recursos reembolsáveis. Atualmente, o Fundo tem carteira de mais de R$ 2 bilhões em crédito já contratado pelo BNDES.

O Novo Fundo Clima prevê uma estrutura inovadora, utilizando as captações internacionais para alavancar a descarbonização da indústria brasileira. A partir da emissão de um título verde (*green bond*) emitido pelo Governo Brasileiro no mercado internacional no valor de US$ 2 bilhões, os recursos serão repassados nas mesmas taxas ao Fundo, para posterior aplicação pelo BNDES, em reais, com a variação cambial suportada pelo Tesouro.

A nova fase do Fundo será voltada a projetos estruturantes e ao combate às mudanças climáticas de forma articulada ao Novo Programa de Aceleração do Crescimento, ao Plano de Transição Ecológica e à Nova Indústria Brasil, as três principais políticas de desenvolvimento do país.

As seis novas áreas de atuação, definidas pelo Comitê Gestor do Fundo Clima, no Plano Anual de Aplicação de Recursos 2023-2024 (PAAR), são: (1) Desenvolvimento Urbano Resiliente e Sustentável; (2) Indústria Verde; (3) Logística de Transporte, Transporte Coletivo e Mobilidade Verdes; (4) Transição Energética; (5) Florestas Nativas e Recursos Hídricos; (6) Serviços e Inovação Verdes.

Tem-se como objetivo a geração de vantagens competitivas para o país, com desenvolvimento de tecnologia nacional, emprego verde de qualidade e resiliência climática, com foco na população mais vulnerável às mudanças climáticas.

13.4.6.2 *Programa de Descarbonização da Mobilidade – Rota 2030*

O BNDES é coordenador de um programa de R$ 200 milhões para apoiar o desenvolvimento industrial e tecnológico no setor automotivo, com vistas à descarbonização da mobilidade e da logística, no âmbito da estratégia do Governo Federal "Rota 2030".

Por meio de acordo de cooperação técnica com o Ministério do Desenvolvimento, Indústria, Comércio e Serviços (MDIC), com vigência de 5 anos, o BNDES se habilitou a captar R$ 40 milhões por ano, que serão utilizados para apoio não reembolsável a projetos da cadeia de fornecedores do setor. O Banco coordenará o programa prioritário "Estímulo à descarbonização da mobilidade e da logística", que prevê o apoio a projetos de pesquisa, desenvolvimento, inovação, engenharia, estudos, testes, pilotos e certificações que, dentre outras ações, estimulem fontes de energia, produtos e processos que minimizem a emissão de CO_2 equivalente (CO_2).

Adicionalmente, a iniciativa também apoia estudos, avaliações e registros das fontes de emissão do setor automotivo e serviços de testes e certificações relacionados à inspeção de veículos leves e pesados para que mantenham seu desempenho ambiental e de eficiência energética.

Em abril de 2024, com orçamento de R$ 40 milhões, o BNDES lançou a primeira rodada para a recepção de projetos relacionados a mobilidade e logística, que precisam contemplar ao menos um dos temas a seguir:

(1) baterias e *powertrain* de baixa emissão, com foco em híbridos (elétricos + biocombustíveis), incluindo seus componentes e insumos críticos e as soluções para infraestrutura de recarga;

(2) descarbonização dos processos produtivos de veículos, componentes, insumos críticos e materiais estratégicos – a exemplo de aço verde, alumínio e novas ligas especiais;

(3) biocombustíveis e suas aplicações em veículos leves e pesados e em máquinas agrícolas – com destaque para as soluções de biometano, incluindo projetos-piloto de sua utilização.

13.4.6.3 *Atuação via Mercado de Capitais*

O BNDES também irá atuar por meio de Fundos de Investimento em Participações que promovam a descarbonização da economia brasileira. A primeira iniciativa nesse sentido é a criação do Fundo de Minerais Críticos para a Transição Energética, que irá apoiar a pesquisa mineral de minerais fundamentais para a descarbonização da economia, como lítio, terras-raras. O Fundo foi divulgado em 3 de março de 2024, em evento promovido pela *Prospectors & Developers Association of Canada*. Com a parceria da Vale, o Fundo irá mobilizar mais de R$ 1 bilhão, prevendo investimentos em quinze a vinte empresas com projetos de pesquisa mineral, desenvolvimento e implantação de novas minas de minerais estratégicos no Brasil. O BNDES irá aportar até R$ 250 milhões no Fundo, com participação limitada a 25% do total. A chamada pública para contratação do gestor está disponível na homepage do BNDES.[3]

O montante de recursos para a indústria mais verde é estimado em R$ 8 bilhões no período do P+P.

13.4.7 Principais instrumentos para incentivar o aumento da produtividade (Mais Produtiva)

13.4.7.1 Acesso das micro, pequenas e médias empresas (MPME)

O principal desafio para o aumento da competitividade global da economia brasileira é ampliar a produtividade das MPME. Nesse sentido, o BNDES possui diferentes instrumentos financeiros e mais de setenta agentes credenciados para alcançar o público das MPMEs, operando com operações de valores inferiores a R$ 20 milhões.

Entre as principais linhas disponíveis estão aquelas que apoiam projetos de investimento e aquisição de novas máquinas e equipamentos, inclusive do setor agroindustrial, que estimulam a demanda da indústria, com custos atrelados à TLP, Selic e taxa fixa.

13.4.7.2 Nova linha para indústria com taxa fixa em dólar

O BNDES lançou a Taxa Fixa BNDES em Dólar (TFBD), com foco em clientes com receitas atreladas à variação do dólar, um hedge natural, que possibilita compensar perdas e ganhos oriundos da oscilação cambial.

3 https://www.bndes.gov.br/wps/portal/site/home/mercado-de-capitais/fundos-de-investimentos/chamadas-publicas-para-selecao-de-fundos/chamada-investimento-em-participacoes-mineracao. Acesso em: 24 jun. 2024.

Serão R$ 2 bilhões, por 12 meses, para aquisição de máquinas e equipamentos de fabricação nacional por meio do BNDES Finame e para projetos de investimento ou capital de giro no âmbito do BNDES Automático e do BNDES Finem.

A opção pela taxa em dólar terá prazo máximo de carência de até 24 meses, contados a partir da fixação da TFBD, e prazo total de até 120 meses. Seu custo financeiro será a partir de 5,5% a.a. (remuneração do BNDES) mais remuneração do agente financeiro e variação cambial.

13.4.7.3 Fundo de Universalização dos Serviços de Telecomunicações (Fust)

O Fundo de Universalização dos Serviços de Telecomunicações (Fust)[4] tem por finalidade estimular a expansão, o uso e a melhoria da qualidade das redes e dos serviços de telecomunicações, reduzir as desigualdades regionais e estimular o uso e o desenvolvimento de novas tecnologias de conectividade para promoção do desenvolvimento econômico e social.

Após mais de 20 anos de contingenciamento, o Fundo destinou, em 2022, recursos para o apoio ao setor de telecomunicações por meio do BNDES, que é o primeiro e, até o momento, o único agente financeiro autorizado a operar seus recursos.[5]

Com foco na conectividade de escolas, favelas e ambiente rural, o BNDES prevê o apoio de até R$ 4 bilhões do FUST ao longo do ciclo do Plano Mais Produção.

13.4.7.4 Programa Brasil Mais Produtivo

O BNDES também participar institucionalmente na governança e apoia financeiramente o Programa Brasil Mais Produtivo, cujo objetivo é elevar a produtividade e promover a transformação digital das micro, pequenas e médias empresas brasileiras, assim como apoiar o desenvolvimento de novas tecnologias no país. A iniciativa é coordenada pelo MDIC e foi amplamente reestruturada. A meta do Programa é impactar até 200 mil empresas industriais por meio das plataformas do programa e realizar mais de 90 mil

4 Criado pela Lei n. 9.998/00, alterada pelas Leis n. 14.109/20 e n. 14.173/21 – e regulamentado pelo Decreto n. 11.004/22.

5 Além do BNDES, a Lei n. 9.998/00 prevê explicitamente a Finep como possível agente financeiro, e outros possíveis agentes financeiros (as caixas econômicas, os bancos de desenvolvimento, as agências de fomento e demais instituições financeiras) que poderão ser credenciados pelo CG-FUST (inciso I do parágrafo único do art. 18 do Decreto n. 11.004/22).

atendimentos a micro, pequenas e médias empresas. A estimativa é que o Programa Brasil Mais Produtivo movimente investimentos da ordem de R$ 2 bilhões até 2026 (https://brasilmaisprodutivo.mdic.gov.br/).

O BNDES possui linhas de crédito para apoiar a implantação de tecnologias e serviços digitais nas MPMEs, incluindo a aquisição de máquinas e equipamentos com tecnologia 4.0. Novas linhas de apoio estão sendo estruturadas para atender demandas específicas do Programa, como o financiamento à implementação dos Planos de Digitalização, trabalho realizado pelo Senai e Sebrae, também parceiros do Programa.

Além de financiar as empresas no processo de digitalização, o Banco busca ampliar a oferta de máquinas e equipamentos nacionais com foco na manufatura 4.0 (*smart factory*). Nesse sentido, está em fase de estruturação um novo contrato de apoio do BNDES ao Senai, para apoio à inovação e difusão de tecnologias, com os seguintes objetivos: (i) acelerar a difusão de tecnologias relacionadas à Indústria 4.0 em MPMEs; (ii) reduzir os riscos e custos de desenvolvimento de novas tecnologias; (iii) ampliar a oferta de soluções baixo custo e alto impacto destinado às MPMEs e (iv) estimular a demanda/consumo de tecnologias inovadoras nas MPMEs (inserção destas empresas na cadeia de inovação).

O eixo de produtividade engloba a maior parcela de recursos do P+P, com estimativa de apoio financeiro de R$ 197 bilhões no ciclo 2023-2026.

13.4.8 Principais instrumentos para incentivar as exportações (Mais Exportadora)

O sistema público de apoio às exportações do governo brasileiro é baseado em um tripé operacional, com o BNDES oferecendo *funding*, o Fundo Garantidor das Exportações (FGE) oferecendo garantias e o Proex propiciando a compatibilização das taxas de juros domésticas com as do mercado internacional. O sistema pode ser representado pela Figura 13.10.

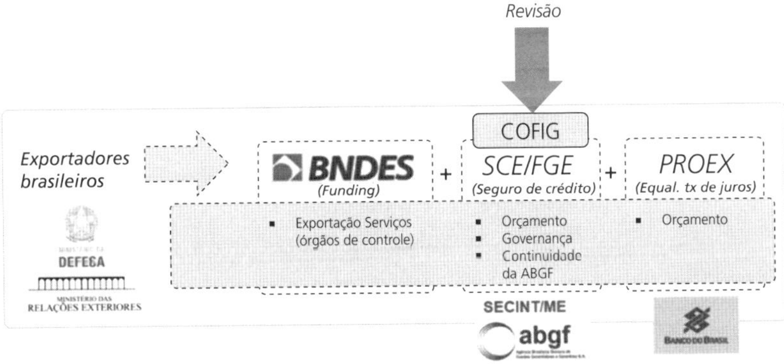

Figura 13.10 Representação esquemática do sistema público de apoio às exportações.

O BNDES apoia a exportação de bens e serviços de empresas brasileiras por meio do financiamento à produção no Brasil (pré-embarque) e a comercialização no exterior (pós-embarque). Em ambos os casos, o apoio ocorre mediante desembolsos em reais para o exportador brasileiro. A Figura 13.11 traz a representação esquemática das linhas de financiamento.

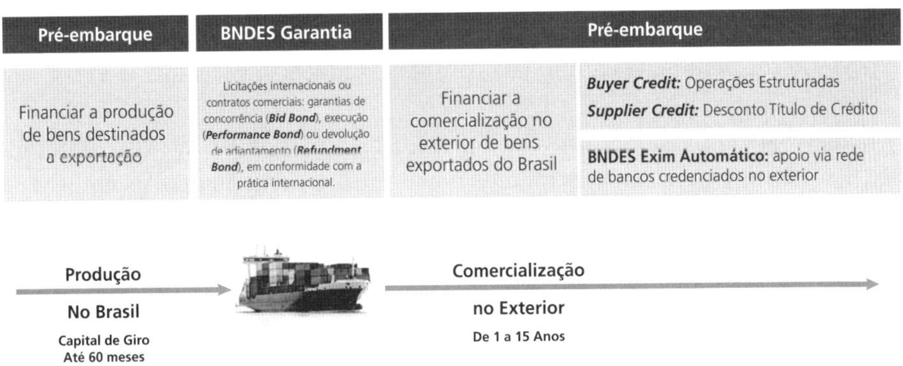

Figura 13.11 Representação esquemática das linhas de financiamento pré-embarque e pós-embarque.

A linha EXIM Pré-Embarque destina-se a ofertar capital de giro para produção de bens destinados à exportação com prazos de até 60 meses. Esta modalidade de apoio é responsável por aproximadamente 60% do valor histórico de financiamento à exportação pelo BNDES desde 1991. A linha, que pode ser operada diretamente pelo BNDES ou por meio de agentes financeiros, exige que o exportador comprove, ao final do prazo, a exportação de bens em valores entre 100% e 125% do financiamento, dependendo do porte da empresa exportadora.

Em 2023, sinalizando a retomada do apoio à exportação, o BNDES reduziu em até 60% a remuneração básica da Linha Exim Pré-Embarque, resultando em crescimento de 38% no valor das aprovações e 205% no número de empresas apoiadas sobre o ano anterior.

No apoio à comercialização, o BNDES oferece a Linha Exim pós-embarque em suas diversas modalidades (*supplier*, *buyer* e Exim automático), operada diretamente pelo Banco e destinada a clientes no exterior, sendo que o desembolso é feito no Brasil em reais e o pagamento feito pelo importador em moeda forte.

Em maio de 2024, o Banco tornou essas alterações permanentes, deixando de existir duas limitações de orçamento (eram R$ 2 bilhões) e de valor máximo das operações (teto de R$ 150 milhões em financiamentos ao ano por cliente). No caso das micro, pequenas e médias empresas, o *spread* de 0,5% ao ano passa a ser fixo (fora das condições especiais que agora se tornam perenes, essa remuneração poderia chegar a até 1,30% a.a). Para as grandes empresas, a nova remuneração fica limitada a 0,8% ao ano, se o financiamento for para exportação de bens de capital, ou 1,05% a.a., se o produto a ser exportado for bem de consumo (nas antigas condições, essas taxas eram de, respectivamente, 1,05% a.a. e 1,30% a.a.).

Cabe mencionar ainda que, desde 2020 está disponível o novo produto BNDES Garantia para os exportadores brasileiros, através do qual as empresas exportadoras podem ter acesso a garantias contratuais (BID Bond, Performance Bond e Refundment Bond) geralmente exigidas pelos importadores. Por meio desse produto, o BNDES, com ou sem a participação do FGE, pode emitir as garantias exigidas, viabilizando a participação em licitações e assinatura e eficácia de contratos comerciais.

Desde 2023 o Banco reorientou suas políticas para reforçar a atuação como banco das empresas exportadoras brasileiras, visando especialmente o fortalecimento da indústria e o incremento do apoio às MPMEs. Um passo adicional para a plena inserção das empresas brasileiras no mercado externo é a retomada do apoio à exportação de serviços. Com esse objetivo, o MDIC encaminhou ao Congresso Nacional o Projeto de Lei n. 5.719/203, para regulamentar essa atividade. O referido PL, em tramitação no Legislativo, objetiva trazer para o marco regulatório as boas práticas dos países da OCDE, além de autorizar a criação de uma subsidiária do BNDES dedicada exclusivamente ao apoio à exportação.

A frente de apoio à exportação cumpre um papel fundamental no Plano Mais Produção, atingindo um valor estimado de R$ 40 bilhões para os anos de 2023 a 2026.

O P+P irá destinar, portanto, R$ 300 bilhões para a indústria no período 2023-2026, atuando com recursos reembolsáveis, não reembolsáveis e *equity*, o que o coloca como um plano moderno de fortalecimento da indústria.

13.4.9 A resposta do setor industrial

Como consequência da construção de novas bases para o desenvolvimento industrial e do reforço das linhas de apoio, a análise do desempenho do BNDES no exercício de 2023 demonstra, de forma contundente, a reversão da trajetória anterior. As empresas industriais avançaram com novos projetos de investimento e exportação.

As aprovações do BNDES em 2023 para projetos do setor industrial aumentaram 40% em relação ao exercício anterior, sendo o maior volume nominal de recursos nos últimos seis anos.

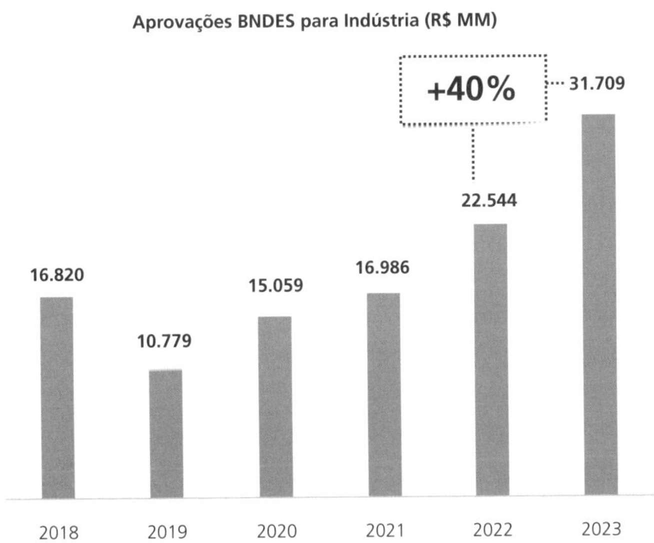

Figura 13.12 Histórico das aprovações do BNDES para o setor industrial.

O bom desempenho com o crescimento do apoio à indústria pode ser mais bem explorado com dois qualificadores do Plano Mais Produção. As aprovações de projetos de inovação saltaram 132% e as aprovações aos projetos de exportação quase triplicaram em relação ao ano de 2022.

Esse desempenho demonstra a acertada decisão do Congresso Nacional em oferecer condições de crédito compatíveis com as incertezas do processo de inovação. Com os estímulos da TR, as empresas apresentaram seus projetos, impulsionando esforços de inovação de que o Brasil tanto precisa.

As empresas também responderam ao desafio de ampliarem a sua inserção internacional com mais exportações. Destaque para a Embraer, que recebeu apoio para produzir e exportar 67 aeronaves que serão entregues até 2025.

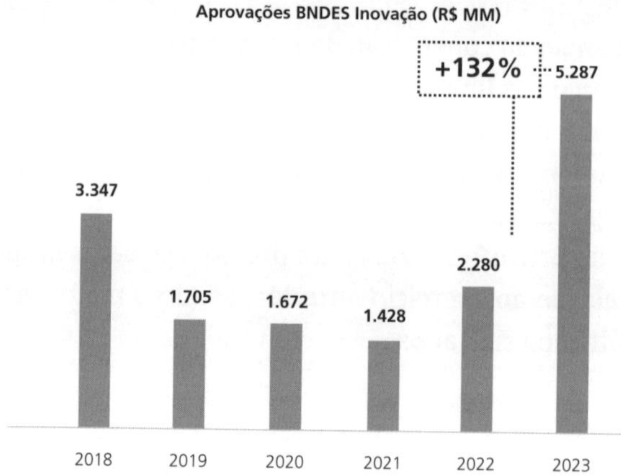

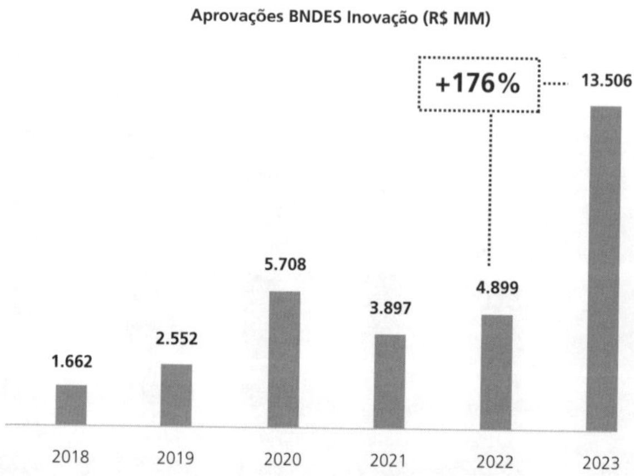

Figura 13.13 Histórico das aprovações do BNDES para os projetos de inovação e de exportação.

Cabe destacar que dentre os projetos de inovação aprovados estão empresas de setores de alta e média-alta complexidade tecnológica, como os setores de saúde e semicondutores e mobilidade urbana.

Os resultados apresentados, ainda que parciais diante do período de 4 anos de execução do Plano Mais Inovação, demonstram que o suporte financeiro adequado estimula a indústria a realizar investimentos em linha com os objetivos perseguidos pela política pública.

13.5 Transparências, monitoramento e avaliação

Nas seções anteriores ficou evidenciada a relevância para o Brasil do redesenho de iniciativas modernas de política industrial, em linha com o que é feito nas principais economias do mundo, de modo a incentivar objetivos que busquem impactar na melhoria de vida dos brasileiros, ou seja, missões industriais com impacto na sociedade. Em adição, por melhor que sejam as lições aprendidas com a experiência de políticas públicas do passado, o conhecimento acadêmico disponível e o alinhamento institucional de atores públicos e privados, é de suma importância que a nova política seja continuamente monitorada e seu impacto mensurado, para que sua eficácia e efetividade sejam conhecidas.

Nesse sentido, buscar um processo de monitoramento e avaliação de efetividade da NIB que viabiliza a prestação de contas à sociedade e o aprendizado sobre as iniciativas de políticas públicas priorizadas, de modo que possam ser ampliadas, aperfeiçoadas ou interrompidas, é fundamental. Por exemplo, no caso dos instrumentos de apoio financeiro do BNDES, nas formas de apoio nas quais a efetividade pode ser atingida em escala individual, como no financiamento direto (realizado diretamente entre BNDES e clientes finais), o BNDES adota um Quadro de Resultados (QR) da operação financiada como ferramenta de análise *ex-ante*. Nas operações indiretas (realizadas por intermédio de outras instituições financeiras que realizam o repasse de recursos) e demais formas de apoio em que a efetividade pode ser atingida de maneira sistêmica, isto é, por um conjunto de operações que tenham o mesmo objetivo, é adotado um Quadro de Teoria da Mudança (QTM). Ambos os quadros são metodologias que indicam quais são os objetivos pretendidos pelo apoio e os indicadores de eficácia e de efetividade (resultados) que serão usados para medir seu alcance.

Tabela 13.1 Resultados das Operações diretas do BNDES

Indicador	Valor-base	Data-base	Valor previsto	Data previsto	Valor previsto-valor-base
Eficácia Capacidade de produção de biometano (m^3/ano)	0	12/2021	4.420.000	01/2026	4.420.000
Eficácia Capacidade instalada de geração por biogás (MW)	Não aplicável	Não aplicável	2,15	12/2024	Não aplicável
Efetividade Emissões evitadas de gases de efeito estufa (tCO2e)	Não aplicável	Não aplicável	1.761.0000	01/2026	Não aplicável

A publicação dos resultados mensurados pelas próprias instituições deveria ocorrer compilando-se também as avaliações de impacto realizadas externamente. É justamente o esforço de transparência acerca das iniciativas – incluindo uma arquitetura de dados abertos – que irá aumentar o número de avaliações de terceiros, por exemplo, a pesquisa feita por universidades. Esse conjunto de avaliações cria um ciclo virtuoso para a política industrial porque testa *ex post* os pressupostos e hipóteses de transformação planejados *ex ante*. E da análise de eventuais diferenças se originam oportunidades que tornarão a política industrial melhor, aqui entendida como aquela iniciativa que transforma e traz desenvolvimento em linha com o que seria o impacto esperado, isto é, o atingimento dos objetivos específicos das missões do CNDI, suplantando seus custos.

Para ilustrar o que podem ser achados de uma avaliação de efetividade, escolhe-se o caso dos impactos dos financiamentos do BNDES à inovação. Dois trabalhos fizeram análises robustas sobre o tema e concluíram que há benefícios claros para a sociedade nesse tipo de apoio. O primeiro[6] deles mostra que o crédito subsidiado do BNDES para inovação aumenta significativamente os gastos de P&D das empresas, com as firmas apoiadas investindo de 30% a 40% a mais do que as firmas não apoiadas. O segundo[7] vai além e mostra que os benefícios do apoio subsidiado do BNDES à inovação superam em cerca de duas vezes o custo fiscal envolvido nesses empréstimos, o que sugere que existem ganhos (e não perdas) para a sociedade quando o BNDES financia com subsídios a inovação.

É justamente a partir de tais conclusões que se torna necessário e defensável a criação de novos incentivos, nesse caso de inovação, na política pública brasileira. Em um cenário de recursos escassos, a formulação de política pública deve ser acoplada ao processo de monitoramento e avaliação de efetividade.

Não obstante as ações de monitoramento e avaliação, que têm um ciclo mais longo no tratamento e disponibilização das informações, o BNDES reafirma seu compromisso com a total transparência das operações e apoio financeiro que realiza. Assim, em abril de 2024, o BNDES disponibilizou livre acesso à plataforma de acompanhamento dos projetos do Plano Mais Produção.[8] A plataforma possibilita filtrar os dados por período, unidade da federação, qualificadores do P+P, dentre outros recursos. A plataforma disponibiliza ainda a relação de projetos contratados com detalhes sobre o cliente, valor e data de contratação do apoio. A Figura 13.16 exemplifica as informações disponíveis na plataforma.

---

6 https://web.bndes.gov.br/bib/jspui/bitstream/1408/13595/1/BNDES_Innovation_WorkingPaper.pdf

7 https://www.anpec.org.br/encontro/2020/submissao/files_I/i9-e3bb53a9cd1649e928ac25d7cd81a126.pdf

8 Para acesso, use: https://www.bndes.gov.br/wps/portal/site/home/transparencia/estatisticas-desempenho/painel-plano-mais-producao/

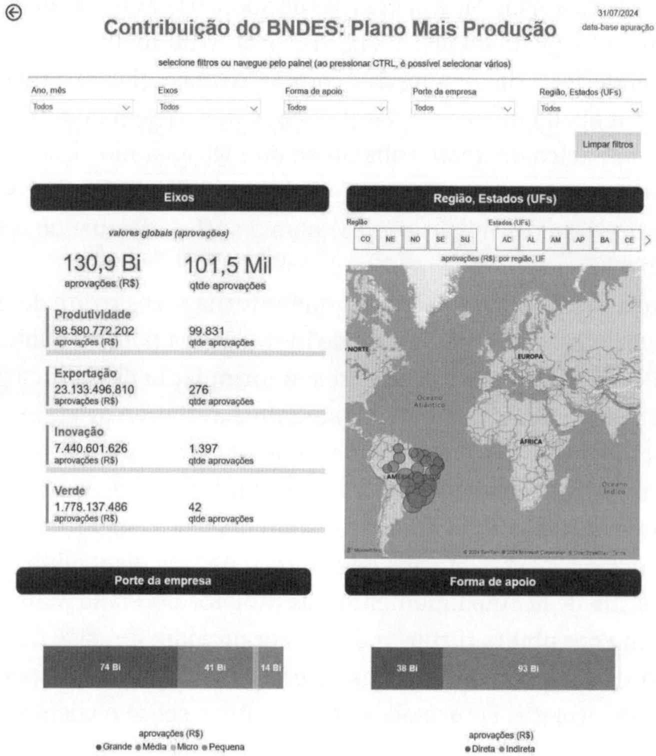

Figura 13.14 Exemplo de informações disponíveis no painel do Plano Mais Produção.

Fonte: BNDES (2024).

13.6 Conclusão

O Brasil passa por um processo de acelerada desindustrialização, com perda da complexidade econômica e da competitividade internacional. A reversão desse cenário é uma medida necessária para que o país possa gerar empregos de qualidade, ampliar a renda e incorporar conhecimento científico e tecnológico em seu tecido econômico.

Para colocar em cursos a Nova Indústria Brasil, o país retomou a centralidade das políticas industriais e de inovação, constituindo uma governança formal por meio do Conselho Nacional de Desenvolvimento Industrial (CNDI) e orientando as estratégias de atuação por meios de missões.

A atuação do BNDES tem se pautado por subsidiar as discussões da NIB, disponibilizando conhecimento técnico e criando instrumentos de apoio alinhados com seus objetivos. O Plano Mais Produção é principal esforço de coordenação dos instrumentos financeiros disponibilizados pela Finep, pela Embrapii e pelo próprio BNDES.

Para além dos instrumentos, sejam eles financeiros, regulatórios ou de compras públicas, a NIB permitiu criar um ambiente que mudou o comportamento dos agentes econômicos. A rápida e contundente resposta do setor industrial, apresentando novos projetos e desenvolvendo ações de inovação e exportação, demonstra o quanto as políticas públicas contribuem para o desenvolvimento econômico e social. Nesse caso em particular, impulsionando uma indústria verde, inovadora, produtiva e exportadora.

A evolução das ações e projetos da Nova Indústria Brasil irão demandar o acompanhamento e a medição da efetividade do apoio financeiro das instituições públicas. As avaliações realizadas sobre o financiamento do BNDES à inovação é um dos exemplos que demonstra os efeitos benéficos para a sociedade, ampliando os gastos em pesquisa e desenvolvimento e compensando os custos fiscais envolvidos.

Nesse contexto, como banco de desenvolvimento econômico e social, o BNDES se apresenta como instituição pronta a contribuir ativamente na discussão, implementação e avaliação de resultados no âmbito da nova política industrial.

Referências

BNDES. *Painel do Plano Mais Produção*, 2024. Disponível em: https://www.bndes.gov.br/wps/portal/site/home/transparencia/estatisticas-desempenho/painel-plano-mais-producao. Acesso em: ago. 2024.

BRASIL. Decreto n. 11.482/2023, de 06 de abril de 2023. Dispõe sobre o Conselho Nacional de Desenvolvimento Industrial – CNDI.

BRASIL. Resolução CNDI n. 01/2023, de 6 de julho de 2023. Propõe a nova política industrial, com a finalidade de nortear as ações do Estado Brasileiro em favor do desenvolvimento industrial.

CHANG, H.; ANDREONI, A. *Industrial Policy in the 21st Century*. 2020.

CONFEDERAÇÃO NACIONAL DA INDÚSTRIA (CNI). Plano de retomada da indústria: uma nova estratégia focada em inovação, descarbonização, inclusão social e crescimento sustentável. *Portal da indústria*, maio 2023. Disponível em: https://www.portaldaindustria.com.br/publicacoes/2023/5/plano-de-retomada-da-industria-uma-nova-estrategia-focada-em-inovacao-descarbonizacao-inclusao-social-e-crescimento-sustentavel/. Acesso em: 5 abr. 2024.

MAZZUCATO, M. Think piece: A mission-oriented approach to building the entrepreneurial state. *Paper Commissioned by Innovate UK-Technology Strategy Board*, 2014. Disponível em: https://www.gov.uk/government/news/long-term-growth-innovations-role-in-economic-success. Acesso em: 5 abr. 2024.

MAZZUCATO, M.; PENNA, C. The Brazilian innovation system: a mission-oriented policy proposal. *CGEE*, 2016. Disponível em: https://www.cgee.org.br/documents/10195/1774546/The_Brazilian_Innovation_System-CGEE-MazzucatoandPenna-FullReport.pdf. Acesso em: 5 abr. 2024.

MONTEIRO FILHA, D.; PRADO, L. C. D.; LASTRES, H. M. M. (org.). Estratégias de desenvolvimento, política industrial e inovação: ensaios em memória de Fábio Erber. BNDES, 2014. Disponível em: https://web.bndes.gov.br/bib/jspui/handle/1408/1441. Acesso em: 5 abr. 2024.

MORCEIRO, P. C.; GUILHOTO, J. J. M. Desindustrialização setorial e estagnação de longo prazo do setor manufatureiro brasileiro. *Brazilian Journal of Political Economy*, v. 43, n. 2, p. 418-441, abr.-jun., 2023.

ORGANISATION FOR ECONOMIC COOPERATION AND DEVELOPMENT (OECD). The design and implementation of mission-oriented innovation policies a new systemic policy approach to address societal challenges, 2021. Disponível em: https://www.oecd-ilibrary.org/science-and-technology/the-design-and-implementation-of-mission-oriented-innovation-policies_3f6c76a4-en. Acesso em: 5 abr. 2024.

RODRIK, D. Normalizing Industrial Policy. The International Bank for Reconstruction and Development/The World Bank. *On behalf of the Commission on Growth and Development – WP 3*, 2008.

UNIVERSITY OF CAMBRIDGE. *Babbage Forum National Reports*: Industrial Innovation Policy. Disponível em: https://www.ciip.group.cam.ac.uk/reports-and-articles/national-reports-industrial-innovation-policy/. Acesso em: 5 abr. 2024.

14. Análise das condições estabelecidas para a neoindustrialização brasileira

Coletivo Reindustrialização[1]

14.1 As condições econômicas

Nos capítulos anteriores, destacamos que as políticas industriais estão retomando sua importância após quase 2 anos de pandemia da covid-19. Isso ocorreu devido à constatação de que é fundamental realizar o *reshoring*, ou seja, trazer de volta a produção para o país de origem do proprietário do negócio. Essa medida visa reduzir o risco de rupturas nas cadeias de suprimentos e assegurar a recuperação dos empregos na indústria. Durante a pandemia, testemunhamos uma dinâmica econômica e geopolítica que evidenciou a vulnerabilidade das cadeias globais de fornecimento. Isso se refletiu, por exemplo, na escassez de *chips* para veículos, resultando em automóveis parados nos pátios das empresas e na necessidade de ajustar as jornadas de trabalho dos operários. Esses eventos expuseram a fragilidade dessas cadeias de fornecimento.

Até mesmo em 2022, os bloqueios nacionais continuaram a afetar a eficiência do transporte de matérias-primas e produtos acabados, às vezes

1 Sérgio Roberto Knorr Velho (org.); Prof. Dr. Adalmir Antonio Marquetti; Dr. Alberto Carlos Lourenço Pereira; Dr. Alexandre Coelho Teixeira; Ana Paula Sampaio Volpe; Prof. Dr. André Nassif; Artur Santana Guedes Vanderlinde; Prof. Dr. Edilson Pedro; Fausto Oliveira; Felipe Augusto Machado; Prof. Dr. Jackson De Toni; Prof. Dr. João Furtado; Jorge Luís Feirreira Boeira; Dr. Luís Felipe Giesteira; Dr. Marconi Edson Esmeraldo Albuquerque; Ricardo Henrique Padilha de Castro; Dr. Sérgio Wulff Gobetti.

causando interrupções no fluxo e perturbações na produção. No entanto, é fundamental salientar que a pandemia não trouxe à tona desafios totalmente inéditos para as cadeias de abastecimento. Em vez disso, ela revelou, em certos setores, vulnerabilidades que estavam antes camufladas, como a escassez de mão de obra e perdas devido a interrupções temporárias.

Em resumo, a pandemia agiu como um acelerador, intensificando e ampliando problemas preexistentes na cadeia de abastecimento. Ela acentuou as dificuldades já existentes, enfatizando a importância de uma gestão sólida e resiliente da cadeia de abastecimento, assim como a necessidade de se adaptar a mudanças abruptas nas condições do mercado.

O aumento da inflação global para 7,5% em agosto de 2022, em comparação com uma média de 2,1% na década anterior à pandemia da covid-19, levantou preocupações sobre a possibilidade de pressões inflacionárias duradouras. Análises do FMI revelaram que múltiplos fatores desempenharam um papel no aumento da inflação durante esse período. Embora as influências globais continuem a moldar as tendências da inflação em toda a Europa e nos Estados Unidos, os fatores específicos de cada país tornaram-se cada vez mais significativos na determinação da inflação dos preços ao consumidor desde o início da pandemia. Alguns fatores principais incluem:

- Respostas da política monetária: os bancos centrais de todo o mundo responderam às consequências econômicas da pandemia através da implementação de políticas monetárias complacentes, incluindo taxas de juro historicamente baixas e compras de ativos em grande escala. Essas medidas destinavam-se a estimular a atividade econômica e estabilizar os mercados financeiros. Contudo, também contribuíram para o aumento da liquidez no sistema financeiro, o que, por sua vez, levou ao aumento das pressões inflacionárias.
- Respostas da política fiscal: os governos implementaram programas substanciais de estímulo fiscal para apoiar empresas e indivíduos afetados pela pandemia. Essas medidas injetaram fundos significativos na economia, aumentando a procura de bens e serviços. Este aumento da procura, junto com perturbações nas cadeias de abastecimento globais, levou a uma pressão ascendente sobre os preços.
- Perturbações na cadeia de abastecimento: a pandemia perturbou as cadeias de abastecimento em nível mundial, causando atrasos e escassez na produção e distribuição de bens. Essa perturbação levou a restrições

do lado da oferta, que, por sua vez, contribuíram para elevar os preços de uma vasta gama de produtos.

- Aumento da persistência da inflação: com o tempo, os consumidores e as empresas podem esperar taxas de inflação mais elevadas, levando a um congelamento de salários e preços que reforça as pressões inflacionárias. Esse fenômeno, conhecido como persistência da inflação, pode tornar difícil trazer a inflação de volta para níveis mais moderados.

Tendo em conta esses fatores e a crescente persistência da inflação, alguns economistas sugerem que é necessário um período significativo e prolongado aperto monetário (ou seja, aumento das taxas de juro) e realinhamento fiscal (ou seja, redução das medidas de estímulo) para enfrentar eficazmente as pressões inflacionárias. Empurram para os *policy makers* a busca de equilibrar cuidadosamente a necessidade de estabilidade de preços com a recuperação econômica em curso à medida que navegam neste ambiente inflacionário complexo e desafiante.

No Brasil, após encerrar 2022 com alta de 5,8%, recuando fortemente em relação ao observado em 2021 (10,1%), a inflação medida pelo Índice de Preços ao Consumidor Amplo (IPCA) manteve sua trajetória de desaceleração. Mesmo assim, o Comitê de Política Monetária[2] (Copom) optou por manter a meta taxa básica Selic em 13,75% durante oito reuniões seguidas, de agosto de 2022 a junho de 2023. Isso desestimulou o setor produtivo nacional em seus investimentos. Em junho de 2024, houve a manutenção da taxa Selic em 10,50% ao ano, interrompendo o ciclo de redução da taxa de juros iniciada em agosto de 2023 (Banco Central, 2024).

Segundo dados do Banco Central do Brasil (BC), a cada 1 ponto percentual na Selic mantido por 12 meses, o país gasta cerca de R$ 43 bilhões a mais com a dívida bruta – que abrange o total dos passivos de responsabilidade do governo federal, além de estados e municípios. Isso drena a capacidade do Estado de executar uma política industrial que venha a projetar o crescimento econômico com investimentos em infraestrutura e subsídios a novos investimentos.

Certamente, os impactos da pandemia, assim como os de outras crises, na economia dos países, evidenciaram uma notável falta de agilidade por parte das cadeias globais de valor no fornecimento de bens, destacando, dessa

2 O Comitê de Política Monetária (Copom) é o órgão do Banco Central, formado pelo seu presidente e diretores, que define, a cada 45 dias, a taxa básica de juros da economia – a Selic.

forma, sua vulnerabilidade inesperada. Isso ressalta a dependência que se tornou evidente. Devido à necessidade de resposta rápida, os governos tiveram que intervir na economia por meio de substanciais subsídios, uma vez que as ferramentas tradicionalmente disponíveis aos bancos centrais se mostraram inadequadas, levando ao aumento das taxas de juro básicas em uma tentativa de conter a inflação.

No Brasil, mesmo com a desaceleração do período inflacionário, o Banco Central manteve a taxa Selic em patamares elevados, o que afastou ainda mais possíveis investimentos no setor industrial.

14.2 As condições políticas

Neste contexto, um novo governo, de centro-esquerda, que pretende recuperar a capacidade competitiva da indústria nacional e gerar bons empregos, instala-se no Brasil em 2023 por meio do terceiro mandato do presidente Luiz Inácio Lula da Silva. A vitória[3] deste foi apertada, com uma diferença de apenas 1,8%, ou 2,1 milhões de votos, na disputa mais acirrada desde a redemocratização do país na década de 1980.

Apenas uma semana após a posse do presidente e vice-presidente eleitos, em 8 de janeiro de 2023, ocorreram ataques aos prédios do Congresso Nacional, Palácio do Planalto e Superior Tribunal Federal. Esses atos representaram uma clara tentativa de golpe contra o regime democrático por parte de um grupo que se recusou a aceitar o resultado das urnas eletrônicas. O novo governo, ainda na madrugada daquela mesma data, conseguiu unir os líderes dos três poderes em um ato conjunto para restaurar a ordem e o estado democrático de direito. Esse estado democrático é caracterizado pela limitação do poder do Estado pelos direitos dos cidadãos, com o propósito de prevenir abusos do aparato estatal contra os indivíduos. As instituições republicanas e a Constituição Federal de 1988, abaladas pelos eventos, foram, então, restauradas.

No entanto, apesar da dissuasão dos ataques e a restauração do estado democrático de direito, a sociedade brasileira continua profundamente dividida, tornando imperativo o desenvolvimento de mecanismos que promovam a inclusão da minoria que não obteve sucesso nas eleições. Ao mesmo tempo, o

---

3 Na apuração dos votos em 31 de outubro de 2022, segundo o Tribunal Superior Eleitoral, Lula teve 50,90% dos votos e Bolsonaro, 49,10%.

novo governo enfrenta o desafio de manter uma maioria no Congresso Nacional para conseguir aprovar suas iniciativas políticas e reformas. Nesse sentido, enfrenta uma sólida oposição liderada pelo Partido Liberal (PL), liderado pelos simpatizantes do ex-presidente Jair Bolsonaro, que detém 98 deputados, equivalente a 19% do total. Isso tem exigido do governo atual negociações constantes para avançar com suas pautas prioritárias no Legislativo.

O cenário político atual, caracterizado por um novo equilíbrio de forças, torna desafiador para o governo aprovar as reformas necessárias no âmbito do Poder Legislativo. Nos últimos anos, o Poder Legislativo tem exercido sua influência, exigindo concessões dispendiosas por parte do governo, que enfrenta a difícil tarefa de equilibrar um orçamento cada vez mais restrito com as prioridades do programa eleito. As primeiras votações no Congresso relacionadas à reforma tributária e ao mercado de carbono já demonstram a eficácia dos grupos de pressão do agronegócio em sua busca por isentar o setor dos encargos financeiros das reformas propostas.

Nesse contexto, a habilidade na negociação política se torna fundamental para o governo, pois permite alcançar os objetivos do programa eleito sem comprometer em excesso a estabilidade fiscal. Assim, o cenário político atual evidencia algumas das dificuldades enfrentadas pelo governo na implementação de políticas, como a neoindustrialização brasileira.

14.3 As condições sociais

O trabalho de Freire *et al.* (2022) destaca que a ótica estritamente contábil das políticas muitas vezes negligencia os impactos indiretos, como a capacidade do gasto do governo de estimular a economia e aumentar a receita de impostos. Manter a renda das famílias vulneráveis durante a pandemia foi essencial para evitar quedas acentuadas na atividade econômica e agravamento das finanças públicas.

O estudo argumenta que, enquanto os efeitos agudos da pandemia persistirem, a manutenção do auxílio é justificada, mesmo que isso implique aumentar o endividamento. No futuro, sugere-se que devemos discutir a implementação de uma reforma tributária que financie e sustente algum tipo de proteção social mais robusta, com mecanismos e regras adequadas ao público-alvo.

A conclusão do estudo enfatiza a importância de reformar a estrutura tributária em direção a maior equidade, ou seja, com a adoção de medidas que reduzam a desigualdade de renda, como é o previsto com a reforma da tributação do consumo e, complementarmente, com a reforma do imposto de renda. Em particular, a retomada da tributação de dividendos e a criação de alíquotas de Imposto de Renda (IR) um pouco mais elevadas para faixas de renda mais altas podem servir como fontes viáveis de financiamento para fortalecer um sistema de proteção social mais eficaz. É relevante observar que o atual governo já encaminhou parte dos projetos de lei relacionados a essas propostas ao Legislativo.

Destaca-se, também, um profundo impacto da pandemia da covid-19 no mercado de trabalho, com foco nos efeitos no Brasil. A pandemia resultou em uma queda significativa da população ocupada e da população economicamente ativa, afetando principalmente os trabalhadores informais em comparação com os formais.

As ocupações de baixa escolaridade foram especialmente prejudicadas, enquanto as ocupações com maior nível de educação viram um aumento no emprego. Destacam-se, assim, os efeitos negativos da pandemia no mercado de trabalho que também serão significativos a médio e longo prazo.

Especialistas argumentam que a pandemia dificultará a criação de empregos de qualidade, com trabalhadores de menor qualificação sendo particularmente afetados. Alguns fatores incluem a expansão do trabalho remoto, a concentração do emprego em grandes empresas, o aumento da automação e as mudanças ocupacionais.

Os resultados do estudo sugerem que os trabalhadores menos qualificados terão perspectivas ainda mais limitadas no mercado de trabalho, com a possibilidade de uma queda adicional no número de empregos disponíveis. Embora não tenha incluído o Brasil, ele indica que os efeitos da pandemia no mercado de trabalho afetarão também as economias emergentes, como o Brasil. A questão agora é como o país lidará com esses desafios em andamento.

Destaca-se também o endividamento das famílias brasileiras, que apresentou uma ligeira queda, passando de 78% em janeiro para 77,3% em agosto de 2023, de acordo com uma pesquisa realizada pela Confederação Nacional do Comércio (CNC). No entanto, esse percentual ainda é considerado muito alto por alguns economistas. Esse nível elevado de endividamento teve seu pico durante o governo do ex-presidente Jair Bolsonaro, entre 2019 e 2022, quando a média anual de famílias endividadas subiu 14 pontos percentuais, atingindo 79,3% em setembro do ano passado.

O endividamento das famílias brasileiras representa um obstáculo para a retomada do crescimento econômico, já que limita o consumo. O governo do presidente Luiz Inácio Lula da Silva lançou o programa "Desenrola Brasil" para tentar abordar essa questão, embora uma solução definitiva seja desafiadora.

A pandemia também teve um impacto significativo no endividamento das famílias a partir de 2020, com um aumento nas taxas de juros desempenhando um papel importante nesse aumento das dívidas. De 2020 a 2022, a média das taxas de juros cobradas das famílias brasileiras subiu de 41,5% para 52,1% ao ano, de acordo com a CNC. Para muitos economistas, a redução das taxas de juros é fundamental para reduzir o endividamento das famílias.

Atualmente, os bancos são os principais credores do país, com a maioria das famílias endividadas tendo contas a pagar em cartões de crédito fornecidos por instituições financeiras. Os juros cobrados nos cartões de crédito são os mais altos do país, com uma média de 425% ao ano. Isso é mais que o triplo do juro médio das operações de crédito. Essa alta taxa de juros torna as dívidas quase impagáveis, e pesquisadores do Instituto de Economia da Universidade Estadual de Campinas (Unicamp) enfatizam que o programa "Desenrola" lida com o endividamento, mas não aborda a redução das taxas de juros ou outras causas do problema. Portanto, embora ajude, o programa não resolve completamente a questão do endividamento das famílias.

Por fim, destacamos a necessidade de reformar o sistema tributário, adotar políticas redistributivas e explorar opções de financiamento para fortalecer um sistema de proteção social eficaz. Além disso, salientamos os impactos adversos da pandemia no mercado de trabalho brasileiro, particularmente sobre trabalhadores informais, especialmente aqueles com baixa escolaridade, e prevemos que esses efeitos persistirão a médio e longo prazo, sugerindo que o sistema educacional desempenhará um papel crucial na correção dessa situação. Também mencionamos o endividamento elevado das famílias no Brasil, apontando que a recente queda ainda é insuficiente. A alta taxa de juros, principalmente em cartões de crédito, é identificada como uma das principais causas desse endividamento significativo, e o programa "Desenrola Brasil" busca enfrentar esse problema, embora não aborde diretamente a redução das taxas de juros ou outras causas subjacentes.

14.4 A transição para uma indústria verde e sustentável

Nos últimos anos, a Organização das Nações Unidas para o Desenvolvimento Industrial (Unido) introduziu o conceito de Indústria Verde (*Green*

Industry) como uma resposta aos desafios globais de sustentabilidade. A Indústria Verde representa uma mudança fundamental em direção a um crescimento econômico sustentável, promovendo práticas ambientalmente responsáveis por meio de investimentos tanto públicos quanto privados.

Essa transição para uma Indústria Verde é uma abordagem estratégica que visa alcançar um crescimento econômico duradouro e inclusivo, ao mesmo tempo que promove a gestão responsável dos recursos. Isso envolve a formulação de políticas, a otimização dos processos industriais e um foco na produtividade eficiente em termos de recursos.

No discurso mais amplo da sustentabilidade, que abrange a política, a pesquisa científica e as empresas, surgiram narrativas populares, como a economia verde, a economia circular e a bioeconomia. Cada uma dessas narrativas oferece abordagens distintas para atingir objetivos econômicos, sociais e ecológicos, proporcionando diferentes caminhos para alcançar transformações de sustentabilidade.

Uma análise (D'Amato; Korhonen, 2021) revela que nenhuma dessas narrativas, quando considerada isoladamente, oferece um conjunto completo de soluções para os desafios da sustentabilidade. No entanto, quando essas narrativas são consideradas de maneira colaborativa, apontam para uma sociedade e uma economia que prosperam com base em processos renováveis e reprodutivos, além de práticas baseadas na biodiversidade. Essa abordagem busca satisfazer as necessidades econômicas e sociais das gerações atuais e futuras, proporcionando benefícios materiais e imateriais.

É importante destacar que a bioeconomia desempenha um papel crucial na descarbonização de setores significativos. A transição energética, por si só, não é capaz de resolver completamente o desafio da descarbonização, uma vez que pode mitigar apenas 55% das emissões de gases de efeito estufa, deixando os 45% restantes a serem geridos em setores como agricultura, indústria química e materiais.

Recentemente, a Comissão de Meio Ambiente do Senado Federal aprovou o Projeto de Lei n. 412/2022, que visa regulamentar o mercado de redução de emissões no Brasil. No entanto, devido a um acordo com a Frente Parlamentar da Agropecuária, as atividades agrícolas foram excluídas da regulamentação de emissões. Agora, essa proposta está seguindo para avaliação na Câmara dos Deputados. Durante as negociações do projeto, a retirada das atividades agrícolas do mercado regulado de créditos de carbono requer ajustes para adaptação do setor.

O PL n. 412/2022 estabelece o Sistema Brasileiro de Comércio de Emissões de Gases de Efeito Estufa (SBCE), um ambiente regulamentado que visa controlar as emissões de gases de efeito estufa e facilitar a comercialização de ativos relacionados a essas emissões, reduções e remoções no país. Esse sistema tem como objetivo principal atender às diretrizes estabelecidas na Política Nacional sobre a Mudança do Clima. Conforme o texto, as regulamentações do SBCE abrangem operadores que emitem mais de 10 mil toneladas de dióxido de carbono anualmente, exigindo que eles sigam as diretrizes do projeto, incluindo a monitorização e relato de suas emissões. Além disso, essas regras também se aplicam a indivíduos ou empresas que emitem mais de 25 mil toneladas de dióxido de carbono por ano, estando sujeitas às regras de comprovação de emissões.

No entanto, é importante observar que essas regras não se aplicam à produção primária agropecuária, bens, benfeitorias e infraestrutura em propriedades rurais. Além disso, o texto esclarece que emissões indiretas decorrentes da produção de insumos ou matérias-primas agropecuárias não são consideradas nesse contexto.

Por outro lado, a bioeconomia desempenha um papel crucial na transição para o uso de recursos renováveis e biológicos, com o intuito de substituir os combustíveis fósseis pela biomassa como fonte primária de energia. A bioeconomia opera de maneira circular, em que os resíduos de uma cadeia de produção se tornam insumos valiosos para outra, resultando em processos de produção mais eficientes e um menor consumo de energia, impulsionados pela biotecnologia. Para garantir a sustentabilidade do fornecimento de biomassa, é fundamental promover esforços para melhorar o uso da terra, restaurar áreas degradadas, diversificar a oferta de alimentos, preservar ecossistemas e criar oportunidades de emprego.

É crucial entender que o apoio à bioeconomia não deve ser considerado separadamente da transição energética, pois essas ações são complementares. Por exemplo, a produção de bioenergia desempenha um papel vital na transição energética e está interligada com os setores agrícola, florestal e de gestão de resíduos. A biomassa, especialmente relacionada a biocombustíveis, encontra aplicação crescente em materiais de construção, fibras, alimentos, rações, mobiliário, têxteis e biomateriais inovadores, contribuindo para a redução da dependência de energia baseada em combustíveis fósseis.

Uma característica distintiva da bioeconomia é sua produção descentralizada, que estabelece novas cadeias de abastecimento e promove o desenvolvimento econômico regional, com investimentos descentralizados, oportunidades de emprego, compartilhamento de conhecimento e geração de renda.

A construção da bioeconomia representa uma mudança significativa, exigindo inovações para garantir o fornecimento sustentável de biomassa, processos de produção competitivos em comparação com métodos fósseis e a criação de bioprodutos de alto valor. Diferentemente da transição energética, que se beneficia de várias opções tecnológicas competitivas, a bioeconomia é uma mudança de paradigma que demanda esforços significativos de inovação e políticas econômicas que promovam o desenvolvimento tecnológico.

Uma pesquisa inovadora (Alves *et al.*, 2022) projetou que a adoção da bioeconomia no Brasil poderia gerar uma receita industrial anual significativa até 2050, cerca de US$ 284 bilhões. Isso depende da implementação abrangente da bioeconomia, incluindo políticas para reduzir as emissões de gases de efeito estufa, a adoção generalizada da biomassa como fonte primária de energia em setores econômicos importantes e o uso intensivo de tecnologias biorrenováveis. Isso é particularmente relevante no contexto da transição energética do Brasil, em que a bioeconomia desempenha um papel central.

Existem três cenários considerados nesse contexto:

- Cenário Políticas Correntes. Desenvolvido por Oliveira, Angelkorte, Rochedo e Szklo (2021), considera a manutenção das políticas correntes brasileiras e respeita a Contribuição Nacionalmente Determinada (*Nationally Determined Contributions* – NDC) do país no âmbito do Acordo de Paris. Neste cenário, as fontes fósseis representam 62% da oferta de energia primária em 2050 e o Brasil aumenta suas emissões anuais de Gases de Efeito Estufa (GEE) em mais de 20% no período entre 2010 e 2050.

- Cenário Abaixo de 2 °C. Também desenvolvido por Oliveira, Angelkorte, Rochedo e Szklo (2021), considera que a biomassa passa a ser a principal fonte de energia para a implementação de tecnologias de baixo carbono nos principais setores da economia brasileira para cumprimento do Acordo de Paris, visando limitar o aumento de temperatura terrestre "bem abaixo dos 2 °C" até o final do século. Neste cenário, a biomassa representa 76% da oferta interna de energia primária e, quando combinada com processos de captura e armazenamento de carbono (CCS), se apresenta como a única alternativa capaz de entregar emissões negativas de GEE, necessárias para atingir as metas de descarbonização com a urgência requerida.

- Cenário Potencial da Bioeconomia. Cenário primordial deste estudo, avalia como a bioeconomia e a transição energética podem se complementar, inserindo, a partir do cenário Abaixo de 2 °C, tecnologias promissoras selecionadas por empresas da Associação Brasileira de Bioinovação (Abbi), do Cenergia/UFRJ, do Senai CETIQT, da Embrapa e do Centro Nacional de Pesquisa em Energia e Materiais (LNBR/CNPEM).

A bioeconomia oferece um potencial transformador para o Brasil, representando um desvio significativo das estruturas estabelecidas. Ela exige uma série de inovações para garantir o fornecimento sustentável de biomassa, estabelecer processos de produção competitivos em relação aos métodos fósseis e criar produtos biológicos de alto valor. Enquanto a transição energética se beneficia de várias opções tecnológicas competitivas, a construção da bioeconomia é uma mudança de paradigma que requer esforços consideráveis de inovação por parte das partes interessadas e políticas econômicas que fomentem o desenvolvimento tecnológico, reconhecendo simultaneamente os benefícios gerados pela bioeconomia. A integração bem-sucedida da bioeconomia nesses cenários é fundamental para alcançar tanto metas ambientais quanto econômicas ambiciosas, criando oportunidades de crescimento sustentável e inovação no Brasil.

14.5 As capacidades estatais do país

Nesta seção abordaremos a investigação das capacidades necessárias para que o Estado possa promover o desenvolvimento de forma eficaz. Especificamente, busca-se identificar quais atributos o Estado deve possuir e como deve se relacionar com agentes privados, sociedade civil e mercado para que suas ações sejam efetivas. O trabalho de Gomide e Boschi (2016) envolveu uma avaliação das capacidades do Estado brasileiro em várias dimensões e setores estratégicos em comparação com outros países emergentes.

O conceito de "capacidades estatais" surgiu inicialmente da análise do papel do Estado em países com industrialização tardia. Inicialmente, essas capacidades estavam associadas à capacidade do Estado de criar políticas de crescimento econômico e competitividade internacional que não fossem meros reflexos de interesses particulares de grupos ou classes sociais. Isso pressupõe a existência de uma burocracia eficiente e impessoal. Atualmente, o conceito se expandiu para incluir a capacidade do Estado de se relacionar com atores do mercado e da sociedade na formulação e implementação de políticas em várias áreas, como produção, meio ambiente e questões sociais.

Gomide e Boschi (2016) destacam que as capacidades estatais não são fixas e que existem várias dimensões envolvidas. Portanto, a análise comparativa desempenhou um papel importante na pesquisa, envolvendo estudos de caso em países e áreas específicas. Além disso, enfatiza-se que a mera existência de capacidades não é suficiente para a eficácia das ações do governo, pois fatores como contexto político, inserção internacional e trajetórias históricas também desempenham um papel significativo.

A análise revela vantagens e desvantagens comparativas do Brasil em termos de capacidades estatais em diversas áreas de ação governamental. Em geral, o governo federal brasileiro possui uma burocracia profissionalizada que se assemelha a uma burocracia weberiana em muitos aspectos, embora haja variações entre diferentes setores. Há em curso uma iniciativa do governo de fazer um processo seletivo único para democratizar e adaptar a burocracia para os desafios do estado brasileiro. Além disso, o Brasil incorporou formalmente o diálogo e a consulta com grupos interessados na elaboração de políticas públicas.

Por exemplo, com o intuito de reavivar a discussão e aprimorar as políticas industriais no país, o governo federal anunciou a reestruturação do Conselho Nacional de Desenvolvimento Industrial, conhecido como CNDI. Essa ação, formalizada por meio do Decreto n. 11.482/2023, tem como objetivo se adequar às mudanças na estrutura ministerial e facilitar a proposição de políticas nacionais e medidas específicas que impulsionem o desenvolvimento industrial do Brasil. A principal expectativa dessa iniciativa é elevar a eficiência da governança no que se refere à elaboração das políticas nacionais de desenvolvimento industrial.

No entanto, a análise das políticas públicas específicas revela que as capacidades do Estado brasileiro variam consideravelmente entre os setores. Na área de desenvolvimento social, o Brasil demonstra capacidades de implementação mais elevadas em comparação com políticas de desenvolvimento produtivo. Isso ocorre devido a fragilidades na coordenação governamental em algumas áreas, como política industrial e de comércio exterior, bem como em questões de infraestrutura energética e meio ambiente. Também são apontadas dificuldades na articulação de interesses entre atores públicos e privados em políticas de desenvolvimento tecnológico.

Gomide e Boschi (2016) ressaltam a necessidade de o Estado brasileiro desenvolver capacidades em várias dimensões e áreas de atuação, especialmente na formulação de estratégias de desenvolvimento que promovam a ação coordenada entre diferentes agentes. Isso exige superar obstáculos como visões de curto prazo e ações fragmentadas, além de lidar com desafios estruturais, políticos e institucionais.

Em última análise, enfatiza-se a importância do desenvolvimento de instituições que possam viabilizar objetivos deliberados de maneira legítima, promovendo tanto o crescimento econômico quanto a proteção social e ambiental. A construção de um projeto de desenvolvimento eficaz requer inovação institucional e política, bem como a capacidade de criar alianças sociopolíticas transparentes e impedir a captura de interesses privados pelo Estado.

Para entendermos o processo de governança necessitamos recorrer ao modelo conceitual do Triângulo de Governo de Carlos Matus Romo (2006), que ajuda a entendê-lo destacando três variáveis essenciais que devem ser consideradas ao governar uma organização ou sistema. Essas três variáveis são:

(1) Projeto de governo: esta variável refere-se à definição clara de um plano ou proposta que estabelece tanto os objetivos a serem alcançados quanto os meios necessários para atingi-los. O projeto de governo é a visão estratégica que guia a ação governamental, delineando as metas desejadas e os recursos disponíveis para alcançá-las. É essencial ter um projeto de governo sólido para orientar as ações e decisões políticas.

(2) Capacidade de governo: esta variável diz respeito à competência e habilidade dos líderes e da administração para implementar eficazmente o projeto de governo. Envolve a capacidade de tomar decisões, gerenciar recursos, superar obstáculos e executar as políticas e ações planejadas com eficiência. A capacidade de governo está relacionada à competência técnica e à capacidade de liderança das pessoas envolvidas na administração.

(3) Governabilidade do sistema: esta variável aborda a aceitação e o apoio do projeto de governo por parte dos atores sociais relevantes e a capacidade do sistema político para suportar ou resistir às mudanças propostas. Reflete o grau de dificuldade que a proposta de governo enfrenta em termos de aceitação pública, resistência de grupos de interesse ou oposição política. A governabilidade do sistema é um indicador crítico de quão viável e sustentável é a implementação do projeto de governo.

Em resumo, o triângulo de governo destaca a importância de equilibrar e coordenar essas três variáveis inter-relacionadas:

- O projeto de governo define o que deve ser feito.
- A capacidade de governo determina como será feito.
- A governabilidade do sistema indica a viabilidade e o apoio político para a execução.

Este modelo simplificado, mas poderoso, ajuda a compreender melhor o processo de governança, pois reconhece que a liderança eficaz envolve não apenas a formulação de planos e objetivos, mas também a capacidade de superar desafios e obter o apoio necessário para implementá-los com sucesso.

14.6 Evolução das políticas de privatização no Brasil

No momento da sua posse, o presidente Luiz Inácio Lula da Silva anunciou uma reversão na política de privatizações, destacando um contraponto à administração anterior de Jair Bolsonaro, que vendeu várias empresas estatais, incluindo a Eletrobras, Liquigás, BR Distribuidora, Refinaria Landulpho Alves (agora Mataripe) e Companhia Docas do Espírito Santo (Codesa). Além disso, o governo Bolsonaro considerou privatizar outras grandes empresas estatais, como Correios, Petrobras, Casa da Moeda, Empresa Brasil de Comunicação (EBC) e Companhia Nacional de Abastecimento (Conab), embora esses planos não tenham avançado. Segundo Lula, essas empresas continuarão sob controle estatal.

O ponto central dessa mudança é a ênfase na redução das privatizações, mas não na parceria com o setor privado. Lula argumenta que o governo não possui recursos financeiros suficientes para executar obras públicas de forma eficaz, o que é evidenciado pela grande quantidade de projetos parados em todo o país. Ele enfatiza a necessidade de continuidade nas políticas públicas, algo que muitas vezes é interrompido devido à falta de recursos no orçamento público. Em contraste, os contratos com o setor privado garantem que os serviços continuem sem interrupções.

O contexto histórico das estatais no Brasil remonta à década de 1940, durante o governo Vargas, quando várias empresas estatais, como a Petrobras, a Companhia Siderúrgica Nacional e a Companhia Vale do Rio Doce, foram criadas para impulsionar a economia em um momento em que o setor privado tinha recursos limitados para investir em negócios. Esse processo continuou durante a ditadura militar, com a criação de empresas como a Telebrás, as Empresas Nucleares Brasileiras (Nuclebrás) e a Empresa Brasileira de Infraestrutura Aeroportuária (Infraero).

As privatizações tiveram início no governo do general João Baptista Figueiredo na década de 1980, quando o país enfrentava uma crise econômica que mais tarde seria conhecida como a "década perdida". Desde então, todos os presidentes, em diferentes graus, seguiram o caminho das privatizações. Nos anos 1990, durante o governo do presidente Fernando Henrique Cardoso, os recursos obtidos com as privatizações desempenharam um papel importante na estabilização econômica do Brasil após a introdução do Plano Real.

No período entre 1991 e 2001, o governo brasileiro promoveu a transferência de mais de cem empresas estatais e participações minoritárias em diversas companhias para o controle do setor privado. Esses leilões resultaram em receitas no valor de US$ 67,9 bilhões, além da transferência de US$ 18,1 bilhões em dívidas para os compradores, configurando-se como um dos maiores programas de privatização global (Anuatti-Neto; Barossi-Filho; Carvalho; Macedo, 2005). Adicionalmente, o governo também vendeu ações no valor de US$ 6 bilhões de empresas que permaneceram sob controle estatal, conquistou US$ 10 bilhões em novas concessões de serviços públicos para o setor privado e obteve US$ 1,1 bilhão através da venda de participações acionárias detidas pelo Banco Nacional de Desenvolvimento Econômico e Social (BNDES) em empresas privadas.

Ressalta-se que empresas estatais desempenharam um papel fundamental na história da industrialização brasileira. Ao longo de décadas, essas empresas públicas foram agentes-chave no desenvolvimento de setores estratégicos, como a siderurgia, mineração, indústria de petróleo e energia, infraestrutura, telecomunicações e tecnologia aeronáutica. Um exemplo notável e autóctone desse desenvolvimento foi a exploração petrolífera do pré-sal pela Petrobrás. As empresas estatais proporcionaram investimentos significativos em pesquisa e desenvolvimento, bem como em infraestrutura, que impulsionaram a modernização da economia brasileira. Além disso, desempenharam um papel crucial na geração de empregos e na promoção da inclusão social, ao fornecer serviços essenciais a um amplo espectro da população.

No entanto, à medida que o Brasil evoluiu economicamente e o cenário global mudou, argumentos antes utilizados para justificar a manutenção de empresas estatais foram revisados. Questões como a desnacionalização da economia e a segurança nacional, fundamentais no passado, perderam relevância. Isso é evidenciado pela transição do governo militar para a democracia e o fim da Guerra Fria. Ao contrário dos países conhecidos como os Tigres Asiáticos,[4] que mantiveram uma forte presença do Estado na economia, o Brasil passou a reavaliar a extensão de seu controle sobre as empresas estatais. Some-se a isso o uso político dos cargos técnico-administrativos que gerou corrupção e enriquecimento ilícito, minando a percepção da sociedade sobre o uso social e econômico das empresas estatais.

A privatização de empresas estatais, quando bem planejada e regulamentada, pode ter vários benefícios. Ela pode reduzir a dívida pública, aliviar as obrigações orçamentárias, como a previdência dos servidores públicos, e proporcionar recursos para investimentos em áreas prioritárias, como educação, saúde e infraestrutura. Além disso, as privatizações não necessariamente deveriam implicar na perda de controle. Agências reguladoras, estabelecidas a partir de 1995, deveriam desempenhar um papel crucial na garantia de que as empresas privadas cumpram obrigações sociais, como a expansão de serviços em áreas de difícil acesso e a manutenção de tarifas acessíveis para famílias de baixa renda. A regulação deveria ajustar o mercado permitindo competição entre atores, a qualidade dos bens e serviços ofertados e a salvaguarda dos direitos dos consumidores.

Assim, a evolução do debate em torno das empresas estatais no Brasil reflete a contínua busca por um equilíbrio delicado entre o papel do Estado na economia e a eficiência do setor privado. À medida que o país enfrenta os desafios econômicos e sociais da atualidade, torna-se fundamental ponderar as vantagens e desvantagens associadas à manutenção ou privatização de empresas estatais, com o firme propósito de fomentar um desenvolvimento sustentável e a prosperidade para todos os brasileiros. Reconhece-se que as empresas estatais desempenham um papel vital quando o *animal spirits*[5] do setor privado está ausente, e elas frequentemente assumem uma importância estratégica no avanço do país.

---

4 "Tigres Asiáticos" é uma expressão aplicada aos países Cingapura, Coreia de Sul, Hong Kong e Taiwan. Eles registraram rápido crescimento de suas economias.

5 A noção de *animal spirits* de Keynes destaca a importância das emoções e da psicologia na tomada de decisões econômicas e a necessidade de políticas públicas para lidar com esses aspectos.

14.7 Um *framework* da neoindustrialização brasileira

Segundo Terzi, Singh e Sherwood (2022), o termo "política industrial" pode ser percebido de forma diferente por várias partes interessadas, dada a sua ampla influência sobre ferramentas de política econômica, tais como programas de inovação, tributação, regulamentações comerciais e Investimento Direto Estrangeiro (IDE). Essa complexidade muitas vezes leva a interpretações errôneas. Na sua essência, a política industrial abrange "uma intervenção seletiva ou políticas governamentais destinadas a remodelar o panorama produtivo, orientando-o para setores que prometem melhores perspectivas de crescimento económico em comparação com o que ocorreria sem tal intervenção" (Pack Saggi, 2006). Isto poderia abranger setores ou tecnologias com importância geopolítica, de segurança e militar. Os princípios fundamentais da política industrial estão enraizados em dois princípios:

(a) a conveniência da produção em certos setores em detrimento de outros (Hausmann; Hwang; Rodrik, 2007);

(b) o imperativo de os governos influenciarem ativamente a estrutura de produção neste setor preferido.

É crucial compreender que, independentemente de categorizações simplistas como capitalismo *versus* socialismo ou modelos idealizados de mercados perfeitamente competitivos, quase todos os países, incluindo os Estados Unidos, o Reino Unido, a França, Singapura, a China, Taiwan, a Coreia do Sul e o Japão, envolveram-se historicamente em várias formas de política industrial (Rodrik, 2009; Terzi; Sherwood; Singh, 2023). O Japão, por exemplo, tem uma rica história de alavancagem da política industrial para alimentar a rápida industrialização e o crescimento desde a Segunda Guerra Mundial (Okazaki, 2017).

Após uma revisão abrangente de intervenções políticas industriais significativas na Europa, nos Estados Unidos, na China e no Japão, avaliando tanto os sucessos como os fracassos, Terzi, Sherwood e Singh (2023) concluem que uma política industrial bem-sucedida deve aderir a seis características principais de conceção para maximizar o seu impacto e, ao mesmo tempo, minimizar os riscos:

(1) Orientada para o futuro: uma política industrial eficaz é mais potente quando se centra no futuro e não no presente ou no passado. A identificação de setores estratégicos não pode depender apenas da atual

vantagem competitiva de uma nação. Em vez disso, deve dar prioridade a abordagens orientadas para o futuro e para a inovação, a fim de estimular os setores que enfrentam falhas de mercado, alinhando-se com as mudanças estruturais globais.

(2) Orientado por missões e setores tecnológicos: concentrar esforços em áreas e tecnologias para soluções a problemas específicos, em vez de empresas individuais. Evitar a armadilha de "escolher vencedores", como já ocorreu no passado recente, o que pode levar a incentivos distorcidos, redução da capacidade de inovação e contradição ao objetivo central de promover a competitividade a longo prazo e o crescimento sustentável. O foco deve estar em missões voltadas para setores ou tecnologias onde capacidades avançadas são altamente desejáveis.

(3) A concorrência como força: uma política industrial bem-sucedida não deve girar em torno da expansão dos operadores existentes. Embora estimular empresas que se tornem líderes globais possa significar competitividade, a promoção artificial de escala em prol de classificações nacionais apenas aborda os sintomas e não as causas profundas.

(4) De cima para baixo (*top-down*) e de baixo para cima (*bottom-up*): a política industrial define a direção de cima para baixo para o desenvolvimento econômico. Contudo, deverá evitar evoluir para um planeamento econômico central para sustentar o crescimento da produtividade. Deverá incentivar a experimentação, a inovação e a criatividade a nível popular, complementando a aplicação rigorosa da política de concorrência.

(5) Responsável, não partidária e adaptável: a transparência é fundamental para evitar a captura por grupos de interesse. Os políticos devem abster-se de vincular o seu sucesso ou fracasso a empresas nacionais específicas, pois isso cria um incentivo perigoso para a continuidade do financiamento, mesmo quando uma avaliação realista sugere o contrário. Uma política industrial eficaz deve permanecer independente, sujeita a objetivos claros e adaptável conforme necessário.

(6) Abordagem holística: uma política industrial bem construída deve incorporar considerações tanto sobre a oferta como sobre a procura, combinando ferramentas ofensivas e defensivas em conjunto com um quadro regulamentar de apoio. Deverá não só estimular a inovação em áreas tecnológicas críticas através de pesquisa, desenvolvimento e

inovação direcionados, mas também utilizar mecanismos para aumentar a procura nestes setores.

Ao abraçar estes princípios, a Política de Neoindustrialização do Brasil promoverá o crescimento e o desenvolvimento econômico, posicionando o país estrategicamente para o futuro, ao mesmo tempo que minimiza as armadilhas que assolaram as políticas industriais anteriores. Ao criar uma estrutura voltada para o futuro, orientada para a inovação e adaptável, o Brasil pode navegar pelas complexidades do cenário econômico global e maximizar o seu potencial para o crescimento sustentado e a competitividade.

Referências

ALVES, A. A. *et al. Identificação das oportunidades e o potencial do impacto da bioeconomia para a descarbonização do Brasil*. 2022.

ANUATTI-NETO, F.; BAROSSI-FILHO, M.; CARVALHO, A. G. de; MACEDO, R. Os efeitos da privatização sobre o desempenho econômico e financeiro das empresas privatizadas. *Revista Bras. Econ.*, v. 59, n. 2, p. 151-175, 2005, doi: 10.1590/s0034-71402005000200001.

AUTOR, D.; REYNOLDS, E. The nature of work after the Covid crisis: too few low-wage jobs. *Glob. Public Health*, v. 1, n. 2, p. 408-415, 2021. Disponível em: https://www.hamiltonproject.org/papers/the_nature_of_work_after_the_covid_crisis_too_few_low_wage_jobs.do?sector=6&accion=consultarCuadro&idCuadro=CF373&locale=es.

BANCO CENTRAL. Taxas de juros básicas – Histórico. *Banco Central do Brasil*. 2024. Disponível em: https://www.bcb.gov.br/controleinflacao/historicotaxasjuros. Acesso em: 20 jun. 2024.

BINICI, M.; CEVIK, S.; CENTORRINO, S.; GWON, G. Here Comes the Change: The Role of Global and Domestic Factors in Post Pandemic Inflation in Europe. *IMF Work. Pap.*, v. 2022, n. 241, p. 1, 2022, doi: 10.5089/9798400225789.001.

D'AMATO, D.; KORHONEN, J. Integrating the green economy, circular economy and bioeconomy in a strategic sustainability framework. *Ecol. Econ.*, v. 188, July 2021, doi: 10.1016/j.ecolecon.2021.107143.

FREIRE, D. C.; DOMINGUES, E.; MAGALHÃES, A.; SIMONATO, T.; MIYAJIMA, D. Pandemia de covid-19 e famílias: impactos da crise e da Renda

Básica Emergencial. *Bol. Políticas Sociais Acompan. e Análise*, n. 28, p. 539-559, 2022, doi: 10.38116/bps28/notadepoliticasocial2.

GOMIDE, A.; BOSCHI, R. R. *Capacidades estatais em países emergentes : o Brasil em perspectiva comparada*. 2016.

HAUSMANN, R.; HWANG, J.; RODRIK, D. What you export matters. *J. Econ. Growth*, v. 12, n. 1, p. 1-25, 2007, doi: 10.1007/s10887-006-9009-4.

HOFF, T. Covid-19 and the Study of Professionals and Professional Work. *Journal of Management Studies*, v. 58, n. 5, p. 1395-1399, 2021, doi: 10.1111/joms.12694.

OKAZAKI, T. Industrial policy in Japan: 70-year history since World War II. *Japan SPOTLIGHT*, v. 19, n. 4, p. 57-61, 2017. Disponível em: https://www.rieti.go.jp/en/papers/contribution/okazaki/data/06.pdf. Acesso em: 22 jul. 2024.

OLIVEIRA, C. C. N. de; ANGELKORTE, G.; ROCHEDO, P. R. R.; SZKLO, A. The role of biomaterials for the energy transition from the lens of a national integrated assessment model. *Clim. Change*, v. 167, n. 3-4, 2021, doi: 10.1007/s10584-021-03201-1.

PACK, H.; SAGGI, K. Is there a case for industrial policy? A critical survey. *World Bank Res. Obs.*, v. 21, n. 2, p. 267-297, 2006, doi: 10.1093/wbro/lkl001.

RODRIK, D. *One Economics, Many Recipes: Globalization, Institutions, and Economic Growth*. Princeton, NJ: Princeton University Press, 2009.

ROMO, C. M. *Triângulo de governo*. 2006. Disponível em: https://edsonpistori.files.wordpress.com/2012/05/triangulo_de_governo_carlos_matus.pdf. Acesso em: 22 jul. 2024.

TERZI, A. *Growth for good: reshaping capitalism to save humanity from climate catastrophe*, v. 99, n. 1. Cambridge, Massachusetts: Harvard University Press, 2022.

TERZI, A.; SHERWOOD, M.; SINGH, A. European industrial policy for the green and digital revolution. *Sci. Public Policy*, p. 1-16, 2023, doi: 10.1093/scipol/scad018.

TERZI, A.; SINGH, A.; SHERWOOD, M. *Industrial Policy for the 21st Century: Lessons from the Past*, v. 8022, n. jan. 2022.

GRÁFICA PAYM
Tel. [11] 4392-3344
paym@graficapaym.com.br